陕西师范大学史学丛书

丛书主编／何志龙

陕西省社科基金项目（09T003）结项成果
陕西师范大学优秀著作出版基金资助出版
陕西师范大学历史文化学院重点学科经费资助出版

清代学者名儒与陕西地方志的修纂

王雪玲／著

科学出版社

北京

图书在版编目(CIP)数据

清代学者名儒与陕西地方志的修纂 / 王雪玲著. —北京：科学出版社，2015.12
（陕西师范大学史学丛书）
ISBN 978-7-03-047018-8

Ⅰ.①清… Ⅱ.①王… Ⅲ.①地方志—编辑工作—研究—陕西省—清代 Ⅳ.①K290.49

中国版本图书馆 CIP 数据核字（2015）第 318362 号

责任编辑：陈　亮　任晓刚/责任校对：彭　涛
责任印制：张　倩/封面设计：黄华斌　陈　敬
编辑部电话：010-64026975
E-mail：chenliang@mail.sciencep.com

科 学 出 版 社 出版
北京东黄城根北街 16 号
邮政编码：100717
http://www.sciencep.com

三河市骏杰印刷有限公司　印刷
科学出版社发行　各地新华书店经销
*
2016 年 6 月第 一 版　　开本：720×1000 1/16
2016 年 6 月第一次印刷　印张：17 3/4
字数：310 000
定价：80.00 元
（如有印装质量问题，我社负责调换）

丛书总序

在高等院校，教学与科研是一般教师关注的主要对象，教师们不仅关注自身的教学与科研，也关注他人的教学与科研，但对于学校和学院，高度关注的则是学科，即我们通常讲的学科建设。所谓学科建设，一般包含学科平台建设、师资队伍建设、科学研究和人才培养四个方面。学科平台建设，主要指硕士学位授权点和博士学位授权点的设置和建设，博士后科研流动站的设置和建设，另外也包括教育部人文社会科学重点研究基地的设置和建设，以及其他各类研究平台的设置和建设。师资队伍建设，主要指师资队伍的规模、职称结构、学历结构、年龄结构、学缘结构等方面。科学研究，主要指师资队伍成员从事学术研究所产出并公开发表和出版的学术论文、著作以及研究报告等。人才培养，主要指硕士学位授权点和博士学位授权点所培养的硕士研究生和博士研究生的数量、质量及其在学术界的影响和社会各行业的影响。学科建设的四个方面相互依托，相互促进，相辅相成，共同构成了学科建设的有机整体。其中，学科平台是基础，有了学科平台，有利于引进人才和加强队伍建设，有了学科平台，才能招收研究生，进行人才培养。队伍建设是核心，拥有一支合理的师资队伍，才能支撑和维持学科平台，才能有进行科学研究和人才培养的主体。科学研究是关键，科学研究的成果体现学科平台的力量，也是培养人才的前提和基础，没有较强的科学研究能力，不可能培养出合格的人才。人才培养是目标，人才培养必须依托学科平台，同时，人才培养不仅必须要有师资队伍，而且必须要有具备科学研究能力的师资队伍，才能完成合格的人才培养。

与国内大多数高校的历史学科一样，陕西师范大学的历史学科建设，在2012年之前，主要进行的是学科的外延建设。所谓外延建设，就是指增加学科的数量和规模，如拥有几个一级博士学位授权点，几个国家重点学科以及几个教育部人文社会科学重点研究基地等。随着我国改革开放的深化和综合国力的增强，民众对高等教育有更高期待，党的"十八大"明确提出推动高等教育的内涵发展，走以质量提升为核心的内涵发展道路，高校学科建设进入了一个新的时期，学科建设的重点由外延建设转向内涵建设。外延建设主要强调量，而内涵建设则更加注重质，外延建设为内涵建设奠定了坚实的基础。也就是说，在已有学科平台的基础上，凝练高水平的队伍，产出高水平的成果，培养高质量的人才，将成为学科发展的关键所在，而统领这三方面的正是学科特色。凡大学都应该有自己的特色，大学的特色集中体现在学科特色上。所谓学科特色，主要指在某一学科的某一领域，凝练一支高水平的研究团队，产出一系列有影响的研究成果，同时培养出一批在学术界和相关行业有影响的人才。为什么说学科特色是学科内涵建设的灵魂，原因有三：一是从人力资源配置看，很难有一个高校有能力支撑一个学科（一级学科）所包含的所有学科领域。二是从财物资源配置看，很难有一个高校有能力支持一个学科（一级学科）所包含的所有学科领域发展所需要的财力和物力。支持学科建设不仅要有研究团队，而且要有为研究团队提供从事科学研究所必需的财力和物力，如从事历史学研究所必需的场所设施、网络环境和图书资料等，只有满足人、财、物的合理配置，才能进行科学研究。三是只有发展学科特色，资源配置才能实现成本最低，效率最高。如果学科领域广泛，需要配置的文献资源也必然广泛，相应地如果学科领域相对集中，需要配置的文献资源也相对集中，成本低而利用率高。另外，发展学科特色，易于承传学术传统，易于形成内部合作，易于产出系列成果，易于团队培养人才，易于形成学术影响，也易于保持学术影响。

发展学科特色需要考虑诸多因素。作为历史学科建设，要充分考虑地方历史文化，形成自己的学科优势，这种优势既能更好地服务地方，也能充分彰显自己的学科特色。要注重已有学术传统，顺应国家长期发展的重大战略目标，着眼未来，长远规划学科特色。要充分考虑学校的实力地位，谋划学校能够实现的规划，因为学科建设规划只有在人、财、物的可持续投入基础上才能实现。

陕西师范大学的历史学科，依托地处周秦汉唐历史文化中心，考古资源丰富，出土文物规格高和数量大的优势，经过几代历史人 70 多年的不懈努力，逐步形成了以周秦汉唐历史为主要研究领域的学科特色，中国古代史国家重点学科的获批，也是对这一学科特色的充分肯定。随着国家对历史学科精细化分类管理，原来既是门类也是一级学科的历史学一分为三，调整为中国史、世界史、考古学三个一级学科。根据学校地位的变化和学校对历史学科人、财、物的持续投入状况，面对三个一级学科的评估和建设，在国家一流大学和一流学科建设中，我们面临着前所未有的巨大挑战。在严峻的挑战面前，思路必须明确，决策必须正确，行动必须快捷。环顾国内外高等院校学科建设成功者，无不具有显著特色。我们在学科内涵建设中，特色发展是唯一选择。作为中国史一级学科，其统属的中国古代史和历史地理学两个国家重点学科，是我校的特色学科，也是我校的优势学科，在国内学科建设的激烈竞争中，只有加大建设力度，才能保持优势地位。而要保持传统优势学科的地位，除了加大已有建设的力度，还必须不断探索新的学科增长点，才能进一步强化学科优势，彰显学科特色。中央提出的"一带一路"建设，是我国发展的大战略，为地处丝绸之路起点的我校历史学科发展迎来了难得的发展机遇，学院"丝绸之路历史文化研究中心"的建立，不仅顺应了国家重大战略需求，同时也是我院探索新的学科增长点的体现。中国史升格为一级学科后，发展中国近现代史学科势在必行，而从时间和空间上看，中国近现代史学科的研究领域同样极为广泛，我们也必须选择某一领域，重点建设，特色发展。西北地区的近现代史研究是中国近现代史研究的重要组成部分，把西北地区的近现代史作为我校中国近现代史学科的发展方向，同样具有明显的地域优势，也必将成为我校的学科特色和新亮点。

此外，文物与博物馆学也是学院谋求学科建设发展特色的一大发力点。2008年1月23日，中宣部、财政部、文化部和国家文物局联合下发《关于全国博物馆、纪念馆免费开放的通知》，根据该通知，全国各级文化文物部门归口管理的公共博物馆、纪念馆，全国爱国主义教育示范基地将全部实行免费开放，博物馆已成为国民素质教育的重要基地。在全国范围内，博物馆如雨后春笋，发展迅猛，但博物馆学的专业人才却明显不足，这就为高等院校博物馆学人才培养提出了新的要求。陕西是考古大省、文物大省，更是博物馆大省，博物馆的人才需求也相对较大。基于地缘优势和省内学科建设差异化发展的思路，我校在考古学学科下重点发展博物馆学，经过十多年的发展，取得了一定成就，陕西省文物局与我校签订战略合作框架协议，国家文物局在我校设立文博人才培训示范基地，充分说明我校重点发展博物馆学符合陕西省和国家对博物馆人才培养的需求，特色建设博物馆学的思路得到了肯定和支持。我们将在国内博物馆学研究的基础上，学习、借鉴、吸收国外博物馆学的理论和方法，深入探索努力构建我国博物馆学的学科理论体系，彰显我校博物馆学的学科特色。

彰显学科特色的要素很多，但产出颇具影响的系列研究成果尤为重要。为此，学院设计出版《陕西师范大学史学丛书》。本丛书首批 17 本，均为学院教师近年新作，每本书的内容不少于三编，作者自序。丛书的内容广泛，涉及中国古代史、中国近现代史、世界史等。希望通过出版本套丛书，集中展现学院教师近年来学术关注的领域和成就。鉴于本丛书是在我校大力推进一流学科建设的开启之年规划完成的，故以一流学科建设的思路代为本套丛书之总序。

何志龙

陕西师范大学长安校区文汇楼 C 段 209 室

2015 年 12 月 25 日

前　言

　　地方志既是历史文献的重要组成部分，也是地方文献中的一个重要类别，它是记载一个地区政治、经济、地理、文化、学术、物产和民情风俗的综合性资料，是研究区域历史、地理及学术文化不可或缺的参考资料。我国地方志的修纂历史悠久，数量浩繁，其中清代又是地方志修纂的全盛时期，无论数量还是质量均远超前代。据不完全统计，现存清代地方志 5685 种，约占全国现存旧志总数的 70％，其中不乏名志佳乘。陕西作为清代开始修纂方志较早的省份之一，不但数量居于全国前列，而且由于学者名儒的广泛参与，质量上也可圈可点，特别值得关注和肯定。此外，就目前陕西省各大图书馆馆藏古籍而言，清代地方志允为大宗，这些地方志是反映清代陕西各地自然景观、人文状况及社会经济发展的特色文献，是研究陕西区域历史文化最直接、具体的资料，整理、研究并利用这些方志文献无疑是历史工作者的任务之一。

　　对我国地方志的整理与研究早在民国时期就已展开，在陆续整理出版旧志的同时，也出版了大量关于方志研究的论著。朱士嘉是卓有成就的学者之一，其所编《中国地方志综录》、《美国国会图书馆藏中国地方志目录》等工具书为学术界研究地方志提供了极大的便利。新中国成立以后，随着中国地方志领导小组及各省市地方志办公室的成立，其工作的重心转移到新志的编纂当中。改革开放以来，随着思想的解放，旧志逐渐引起了学术界的重视，各地馆藏旧志先后编集了目录，一些重要或罕见、稀见旧志也陆续点校或影印出版。就方志研究而言，虽然出现了诸如朱士嘉《清代地方志的史料价值》、黄燕生《中国历代地方志概述》、陈捷先《清代台湾方志研究》、巴兆祥《中国地方志流播日本研究》等论文和专著，但总的来说，研究的重点仍在旧志的整理出版和新志的编纂及体例、方法等内容的探讨方面。具体到陕西省，由于各种各样的原因，长期以来，旧志的整理和研究一直得不到重视。20 世纪 80 年代，全国方志系统在新修地方志的同时，启动了旧志的整理出版与开发利用工作，陕西省也陆续整理出版了一批旧志，先后刊布了《陕西地方志书目》、《陕西地方志联合目录》等油印本，取得了一些成绩。近年来，随着经济的快速发展，区域经济、地域文化的研究愈来愈受重视，作为研究区域历史文化重要载体的地方志亦引起学界的广泛关注，但相较而言，陕西学界对旧志的关注还远远不够，迄今为止，尚未见一部正式出版的陕西旧志书目，更遑论提要式或综论性的著作。研究方面虽有高峰《陕西方志考》、郭鹏《汉中地区历代志乘述略》等成果，但高水平的专门性著述仍属鲜见。就已有的研究成果而言，存在的问题也很多，《陕西地方志书目》（稿本）错收、漏收乃至各种谬误不一而足，《陕西方志考》之疏失依然存在，凡此都说明目前学术界对清代陕西地方志的修纂情况不够重视。

2000 年以来，整理出版旧志成为一大趋势，就陕西省而言，2004 年国家图书馆出版社影印出版了《陕西省图书馆藏稀见方志丛刊》，2007 年凤凰出版社又影印出版了《中国地方志集成·陕西府县志辑》，均以清代方志为主，成绩斐然。与此同时，陕西各界积极配合全国古籍普查工作，有序地展开核查、统计、著录本省各地馆藏古籍，其中旧志数量最大，此项工作的进行有助于了解陕西旧志的数量、刻本及藏地等情况，也为旧志的研究利用提供了便利条件。随着近年来学术界愈来愈重视对出土文献及典藏文献的挖掘与利用，作为研究清代陕西社会发展及变迁的地方志更应予以足够的重视。因此清修陕西地方志的研究不但必要，而且在当前开发西部及建设文化强省的背景下也显得尤为迫切。

清修陕西方志数量浩繁，种类齐全，内容丰富，在继承前代修志的基础上又有所创新，方志体例日臻成熟，修纂方法日益完善，尤其是清代名人修志蔚然成见，一批学者名儒加入到陕西修志的大潮中，为陕西方志增色不少，这无疑是一个值得关注的现象。陕西自古就有名人修志的传统，西晋裴秀撰有《雍州记》，潘岳撰有《关中记》，唐人韦述撰有《两京新记》，北宋宋敏求撰有《长安志》均为名人名志。时至明、清，名人修志更是层出不穷，有学者认为，"明清时代陕西学者的突出贡献主要集中在方志学领域"[①]，此论有失偏颇，如果说明代陕西方志修纂以本土著名学者为主，清代则恰好相反，流寓陕西的外籍学者名儒纂修方志成为主流。被人津津乐道的明代"关中八志"均出自本土学者

① 秦晖、韩敏、邵宏谟：《陕西通史·明清卷》，西安：陕西师范大学出版社，1997 年，第 486 页。

之手，其中《武功县志》的纂者系武功人康海、《朝邑县志》的纂者系朝邑人韩邦靖、《高陵县志》的纂者系高陵人吕柟、《鄠县志》的纂者系鄠县人王九思，他们都是名扬天下的陕西籍学者，均以自己的才学修纂家乡方志。有清一代，本土著名学者修志数量骤减，而流寓陕西的外籍学者加入到陕西方志的修纂大潮中，贡献不可谓不大。民国时陕西兴平人冯光愚在叙述陕西方志变迁时说：

> 往者新城王文简公云，明代名志多出于秦，哙人口者约十种，而《武功》、《朝邑》为之最，《四库提要》亦谓其简括有法。间尝取其书读之，信乎其辞之洁也。亦越有清，秦中方志率成于乾隆之时，盖其时国家既重熙累洽，而毕镇洋以宏达抚陕，洪北江、孙渊如、刘长明①之伦悉居幕府，敷政之暇，搜碣碑以订金石，稽掌故以续文献，故关辅志乘多成于斯时。而孙志醴泉，洪志淳化，尤与古作者合符而后来者称述焉，洵可谓一时盛轨已。嗣是固始蒋子潇以朴学大师主关中丰登讲席，先后成同州、三原②、泾阳志，考核详审，世推佳制。……盖明代方志多失芜滥，故康、韩矫之以峻洁，清自屡开鸿博，崇尚考据，故诸作多趋于博丽，虽繁简不同，然其为佳构则一也。③

足见名人修志在陕西方志修纂史上的地位和影响。

清修陕西方志承上启下，尤其是学者名儒广泛参与修志，在体例、内容、修纂方法等方面对近代方志都产生了一定的影响，而清代学者名儒的广泛参与也值得今天方志工作者借鉴。因此，研究清修陕西地方志在一定程度上有助于我们正确认识清代地方志的价值，同时对于新修方志在理论和方法上都有一定的指导意义。基于这种认识，笔者充分利用实录、史传、碑志、文集、年谱、方志等资料，在综合考查清代陕西地方志的修纂历程、数量、质量等问题的基础上，梳理清代学者名儒在陕西的学术活动及方志修纂情况，总结其学术思想、治学方法在清修陕西地方志中所起的作用及对旧志的体例、内容带来的影响，进而探讨这些地方志的史料价值。希望通过自己的努力，为研究陕西地方志的修纂及陕西历史文化提供多方面的帮助及理论依据。

---

① 按：当为严长明，疑原文有误。
② 按：蒋湘南流寓陕西期间先后纂有《蓝田县志》、《泾阳县志》、《留坝厅志》、《同州府志》以及《华岳图经》等志书，似未见三原志，疑此处有误。
③ （民国）《潼关县新志·冯光愚序》，《中国地方志集成·陕西府县志辑》第 29 册，南京：凤凰出版社，2007 年影印本，第 181 页。

目　录

丛书总序 ……………………………………………………………………… i

前　言 …………………………………………………………………………… v

第一章　清代陕西方志修纂概况 …………………………………… 1

第一节　清修陕西地方志的数量 …………………………………… 2

第二节　清修陕西方志的历程 ……………………………………… 4

第三节　清修陕西方志的种类与名称 …………………………… 18

第四节　清修陕西地方志的质量与价值 ………………………… 24

第二章　学者名儒与陕西方志 …………………………………… 27

第一节　学者名儒修纂方志是清代的一大特色 ……………… 27

第二节　学者名儒修纂陕西方志集中在乾隆朝 ……………… 35

第三节　嘉道朝是学者名儒修纂陕西方志的延续 …………… 38

第四节　学者名儒在陕西方志修纂中的作用及影响 ………… 40

第三章　孙景烈与陕西方志 ……………………………………… 43

第一节　关学传人孙景烈 …………………………………………… 43

第二节　孙景烈与陕西方志的修纂 ……………………………… 60

第四章　毕沅与陕西方志 ·························· 66

　第一节　毕沅其人 ····························· 66

　第二节　为政陕西，造福三秦 ················· 70

　第三节　整理编纂陕西地方文献 ················· 78

　第四节　毕沅与陕西传统地志的修纂 ············· 83

第五章　洪亮吉、孙星衍与陕西方志 ·········· 93

　第一节　洪亮吉与陕西方志 ················· 93

　第二节　孙星衍与陕西方志 ················· 117

　第三节　洪、孙同纂《澄城县志》 ············· 128

第六章　蒋湘南与陕西方志 ·················· 135

　第一节　蒋湘南其人 ······················ 135

　第二节　蒋湘南与陕西的不解之缘 ············· 137

　第三节　蒋湘南与陕西方志 ················· 142

第七章　其他学者与陕西地方志的修纂 ········ 152

　第一节　严长明与《西安府志》 ················· 152

　第二节　严如熤与《汉中府志》 ················· 160

　第三节　钱坫与朝邑、韩城二县志 ············· 177

　第四节　陆耀遹、董祐诚与陕西方志的修纂 ······· 186

　第五节　吴泰来与《同州府志》、《蒲城县志》 ······· 196

第八章　清代学者名儒与陕西特殊地志 ·········· 200

　第一节　胜迹志 ·························· 200

　第二节　山水志 ·························· 206

　第三节　金石志 ·························· 213

　第四节　书院志 ·························· 224

　第五节　乡土志 ·························· 227

参考文献 …………………………………………………………………… 230

附　录 ……………………………………………………………………… 240

后　记 ……………………………………………………………………… 270

第一章 清代陕西方志修纂概况

　　清代是我国地方志修纂的全盛时期，早在清王朝建立之初，基于开疆拓土和加强统治的需要，清政府"急需掌握各地钱粮人丁、山川地理、兵防险要、风俗人情等佐治资料"[①]，因此大力倡导修纂地方志，各级政府也积极响应朝廷号召，修志活动陆续展开。顺治年间，全国各地就修纂了一批有影响的方志，至康熙、乾隆年间，全国上下掀起了修志大潮，嘉庆、道光以后，清政府的统治虽然日趋没落，但修志传统始终不绝如缕。陕西省虽然地处内陆，经济、文化发展相对滞后，但在修纂地方志方面并不逊色于经济、文化发达省份，也是清代开始修纂方志较早的省份之一。因此，可以说清代陕西方志的修纂几乎与全国方志同步展开，修成较早的有顺治四年（1647）的《白水县志》和顺治六年（1649）的《澄城县志》，之后各地方志陆续修纂，现存顺治朝所修陕西方志多达 20 余种，这些志书有些是在旧志的基础上重修或续修，也有相当一部分是在无旧志可参考的情况下新修的。康熙元年（1662），以修纂《河南通志》而闻名的贾汉复移任陕西，开始仿《河南通志》的体例修纂《陕西通志》，康熙六年（1667）始告完成。"《河南通志》和《陕西通志》是最早完成的两部清代通志，两书的告竣，既为各省编纂通志树立了样板，也为筹编一统志做了准备"[②]。

　　随着全国统一局面的基本形成，清政府着手纂修一统志。康熙十一年（1672），保和殿大学士卫周祚上疏请求修纂《大清一统志》，康熙帝下令相关部

---

　　① 金恩辉等主编：《中国地方志总目提要》，台北：汉美图书有限公司，1996 年，第 162 页。

　　② 黄燕生：《中国历代地方志概述》，来新夏：《中国地方志综览：1949—1987·附录》，合肥：黄山书社，1988 年。

门议奏，要求各省分别修纂通志，然后汇为大清一通志，康熙帝采纳了卫周祚的建议，"诏天下直省、府、州、县咸修辑志书，于是直省有司各设馆，饩禀高才生以从事"。① "《大清一统志》形成定议后，整体程序是：从朝廷到地方，自上而下逐级谕令修志，并颁布《河南通志》、《陕西通志》款式，依照纂修；州县志成而修府志，府志成而修通志，自下而上，逐级汇纂，最终修成《大清一统志》"。② 可见清代康熙年间始修《大清一统志》，直接推动了全国各级方志的修纂，也激发了地方官、士绅、学者修纂方志的责任感和积极性，在这个文化大潮的影响下，陕西各地也展开了大规模地修志活动，历经康熙、雍正、乾隆、嘉庆、道光、咸丰、同治、光绪时期，直至宣统年间，方志的修纂一直未曾中断过。因此可以说，清代陕西省地方志的修纂几乎与全国相始终，康熙、乾隆年间两次步入高潮，尤其是乾隆年间学者名儒的广泛参与，不但提高了志书的质量，在理论建设及方志体例、修纂方法等方面也多有创获，为之后的方志修纂奠定了基础，成为清代全国修志的一个缩影，无疑是了解清代全国旧志修纂的一个窗口。

清代陕西修志是全国地方志修纂大潮中的一大支流，与清朝历史相始终，与时代风气相呼应，自始至终都与清修全国旧志密切相关。清修陕西方志数量众多、品种齐全，除传统官修的通志及府、厅、州、县志外，还有众多私修的胜迹志、山水志、金石志等特殊地方志，而在清末教育体制改革背景下产生的乡土志又为陕西旧志增添了一个新的种类。这些旧志是祖先留给我们的一份珍贵遗产，也是陕西乃至全国旧志的重要组成部分，是全面翔实地记载清代陕西政治、经济及文化的重要地方文献，是研究陕西区域社会史、经济史、文化史的重要载体。

第一节 清修陕西地方志的数量

我国地方志的修纂历史悠久，数量浩繁，其中清代又是我国地方志修纂的全盛时代，据《中国地方志联合目录》统计，我国修于 1949 年以前的旧志共计8246 种，其中陕西省是修纂旧志数量较多的省份之一，共计 401 种，位居四川、

---

① （康熙）《镇江府志·张九征序》，康熙十三年（1674）刻本。

② 乔治忠：《〈大清一统志〉的初修与方志学的兴起》，《齐鲁学刊》1997 年第 1 期，第 115—122 页。

浙江、河北、山东、江苏、河南、江西、山西之后，与湖南省并列全国第 9 位。① 数量惊人的全国旧志，其中有 70％ 修于清代，多达 5685 种。同全国旧志一样，清修陕西地方志作为陕西地方文献的一个重要组成部分，在陕西旧志中所占比例也很大，如台湾成文出版社所出《中国方志丛书·华北地方·陕西省》共收入陕西地方志 118 种，其中清人修纂 91 种，约占 77％；南京凤凰出版社 2007 年所出《中国地方志集成·陕西府县志辑》共收陕西地方志 172 种，其中清人修纂 131 种，约占 76％；仅从这两组数字就可见清修陕西方志在陕西乃至全国旧志中所处的地位。

但是由于种种原因，关于清修陕西地方志的数量，迄今尚未见精确的统计数字，各家说法不一。高峰《陕西方地考》中指出，"清代的陕西地方志和全国一样，已发展到极盛时期，整个清代陕西共编纂地方志二百八十五种，就数量而言是明朝的七倍，是宋元两朝的四十倍；就内容和体例而言，已确立了方志学的完整体系。"② 易雪梅、李淑芬《西北地区方志概述》承袭此说，认为"有清一代，西北五省区均编有志书，其中以康熙、乾隆、光绪三朝纂修的方志为多。据不完全统计，现存陕西方志 285 种，甘肃 156 种，青海 10 种，宁夏 19 种，新疆 80 种。"③ 毋庸置疑，清代陕西省所修方志数量在西北地区居于首位。而秦德印先生在《陕西地方志书目·编者的话》中说："清代我省编修的地方志流传至今的有三百一十二种。"④《可爱的陕西·陕西的方志学》则言：

> 清代陕西方志修纂进入全盛期，现存者多达 314 种。一些文化发达的县份修志，已远远超过了清朝规定的 60 年一修之制，如泾阳县志清代即修了 7 次，在全国也属罕见。清志不但数量多，而且每部篇幅也越来越大。但这时志书多属官修，质量欠佳，多为拼集而成的"官样文章"。不过也出现了一批由著名学者主编的学术价值较高的佳作，如乾隆四十八年洪亮吉编纂的《长武县志》，乾隆五十年孙星衍编纂的《三水县志》以及上述二人合纂的《澄城县志》等。⑤

以上统计无外乎两个根据，其一是《中国地方志联合目录》，据笔者统计，

① 周迅：《中国的地方志》，北京：商务印书馆，1998 年，第 20—21 页。
② 高峰：《陕西方志考》，内部资料，1985 年，第 7 页。
③ 易雪梅、李淑芬：《西北地区地方志概述》，《西北史地》1997 年第 1 期，第 62—66 页。
④ 秦德印：《陕西地方志书目》，西安：陕西省社会科学院图书资料室，1985 年油印本。
⑤ 韦建培等撰：《可爱的陕西》，西安：陕西师范大学出版社，1991 年，第 167 页。

此目录共计著录清代修纂的陕西地方志 289 种。其二是《陕西地方志联合目录》，此目录共计著录清修陕西地方志 322 种，只不过在这两家目录的基础上各家统计稍有出入。此外，影响清修陕西地方志数量统计不够精确的原因尚有多种，首先，作为统计依据的两种书目均成书于 20 世纪 80 年代，当时限于人力、物力及技术手段，统计难以周全在所难免；而且两种目录统计都以现存方志为对象，且多有疏漏，尤以《中国地方志联全目录》为甚。其次，两种书目在著录地方志时并无统一标准。例如，《中国地方志联合目录·凡例》中就明确提及，"本目共收录我国历代地方志八千二百余种，收录范围包括通志、府志、州志、厅志、县志、乡土志、里镇志、卫志、所志、关志、岛屿志等。凡具有方志初稿性质的志料、采访册、调查记等均予收录；山、水、寺庙、名胜志等不收录"。① 秦德印《陕西地方志书目》收录宋、元、明、清、民国等各代编修的方志 442 种，作者在《编者的话》中说："本书目只收录了地方志，对古迹、寺庙、园林等专志以及山水志、金石志等均未收录。"② 因此要精确统计清修陕西地方志的数量，首先需要对旧志的概念及收录范围作出界定。有幸的是为了全面了解和掌握各级图书馆、博物馆等单位及民间所藏古籍情况，2007 年，国家开始在全国范围内组织开展古籍普查登记工作，对登记的古籍进行详细清点和整理编目，利用"全国古籍普查登记平台"建立全国古籍普查基本数据库。在古籍普查登记的基础上，由省级古籍保护中心组织本地区各古籍收藏单位编纂出版馆藏古籍普查登记目录，形成《全国古籍普查登记目录》。目前，陕西省古籍普查工作正在有序进行当中，各地馆藏古籍目录也陆续出版，精确统计清修陕西地方志的数量当指日可待。

第二节　清修陕西方志的历程

有清一代，陕西省地方志的修纂与全国一样如火如荼，仅从清修陕西地方志的数量即可看出清代陕西修纂方志的盛况，虽然清初即有方志 60 年一修之政令，但整个清代修纂方志的实际情况并非如政府所要求的那样整齐划一，就陕西省而言，有清一代方志的修纂不曾中止，亦有高潮也有低谷，其数量、质量、

① 　中国科学院北京天文台主编：《中国地方志联全目录·凡例》，北京：中华书局，1985 年。
② 　秦德印：《陕西地方志书目》，西安：陕西省社会科学院图书资料室，1985 年油印本。

种类及修纂情况因时因人而异。

一、陕西通志的修纂

陕西历史上第一部通志性质的省级志书是修于明代成化年间的《陕西志》，由时任陕西巡抚马文升主修，提学副使伍福主纂，成化十一年（1475）刊刻。正德年间，"前七子"之一的何景明任陕西提学副使，又开局立例，召集官学生徒，修成《雍大记》36卷，嘉靖元年（1522）刻成。明嘉靖十八年（1539），赵廷瑞出任陕西巡抚，考索陕西旧志，发现成化《陕西志》"顾今阅七十年，板佚其半，即秦城巨家，亦罕有其书矣"①，于是在陕西籍学者马理和吕柟的襄助下，修成《陕西通志》40卷，嘉靖二十一年（1542）刊刻。万历三十九年（1611），工部尚书冯从吾等又重修《陕西通志》35卷。时至清代，又先后三次修纂陕西通志，其一是贾汉复等修、李楷等纂的康熙《陕西通志》，刻于康熙六年（1667）；康熙五十年（1711），在韩奕的主持下，王功成、吕和钟等人又在贾汉复所修康熙《陕西通志》的基础上续修而成康熙《陕西通志》，卷目一仍其旧。其二是刘於义等修、沈青崖等纂雍正《陕西通志》，刻于雍正十三年（1735）。其三是王志沂所修道光《陕西志辑要》，刻于道光七年（1827）。

1.（康熙）《陕西通志》的修纂

康熙元年（1662），河南巡抚贾汉复移任陕西，继完成《河南通志》后，又着手修纂《陕西通志》。

贾汉复认为距明代万历三十九年（1611）所修《陕西通志》已过去了50多年，其间"沧海变易，讹失良多"②，于是聘请陕西朝邑人李楷担任总纂，并"驰檄诸司搜查故本，网罗断简，敦聘名儒，修举既坠之余，辨晰承讹之陋，仍质之博物官绅，详加核订，臣复再四校雠"③，在明代嘉靖《陕西通志》和万历《陕西通志》的基础上，广搜文献，接古续今，历时五载，"费心劳力，艰苦万状，不可胜言"④，于康熙六年（1667）修成50多万字的《陕西通志》。

康熙《陕西通志》基本仿效贾汉复所修《河南通志》的体例，全志共32

①（嘉靖）《陕西通志·赵廷瑞序》，西安：三秦出版社，2006年。
②（康熙）《陕西通志·贾汉复序》，康熙六年（1667）刻本。
③（康熙）《陕西通志·呈通志疏》，康熙六年（1667）刻本。
④（康熙）《陕西通志·约言附》，康熙六年（1667）刻本。

卷，分星野、疆域（关隘附）、山川（津梁附）、建置沿革、城池、公署、学校、祠祀、贡赋、屯田、水利、茶法、盐法（钱法附）、兵防、马政（驿传附）、帝王（后妃、封建、窃据附）、职官、名宦、选举（武宦附）、人物、孝义、列女、隐逸、流寓、仙释（方技附）、风俗（土产附）、古迹、陵墓、寺观、祥异、杂记（鉴戒盗贼附）、艺文（礼乐射御书数）32个大类，各类之下基本按照行政区划标目，以府、州、卫分区记事。在内容方面，康熙《陕西通志》有选择地承袭了旧志内容，如此志卷首图考内容皆遵旧志，"所载虽河渠屋野，时有增移，然如郑渠、白渠，皆上古开辟美利，虽淹失故道，不敢别有更参"①。"旧志淹没已久，中以兵燹贻忧，文献残缺，取征取信，诚为所难。今所编辑皆更士考订，方敢成书，是趋毁趋刻，或贻讥于大哲而至再至三则惟此书之慎已"②。此外建置、户口、贡赋等内容也有选择地承袭了旧志的内容。对于新增内容，作者则不厌其烦，详加考订，对所记载的人物及事件以事实为依据，摒弃传说及神仙、迷信等虚妄之说，如《列女传》所记孟姜女就摒弃了其哭倒长城的传说。在《祥异》门小序中，作者指出要正确看待地震、山崩、水溢等自然现象，《序》曰："圣世多瑞，后乃作伪以相蒙，喆后却之有以也。灾变之大者，见于天象，至于地震、山崩、水溢、人妖、物青之类，以《春秋》之例谨书之。盖遇灾而惧，圣君赞相之事也。天道远，人道迩，刘向五行本于五经，或以为洪范者，必求其事以实之，则鉴信哉！"③同时又根据陕西的实际情况有所调整，在旧志的基础上有目的地增加了与经济制度相关的茶法、钱法、马政等门类，如在《盐法》后附以《钱法》，为经济货币的研究提供了参考；鉴于陕西地理位置的特殊性，又将旧志的兵防改为边防。总体而言，康熙《陕西通志》分类细致，叙事详尽，体例谨严，内容丰富，成为之后陕西乃至全国各省通志的样本。清人汪琬评价此志"苞古酌今，分条晰类，该赡周详，有典有要，其裨益于秦人甚多"④，卢崇峻在《序》中称："此一书博集见闻，广罗今古，大纲细目莫不备举"，认为此志堪作"政治得失之林，百职出政临民之本"⑤。周中孚认为此志

① （康熙）《陕西通志·凡例》，康熙六年（1667）刻本。
② （康熙）《陕西通志·凡例》，康熙六年（1667）刻本。
③ （康熙）《陕西通志》卷30《祥异志·序》，康熙六年（1667）刻本。
④ （清）汪琬著、李圣华笺校：《汪琬全集笺校》卷25《代陕西通志序》，北京：人民文学出版社，2010年，第559页。
⑤ （康熙）《陕西通志·卢崇峻序》，康熙六年（1667）刻本。

"大都搜诸载籍，及各府州县志，合订增删，较之前志，颇为简而能赅"。① 今人亦认为康熙《陕西通志》"不仅内容丰富，可信度也很高，这对于我们研究陕西明代及其以前的社会状况有重要史料价值"。② 因此，康熙《陕西通志》在全国旧志中占有十分重要的地位，其与康熙《河南通志》一样同为清代官修通志的样板，"朝议取为他省程式"③，同时，康熙《陕西通志》也是清代陕西省修纂的第一部通志，对之后陕西省修纂通志及各府、厅、州、县志提供了参考和依据，也对陕西省的修志风气产生了深远的影响。

值得一提的是，主持修纂康熙《陕西通志》的贾汉复是顺治、康熙年间颇有政绩的官吏，此人虽出身行伍，但却非常重视文化教育事业，所到之处必以兴文重教为己任，其在顺治年间官任河南巡抚时，主持修纂了清代第一部省级通志《河南通志》。移任陕西后，不但主持修纂了《陕西通志》，还注重文教，大力兴办书院，培育人才，并补刻西安府学所藏开成石经中所缺的《孟子》石经，对陕西的文化事业做出了一定的贡献。此外，贾汉复还非常重视水利建设，疏浚陕西境内重要水利工程龙首渠和通济渠，"拮据六载，凡遇有利当兴，有害当除，不惮尽力为之，若旧渠不浚，不唯省地之汲饮失利，抑且全陕之风气不开，余怀滋戚也，爰是捐资修葺，循故渠而疏浚之"④，不足两月很快竣工，长安附近又恢复了昔日人们所称的"且溉且粪，长我禾黍"的景象，百姓交口称赞。

康熙五十年（1711），西安知府韩奕主持续修，王功成、吕和钟等人又续纂康熙《陕西通志》，对前志类目"无所改易"，只是将前志成书以来"名卿良牧、英贤俊秀之特起者"⑤ 增列于相关类目之后，记事止康熙五十年，新增图一卷，使得康熙《陕西通志》更加完善。

① （清）周中孚：《郑堂读书记》下《郑堂读书记补逸》卷12，北京：北京图书馆出版社，2007年，第321页。

② 余坤：《清代修志的官方样板——贾汉复修〈河南通志〉、〈陕西通志〉体例浅析》，《黑龙江史志》2013年第23期，第8页。

③ （雍正）《陕西通志·凡例》，中国西北文献丛书编委会编：《中国西北文献丛书·西北稀见方志文献》卷1，兰州：兰州古籍书店，1990年影印本，第1辑，第12页。

④ 吴宏岐：《西安历史地理研究》，西安：西安地图出版社，2006年，第149页。

⑤ （康熙）《陕西通志·韩奕序》，首都博物馆编：《首都图书馆藏稀见方志丛刊》第20册，北京：国家图书馆出版社，2011年影印本。

2.（雍正）《陕西通志》的修纂

雍正《陕西通志》是清代敕修《大清一统志》的产物。雍正六年（1728），一统志总裁大学士蒋廷锡上奏："本朝名宦人物，各省志书既多缺略，即有采录，又不无冒滥，必得详查确核，采其行义事迹卓然可传者，方足以励俗维风，信今传后。请谕各该督抚，将本省名宦、乡贤、孝子、节妇、一应事实，详细查核，无缺无滥，于一年内，俱送到馆，以便细加核实，详慎增载。"① 时任陕西督抚的刘於义在《进表》中亦言朝廷修一统志，"因敕大吏修直省通志之书"。② 陕西省接到修志任务后，刘於义亲自监修，并聘请陕西布政使司督理粮储道金事沈青崖主纂。沈青崖在康熙《陕西通志》的基础上，"参以明代马、冯二家之书，斟酌增删"③，历时 5 年，于雍正十二年（1734）续修增订而成 100 卷的《陕西通志》，记事止于雍正十年（1732）。雍正十三年（1735），刘於义等始表上之。

雍正《陕西通志》体例一仍旧志，"多师前人规格"，共分星野、建置、疆域、山川、城池、公署、关梁、封爵、职官、贡赋、学校、祠祀、选举、兵防、驿传、屯运、水利、盐法、茶马、物产、风俗、祥异、帝系、名宦、人物、陵墓、古迹、经籍、纪事、德音、艺文、拾遗 32 门，"其中有附者取其相近（如形胜之于疆域），有合者取其相因（如关隘与津梁，屯田与漕运），有并者取其相属（如人物中包忠、节、孝、义、流寓、释、道、方技、列女数种，盖彼亦人物中人，毋庸另为区别也）。如经籍表作述之功，纪事垂古今之鉴，德音宣朝廷之德，特为增类以备参考"。又因各类之中"条件甚多，叙次庞杂，无由醒目"④，因此每类之下又细分子目，共计 178 个子目。

雍正《陕西通志》记载史事尤为严谨，凡职官、贡赋、选举、兵防、水利等有关政事者，"非符檄考核卷案征信，不敢滥登，庶几有裨于留心经济者尔"。

① 《清实录·世宗宪皇帝实录》卷 75 "雍正六年十一月甲戌"条，北京：中华书局，1985 年影印本，第 7 册，第 1122 页。

② （雍正）《陕西通志·进表》，中国西北文献丛书编委会编：《中国西北文献丛书·西北稀见方志文献》卷 1，兰州：兰州古籍书店，1990 年影印本，第 1 辑，第 1 页。

③ （清）永瑢等：《四库全书总目》卷 68《史部·地理类·陕西通志》，北京：中华书局，1965 年影印本，第 608 页。按："马、冯二家之书"指明代马理所修嘉靖《陕西通志》和冯从吾所修万历《陕西通志》。

④ （雍正）《陕西通志·凡例》，中国西北文献丛书编委会编：《中国西北文献丛书·西北稀见方志文献》卷 1，兰州：兰州古籍书店，1990 年影印本，第 1 辑，第 4 页。

对于往事古迹，更加注重稽查，但因"世远言湮，传闻异同"，于是广搜四库，摭拾旧闻，务求征信，"所有采录原书，每条登注，寻览者因流溯源，可以知所自矣"。① 其中所载名宦人物列传，均采录各史原文，"一字不敢妄增，如原文内有地名在前，人名居后，或世系里居不详于本传而别见他传者，俱用小字旁注，以别原文"。②正因为如此，雍正《陕西通志》具有较高的史料价值，乾隆年间纂修《四库全书》时，将其收入且给予了恰如其分的评价："是编订古证今，详略悉当，视他志之撂撝附会者，较为胜之。书中间有案语以参考同异，亦均典核可取云。"③ 今人亦认为雍正《陕西通志》"不仅卷帙浩繁，且内容翔实，体例完备，搜罗更加丰富，考证十分严谨。对研究雍正以前陕西全史有其重要价值"。④

3.（道光）《陕西志辑要》

雍正《陕西通志》修成后，乾隆、嘉庆时期主要以修纂府、州、县志为主，至道光初年，距雍正《陕西通志》修成已有近百年时间，期间有识之士亦曾有修志之举，皆因不易为之而搁置。道光初年，王志沂先后在陕西巡抚卢坤、颜伯焘府中任职，论政之暇，辑成《陕西志辑要》一书，弥补了清代陕西省自雍正以后百余年来不曾续修通志的缺憾。

王志沂，字鲁泉，陕西华州人，是清代陕西籍著名学者，精通天文、金石、医学等。王志沂又是一位擅长描写山水的诗人，他的山水诗尤为出色，曾名震一时。道光三年（1823），王志沂随陕甘巡抚卢绅前往汉南阅兵，从西安出发，途经咸阳、宝鸡、取连云栈道进入汉中，最后至兴安府，此次汉南之游，王志沂撰成《汉南游草》，用游记的形式记载沿途各地的自然风光、地理概貌、历史沿革、名胜古迹、风景人物，以及作者在陕南三大区域汉中、安康、商洛的所见所闻，后附有王志沂《游汉南诗》28 首，同样是汉南之行的组成部分。

王志沂在《陕西志辑要·凡例》中说："《陕西通志》及各府县志卷帙浩繁，

---

① （雍正）《陕西通志·凡例》，中国西北文献丛书编委会编：《中国西北文献丛书·西北稀见方志文献》卷1，兰州：兰州古籍书店，1990 年影印本，第 1 辑，第 3 页。

② （雍正）《陕西通志·凡例》，中国西北文献丛书编委会编：《中国西北文献丛书·西北稀见方志文献》卷1，兰州：兰州古籍书店，1990 年影印本，第 1 辑，第 5 页。

③ （清）永瑢等：《四库全书总目》卷 68《史部·地理类·陕西通志》，北京：中华书局，1965 年影印本，第 608 页。

④ 陈子平：《〈敕修陕西通志〉简介》，《陕西档案》2011 年第 2 期，第 22 页。

检阅不易，且通志修于雍正十三年，府志皆修于乾隆年间，州县无志者甚多，几于文献无征，兹检查各志，并采辑诸家纪载，删繁就简，汇为一编，以便观览。"可见《陕西志辑要》是采辑雍正《陕西通志》及乾隆年间所修各府州县志而成的一部简明志书，作者在《凡例》中一一交代了自己的采辑标准，如记载人物，则"取其确有可传者始录，其有事迹而出于附会，及虽为显宦而无事迹者，皆不录"，而"人物有各县复出者，考其人与地，确有依据，方为载入"；"人物自乾隆以后，不见记载者，不敢妄增"。① 颜伯焘在序中谓此志"备往招来，絜刚提目"，虽辑自旧志，又能"订讹去伪，远稽近征，或本旧编而节录之，或辑闻见而拾补之，井然灿然"。② 李元春在跋语中亦谓此志之分野、沿革、疆域、城池、学校、户口、田赋、风俗、关津、山川、古迹、祠庙、陵墓、物产"例一因旧，其中裁省实多"，而宦迹、人物、列女、仙释、逸民、流寓则"参之正史，别有去取"。③ 因此后人谓此书是雍正《陕西通志》的摘要本，"便于查阅，使用方便。对研究陕西地理提供了丰富翔实的资料，为研究陕西历史文化提供了重要的参考史料"。④

二、陕西府、州、县志的修纂

清代陕西通志的修纂如上所述，雍正以后成绩不佳，虽屡有修志之举，但均有始无终，不了了之。与此相反，陕西各地府、州、县志的修纂则渐入佳境，后期明显好于前期。纵观有清一代陕西各府、州、县志的修纂，经历了前期、中期、晚期三个阶段，不同时期不仅数量相差悬殊，各自的特点也千差万别。

1. 顺、康、雍时期

顺治、康熙、雍正三朝是清修陕西方志的第一个阶段，其中康熙朝出现了陕西历史上第一次修志高潮，所修方志数量多、质量高，为之后陕西省地方志的修纂奠定了良好的基础。

---

① （清）王志沂辑：《陕西志辑要·凡例》，《中国方志丛书·华北地方》第289号，台北：成文出版社，1970年影印本，第13、14页。

② （道光）《陕西志辑要·颜伯焘序》，《中国方志丛书·华北地方》第289号，台北：成文出版社，1970年影印本，第1—8页。

③ （道光）《陕西志辑要·李元春跋》，《中国方志丛书·华北地方》第289号，台北：成文出版社，1970年影印本，第769页。

④ 陈子平：《敕修〈陕西通志〉简介》，《陕西档案》2011年第2期，第22页。

顺治时期，清王朝建立伊始，许多工作尚未展开，一些地方官员基于传统的修志习惯及使命感，自发地开始纂修方志，陕西省亦属于开始修志较早的省份之一，数量也居于全国前列，学者统计认为，清代顺治年间全国各省所修方志现存者以河南省为最，多达五十六种，陕西二十种，居位第二。[①] 顺治年间陕西修志较早的是白水县和澄城县。顺治三年（1646）八月，辽宁东海州朝鲜族人王永命任白水县知县，顺治四年（1647）六月，即修成《白水县志》并予以刻印。顺治《白水县志》共两卷，分星野、沿革、山川、封域、厄要、城隍、治廨、学宫、田亩、户口、赋役、镇堡、津渡、土产、典祀、风俗、邮铺、名宦、人物、武功、监椽、孝友、隐逸、贞烈、方技、流寓、古迹、寺观、陵墓、灾祥、记异、艺文 32 篇，内容简略，全志仅 25 000 余字。顺治《白水县志》颇受后人诟病，乾隆年间白水知县梁善长纂修志书时，在乾隆《白水县志·凡例》中屡陈其弊，认为其"于津梁继以土产，于典祀继以风俗，义类稍觉不协"，"以寺观冠庙祠，轻重失伦"，"名宦虽附秩官而遗弃过半"，"人物与武功、监椽并列，又以监椽先孝友，纲目不辩，位置失宜"。[②] 后人评价此志，亦谓"文笔简约，但体例肢离而不连贯，每篇数百字，史料不多，文章也欠通顺。当时的历史条件，一人之力，一年之内，政务繁忙之时，作此贡献，实为可贵"。[③]

顺治《白水县志》修成后，陕西各地陆续修纂方志。顺治六年（1649），姚钦明、路世美在嘉靖《澄城县志》的基础上续修而成顺治《澄城县志》，完全按嘉靖志的体例篇章并保留其内容。顺治七年（1650），邠州知州苏东柱在明嘉靖《邠州志》的基础上增补记事至顺治六年，又增序文 2 篇，图 25 幅，予以重刻。顺治《邠州志》4 卷约 72 000 字，记载当时隶属邠州的淳化、三水、长武等县的情况，门目分类尤详，集场、铺路、村舍等都独立为门，州内古迹名胜稽考翔实，图文并茂，不失为一部卷目详明、记事简要的志书。顺治九年（1652），江山秀纂修《咸阳志》4 卷，体例谨严，之后咸阳县萧如薰、黄中璜相继增补，顺治十四年（1657）刻印成书。康熙四十二年（1703），县令张枚又增补顺治十四年以后事，补刻版本附于旧志各类之后。此志"于建置、古迹、帝系、陵墓诸

① 王兴亚：《清代顺治年间河南纂修的方志述略》，《中州学刊》1984 年第 2 期，第 121—125 页。
② （乾隆）《白水县志·凡例》，《中国地方志集成·陕西府县志辑》第 26 册，南京：凤凰出版社，2007 年影印本，第 428—429 页。
③ 高峰：《陕西方志考》，内部资料，1985 年，第 88 页。

门，纪载尤详；书后杂记一门，所纪汉唐故事，虽属琐碎，然能著明出诸某书，局条分注，颇合史例焉"。① 顺治十年（1653），王国玮纂修《汧阳志》，不分卷，"体例凌杂。惟纪土俗民情较详，于官师人物二门，明于前缺漏者颇多"，虽然康熙五十四年（1715）知县吴宸梧为之续补，雍正十年知县管箫再事增补，仍有缺漏。② 顺治十三年（1656），汉中知府冯达道修成《汉中府志》6 卷，内容简略，后人称此志"篇章虽云典雅，而搜集未免简略"。③ 顺治十七年（1660），郭显贤、杨呈藻在万历志的基础上修纂《蓝田县志》4 卷，雍正八年（1730）知县李元升又有增补。"惜其书纪载旧闻，犹未尽详，职官附于宦绩，选举人于才贤，且多缺漏。蓝田轶闻，见诸于古书者颇多，此志采撷犹有未尽也"。④ 顺治十八年（1661），刘瀚芳纂修《扶风县志》4 卷，陈光贻先生谓此志"采撷考订，颇为慎严，于考核旧典征引甚详。其体例能循掌故以分纲定目，按文献以断事例，颇纯于史法"。⑤ 同年，在洛川县知县陈炉的主持下，洛川乡绅李楷、华州人东荫商记载万历三十一年（1603）以后至顺治十七年之事，纂成《洛川志》2 卷，约 4 万余言，"而艺文占十之六七"，其中星野、山川、物产、风俗、人物等方志不可或缺的内容，此志皆付阙如。故陈光贻谓"此志均为志体，而图、表、考、传皆无，且多空谈而无据，则与私记野乘何异"。⑥

总的来说，在顺治年间所修的 20 余部方志中，有一部分是在前志的基础上续修而成，还有一部分属于重修或新修，无论是续修、重修或新修，顺治朝所修陕西方志有两个显著特点，其一是数量有限，内容简略，卷帙无多，少者一两卷，多者七八卷，鲜有超过十卷者，大多属于简明志书。其二是陕北修志明显多于陕南地区，陕南仅修成一部《汉南府志》，而陕北的宜君、安塞、延川、保安（1936 年更名为志丹）、洛川、清涧等县及绥德州则先后修纂了志书。

康熙时期，全国政局进一步稳定，修志工作也提上了议事日程，特别是康熙六年（1667）贾汉复主持修成《陕西通志》，进一步推动了陕西各地府、州、县志的修纂。此外，康熙十一年（1672），为了编修《大清一统志》，康熙帝听

① 陈光贻：《稀见地方志提要》卷 4《陕西·咸阳志》，济南：齐鲁书社，1987 年，第 209 页。
② 陈光贻：《稀见地方志提要》卷 4《陕西·汧阳志》，济南：齐鲁书社，1987 年，第 224 页。
③ （清）严如熤主修、郭鹏校勘：《汉中府志校勘·滕天绶序》，西安：三秦出版社，2012 年。
④ 陈光贻：《稀见地方志提要》卷 4《陕西·蓝田县志》，济南：齐鲁书社，1987 年，第 212 页。
⑤ 陈光贻：《稀见地方志提要》卷 4《陕西·扶风县志》，济南：齐鲁书社，1987 年，第 223 页。
⑥ 陈光贻：《稀见地方志提要》卷 4《陕西·洛川志》，济南：齐鲁书社，1987 年，第 236—237 页。

从大学士卫周祚的建议，"令天下郡县，分辑志书"①，康熙二十二年（1683），又令礼部下文督促各省设志局编修通志，因此不仅陕西一省，全国上下都掀起了修志高潮。据笔者初步统计，康熙朝陕西省不仅修纂了第一部《陕西通志》，还修成府、州、县志 50 余部，在数量上比顺治朝翻了一番还多。与顺治朝一样，康熙朝所修陕西方志有续修，如康熙《武功县续志》，有重修，如康熙《重修凤翔府志》，亦有新修，如康熙《山阳县初志》等。此外，尚有四个特点：其一，此时所修志书篇幅虽然比顺治时期有所增加，但不甚明显，仍以 10 卷以下为多，仅滕天绶所修康熙《汉南郡志》多达 24 卷，康熙二十年（1681）修成的《米脂县志》虽有 8 卷之多，然不足 2 万字，且"采访不细，门类不全，文简事约，记载精疏，评语赘词颇多"。② 其二，由于康熙在位时间长达 61 年，因此有一地多次修纂方志的记载。如蒲城县于康熙年间曾三次修志，第一次在康熙五年（1666），系邓永芳修，李馥蒸纂，此志是蒲城县第一部志书，系李馥蒸在顺治七年所辑旧稿的基础上重纂而成，该志"体例完整，门目清晰，文笔流畅，记事简赅，对后志有较大影响"。③ 第二次在康熙四十六年（1707）左右，佚名，不分卷，现仅存抄本；第三次在康熙五十三年（1714），汪元仕修，何芬纂。其三，与顺治朝相比，志书数量较少的陕南、陕北地区大量修志，消灭了陕西志书关中、陕南、陕北不均衡的现象。其四，志书种类齐全，体系完整，不仅完成了清代陕西省第一部通志的修纂，而且府、州、县三级机构均修有志书，甚至出现了镇志，如康熙十二年（1673），在延安知府王廷弼的主持下，由时任榆林堡同知谭吉璁纂成《延绥镇志》6 卷，系明万历以来延绥镇的第二部志书，共计 25 万余字。此志在万历志的基础上，"删其旧芜者十之三，集其新英者十之二"④，"上记强秦、下至胜国，凡山川、溪谷、道里、贡赋以及古今鬼神、寒暖、刚柔、食味、器械无不备，而于有晨特详焉"，⑤ 除增加万历三十六年（1608）以来的事迹外，对前志的缺漏多有补充，内容更为丰富，质量较高，全志除记载地理、建置等内容外，尤其突出兵志内容，对历代名将的传记资料搜

---

　　① （清）永瑢等：《四库全书总目》卷 68《史部·地理类·畿辅通志》，北京：中华书局，1965 年影印本，第 606 页。

　　② 陈自仁主编：《珍贵方志提要》，兰州：甘肃人民美术出版社，2009 年，第 243 页。

　　③ 陈自仁主编：《珍贵方志提要》，兰州：甘肃人民美术出版社，2009 年，第 6 页。

　　④ （康熙）《延绥镇志·许占魁序》，上海：上海古籍出版社，2012 年。

　　⑤ （康熙）《延绥镇志·谭吉璁序》，上海：上海古籍出版社，2012 年。

集最为丰富，对明末李自成、张献忠等起义的经过及失败记载得较为系统完整，是研究李自成农民起义的重要资料。

在经历了康熙年间的修志高潮后，雍正时期，陕西省各地的修志活动稍有停滞，据笔者统计，雍正朝陕西省共修纂地方志十八部，在数量上不及顺治朝，与康熙朝相比更是望尘莫及。究其原因，一是因为雍正帝在位时间短，前后仅13年；二是雍正帝对修志工作提出了更高的要求。如雍正六年（1728）下旨：

> 朕惟志书与史传相表里，其登载一代名宦人物，较之山川风土，尤为紧要，必详细确查，慎重采录，至公至当，使伟绩懿行，逾久弥光，乃称不朽盛事。今若以一年为期，恐时日太促，或不免草率从事。著各省督抚，将本省通志，重加修辑，务期考据详明，摭采精当，既无阙略，亦无冒滥，以成完善之书。如一年未能竣事，或宽至二三年内，纂成具奏。如所纂之书，果能精详公当，而又速成，著将督抚等官，俱交部议叙。倘时日既延，而所纂之书，又草率滥略，亦即从重处分。至于书中各项分类条目，仍照例排纂，其本朝人物一项，著照所请，将各省所有名宦、乡贤、孝子、节妇、一应事实，即详查确核，先行汇送一统志馆，以便增辑成书。①

次年（1729），雍正帝又降谕曰：

> 前因纂修一统志书，内载本朝名宦乡贤孝子节妇，一应事实，行令详悉查报，以备纂修。该地方有司，自应确查纪载，采访乡评，据实秉公咨送书馆，以彰直道。今闻外省郡县中，竟有胥吏作奸，借端生事，向本家查取事实，高下其手，希图财贿者，似此则有力者滥窃褒扬，而无力者不能表见，何以副国家彰善旌贤之典。著各省督抚等通行严禁，倘有仍蹈故辙者，将该地方官即行查参。②

因此雍正一朝陕西除修成《陕西通志》外，各府、州、县修志数量无多，仅有的几部方志也篇幅有限，大规模的修志工作暂告一段落。

雍正朝陕西修志有一个明显的特点，即大多成书于雍正十年（1732）前后，这显然是修纂《陕西通志》的结果，雍正十一年（1733）修成的《凤翔县志》

---

① 《清实录·世宗宪皇帝实录》卷75"雍正六年十一月甲戌"条，北京：中华书局，1985年影印本，第7册，第1122页。

② 《清实录·世宗宪皇帝实录》卷84"雍正七年闰七月癸未"条，北京：中华书局，1985年影印本，第8册，第1211页。

即是其一，此志是在康熙志的基础稍事增补而成，共 10 卷约 8 万余字，由时任凤翔知县韩镛修纂，韩镛在志序中说："天子御极之六年，诏行各直省访求忠孝节义之遗逸，于下而未彰者，辑入省志以付史馆，所以阐幽发隐，甚盛典也。于是秦省推粮台主其事，而檄下各郡县，咸命修之。"① 在这种情况下，韩镛主持修纂了雍正《凤翔县志》10 卷，分为舆地、建置、政治、爵秩、选举、人物、行谊、经武、艺文、外纪十类六十九个子目，记事止于雍正十一年，其中艺文志"载唐、宋、明、清大家诗文颇多，不乏记载凤翔山川、胜迹之华章"。② 此外，雍正朝陕西所修志书与康熙朝一样，篇幅虽有所增加，但不甚明显，除雍正《渭南县志》外，多未超过 10 卷，仍然属于简明志书。

综上所述，清代陕西省在地方志修纂的第一个阶段即顺、康、雍时期，修志成就不凡，尤其是康熙时期掀起了陕西地方志修纂的第一次高潮。此一时期陕西省共修成省志两部，即康熙《陕西通志》和雍正《陕西通志》；府志三部，即顺治《汉中府志》、康熙《凤翔府志》和康熙《延安府志》，雍正年间未修一部府志，州、县志数量最多，镇志则有康熙《延绥镇志》。

2. 乾、嘉、道时期

乾隆、嘉庆、道光时期是清代经济繁荣、文化兴盛时期，也是陕西地方志修纂的第二个阶段，全省各地修纂方志如火如荼，无论是数量还是质量都超过了第一阶段，尤其是学者名儒的广泛参与，进一步加快了方志的修纂速度，提高了方志的质量。

乾隆帝在位 60 年，继康熙之后全国掀起了第二次修志高潮，陕西省亦不例外。据初步统计，乾隆一朝陕西省共修志书近 70 余部，远远超过了康熙朝，而且一地多次修志的比例明显上升，宝鸡、泾阳、醴泉、三水、兴平、同州、大荔、郃阳、白水、富平、商州等都先后修过两次志书。如乾隆年间盩厔县志凡两修，一是邹儒修、王璋纂的 15 卷本，刻于乾隆十四年（1749），二是杨仪修、王开沃纂的《重修盩厔县志》14 卷本，刻于乾隆五十年（1785）；乾隆五十八年（1793），邓秉纶又增刻 3 卷。两修之外尚有三修者，如乾隆一朝凤翔府三次修

---

① （雍正）《凤翔县志》，北京师范大学图书馆编：《北京师范大学图书馆藏稀见方志丛刊》第 3 册，北京：北京图书馆出版社，2007 年影印本，第 1—2 页。

② 北京师范大学图书馆编：《北京师范大学图书馆藏稀见方志丛刊·前言》，北京：北京图书馆出版社，2007 年影印本。

志，一是刘组曾纂修的乾隆《凤翔府志略》3卷本，刻于乾隆二十六年（1761）；二是达灵阿修，周方炯、高登科纂的12卷本，刻于乾隆三十一年（1766）；三是罗鳌修、周方炯纂的乾隆《凤翔县志》8卷本，刻于乾隆三十二年（1767）。乾隆朝陕西省修纂的志书不仅数量多，质量也很高，究其原因，一是因为乾隆帝本人十分重视修志事业，在位期间未曾中断一统志的修纂。康熙二十四年（1685），康熙帝下令编修一统志，由于工程浩大，经康熙、雍正两朝尚未完成。乾隆帝即位后，继续编修，到乾隆八年（1743）始告完成，记事止于康熙时期。鉴于雍正朝以来，清王朝开疆拓土，疆域发生了很大的变化，行政区划、赋税、人口也有不同程度的变化，因此乾隆二十九年（1764），又设立了一统志馆，续修《大清一统志》，体例与康熙《大清一统志》相同，仅增加了新疆地区和雍正至乾隆时期的变化内容，历时20年，至乾隆四十九年（1784）始告完成。乾隆大力纂修一统志，推动了包括陕西省在内的全国各地志书的修纂。其次，乾隆年间，文网日密，部分学者为了避害亦加入到修志大军，不仅提高了志书的质量，还在修志的实践中进行方志理论的探讨和总结，促使方志修纂理论化、系统化，客观上推动了清代修志事业的发展。就陕西而言，毕沅抚陕期间，重文兴教，积极倡导、支持并罗致人才修纂陕西方志，其幕下学者如钱坫、严长明、洪亮吉、孙星衍、吴泰来等都加入到修志大军，促进了陕西方志事业的发展。因此乾隆朝陕西方志修纂的特点即是志书数量多，质量高，体例完善，内容丰富。

继乾隆时期的修志高潮后，嘉庆年间，陕西省地方志修纂再次跌入低谷。嘉庆帝在位25年，陕西各地共修成方志23部，在数量上不及乾隆朝的一半。嘉庆朝陕西方志修纂有两个特点，其一是继承了乾隆时期学者名儒参与修志的遗风，产生了一批质量较高的方志，如董祐诚先后修纂嘉庆《长安县志》、嘉庆《咸宁县志》，陆耀遹先后参修了嘉庆《咸宁县志》、嘉庆《韩城县续志》，严如熤纂修了嘉庆《汉中府志》。其二，修成了较有影响的两部府志，分别是洪蕙修纂的《重修延安府志》80卷和严如熤修纂的嘉庆《汉南续修郡志》32卷。

道光帝在位30年，陕西修志数量与嘉庆朝相较又有所下降，而且大部分志书修纂于道光二十年（1840）即鸦片战争以前，之后所修志书寥寥无几。此一时期，学者名儒参与修志的风气渐渐消退，除著名回族学者蒋湘南主持修纂道光《蓝田县志》、道光《重修泾阳县志》、道光《留坝厅志》外，大部分方志均由地方乡绅纂修。

3. 咸、同、光时期

咸丰帝在位 11 年，时间短促，志书无多，陕西省所修方志更是寥寥无几，据各种书目著录，现存咸丰年间修纂的陕西地方志仅有四部：一是咸丰《同州府志》，34 卷，首 2 卷，末附《文征录》3 卷，李恩继、文廉修，蒋湘南纂，咸丰二年（1852）刻印；二是《咸丰初朝邑县志》，3 卷，李元春纂，咸丰元年（1851）华原书院刻印；三是咸丰《澄城县志》，30 卷，金玉麟修，韩亚熊纂，咸丰元年刻印；四是咸丰《保安县志》，8 卷，彭瑞麟纂修，咸丰六年（1856）刻印。四部方志，其中三部修于咸丰初年，可视之为道光朝修志的余绪，其中以蒋湘南所修《同州府志》最为有名。因此可以说，咸丰帝在位期间，陕西省各地在修纂方志方面几乎无所作为。

与咸丰帝在位期间相似，同治帝在位 13 年，修志事业一度停滞，陕西省各地修纂的志书亦屈指可数。据各种书目著录，现存同治年间修纂的陕西地方志仅存两部，其一是同治《三水县志》12 卷，首 1 卷，姜桐冈修，郭四维纂，同治十一年（1872）刻印。其二是同治《重修山阳县志》21 卷，孙云纂修，同治十二年（1873）刻印。此两部方志均修纂于同治后期。咸丰、同治两朝 20 多年，陕西省共修纂地方志 6 部，可见 1840 年鸦片战争对文化事业尤其是官方修志事业的影响和破坏。

经过咸丰、同治两朝 20 多年的停滞后，陕西省方志修纂于光绪时期再次迎来高潮。光绪帝前后在位 34 年，其间陕西省修志工作经历了两个阶段，第一个阶段是继续修纂传统的府、州、县志。此一时期，陕西省各地修纂的地方志多达 40 余部，其中有的是重修，如光绪十四年（1888）成书的光绪《永寿县志》、光绪二十九年（1903）成书的《重修盩厔县志》等；有的则是续修，如光绪七年（1881）成书的《高陵县续志》、光绪十三年（1887）成书的《增续汧阳县志》以及光绪十六年（1890）成书的《临潼县续志》等；此外还有新修方志，如光绪六年（1880）成书的《三原县新志》、光绪九年（1883）成书的《麟游县新志草》等。值得一提的是，光绪朝陕西省新修志书中有相当一部分是因行政区划的变化，为新设行政区修纂的方志，如光绪五年（1879）成书的《光绪定远厅志》、光绪九年（1883）成书的《佛坪厅志》、光绪十四年（1888）成书的《宁羌州志》以及光绪三十一年（1905）成书的《砖坪厅志》等。第二个阶段是光绪末年在全国掀起的乡土志修纂热潮，一直延续到宣统、民国时期。清末废除科举，推广新式学堂，注重实业教育，为了适应教育改革，清政府颁布了《部颁乡土志例目》，敕令全国各地编纂乡土志作为乡土教材使用。为适应新的形势，此一时期陕西各地乡土志的修纂也取得了很大成绩，据不完全统计，当时陕西共修纂乡土志 54 种，居于全国前列。这批乡土志体例整齐划一，内容简要精当，既有传统方志的内容，又具浓郁的时代气息，成为旧志中的一特殊类别。

第三节　清修陕西方志的种类与名称

我国地方志的修纂历史悠久，数量浩繁，名目众多，类别丰富。周代有四方之志、邦国之志，随着时间的推移，无论是名目还是种类都不断推陈出新。清修陕西地方志从大的类别上可分为官修省志及府、州、县志和私修专志，就名称而言，传统的省志及府、州、县志多沿用宋代以来通行的地名加方志的命名方式，而专志则名称不一，各有千秋。

一、官修通志及府、州、县志

时至清代，我国在方志修纂方面，从全国到地方，各级各类方志都出现了，上有全国的一统志、区域志，中至通志、府志、州志、县志，旁及厅志、道志、土司志、旗志、卫所志、边关志，下至乡镇志、村里志，可谓应有尽有，种类齐全。而具体到陕西省，有清一代在传统地志修纂方面则主要以官修的通志和府、州、县志为主。

清代陕西省是修纂通志较早的省份之一，贾汉复完成《河南通志》的修纂后，康熙元年（1662）移任陕西，又组织修纂了康熙《陕西通志》，不仅为全国，也为陕西省通志的修纂树立了样板。康熙五十年（1711），韩奕又主持续修，由王功成、吕和钟等续纂，之后雍正、道光朝都修纂过《陕西通志》，现存清修陕西通志即康熙志、雍正志、道光志三种。

清代省级行政区划实行府、州、县三级制。据雍正《陕西通志》记载，当时陕西省下辖西安、延安、凤翔、汉中、榆林五府，其中《西安府志》修成于乾隆四十四年（1779）；《延安府志》修成于康熙十九年（1680），嘉庆七年（1802）重修；《凤翔府志》修于康熙四十九年（1710）（实为万历《凤翔府志》

的续志），乾隆三十一年（1766）重修；《汉中府志》则分别修于顺治十三年（1656）、康熙二十八年（1689）和嘉庆二十三年（1818）。榆林府的前身是延绥镇，明万历七年（1579）至万历九年（1581），延绥巡抚、右副都御史王汝梅和榆林兵备道副使赵云翔首次主修《延绥镇志》，未及刊行。万历三十一年（1603）至万历三十四年（1606），巡抚郑汝璧再次主持修志，稿成未刊，继任涂宗浚继续增补修订，于万历三十六年（1608）刻板付梓。康熙十年（1671），榆林城堡同知谭吉璁重修《延绥镇志》，康熙十二年（1673）成书。雍正八年（1730），撤镇设榆林府，道光十九年（1839），榆林知府李熙龄修纂《榆林府志》，历时 1 年告竣。道光《榆林府志》资料翔实，内容丰富，尤其是记载各属县名称及其归属，考证精确，叙述详细，"其他如沿革表、职官志、兵志、风俗志、名宦志、人物志、纪事志等皆搜罗广泛，记述详备，是一部很有价值的志书"。[①] 清雍正十三年（1735），升同州为同州府，乾隆朝两修《同州府志》，咸丰、光绪朝又曾两修府志。乾隆四十七年（1782），兴安直隶州上升为兴安府，又于乾隆、嘉庆两朝分别修成《兴安府志》。因此清代陕西省所辖 7 府，每府至少都修有 1 部志书。

清代陕西所辖的州分两种，一种是直隶州，数量较少，其余则是散州。直隶州的地位与府相当，散州则与县相当。有清一代，陕西省先后设有 10 个直隶州，其中兴安州设于明代，万历年间曾两修州志，均佚失不存，康熙三十四年（1695），在明代所修兴安州志的基础上，王希舜、刘应秋修纂《重修兴安州志》4 卷，内容简明，流传较少。乾隆四十七年（1782），兴安州上升为府，则有乾隆《兴安府志》、嘉庆《续兴安府志》。兴安州外，耀州、乾州、鄜州、同州、华州、商州、邠州、葭州、绥德等九个直隶州均设于雍正三年（1725），其中同州于雍正十三年（1735）升为府，耀州、华州于雍正十三年降为散州，葭州于乾隆元年（1736）降为散州，不论是直隶州还是散州，每州均修有志书，以直隶州志命名的有乾隆《直隶邠州志》、乾隆《绥德直隶州志》、光绪《绥德直隶州志》以及乾隆《直隶商州志》等。

州志之外，数量最多的是县志，清代陕西省各府、州辖县都修有志书，可以说无县不有方志，而且一县多次修志的现象也比较普遍。如有清一代泾阳县

① 陈自仁主编：《珍贵方志提要》，兰州：甘肃人民美术出版社，2009 年，第 160 页。

志凡六修，临潼、鄠县县志凡五修，汧阳、醴泉、三水县志凡四修，宝鸡、韩城、山阳、洵阳等县志凡三修，长安、咸宁县志凡两修，甚至有一朝两修县志者，这种情况在乾隆朝比较多见，而且主要集中在关中地区。如兴平县于乾隆元年（1736）、乾隆四十二年（1777）两次修纂县志，醴泉县于乾隆十六年（1751）、乾隆四十八年（1783）两次修纂县志，三水县于乾隆二十二年（1757）、乾隆五十年（1785）两次修纂县志，泾阳县于乾隆十二年（1747）、乾隆四十三年（1778）两次修纂县志，三原县于乾隆三十年（1765）、乾隆四十八年（1783）两次修纂县志，盩厔县于乾隆十四年（1749）、乾隆二十九年（1764）两次修纂县志，大荔县于乾隆七年（1742）、乾隆五十一年（1786）两修县志，富平县于乾隆五年（1740）、乾隆四十三年（1778）两修县志。清代陕西各县所修方志大多数是在旧志的基础上续修、增修而成，只有少量系新修。

除府、州、县之外，清修陕西传统方志中还有少量厅志、卫志及镇志等。清代省级行政区划除府、州、县外，有的府下还设有厅，厅有直隶厅与散厅两种，"其大抵置于地方特殊之区域，专管一种政务，如盐茶厅等是焉"①。厅设同知或通判进行管理，清代陕西省境内的厅基本分布在今商洛、安康、汉中等地的秦岭山区，这些新设的厅在清代亦修有方志。如乾隆四十八年（1783），割咸宁、蓝田、镇安三县地设孝义厅，光绪九年（1883），常毓坤、李开甲修纂《孝义厅志》12卷。乾隆五十五年（1790），陕西总督勒保、巡抚秦承恩以幅员辽阔知县照料难周为由，建议在汉阴旧地设汉阴厅，属兴安府。嘉庆二十三年（1818），在兴安汉阴抚民通判钱鹤年的主持下，由安康籍举人董诏纂成《汉阴厅志》10卷，与之前几部汉阴旧志相比，《汉阴厅志》内容最为丰富，"如生产技术方面的内容，在其他县志中尚不多见"②。嘉庆五年（1800），分长安、洋县、石泉、盩厔、镇安5县设宁陕厅，道光九年（1829），宁陕厅同知林一铭主持、焦世官修纂《宁陕厅志》4卷约40 000余字。乾隆二十九年（1764），设置留坝厅，属汉中府，道光七年（1827），司狱陈庆怡辑有《留坝厅志略》7卷，"大概本诸府志，于大事诸多未备"③，今不传；道光二十二年（1842），留坝厅

① 陈光贻：《稀见地方志提要·例言》，济南：齐鲁书社，1987年。
② 陈自仁主编：《珍贵方志提要》，兰州：甘肃人民美术出版社，2009年，第146页。
③ （道光）《留坝厅志·凡例》，《中国地方志集成·陕西府县志辑》第52册，南京：凤凰出版社，2007年影印本，第470页。

同知贺仲珹聘请蒋湘南修纂《留坝厅志》10卷。嘉庆七年（1802），析西乡县南24地，取"汉定远侯封邑"之意置定远厅，属陕西省汉中府辖。光绪三年（1877）秋，余修凤任定远厅同知，"初下车即调取志乘，阙如也。盖地处偏隅，设厅日浅，是以文献无征。虽然文献可待而民情难缓，不有志乘，何以为治？于是随时谘访，遇事勤求，迄今三载，初得体要。乃设局选绅，分司其事，有疑难者则旁征典籍。互参众论，间或断以己意，由是始有成焉"①，于光绪五年（1879）纂成《定远厅志》26卷，付梓刻印。光绪十七年（1891）春，定远厅同知贺培芬为《定远厅志》续绘厅境全图，并作序及补遗，于光绪十八年（1892）秋续刻重版。道光四年（1824），析洋县东北部及西安府之盩厔县西南部，置佛坪厅，隶汉中府。光绪八年（1882），刘煃任佛坪厅同知，"索掌故，茫无以应，心忧甚，客乃告余曰：文献无征，何以为治，子其举此废典乎？余唯唯，又以寡闻为虑，爰广谘故老，搜辑往事，历一载，就所得者类次为七篇，曰地理，曰建置，曰田赋，曰官师，曰人物，曰选举，曰杂记，自顾浅陋无文，未能博览册籍，聊存大略已耳，以云信而有征，足备采择"。② 于是创修《佛坪厅志》2卷7篇。

　　相较于厅志，清代陕西省所修卫志数量极少。卫所制是明太祖创立的一种寓兵于农、守屯结合的军事制度，是一种主要根据防卫、战略需要而设立的军事性质的地理单位，明朝灭亡后，"清朝在接管各地时，对于明代已经逐渐失去军事职能的卫所采取了暂时维持现状的办法。因此，卫所作为同县类似的地方管辖单位在清代大约存在了80多年"。③ 明代陕西省在边境要冲亦设有卫所，至清代还保留有榆林卫、潼关卫等，而迄今能见到的清代陕西卫志则仅有康熙《潼关卫志》一种。潼关是陕西的东门户，唐人称潼关雄三辅而扼九州，历代莫不遣重臣设重兵加以防卫。潼关卫设于明洪武九年（1374），至清雍正二年（1724）才撤卫设县。明正德七年（1512），潼关卫兵备副使张和创修第一部《潼关卫志》，惜不存。清顺治十二年（1655），汤斌出任潼关道员，即谋修关

　　① （光绪）《定远厅志·创修定远厅志序》，《中国地方志集成·陕西府县志辑》第53册，南京：凤凰出版社，2007年影印本，第1页。
　　② （光绪）《佛坪厅志·创修佛坪厅志序》，《中国地方志集成·陕西府县志辑》第53册，南京：凤凰出版社，2007年影印本，第229页。
　　③ 顾诚：《卫所制度在清代的变革》，《北京师范大学学报》（社会科学版）1988年第2期，第15—22页。

志，搜讨旧志，仅得残帙，"多漫漶断缺，稽考茫昧"，顺治十四年（1657），潼关人杨端本"依据残卷，广搜博询"，[①] 草成《潼关卫志》，当时未付梓，不久散佚。康熙二十四年（1685），西安抚民同知唐咨伯过问修志之事，杨端本于是整理残稿呈上，唐咨伯又令人补其所未备，修成康熙《潼关卫志》3 卷，分为地理、建置、禋祀、田赋、职官、人物、选举、兵略和艺文门，并绘有治图、境图、编屯图、形势图、古关图和八景图，此志记事条理清晰，考证精详，颇有史料价值，陈光贻《稀见地方志提要》谓其"简帙有体，可备史家掌故"[②]。

乡镇志是商品经济发展的产物，明清时期，江南经济发达地区市镇林立，促进了乡镇志的兴盛，陕西省经济发展相对滞后，乡镇志寥若晨星，现仅存 1 部《泾阳鲁桥镇志》。鲁桥镇在泾阳县东北方向，土地肥沃，商业繁盛，是关中北部的重镇，两汉魏晋元明清名家辈出。道光朝鲁桥镇人王介以修纂乡志为己任，倡议捐金，谋诸同辈，搜罗资料，历时 12 年修成此志，记载本地名宦乡贤30 人，节烈贤孝 20 人。《泾阳鲁桥镇志》刻本流传较少，仅国家图书馆藏有1 部。

以上传统方志除《泾阳鲁桥镇志》系私修外，其余均为官修，因此在命名上几乎全部沿袭传统方志的命名方式，即府、州、县等地名加方志的形式，续修或重修者则在名称中径直注明。官修之外，清代陕西省还有少量私人纂修的方志，名称则因时因人而异。如康熙年间，江苏长兴人钱万选任郃阳县知县期间，主持纂修《郃阳县志》10 卷，志书修成后，地方绅士不以为然。钱万选离任后，遂择存精要，改名《宰莘退食录》，凡 8 卷，仍为县志体例，记载郃阳一县之事。乾隆年间，陕西著名学者、武功人孙景烈晚年归乡闲居，见于家乡方志继雍正朝之后再未续修，于是广泛搜集资料，为修纂武功县志做准备。为了有别于已有的《武功县志》，孙景烈以祖籍邰封（今陕西武功县西南）命名志书，称《邰封闻见录》。光绪十三年（1887）正月，焦思善修纂《增续汧阳县志》2 卷成书，同年冬天，知县李嘉绩根据经史古籍，将有关汧阳之事迹、人物、金石等进行摘录编辑，并作了较为翔实的考证，加以按语，编成《汧阳述古编》2 卷 4 篇，分别为山水、舆地、文献、金石，纠正了旧志中的若干错误，

————————

　　① （康熙）《潼关卫志·杨端本序》，《中国地方志集成·陕西府县志辑》第 29 册，南京：凤凰出版社，2007 年影印本，第 10 页。

　　② 陈光贻：《稀见地方志提要》卷 4《陕西·潼关卫志》，济南：齐鲁书社，1987 年，第 230 页。

补充了不少遗漏，著名学者毛凤枝为之校订审阅，谓其"征引详核，去取谨严，每有论断，尤见卓识，非率尔操瓠可比"。①

二、私修专志

专志指专门记述某一事物的志书，诸如胜迹志、山水志、金石志、陵墓志、寺庙志等，是传统地方志的完善和补充，无疑是地方志的重要组成部分。与传统的府、州、县志大多系官修有所不同，现存清代所修陕西省专志大多系私人修纂，其数量虽不及府、州、县志，但因其记事的专门性，史料价值亦毫不逊色。

由于专志名称各异，加之各种书目著录标准不一，因此清代陕西私修专志数量难以统计，就笔者目之所及，据现存清修陕西专志及各种书目的著录，对清修陕西专志进行了简单的梳理，发现其具有以下三个特点。

其一，涉及范围甚广。清代私人修纂的陕西专志涉及范围较为广泛，包括各个方面，有记载名胜古迹的胜迹者，如毕沅《关中胜迹图志》、罗秀书《褒谷古迹辑略》等；有记载名山大川及水利设施的山水志，如王太岳的《泾渠志》、蒋湘南《华岳图经》和《后泾渠志》；有记载金石碑刻的金石志，如朱枫《雍州金石记》、毕沅《关中金石记》、王昶《邠州石室录》等，此外尚有陵墓志、寺观志等不一而足。

其二，内容繁简不一。清代私修陕西专志在内容上可谓繁简不一，卷帙篇幅悬殊。胜迹志中繁者如毕沅《关中胜迹图志》，内容多达 30 卷近 80 万字，被收入《四库全书》，是研究陕西历史地理及周秦汉唐史迹的重要文献；而记载陕西名胜辋川的《辋川志》仅 6 卷 7 万余字。清代私修专志内容繁简不一的主要原因一是记载对象各不相同，二是涉及的地域范围大小不一，加之不同的作者，其学识、经历、对资料的掌握程度因人而异，结果导致所修专志也千差万别，繁简不一。

其三，多数私修专志出自学者名儒之手。如《关中胜迹图志》、《关中金石记》出自乾嘉名儒毕沅之手，《华岳图经》、《后泾渠志》出自道光时回民学者蒋湘南之手。《邠州石室录》出自著名金石学者王昶之手，《南山谷口考》出自毛

---

①　（清）李嘉绩：《汧阳述古编·毛凤枝序》，《代耕堂全集》，清光绪二十六年（1900）刻本。

凤枝之手等。

其四，多系资料汇编性质。道光年间胡元焕修所修《辋川志》分图考、名胜、人物、金石、杂记、文征等目，主要收录王维所绘《辋川图》、各种文献中记载的辋川名胜，以及与辋川有关的人物、金石等内容，并附以历代文人有关辋川的诗文题咏等。又如同治年间，书法家罗秀书任褒城县教谕期间，与同好褒城县少尉徐廷钰等人多次游历石门，观光赏景之余，对褒斜栈道古迹及石门摩崖进行考察，"剥苔封，洗尘泥，历数月始将模糊之字考证明确。岩石间仿佛有字者，皆搜括而出之"①，辑录了褒谷石刻铭文近 50 种，对褒斜历代摹崖石刻文字一一进行考校，并加跋识，按时间顺序编成《褒谷古迹辑略》一书，书末附录相关诗文，并将分布于褒谷沿途 10 余里的典型景观集为二十四景，由王泽宽赋诗志之。"此书之特点，非特将褒谷古迹石门石刻历代之文、之记、之诗、之歌以及其人文景观、搜而集之，且将褒谷之天文、地舆、古今栈道以及经济林木之发展，均著文论证，对研究褒谷古迹，详赡全备，可谓空前，诚传世之信史也"。②

综上所述，清修陕西地方志数量可观，种类齐全，在清政府的倡导和各级官员的主持下，加之学者名儒、地方乡绅的积极参与，有清一代修志成果斐然，除修纂传统的省志及府、州、县志外，还根据陕西的地情、地貌及人文景观，从实际出发，修纂了一批特殊地志，其中值得关注的有胜迹志、金石志、山水志、书院志、乡土志等。这些特殊地志的修纂，一方面丰富了陕西地方志的种类；另一方面也丰富了陕西地方文献的内容，为研究清代陕西的名胜古迹、文化遗存、人文地理及风土人情提供了珍贵的资料。

第四节　清修陕西地方志的质量与价值

地方志是我国特有的地域性文化遗产，其中蕴藏着极其丰富的自然、社会和人文方面的资料，是了解和研究我国各地历史、地理及风俗文化的重要文献，其史料价值得到学者的普遍认可。来新夏先生指出，中国地方志是地方文献中

---

① （清）罗秀书等原著、郭鹏校注：《褒谷古迹辑略校注·徐廷钰序》，内部资料，1997 年，第 9 页。

② （清）罗秀书等原著、郭鹏校注：《褒谷古迹辑略校注·陈显远序》，内部资料，1997 年。

的大宗，"它既具有丰富坚实的史料基础，更具备取之不尽，足资参证的史料价值"。① 林天蔚先生将前贤时哲有关方志价值的论述总结为五项：可补正史之不足；可考订正史之错误；科技资料之增添；地方人物、史事与艺文之蒐集；有关宗教及中西文化交流史料的钩寻。② 目前学术界利用方志文献研究历史、地理、宗教乃至民风民俗的成果比比皆是，同时还整理出版了诸如《地方志人物传记资料丛刊》、《中国地方志民俗资料汇编》、《地方志灾异资料丛刊》、《中国地方志佛道教文献汇纂》等一批专门性的文献资料，为方志文献的利用提供了很大的便利。

但由于我国古代方志主要以官修为主，尤其是传统的省志及府、州、县志，几乎都由官方组织修纂刻印，因而难免官修史书的弊端，梁启超曾经指出："方志中十之八九，皆由地方官奉行故事，开局众修，位置冗员，钞撮陈案，殊不足以语于著作之林。"③ 清修陕西方志亦难免此弊，学者研究认为，"清代地方志的纂修，绝大多数都是官督绅办的产物，是为维护封建统治阶级的利益服务的，具有官僚地主阶级的烙印。通志以总督巡抚领衔，知府、绅士、学者执笔；府州县志则由知府、知州、知县领衔，绅士、学者执笔。北方的镇志，由当地高级军官领衔，幕府或学者执笔。南方镇志多系私人撰写"。④ 毫无疑问，官修方志成于众手，尤其组织不力时容易敷衍了事草率为之，大大降低了志书的质量。

虽然如此，亦不能全盘否定官修方志的质量和价值。梁启超认为我国数以万计的方志之中，亦不乏可资利用的资料。究其原因，主要是因为我国幅员辽阔，历代史家又重在记述王朝兴亡及各朝典章制度，而有关各地方之社会组织、风俗习惯、生民利病等内容只能依赖方志资料，相较于正史，方志之可贵正在于此。来新夏先生认为，"旧志中记载着大量的有关当地的历史沿革、生态环境、社会经济、景物资源、风土人情、文化艺术等方面的资料，可以发掘出无穷尽的有价值的史料"。⑤ 此外，多数方志虽成于俗吏之手，"然其间经名儒精心结撰或参订商榷者亦甚多"⑥，尤其是清代学者，秉承乾嘉考据学风，治学严谨，

---

① 来新夏：《中国地方志的史料价值及其利用》，《国家图书馆学刊》2005年第1期，第5—8页。

② 林天蔚：《地方文献研究与分论》，北京：北京图书馆出版社，2006年，第44—50页。

③ 梁启超：《中国近三百年学术史》，上海：生活·读书·新知三联书店，2006年，第265页。

④ 朱士嘉：《清代地方志的史料价值》，李泽主编：《朱士嘉方志文集》，北京：北京燕山出版社，1991年，第154页。

⑤ 来新夏：《中国地方志的史料价值及其利用》，《国家图书馆学刊》2005年第1期，第5—8页。

⑥ 梁启超：《中国近三百年学术史》，上海：生活·读书·新知三联书店，2006年，第265页。

所修方志质量当有别于其他志书。清修陕西方志作为全国旧志的一个重要组成部分，不仅数量大，种类多，而且篇幅越来越长，内容越来越丰富，虽然其中的绝大多数属于官修，质量参差不齐，但由于各地官员的重视和学者名儒的广泛参与，也不乏学术价值较高的上乘之作。早在道光年间，张之洞在《书目答问》史部地理类专门著录有"国朝省志、府州县志善本"，其中属陕西的有洪亮吉所修《淳化县志》、孙星衍所修《三水县志》、钱坫所修《朝邑县志》和董祐诚所修《长安县志》。之后，梁启超在《中国近三百年学术史》中亦罗列值得称道的方志佳作，属陕西省的清修方志有孙星衍的《邠州志》、《三水县志》，洪亮吉的《延安府志》、《澄城县志》、《淳化县志》、《长武县志》，钱坫的《朝邑县志》，董祐诚的《长安县志》、《咸宁县志》以及蒋湘南参修的道光《陕西通志》等，并认为这些名志"皆出学者之手，斐然可列著作之林者"。显然，被张之洞、梁启超誉为名志的纂修者，无一不是当时的学者大儒，因此可以说清修陕西方志的质量与当时学者名儒的参修密不可分，同时学者名儒广泛参与修志，也促进了学术的发展和方志理论的总结。

清修陕西地方志作为陕西地方文献的重要组成部分，在研究陕西区域历史、地理、文化等方面的价值不容忽视。张恕在同治《鄞县志序》中说："以一乡之人修一乡之书，其见闻较确而论说亦较详也。"① 林天蔚先先亦言："方志，便是以当时人、当地人而修当地的历史，故最堪征信"。② 方志学家傅振伦指出："由建置学校之兴废，可觇其地经济文化之荣瘁，由族姓之分合，门第之隆替，可裨史事浮沉，由版图之摹刻姓氏，可考当时艺术之高下，由捐资数目，可考其时修志用度，亦大有益于史事焉。"③ 清修陕西方志的内容涉及陕西全省及各府、州、县之建置沿革、疆域变迁、行政区划、地形地貌、气候水利、物产资料、经济发展、人口民族、古今人物、文物古迹、风俗习惯、宗教信仰、金石碑刻以及科举教育、文学艺术、医疗卫生等各个方面，无疑是研究陕西区域历史、地理和文化的重要资料。目前利用方志文献研究陕西区域历史文化已经取得了一定成果，但还远远不够，尤其是清修陕西方志中的丰富内容，尚有待于进一步挖掘利用。

---

① （同治）《鄞县志·张恕序》，光绪三年（1877）刻本。
② 林天蔚：《地方文献研究与分论》，北京：北京图书馆出版社，2006 年，第 44 页。
③ 傅振伦：《中国方志学通论》，上海：商务印书馆，1935 年，第 15 页。

第二章 学者名儒与陕西方志

　　清修陕西方志是陕西地方文献的一个重要组成部分，在陕西乃至全国旧志中都占有非常重要的地位。清代陕西方志的修纂能够取得如此大的成就，一方面是清政府大力提倡、各级官员积极组织实施的结果；另一方面与为官、游学、流寓于陕西的学者名儒的主修与参纂密不可分。清代修纂陕西方志的学者名儒以外籍学者为主流，明显地分为两个阶段；第一个阶段是乾隆朝学者大儒毕沅抚陕期间，毕沅本人及其幕僚洪亮吉、孙星衍、严长明、钱坫等人积极地投入到修志活动中，修纂了一批学术价值较高的方志名作。第二个阶段则在嘉庆、道光年间，著名学者严如熤、董祐诚、陆耀遹及回族学者蒋湘南，相继参与多部陕西方志的修纂，取得了不小的成就。这些学者名儒的学术经历、学术思想及修志主张在方志中均有体现，在很大程度上提高了陕西方志的质量和学术价值，对当时及以后的陕西方志修纂都产生了深远的影响。

第一节　学者名儒修纂方志是清代的一大特色

　　清代是我国地方志修纂的全盛时期，与历史上其他朝代相比，不仅在数量上占绝对优势，内容也更加丰富，体例更加完善，学者的频繁参与也为其他朝代所不及，学者名儒广泛参与修纂方志无疑是清代的一大特色。

一、学者名儒广泛参与修志的原因

　　虽然清代修志属官方行为，主持者往往非官即绅，出现了许多质量欠佳的志书，但名志佳乘的比例仍有明显上升。究其原因，除修纂一统志的实际需要，各级官员为突出政绩积极组织实施，地方乡绅的大力支持外，清代学者名儒的广泛参与也是一个重要因素。学术界对清代学者广泛参与方志修纂的原因多有探讨，传统的观点认为，清初政府采取高压政策，屡兴文字狱，学者不敢轻言治史，为避祸全身，就把主要精力转移到修志上来，其实原因远非如此简单，许卫平先生撰文从四个方面总结了清代学者名儒广泛参与修志的原因：

其一，清代学术研究由研经而治史，治史亦成为学术大业，清代盛行志即史的观念，修志就是修史，编纂方志也是著述大业，因此吸引了众多学者由研经治史而致力于修纂方志。

其二，清代学者强调经世致用，而方志可以示劝惩，兴教化，具有经世的作用，可以为之提供用武之地，同时修纂方志所展示的广阔前景和现实意义，也激励起学者们的兴致和热情。

其三，由于政府提倡，各地设立馆局，重金聘请名人修志，一则可以宣传家乡文化，二则修纂方志可以署明姓名职衔，名留青史，不少学者在名利思想的激励下，积极介入修志事业。

其四，清代各级官员开府纳贤，大批饱学之士迫于生计充当幕僚，从事学术文化活动，修纂方志即其一。①

需要指出的是，清代各级官僚幕府修志不仅是学者幕僚，幕主也不容忽视。清代是一个学者型官员较为普遍的时代，诸如清初徐乾学、陈宏谋，中期朱筠、阮元、毕沅，乃至晚期的曾国藩、张之洞等都是著名的学者型官员，以这些学者型官员为幕主、以著名学者为幕僚，形成了许多从事学术活动的幕府。清代各地修纂方志已经成为常规性的工作，在这种情况下，总督、巡抚、学政等地方大僚纷纷亲自主持，以幕府力量参与修志，学者幕僚积极参与，佳作频出，像谢启昆幕府修纂《广西通志》、毕沅幕府修纂《湖北通志》、阮元幕府修纂《广东通志》，陶澍幕府修纂《安徽通志》等，凡此都是幕主主持、幕僚参与纂修的结果，因此清代幕府的学术活动也为学者名儒参与修志提供了平台。

清代学者名儒积极参与修纂方志除以上几个原因外，还受到学术主流思想的影响。清代学术的主流是考据学，考据学派注重资料的搜集和考证，其治学的根本方法，在于"实事求是"，"无征不信"，而地方志作为官修史书，难免出

① 许卫平：《论清代方志繁盛的原因》，《扬州师范学院学报》（社会科学版）1994 年第 1 期，第 61—65 页。

现各种弊端，尤其是清初各级政府奉檄修纂方志，有的草率从事，仓促成书；有的修志官员敷衍塞责，挂一漏万；有的与修乡绅矜夸乡里，虚美人物。此外志书中记载错误、甚至以讹传讹者亦比比皆是，戴震在《应州续志序》中指出："余襄因诗古文词所涉，检寻郡邑志书，其于经史中地名、山川、故城、废县，以及境内之利病，往往遗而不载，或载之又漫无据证，志之失大致尽然。"有见于此，戴震提出了"古今沿革，作志首以为重"的主张。① 考证学派重视文献征引和考证，而修纂方志则为考据学者提供了用武之地，因此许多著名学者将修纂方志作为自己学术研究的一个重要方面，不惜投入时间和精力。

在各种因素的综合影响下，清代学者名儒参加修志成为一种风尚和潮流，"可以说，清代的名流大家，几乎都参加过方志的纂修实践"②。除以上所述官员型学者外，诸如施闰章，方苞、全祖望、钱大昕、戴震、章学诚、姚鼐、洪亮吉、孙星衍、李兆洛等都曾主纂或参与修纂过不止一部方志，"大批学有渊源的学者投身修志事业，使有清一代，名志纷出，成果斐然可观"。③

二、学者名儒参与修志的成就

我国历来就有名人修志的传统，清代学者名儒积极参与方志修纂更胜前代，主要取得了两个方面的成就，一方面造就了一批职业化的方志学者和志坛名人，与此相应，一批名志佳乘应运而生，极大地提高了清修方志的质量；另一方面又促进了方志理论的诞生，方志修纂趋于系统化、理论化。

1. 名人佳作不断涌现

有清一代，政府重视方志修纂，各级官员积极响应政府号召，也将修纂方志视作当务之急，同时又有一批学者型官员积极主持并倡导修志，诸如阮元、毕沅、谢启昆等人，一方面从事地方治理；另一方面又重视文化建设，大力倡导、积极主持方志的修纂工作，并以其所在幕府为中心，掀起了修志高潮，成就了一批名人佳作。

---

① （清）戴震：《应州续志序》，《戴震全集》第 1 册，北京：清华大学出版社，1991 年，第 519—520 页。

② 许卫平：《论清代方志繁盛的原因》，《扬州师范学院学报》（社会科学版）1994 年第 1 期，第 61—65 页。

③ 黄燕生：《中国历代地方志概述》，来新夏：《中国地方志综览：1949—1987·附录》，合肥：黄山书社，1988 年，第 421 页。

李绂历仕康熙、雍正、乾隆三朝，身兼文人、学者、封疆大吏三重身份，其在政治上是"一副铮铮铁骨，一腔刚肠劲气，屡蹶屡起，终不得志"，在学术上则"以陆子为宗"，注重义理之学，竭力为陆王学术争正统。① 李绂一生勤于治学，学术研究涉及经学、史学等多个领域，著述甚丰，在方志修纂及理论建设方面也颇有建树。李绂奉敕主修了《八旗通志》，又主修过《广西通志》、《畿辅通志》、《临川县志》，还自主修纂了《西江志补》、《抚州续志》。在修志过程中，李绂通过书信往来及诗歌唱和，与江西巡抚白潢等商讨方志编纂及理论问题，"经过多年修志实践与论志活动，李绂对方志的性质、体例、章法、功用、文辞等在理论上都有较为完整、严密的阐发，有些还是比较科学的独到见解，从而为乾嘉时方志学的正式建立作出了很大贡献"。②

乾嘉时期的封疆大吏阮元有"三朝阁老，九省疆臣"之称，其在为官之余直接或间接参与了多部方志的修纂工作，先后修纂有嘉庆《扬州府图经》、嘉庆《浙江通志》、道光《广东通志》、道光《云南通志》，备受后人称赞。谢启昆历官国史馆纂修、河南乡试主考官、镇江府知府、浙江按察使、山西布政使、广西巡抚等职。谢启昆长期为官，从政之余，好学不倦，勤于著述，特别是在方志修纂方面成绩卓著，先后修有乾隆《南昌府志》、嘉庆《广西通志》，后者是其在广西巡抚任上完成的，此志以体例精审，内容博洽著称，超越以前历代通志。此志成书于我国修志兴盛的乾嘉时代，问世不久，即受到当时学者的重视，备受赞誉。阮元称其"载录详明，体例雅饬"③，马丕瑶称其"体例最善，不冒史裁，遂为二百余年来官书创体"④；梁启超谓其"首著叙例二十三则，遍征晋唐宋明诸旧志门类体制，舍短取长，说明所以因革之由。认修志为著述大业，自蕴山始也"，并认为旧志中谢启昆所修《广西通志》号称最佳，"虽以阮芸台之博通，恪遵不敢稍出入"，堪称"省志模楷"。⑤ 张之洞在《书目问答》中称它为"省志善本"。嘉庆、道光年间浙江、广东、云南等省修纂通志，都模仿谢启

　① 杨朝亮：《论李绂的生平与学术》，《东岳论丛》2003年第6期，第88—92页。

　② 褚赣生：《李绂方志理论研究》，黄德馨、傅登舟主编：《中国方志学家研究》，武汉：武汉出版社，1989年，第87页。

　③ （清）阮元撰：《揅经室集·二集》卷8《重修广东通志序》，邓经元点校，北京：中华书局，1993年，第588页。

　④ （嘉庆）《广西通志·马丕瑶序》，南宁：广西人民出版社，1988年。

　⑤ 梁启超：《中国近三百年学术史》，上海：生活·读书·新知三联书店，2006年，第268页。

昆《广西通志》的体例，正如阮元所言其修《广东通志》"大略以《广西通志》体例为本而有所增损"①。

除官员型学者外，还有一大批学者名儒将修志作为自己学术研究的一个重要方面，积极从事方志修纂，成就了一大批职业化的方志学者和志坛名人，诸如顾炎武、钱大昕、姚鼐、戴震、章学诚、洪亮吉、孙星衍、李兆洛等都曾主修或参修过不止一部方志，"大批学有渊源的学者投身修志事业，使有清一代，名志纷出，成果斐然可观"②。

清初著名理学家张沐（1630—1712），字仲诚，号起庵，河南上蔡人。张沐自幼好学，励志为圣贤，清顺治十五年（1658）考中进士，任河南内黄知县，"为治重农桑，务教化"，5年后因事去职，又荐任四川资县令，"治资悉如治内黄"③，1年后辞官归里，主要从事讲学著述，先后主讲登封、禹州、汝南、开封书院，"两河之士翕然归之，多所成就"④。张沐治学严谨，阐扬性道，一生著述甚丰，见于记载的就多达30余部，又擅长诗文，有《前川楼文集》、《前川楼诗集》、《五经疏略》、《图书秘典》等传世。张沐晚年，正逢"康熙盛世"时的修志热，由于他博览群书，知识渊深，河南府县多邀他修纂志书，康熙二十九年（1690）至康熙三十四年（1695），短短5年时间，张沐先后修纂了康熙《上蔡县志》25卷、康熙《开封府志》40卷、康熙《河南通志》50卷，实属罕见。尤其是他编纂的《上蔡县志》分类灵活，体例完备，简洁严明，考证翔实，文风朴素，图文并茂，详细记载了上蔡上起西周，下迄清初社会盛衰的演变，堪称地方志的典范。张沐纂志，不仅有丰富的实践经验，而且有他自己的理论和见解，在方志理论上也有创见，他在《溯流史学钞·目录》中明确指出：第一，编纂新方志时，不能一成不变地照搬旧志，要详加考订，阐微发幽，当因则因，当革则革。比如，"巫觋道士"，"佛释超脱空无家"和"托无用为离才别趋"，或"任气使性以自恣"等内容，于人心、风俗都没有什么实际价值者，不于收录。

---

① （清）阮元撰：《揅经室集·二集》卷8《重修广东通志序》，邓经元点校，北京：中华书局，1993年，第588页。

② 黄燕生：《中国历代方志概述》，来新夏：《中国地方志综览：1949—1987·附录》，合肥：黄山书社，1988年，第421页。

③ （清）尹会一：《张先生沐传》，（清）钱仪吉等撰：《清代碑传全集·碑传集》卷89，上海：上海古籍出版社，1987年影印本，第450页。

④ 《清史稿》卷476《循吏传·张沐》，北京：中华书局，1977年标点本，第12973页。

第二，方志用语，要朴实无华通俗易懂文风端正。"蹊跷支离的话，并浮滥文字，皆可省却。"第三，要有主见，不要盲从。他说："我之所是，人以为非，我之所非，人以为是，学之不用，恶可强也，欲强众人以从我，因不能；欲我苟同众人，一生苦学何为也？"第四，修志要严肃从真，不可轻视草率。因为"志所关于人心、风俗、国家治乱之机"是大事情，即"平常无奇，老老实实"，像孔子作《春秋》那样，秉笔直书，"列国新旧事实，不复忌讳"，"失礼也记之"，"使览者可以洞见风俗，人情之善恶，兴起其礼义廉耻之本志"。① 在方志学还没有形成系统理论的清初，张沐提出的这些理论和见解，无疑对后世方志学做出了巨大贡献，他的观念和理论对清代乾隆时期的方志学家章学诚、武亿都有极大的影响和启发，就是在当今，对于编纂新方志仍有其借鉴意义。

乾嘉时期著名学者从事方志修纂的热情更高，以考据学派中的皖派宗师戴震和浙东史学大师章学诚为代表的方志学家，不但修纂了一批著名方志，还在方志理论方面深入探讨，大胆创新，分别创立纂辑派和史志派，对方志修纂系统化、理论化做出了极大贡献。此外，钱大昕、孙星衍、洪亮吉、钱坫、杭世骏、李文藻、段玉裁、姚鼐、焦循、江藩等均参与了方志的修纂工作。历经乾隆、嘉庆、道光三朝的李兆洛，从幼年开始就留意舆地之学，凡是关于舆地的书籍，都要购置阅览。关于李兆洛的治学特点，魏源指出，"武进李申耆先生生于其乡，独治《通鉴》、《通典》、《通考》之学，疏通知远，不囿小近，不趋声气，年甫三十而学大成，兼有同辈所长，而先生自视嗛然如弗及"。② 李兆洛先后编纂了《凤台县志》、《东流县志》、《怀远县志》、《江阴县志》和《武进阳湖县合志》5 部县志和《常州府志》。李兆洛通常被认为是考据派的代表人物之一，考据派主张修志重在考证地理沿革，以考证过去为主，吴澍时指出："李兆洛被认为是此派的代表原因有二：其一，李兆洛早年就读龙城书院师从卢文弨时，究心于考据训诂之学。其二，李兆洛本身潜心于地理学的研究，于舆图、地名、地理沿革方面研究颇深，成果较多。"③ 其在纂修方志时所体现的方志思想，对后代地方志的纂修产生了一定的影响，其修纂的体例和方法，以及求真务实的

---

① 转引自申畅：《张沐及其所纂的志书》，驻马店地区地方志总编室、驻马店地区地名办公室编：《驻马店地区方志资料汇编》第4辑，内部资料，1984年，第69—73页。

② （清）魏源：《魏源集·武进李申耆先生传》，北京：中华书局，1976年，第359页。

③ 吴澍时：《李兆洛的修志活动与方志思想》，北京图书馆古籍馆编：《2004地方文献国际学术研讨会论文集》，北京：北京图书馆出版社，2006年，第344—347页。

治学态度，是后人学习的楷模。"大批学有渊源的学者投身修志事业，使有清一代，名志纷出，成果斐然可观。尤其是他们将各自的学术观点带入修志实践中，并通过对方志理论的悉心研讨和切磋辩论，形成了风格迥异的方志学流派，并为方志学研究的深入做出了贡献"。①

清代学者名儒广泛参与修志，极大地提高了方志修纂的质量，"这些学者在史学、地理学、经学、谱牒学、文学、文献学上，各有建树，他们以严谨的学术态度，将学术研究与修志实践相结合起来，发凡起例，广罗材料，考证史实，讲求章法，促进了清代方志编纂水平的进一步提高"。② 梁启超在总结清代学者修纂方志的成就时说：

> 清之盛时，各省、府、州、县皆以修志相尚，其志多出硕学之手。其在省志，《浙江通志》、《广东通志》、《云南通志》之总纂，则阮元也；《广西通志》，则谢启昆也；《湖北通志》，则章学诚原稿也。其在府县志，则《汾州府志》出戴震，《泾县志》、《淳化县志》出洪亮吉，《三水县志》出孙星衍，《朝邑县志》出钱坫，《偃师志》、《安阳志》出武亿，《富顺县志》出段玉裁，《和州志》、《亳州志》、《永清县志》、《天门县志》出章学诚，《凤台县志》出李兆洛，《长沙志》出董祐诚，《遵义府志》出郑珍、莫友芝。凡作者皆一时之选，其书有别裁有断制，其讨论体例见于各家文集者甚周备。③

2. 方志理论渐趋成熟

我国方志修纂历史悠久，数量浩繁，但长期以来忽视方志修纂方法的探讨和理论的总结，时至清代，长期的方志实践，日益成熟的方志修纂方法，尤其是学者名儒的广泛参与，不仅完善了方志的体例和修纂方法，丰富了方志的内容，也促进了方志理论的诞生，提高了方志的学术价值，影响和推动了整个清代方志纂修活动。

随着清代方志修纂的兴盛，越来越多的学者加入到修志的队伍，特别是乾嘉时期，志家辈出，形成了以戴震为代表的考据派（亦称纂辑派）和以章学诚

---

① 黄燕生：《中国历代方志概述》，来新夏：《中国地方志综览：1949—1987·附录》，合肥：黄山书社，1988年，421页。
② 巴兆祥：《方志学新论》，上海：学林出版社，2004年，第133页。
③ 梁启超撰、朱维铮导读：《清代学术概论》，上海：上海古籍出版社，1998年，第54—55页。

为代表的史志派（亦称撰著派），各派对方志的起源、性质、体例、编纂方法等都有自己的认识，并就这些问题进行深入的探讨，除直接付诸修志实践外，还在其所修方志的序跋、凡例中阐明己见，甚至撰写论文就方志修纂的相关问题展开了深入的研究和热烈的讨论，方志理论渐趋成熟。

考据派以乾嘉学派的主要代表人物钱大昕、戴震、洪亮吉、毕沅、孙星衍等人为代表，在修志方面重视地理沿革的考证。如戴震认为方志之失，多在地理沿革考证不详，提倡修志必须以沿革为首，认为"志之首沿革也，有今必先有古"，"沿革定而上考往古，乃始无憾"，"地图及沿革表，志开卷第一事也"。①洪亮吉在继承戴震方志思想的基础上，进一步提出了"一方山水，重在沿革"的主张。同时，考据派又特别重视文献的征引与考证，在修志的过程中，信载籍而不信传闻，征引不厌其详，热衷于考证，毕沅称赞洪亮吉修纂《登封县志》时说："稚存病夫近时府州县志皆俚而不典，信传闻而忽书传，故其命名皆取于秦汉以来至唐宋而止，又征引历史及记传皆不厌其详，必无可征，始采旧志，及采访事实以补之，可谓通于作史之义者矣"。②

史志派以章学诚等人为代表，该派强调对各类资料进行分析概括，用修史的方法修志，以成一家之言。章学诚一生主要致力于治史和修志，相继纂修或参修《和州志》、《永清县志》、《大名县志》、《亳州志》、《湖北通志》等工作。在纂修志书的同时，章学诚注重总结修志经验，进行方志理论的探讨和总结，在方志理论建设方面颇有建树。关于方志的性质，章学诚提出了与考据派截然不同的主张，认为"方志如古国史，本非地理专门。如云但重沿革，而文献非其所急，则但作沿革考一篇足矣，何为集众启馆，敛费以数千金，卑辞厚币，邀君远赴，旷日持久，成书且累函哉？"③章学诚认为方志属于史书的范畴；关于志书的体例，章学诚提出方志分立三书的主张，"仿纪传正史之体而作志，仿律令典例之体而作掌故，仿《文选》《文苑》之体而作文征"。④同时，章学诚写

---

① （清）戴震：《乾隆汾州府志例言》，《戴震全集》第1册，北京：清华大学出版社，1991年，第488—491页。

② （乾隆）《登封县志·毕沅序》，《中国方志丛书·华北地方》第462号，台北：成文出版社，1976年影印本，第2页。

③ （清）章学诚著、叶瑛校注：《文史通义校注》卷8《外篇·记与戴东原论修志》，北京：中华书局，1985年，第869页。

④ （清）章学诚著、叶瑛校注：《文史通义校注》卷6《外篇·方志立三书议》，北京：中华书局，1985年，第571页。

出了《方志辨体》、《修志十议》、《记与戴东原论修志》、《州县请立志科议》等论文，对方志的性质、起源、体例及编纂方法等进行系统的研究和阐述，提出了较为完整、系统的方志理论，成为我国历史上方志理论的奠基人。

第二节　学者名儒修纂陕西方志集中在乾隆朝

从清代陕西方志修纂的历程来看，学者名儒参与修纂陕西方志主要集中在乾隆时期。此一时期，陕西籍学者孙景烈继承明代本土学者修志之传统，以家乡先贤康海为榜样，先后纂修了乾隆《郃阳县全》和乾隆《鄠县新志》，又私修家乡志书《郃封闻见录》，惜未竟而卒。孙景烈所修两部志书的体例，悉遵康海《武功志》之旧例，虽与当时普遍通行的志书体例及清人的修志主张格格不入，但也体现了本土学者热爱家乡，重视志书修纂的优良传统。孙景烈修志是陕西籍学者名人修志之余响，几乎与孙景烈纂修志书同时，陕西巡抚毕沅入驻西安，一大批学者名儒追随而至，为陕西文化注入了新鲜的血液，也将陕西方志的修纂推向高潮，开启了陕西方志修纂史的新时代。

毕沅是乾嘉时期的著名学者，乾隆年间曾两次抚陕，前后历时 14 年之久。毕沅抚陕期间，除兴修水利，发展农业生产外，还在保护陕西文物古迹、整理出版陕西地方文献、修纂方志方面做出了较大贡献，在他的主持和倡导下，许多学者名儒都参与了陕西地方文献的整理和方志的修纂。

一、毕沅亲力亲为倡导修志

毕沅任职陕西期间，重视文化建设，一方面整理出版陕西地方文献；另一方面，亲自主持修纂陕西方志。如乾隆四十一年（1776），毕沅主持纂成《关中胜迹图志》30 卷；乾隆四十四年（1779），主持纂修《西安府志》80 卷，辑成《关中金石记》8 卷。此外，毕沅大力倡导并积极赞助各地修纂府州县志。乾隆四十一年（1776），毕沅奏请重修西安府志，西安府知府舒其绅、毕沅幕僚严长明遂遵毕沅之命，以《大清一统志》、《陕西通志》体例为范，参考并征引文献九百余种，于乾隆四十四年（1779）纂成《西安府志》80 卷。之后在毕沅的倡导赞助下，关中各县志的纂修工作也相继展开。乾隆四十五年（1780），朝邑县知县金嘉琰承毕沅之命，聘请学识渊博的知识分子商榷并开始汇辑修纂《朝邑县志》。乾隆四十八年（1783），傅应奎任韩城县知县，见前志"多漫漶不可卒读"，"欲重加编纂而未暇也"，"适大中丞毕公有缮治之命"，于是与当地乡绅"征文考献"①，纂成《韩城县志》16卷。同年，醴泉县令蒋骐昌申请修《醴泉县志》，毕沅"嘉而许之"②。三水县令葛德新在乾隆五十年（1785）所修《三水县志》的序文中有"近奉大中丞毕公檄重修此志"之语。③ 正如毕沅所言："余自壬辰岁（即1772年）开府西安，于关中州县之志皆次第修举。"即使较为偏远的淳化县，"僻在众山中，民俗凋敝"，本不打算修志。但是毕沅因公来到淳化后，"览其山川，访其基址，未尝不致意久之"。④ 乾隆四十七年（1782），邠州及所属三县请求重修志乘，又恰逢洪亮吉来到西安客居毕沅幕府，因此毕沅将纂修《淳化县志》的任务交给了洪亮吉。可见乾隆年间陕西关中诸县志的纂修都是毕沅主持倡导的结果。

有学者统计毕沅在陕西的修志成就时说，"仅在陕西，除校刊《长安志》和《长安志图》，编纂《关中胜迹图志》外，由他参与、倡导、支持而成的就有《西安府志》、《朝邑县志》、《长安县志》、《淳化县志》、《三水县志》、《直隶邠州志》、《醴泉县志》、《韩城县志》、《同州府志》、《澄城县志》、《长武县志》、《蒲城县志》、《汉中府志》、《扶风县志》、《渭南府志》等地方志共28部，占乾隆后半期近30年全部志书的90%。"⑤ 其实毕沅在陕西的修志成就还远不止此，乾隆时期陕西各地所修志书有些虽然与毕沅没有直接联系，但也是在他的鼓励和影响之下修纂的。如乾隆四十三年（1778）吴六鳌等修、胡文铨等纂《富平县志》8卷，即是富平知县吴六鳌在毕沅的鼓励之下完成的，吴六鳌在序中说自己乾隆四十二年（1777）调任富平，临行前谒见毕沅："毕公训曰：'富平有修志之役，尔其矢公矢慎，毋漏毋支，以藏厥事。'"⑥ 又如乾隆四十三年（1778），孙景烈

① （乾隆）《韩城县志·傅应奎序》，《中国地方志集成·陕西府县志辑》第27册，南京：凤凰出版社，2007年影印本，第2页。

② （乾隆）《醴泉县志·毕沅序》，《中国地方志集成·陕西府县志辑》第10册，南京：凤凰出版社，2007年影印本，第4页。

③ （同治）《三水县志·葛德新序》，《中国地方志集成·陕西府县志辑》第10册，南京：凤凰出版社，2007年影印本，第540页。

④ （乾隆）《淳化县志·毕沅序》，《中国地方志集成·陕西府县志辑》第9册，南京：凤凰出版社，2007年影印本，第433页。

⑤ 刁美林：《毕沅的方志学思想成就探析》，《中国地方志》2012年第4期，第52—58页。

⑥ （乾隆）《富平县志·吴六鳌序》，《中国地方志集成·陕西府县志辑》第14册，南京：凤凰出版社，2007年影印本，第4页。

完成了《鄠县新志》修订，寄回给鄠县县令汪以诚时，特别嘱咐付梓前务必请陕西巡抚毕沅审定。毕沅抚陕期间，于陕西名山大川以及故墟废井，"大半经行"，而每次经过岐山都要拜谒周公庙，"觉当日辟雍钟鼓，流风余韵，犹有存焉"，于是搜文访献，仅见顺治初年县令王毂所辑志书一种，"而义例未尽允谐"，于是命岐山县知县平世增"留心甄辑"县志，胡文铨协助纂修，未及完成而平世增调往云南办理铜务，于是又命代理知县郭履恒在原稿的基础上，由教谕蒋兆甲编撰，训导张庸礼校刊，于乾隆四十四年十月刊印成书，毕沅还为之撰写了序言。①

二、受毕沅影响幕府学者投入修志

毕沅基于对文化事业的高度重视，对整理和保存地方文献倾注了极大的热情，对辖区地方志的修纂更是全力以赴，他的所作所为及治学态度、治学方法对其幕府中的学者影响颇大，许多人都直接或间接地参与了陕西地方文献的整理和地方志的修纂工作。

毕沅在陕西任职时间较长，自乾隆三十七年（1772）至乾隆五十年（1785），除归乡丁忧一年外，在陕西任职长达 13 年，加之毕沅爱才下士，在其抚陕期间，幕府中云集了一批学者名儒，当时的著名学者诸如章学诚、钱大昕、邵晋涵、孙星衍、洪亮吉、段玉裁、汪中、严长明、钱坫等数十人络绎入陕，云集幕下。在毕沅的倡导、支持和推荐下，许多人都致力于陕西地方志的修纂工作，直接或间接地参与了各府、州、县志的编修。一方面，毕沅直接将地方志的修纂工作委托给幕府中的学者，如乾隆四十五年（1780）纂修《朝邑县志》时，毕沅发檄文命前朝邑县知县金嘉琰、现任知县朱廷模及钱坫商榷汇辑。乾隆四十七年（1782），他将纂修《淳化县志》的任务交与洪亮吉。乾隆四十八年（1783），澄城县知县戴治申请重修县志，"巡抚毕公因属亮吉为排纂之"。② 另一方面，有些地方官员主动聘请毕沅幕府中的学者参与修志，如乾隆四十八年（1783）纂修《韩城县志》时，知县傅应奎与乡绅"征文考献"，又"属嘉定钱

① （民国）《岐山县志》卷首《岐山县旧志序·毕沅序》，《中国地方志集成·陕西府县志辑》第 33 册，南京：凤凰出版社，2007 年影印本，第 154 页。

② （乾隆）《澄城县志》卷末《序录·洪亮吉序》，《中国地方志集成·陕西府县志辑》第 22 册，南京：凤凰出版社，2007 年影印本，第 200 页。

君（玷）精其义例，审其体裁"。① 正因为如此，乾隆时期陕西修纂了《西安府志》、《淳化县志》、《澄城县志》、《醴泉县志》、《三水县志》等著名地志，可谓名志汇集，名家辈出，成为清修陕西地方志的全盛时期。正如学者所言："毕沅出任陕西巡抚，开衙于关中，广延学界名士于幕下，如严长明、洪亮吉、孙星衍、徐复、钱玷等都被罗致幕中；以后由陕西到河南，又由河南至湖北，为督抚 20 余年，所至之处，皆有大批学人追随幕下。无论是规模还是影响，在清代幕府中都可谓是首屈一指。而幕府的学术活动也很活跃。无论是诸子、金石、地理，还是小学、方志、诗歌等，都可谓一时之盛。"②

第三节　嘉道朝是学者名儒修纂陕西方志的延续

嘉庆、道光两朝，虽然没有出现像毕沅那样大力倡导并亲力亲为修纂方志的领袖人物，但各地修志的风气依然不减，地方官员为了提高政绩，积极编修地方史志，并继承了乾隆时期延聘学者名儒参与修志的风气。此一时期，参与修纂陕西方志的学者名儒主要有严如熤、陆耀遹、董祐诚和蒋湘南。

首先，嘉庆时期学者名儒所修陕西方志虽然数量不多，但质量与乾隆时期相比并不逊色。可以称道者有三：其一是著名地理学家严如熤所修《汉中府志》。此志是严如熤任汉中府知府时，见于康熙二十七年（1688）滕天绶所纂《汉中府志》"板残字蛀，模糊不能成句读"，于是繁忙的政事之余，"稍得闲则以搜集为事，随得随录，渐次成卷帙焉"③，纂成《汉南续修府志》32 卷。因为汉中自古以来都是南北交通要道，地理位置非常重要，因此此志记载的重点是关隘、道路及山川。其二是著名金石学家陆耀遹所修《韩城县志》。嘉庆年间，陆耀遹客居陕西巡抚幕府，修纂了嘉庆《韩城县续志》。《韩城县续志》共 5 卷约 2 万余字，是一部较为简明的续志。此志接续傅应奎、钱玷所修乾隆《韩城县志》，其中前四卷系增补乾隆四十八年（1783）至嘉庆二十二年（1817）内容，"名目体例，悉仍旧志，其典章制度无所更易，贤良文学孝子节妇，傅志已

①　（乾隆）《韩城县志·傅应奎序》，《中国地方志集成·陕西府县志辑》第 27 册，南京：凤凰出版社，2007 年影印本，第 2 页。

②　尚小明：《学人游幕与清代学术》，北京：社会科学文献出版社，1999 年，第 95—109 页。

③　（清）严如熤主修、郭鹏校勘：《汉中府志校勘·严如熤叙》，西安：三秦出版社，2012 年。

录者并不赘书"。第五卷则系刊误补遗，"傅志有援据偶误者，有疏漏宜补者，有张、康二志所有而傅志未录者，别为《刊误补遗》1卷，附《续志》末。其乾隆四十八年以后应入续志而单文只义，不能别成篇目者，并附录焉"。① 此志词约文简，详略得当，"可为旧志专务博滥冗芜者鉴"。② 其三是文学家董祐诚所修《长安县志》、《咸宁县志》。嘉庆年间，张聪贤任长安县知县，聘董祐诚仿史家体例编成《长安县志》36卷，设图、表、志、传四目，对于辞赋小技、逸事异闻等弃而不取，采撷宏富而无繁冗琐屑之感。之后董祐诚师事陆耀遹，又与之同纂《咸宁县志》，此志是在康熙七年（1668）黄家鼎所修8卷本旧志的基础上，"因旧志而增删之，其无关于世道人心者悉从淘汰，其与长安毗连误传其故址者悉为补正，分为图、表、志、传，一如史例"，"简而不遗，括而不冗"。③ 董祐诚所纂《长安》、《咸宁》二志均被誉为清代名志。

其次，道光朝著名回族学者蒋湘南对陕西方志的贡献尤为突出。蒋湘南是河南固始人，清代道咸之际著名的回族学者。道光年间，蒋湘南客居陕西，先后修纂了《蓝田县志》、《泾阳县志》、《留坝厅志》、《同州府志》等，并参与《陕西通志》的修纂。蒋湘南继承并发展了章学诚的方志思想，其所修方志的体例及内容与章氏一脉相承又有所发展，在他所修的四部陕西方志中，有三种分为图、表、志、传四目，一种分纪、图、谱、考、略、传六目。《蓝田县志》和《同州府志》均附有《文征录》，《留坝厅志》附有《足征录》，著录与地方有关的诗文，最大限度保留了地方文献和档案。正因为如此，蒋湘南所纂《蓝田县志》和《同州府志》被视作清代"撰著派"方志的代表作。此外，蒋湘南重视图经在方志中的作用，他认为纂修方志应当以图经为主，因此他所纂修的《蓝田县志》、《泾阳县志》及《留坝厅志》不仅有图，而且有注，力图使读者一目了然。蒋湘南在纂修《同州府志》时，对其所修志书分图、表、志、传四目作了详细说明："方志古名图经，自宜以图为主。然在官之朝章国故，在民之畸行纯修，非图经之法所能尽，不能不参合志传之体，其沿革事迹、职官选举等各按朝代年月，科分为序，不能不用表体，兹故定为图、表、志、传四目，而各

①（嘉庆）《韩城县续志·凡例》，《中国地方志集成·陕西府县志辑》第27册，南京：凤凰出版社，2007年影印本，第214页。

②高峰：《陕西方志考》，内部资料，1985年，第77页。

③（嘉庆）《重修咸宁县志·邓廷桢叙》，《中国地方志集成·陕西府县志辑》第3册，南京：凤凰出版社，2007年影印本，第1页。

以门类分载。"① 可见在蒋湘南所修的四部陕西方志中，自始至终都体现了其修志重视图经的主张。蒋湘南作为一个河南籍的回族学者，其一生在陕西的学术活动值得关注，其在丰富陕西地方文献方面所做的贡献尤其值得肯定和颂扬。

表 2-1 清代学者名儒修纂陕西方志一览表

地方志名称	卷数	修纂者	初刻时间
（乾隆）《郃阳县全志》	4 卷	席奉乾修、孙景烈纂	乾隆三十四年
（乾隆）《鄠县新志》	6 卷	汪以诚修、孙景烈纂	乾隆四十二年
（乾隆）《西安府志》	80 卷，首 1 卷	舒其绅修，严长明纂	乾隆四十四年
（乾隆）《朝邑县志》	11 卷，首 1 卷	金嘉琰、朱廷模修，钱坫纂	乾隆四十五年
（乾隆）《同州府志》	60 卷	杨徽修，吴泰来纂	乾隆四十六年
（乾隆）《蒲城县志》	15 卷	张心镜修，吴泰来纂	乾隆四十七年
（乾隆）《长武县志》	12 卷	樊士锋修，洪亮吉、李泰交纂	乾隆四十八年
（乾隆）《韩城县志》	16 卷，首 1 卷	傅应奎修，钱坫等纂	乾隆四十九年
（乾隆）《淳化县志》	18 卷②	万廷树修，洪亮吉纂	乾隆四十九年
（乾隆）《澄城县志》	20 卷	戴治修，洪亮吉、孙星衍纂	乾隆四十九年
（乾隆）《醴泉县志》	14 卷，图 1 卷	蒋骐昌修，孙星衍纂	乾隆四十九年
（乾隆）《直隶邠州志》	25 卷	王朝爵修，孙星衍纂	乾隆四十九年
（乾隆）《三水县志》	11 卷，附《补遗》1 卷	朱廷模、葛德新修，孙星衍纂	乾隆五十年
（嘉庆）《汉南续修府志》	32 卷	严如煜纂修	嘉庆十九年
（嘉庆）《长安县志》	36 卷	张聪贤，董曾臣（祐诚）纂	嘉庆二十年
（嘉庆）《韩城县续志》	5 卷	冀兰泰修，陆耀通纂	嘉庆二十三年
（嘉庆）《咸宁县志》	26 卷，首 1 卷	高廷法、沈琮修，陆耀通、董祐诚纂	嘉庆二十四年
（道光）《蓝田县志》	16 卷	胡元焕修，蒋湘南纂	道光二十年
（道光）《留坝厅志》	10 卷，附《足征录》4 卷	贺仲瑊修，蒋湘南纂	道光二十二年
（道光）《重修泾阳县志》	30 卷，附《后泾渠志》3 卷	胡元焕修，蒋湘南纂	道光二十二年
（咸丰）《朝邑县志》	3 卷	李元春纂	咸丰元年
（咸丰）《同州府志》	34 卷，首 2 卷，附《文征录》3 卷	李恩继、文廉修，蒋湘南纂	咸丰二年

第四节　学者名儒在陕西方志修纂中的作用及影响

高峰《陕西方志考》对清修陕西方志做了简要总结，除了肯定康熙《陕西通志》和雍正《陕西通志》外，还肯定了毕沅及其幕僚在陕西地方志修纂过程

---

① （咸丰）《同州府志·凡例》，《中国地方志集成·陕西府县志辑》第 18 册，南京：凤凰出版社，2007 年影印本，第 3 页。

② 按：《中国地方志联合目录》、秦德印《陕西地方志书目》、高峰《陕西方志考》均著录作 30 卷，又《中国地方志集成·陕西省府县志辑》第 9 册影印乾隆《淳化县志》亦题作 30 卷，然据影印本目录、内容及毕沅序，实际上只有 18 卷。

中所做的贡献："特别应该提出的是乾隆年间毕沅任陕西巡抚时，大力提倡纂修地方志和各类历史文物专志。他从江南招聘了许多学者来陕西讲学修志，如孙星衍、洪亮吉在陕西纂修了《澄城县志》20卷、《醴泉县志》14卷、《直隶邠州志》25卷、《长武县志》12卷、《淳化县志》30卷。毕沅本人撰辑了著名的《关中胜迹图志》30卷和《关中金石记》8卷。其他还有沈青崖《陕西古迹志》2卷、《关中古迹志》2卷、毛凤枝的《南山谷口考》1卷，佚名的《秦边纪略》6卷。清朝后期比较优秀的方志有嘉庆十六年张聪贤、董增臣纂修的《长安县志》30卷，光绪十七年樊增祥、谭麟纂修的《富平县志》17卷等。"① 正如高峰先生所言，清修陕西地方志中的上乘佳作主要出自学者名儒之手。

首先，清代学者名儒自身的学术水平决定了他们所修陕西方志广受好评。以毕沅为中坚的清代学者，不但具有广博深厚的学养，其丰富的学术经历、厚重的知识积累以及长期从事学术研究的经验，在修纂陕西方志的过程中都发挥了一定的作用。比如乾隆时期的学者严长明，曾充方略馆纂修官，编纂《平定准噶尔方略》，历充《通鉴辑览》、《大清一统志》、《热河志》馆纂修官，不仅有遍览群籍的机会，也积累了一定的修史经验。毕沅抚陕时，延请严长明于幕府前后10余年，不仅协助毕沅完成了《关中金石记》等文献的编纂，还主持修纂了《西安府志》80卷，均为清代名志。又如洪亮吉精于史学，又先后在朱筠、王杰、刘权之的幕府任职，主要从事文献校勘工作，结交了许多当时的著名学者，丰富的学术经历，耳濡目染的研究方法，对他完成《淳化县志》、《长武县志》、《澄城县志》的纂修不无帮助，所修方志都堪称名志。正如毕沅所言，洪亮吉精于史学，"所修州县志皆一以史例编之"，认为其所修《淳化县志》"该核可继《长安志》、《雍胜略》二书，非世所传明康海《武功志》、韩邦靖《朝邑志》等所可比矣"。② 因此，以毕沅为主的知名学者参与方志纂修，在很大程度上提高了陕西方志的质量和学术价值。

其次，学者名儒从事志书修纂丰富了志书的类别和内容。学者名儒除参与传统的府州县志修纂以外，还利用自己的学识以及丰富的阅历从事胜迹志、山

① 高峰：《陕西方志考》，内部资料，1985年，第8页。按：沈青崖《陕西古迹志》两卷即其所纂《雍正陕西通志》中的古迹志，《关中古迹志》不明所指，似有误。又董增臣当作董曾臣，即董祐诚。

② （乾隆）《淳化县志·毕沅序》，《中国地方志集成·陕西府县志辑》第9册，南京：凤凰出版社，2007年影印本，第433页。

水志等其他志书的编修。雍正时著名史地学者沈青崖在主修《陕西通志》时，先后编纂《陕西古迹志》、《关中古迹志》各 2 卷。乾隆年间毕沅抚陕，又撰有《关中胜迹图志》30 卷。此外，有名的胜迹志尚有毛凤枝《南山谷口考》1 卷，胡凤丹《马嵬志》6 卷。蒋湘南在编纂《泾阳县志》时，附有《泾渠志》3 卷，之后蒋湘南又在《同州府志·山川志》的基础上撰写了《华岳图经》，于陕西山水情有独钟。这些特殊志书，一方面保留了陕西山水古迹及民风民俗资料；另一方面也丰富了陕西地方文献的种类和内容。

再次，学者名儒的学术思想及修志主张在所修方志中均有反映。众所周知，清代修志成果丰硕，志家辈出，方志理论渐趋成熟，并形成了不同的流派。以戴震、孙星衍、洪亮吉等人为代表的纂辑学派，重视地理沿革，以纂辑为主，考据为要，"信载籍而不信传闻"，广搜博采，述而不作；以章学诚为代表的撰著学派，强调对各类资料的分析概括，进而成一家之言，同时附文征录以保存文献。两派的修志主张在陕西方志中均有体现，作为纂辑派的代表人物，洪亮吉、孙星衍在方志学领域成果丰硕，主持或参与纂修的方志均多达 10 余种。如洪亮吉所修《长武县志》重视地理沿革，考证精审，是"纂辑派"志书的重要代表作。而蒋湘南则继承并发展了章学诚的方志思想，其所修的 4 部陕西方志，有三种分为图、表、志、传四目。《蓝田县志》和《同州府志》均附有《文征录》，《留坝厅志》附有《足征录》，被视作清代"撰著派"方志的代表作。

虽然清代各级行政长官将开局修志作为政绩之一，甚至借以"沽名钓誉"，视之为谋求升迁的一种途径，"开局众修，位置冗员，钞撮陈案，殊不足以语于著作之林"[①]。但是有些地方官员竭力罗致学者名儒参与到修志工作中来，即所谓"纵使自己并非士林中人，也必忝居主修之名，而网罗学识宏博之士为之纂修，故署名主（监）修并不负实际责任"[②]，因此学者名儒才是地方志的实际纂修者。正如梁启超所言："方志虽大半成于俗吏之手，然其间经名儒精心结撰或参订商榷者亦甚多。"[③] 可以说清代学者名儒的参与不但提高了清修陕西方志的质量，促进了方志学的发展，也从一个侧面反映了清代学者名儒参与志书修纂的情况，是清代学者名儒参与方志修纂的缩影。

① 梁启超：《中国近三百年学术史》，上海：生活·读书·新知三联书店，2006 年，第 265 页。
② 林天蔚：《地方文献研究与分论》，北京：北京图书馆出版社，2006 年，第 41 页。
③ 梁启超：《中国近三百年学术史》，上海：生活·读书·新知三联书店，2006 年，第 265 页。

第三章 孙景烈与陕西方志

第一节 关学传人孙景烈

一、孙景烈其人

孙景烈，字孟扬，一字竟若，别号酉峰，学者尊称"酉峰先生"，陕西武功人，生于康熙四十五年（1706），卒于乾隆四十七年（1782），享年77岁。

孙景烈幼年好学，聪颖过人，"读书沈思善悟，不为口耳之学。为文英气勃勃，不可遏抑"。雍正元年（1723），年仅18岁的孙景烈深得陕西学政王薯的赏识，荐其入县学，为诸生，"旋食廪饩，名郁郁起"。雍正十三年（1735），孙景烈参加乡试，考中举人，次年即乾隆元年（1736）参加礼部考试落选，当时乾隆帝诏令地方官员举荐孝廉方正之士出任地方官，山西永济人崔纪时任陕西巡抚，极力推荐孙景烈，孙景烈考虑到自己尚未考中进士，不欲赴任。恰好此时明通榜发下，孙景烈被选为商州学正，故婉言谢绝了崔纪的推荐。依当时惯例，担任县令后不能再参加科举考试，崔纪有感于孙景烈立志科举的决心，故从其志，并为之奏请，"以六品冠带为学正官"。乾隆四年（1739），孙景烈再次参加会试，顺利考中进士，当时崔纪已入京担任国子祭酒，闻听消息感叹道："有志者事竟成，不诬也。"[①]

乾隆四年（1739），内阁翰林院率领新科进士觐见皇帝，孙景烈等人被选入

① （清）张洲：《征仕郎翰林院检讨孙先生景烈行状》，（清）钱仪吉等撰：《清代碑传全集·碑传集》卷48，上海：上海古籍出版社，1987年影印本，第256页。

翰林院任庶吉士。乾隆七年（1742），内阁翰林院组织乾隆四年任职的散馆修撰、编修、庶吉士等觐见皇帝，孙景烈等人又升任检讨。①乾隆八年（1743），会大考，于正大光明殿考试翰林、詹事等官，乾隆皇帝亲自阅卷，"按其文字优劣，分为四等"，结果孙景烈等71人被定为四等，"俱著休致"，"其四等未经降调休致者均罚俸一年，以示彰瘅"②，此即《清儒学案》所谓"会大考，不及格，以原官休致"。③孙景烈因此退职回乡，结束了自己短暂的为官生涯。乾隆十三年（1748），乾隆皇帝诏求明经之士，陕西总督尹继善、巡抚陈宏谋力荐孙景烈，后来虽因"不合例为部议所格"，但认识孙景烈的人都认为尹继善、陈宏谋"所举为得人"。④陈宏谋等人还因此事受到牵连，据《清实录》记载，乾隆十五年（1750），"原任检讨孙景烈，因考试四等休致，核其情罪，非敦厚纯朴淹通经术之士可知。应不准保举。并将保举不实之协办大学士吏部尚书梁诗正、兵部侍郎观保、原任工部尚书调镇海将军赵宏恩、内阁学士德龄、陕西巡抚陈宏谋，均照例罚俸九月"。⑤孙景烈致退职归乡后，"乃与学者日讲性命之学，凡三主关中书院，一主兰山书院，一主鄠县明道书院，家居授徒又三十余年。自致仕学日益粹，名亦日益高"。⑥嘉庆二十二年（1817），陕西巡抚朱勋奏请朝廷，准入乡贤祠。⑦

孙景烈生性耿介，除潜心精研学问、致力教授外，别无所欲。他冬不向火，

---

① 《清实录·高宗纯皇帝实录》卷165"乾隆七年四月癸丑"条，北京：中华书局，1985年影印本，第11册，第86页。

② 《清实录·高宗纯皇帝实录》卷190"乾隆八年闰四月丁巳"，北京：中华书局，1986年影印本，第11册，第444—445页。按：李元度：《国朝先正事略》卷27《名儒·孙景烈》谓其"以言事忤旨放归；深自韬晦"，长沙：岳麓书社，2008年，第883页。江藩：《国朝汉学师承记》附《国朝宋学渊源记》卷上作"以言事忤旨放归"，北京：中华书局，1983年，第163页。《清史列传》卷67《儒林传·孙景烈》亦言"以言事放归"，北京：中华书局，1987年，第5381页。《清史稿》卷480《儒林传·孙景烈》亦曰"以言事放归"，北京：中华书局，1977年标点本，第13127页。

③ 徐世昌等编：《清儒学案》卷206《孙先生景烈》，沈芝盈、梁运华点校，北京：中华书局，2008年影印本，第8038页。

④ （清）张洲：《征仕郎翰林院检讨孙先生景烈行状》，（清）钱仪吉等撰：《清代碑传全集·碑传集》卷48，上海：上海古籍出版社，1987年影印本，第256页。

⑤ 《清实录·高宗纯皇帝实录》卷379"乾隆十五年十二月己丑"条，北京：中华书局，1986年影印本，第13册，第1206页。

⑥ （清）李元春：《桐阁先生文钞》卷10《检讨孙西峰先生墓表》，北京师范大学图书馆编：《北京师范大学图书馆藏稀见清人别集丛刊》第14册，桂林：广西师范大学出版社，2007年影印本，第608页。

⑦ 《清实录·仁宗睿皇帝实录》卷337"嘉庆二十二年十二月庚寅"条，北京：中华书局，1986年影印本，第32册，第454页。

夏不挥扇，虽盛暑，仍衣冠整肃，从不懈怠。其严谨端方，几近于愚。正因其孜孜不倦，穷究理学底蕴，个人学养达到了非常高的境界。孙景烈一生不尚浮华，不务虚名，以书院为阵地，以讲学著书为手段，以移风易俗、改良社会风气为目的，致力于陕西人才的培养和关学的发扬光大。孙景烈擅长诗文，以著书立说为经世之本，生平著述颇丰，主要著作有《易经管窥》、《诗经讲义》、《四书讲义》、《性理讲义》、《关中书院课解》、《兰山书院课解》、《馆课焚馀录》、《酉麓山房稿》、《酉麓山房存稿》、《滋树堂存稿》、《菜根园慎言录》、《可园集》、《孙氏族谱》等。讲学之余，孙景烈又整理出版家乡先贤康海《对山集》，校注《武功县志》，又先后修纂乾隆《郃阳县全志》、乾隆《鄠县新志》以及《郃封闻见录》，在清代学术史上占有一席之地。

二、献身教育

孙景烈仕途短暂，几无可言之处，一生"惟以讲学为事"[①]。孙景烈入翰林院就职前曾任陕西商州学正，致仕归乡后，则以讲经授徒、著书立说为己任，正如他在写给崔纪的信中所言："景烈自回籍后，以舌耕为业，与作诸生时无异也。"[②]

1. 执教商州

雍正十三年（1735），刚刚 30 岁的孙景烈考中举人，即出任商州学正。孙景烈担任商州学正期间，"勤于课士，不受诸生一钱"[③]，颇得时人好评。孙景烈的弟子张洲在总结其师在商州任学正期间的所作所为时说：

> 先生为商州学正，廉以持己，勤以教士，月课弟子员，无故不止者必加惩儆，至者具饮食以待，为讲明义理，训戒开示之，商州人士，竞相劝勉，兴于学，皆以为耳目所闻见，数十年广文官无有如孙先生者，人人称颂之，至今不忘先生。每日：教官为学校所由兴废，而人固冗视之，而居

① （清）王心敬：《关学续编》卷2《酉峰孙先生》，（明）冯从吾撰：《关学编·附录》，陈俊民、徐兴海点校，北京：中华书局，1987年，第109页。

② （清）孙景烈：《滋树堂文集·复崔虞村先生书》，《清代诗文集汇编》编纂委员会编：《清代诗文集汇编》第307册，上海：上海古籍出版社，2010年影印本，第104页。

③ （清）江藩：《国朝汉学师承记》附《国朝宋学渊源记》卷上《孙景烈》，北京：中华书局，1983年，第163页。

是官者亦遂莫能自振，奋举其职，此甚非也。故其所以为商州者有异于人。①

劝学课士之外，孙景烈在任商州学正期间还做了两件值得称道的事。一是革陋规。孙景烈初到商州，学生前来拜见，无论是否带礼物，他都以礼待之，有的学生因未带礼物而致歉，孙景烈则安慰说："我为诸生时亦如是也。"当时商州州学有诸生丁忧递呈时"各与学师送制钱一二百文不等"的风气，孙景烈认为这是"乘人之丧而取财"的陈规陋俗，"不可一日留者"，于是起草了《革商州儒学诸生丁忧陋规揭示》，规定以后凡文武诸生丁忧，"但令亲属抱呈投递，并取里邻户首甘结，除匿丧假冒违碍等弊，例宜查究外，如有玩法书役，诈称从前陋规需索者，许递呈亲属，即赴学禀明，以凭究处"。②此外，当时商州州学教授过生日，"诸生皆送祝仪"，孙景烈说自己27岁丧母，"常抱风木之悲，生辰从不置酒，亦不见客，祝仪从何而来？"认为这是非道非义之物，不得受之丝毫，并亲自拒绝了一些学生的贺礼。二是倡社学。孙景烈认为作为基础教育的社学是实现崇儒重道、教化百姓的关键，地方政府应当视之为头等大事，之前商州城内有四座社学，各乡社学则设在寺庙中，孙景烈认为这是古代"家有塾、党有庠、术有序"的遗规，应当恢复，于是起草《商州学正议复本州社学牒》呈知州，建议恢复商州城内及各乡社学，为书院输送人才，"以书院育英才，而以社学正蒙养，不患人文之不盛也"。不仅如此，孙景烈还就社学运行及教学内容阐明自己的意见和主张：

> 堂台择诸生品端学优，或现为约正而长于文者，延为社师，优以礼貌，命各社附近诸童，肄业其中。先授朱子小学以端其本，次授四子书，各治一经，各读一史，能兼诸经诸史者，随材授之。每年四季，堂台发题各社，课试诸童优劣。优等给以笔墨，尤异者拔入书院。某社人文盛者，即将某社师奖励，或给之匾，或值文宗岁试日，准举优生。若怠于训诲者，即请退师席。嗣后乡饮介宾，未为社师及约正者，不准滥举。此又奖励社师之一端也。至诸童所学时艺，务步趋大家，一切俗套，勿令入目。其余诗古

① （清）张洲：《征仕郎翰林院检讨孙先生景烈行状》，（清）钱仪吉等撰：《清代碑传全集·碑传集》卷48，上海：上海古籍出版社，1987年影印本，第256页。

② （清）孙景烈：《滋树堂文集·革商州儒学诸生丁忧陋规揭示》，《清代诗文集汇编》编纂委员会编：《清代诗文集汇编》第307册，上海：上海古籍出版社，2010年影印本，第180页。

文，亦须博览讲明，每课兼试一道，而经史外，宋五子《近思录》更为身心切要之书，宜熟观而勉学焉。如此本末兼修，教立于社学，而详于书院，庶乎人才蔚然，有造有德，出为良吏，处为真儒，薪尽而火传，所谓化民成俗，以佐圣天子久道之治者在是，不但文风蒸蒸日上，科第蝉联而已也。①

具体而详尽，切实而可行，效果不日可见。此外，孙景烈还撰有《商州丁祭牒呈本州三条》、《商州丁祭覆本州牒》，对商州儒学举行祭孔之礼提出意见和建议。

2. 主讲书院

孙景烈结束了在京师短暂的为官生涯，回到家乡后，应各地官员的聘请，先后主讲关中书院、兰山书院和明道书院，为书院教育尽心尽力，其中在关中书院任教时间最久。

关中书院始创于明万历三十七年（1609），由著名关学学者冯从吾创立，是明、清两代陕西的最高学府，也是全国四大著名书院之一，西北四大书院之冠，故址在今陕西省西安市书院门。关中书院走过了明、清两代近 300 多年的历史，至清光绪三十二年（1906）改为陕西省师范大学堂。孙景烈曾先后三次主讲关中书院，时间长达 15 年之久。乾隆八年（1743），孙景烈受陕西巡抚陈宏谋的聘请主讲关中书院。乾隆十年（1745）三月，孙景烈因与陈宏谋在会讲②时，"语涉嫌疑"，于是辞去关中书院主讲之职。乾隆十二年（1747）冬，陕西巡抚徐杞以因公事至武功，聘请孙景烈主讲关中书院，孙景烈不得已再掌关中书院教席。乾隆十三年（1748）正月，徐杞被召回京候旨，陈宏谋再次入陕任陕西巡抚，孙景烈亦辞归。不久陈宏谋写信给孙景烈，邀其主讲关中书院，自此"旧日嫌疑，彼此冰释"。直至乾隆二十二年（1757）孙景烈归乡省亲，偶感风寒，患上腿疾，于是派儿子赴西安辞馆，并将书籍带回，"而当事者雅意延之，随复勉力到馆"，至年底解馆时，又"以母老不便再主讲席为辞"。乾隆二十三年（1758）正月，"当事者复延之至再"，孙景烈以母亲年逾古稀，"不敢远游，

① （清）孙景烈：《滋树堂文集·商州学正议复本州社学牒》，《清代诗文集汇编》编纂委员会编：《清代诗文集汇编》第 307 册，上海：上海古籍出版社，2010 年影印本，第 181—182 页。
② 会讲即讲会，是明清时期关中书院的一种讲学方式，是定期或不定期举办的延请学者名儒共同参与的学术讨论活动。参与者自由讨论、交流、辩论。

亦不敢近游"力辞。①

孙景烈主讲关中书院期间，著有《关中书院课解》、《关中书院讲义》，同时还制定了《关中书院学约》，约束并勉励学生以学业为重，并按照"学之本末轻重"安排学习内容，全文如下：

> 士之志于学者，即有朱子所辑小学为之基，由是从事大学，三纲领八条目，以为全体大用，而又恪遵我圣祖仁皇帝御制训饬士子文，其教备矣。舍此复何学之约与。今景烈与诸子约者，举业之学耳。景烈三主关中书院讲席，追维我仁宗宪宗皇帝特命各省设立书院，械朴作人至意，复恭绎我皇上御极之元年及五年，两番谕旨，以书院酌仿朱子白鹿洞规条，及朱子示学者科举为已之言为醇，俾司教者知所以教，而为学者知所以学。景烈惧夫学举业，而或失列圣育才之盛心也。于是推其学之本末轻重，与之约而勉焉，目次如左：

> 省察身心。小学之目有四，而立教明伦敬身，三者为先，稽古为后，此即《论语》弟子章先力行而后学之意也。大学于格致后乃曰诚意正心修身，今之约：仿小学之法，故首曰省察身心，不曰诚正修者，盖省察不外乎此也。如此则小学之教立，而明伦敬身统之矣。其于大学不亦庶几乎！

> 温习经书。经者《易》、《书》、《诗》、《礼》、《春秋》也，书者四子之书，及朱子所辑小学与《近思录》，及《钦定性理精义》，皆是也，此终身不可须臾离者，故曰温习。

> 讲明史鉴。史与鉴，经书之案也，其是非得失，当以经书断之，故必讲而后明。

> 涉猎诗文。诗文，学子进身之阶梯也，然能用前三目功夫，则未有不精其业者，故一涉猎即得之也。

> 功课必用册记。每日分早午晚三时，各将所读所看之书，据实填写起止，以备不时查问。如有怠于填写及虚写而未曾用功者，一经查出，即送监院戒饬。

> 讲书之期。定于三六九日，诸生于前两日各将所讲之书细心体验，每逢讲期，早饭后斋集讲堂，候掌教出，诸生向上打三躬，分左右坐，听掌

---

① （清）孙景烈：《滋树堂文集·复陈榕门先生书（戊寅）》，《清代诗文集汇编》编纂委员会编：《清代诗文集汇编》第307册，上海：上海古籍出版社，2010年影印本，第108页。

教讲说，或命诸生面讲，或掣签轮讲，务求明辨。如有素未用功，临时不能发挥者，罚站立听讲。

课期定于每月初三十八日。首出四书题一道，次题或经或策论类间出，三题或诗或赞铭等类间出，每逢课日，诸生黎明盥洗毕，自置棹橙于讲堂旁，候题会课，务尽一日之长，申刻交卷，迟者文虽佳不录。①

乾隆十三年（1748），孙景烈在写给前陕西巡抚崔纪的信中总结自己主讲关中书院的经历时说：

景烈自回籍后，以舌耕为业，与作诸生时无异也。屈指六年，竟无只字达左右。……景烈以癸亥秋主讲关中书院，乙丑三月，因陈榕门抚军会讲，语涉嫌疑，即日辞归。丁卯冬，徐抚军以毛粮台为介，至武功，延景烈再掌书院教，不得已应之。今岁正月，榕门复持节入陕，以书来邀，旧日嫌疑，彼此冰释，然皇比一席，当之实有惭焉。蒙赐成均课讲诸书，允堪羽翼经学。因念关中书院为先生当年造就人才之地，今景烈即以先生羽翼经学者，教授诸生，则先生惠我关中为无穷矣。②

在主讲关中书院的间隙，孙景烈还曾主讲兰州兰山书院。兰山书院故址在今甘肃省兰州市城关区秦安路第三中学校园内，此处原本是明代肃王的园林红花园，雍正二年（1724），甘肃巡抚卢询捐养廉银改建为正业书院，雍正十三年（1735），甘肃巡抚许容奉旨扩建为省立兰山书院。此后 120 年中，经过乾隆三十年（1765）陕甘总督杨应琚、乾隆五十年（1785）陕甘总督福康安、嘉庆二十五年（1820）陕甘总督长龄、道光二十二年（1842）陕甘总督恩特亨额、光绪元年（1875）陕甘总督左宗棠等五次修建，每次间隔约二三十年，使之成为规模宏大的官方书院。据孙景烈自述："景烈掌兰山书院时，值榕门先生前辈调抚湖南"③，陈宏谋自陕西移任湖南在乾隆二十年（1755），故孙景烈主讲兰山书院亦当在此年。乾隆二十年（1755），孙景烈在给陈宏谋的书信中写道："金城送别后，光阴倏流，岁月又欲更新矣。晚拟于腊之六日起程归籍，明春不能

---

① （清）孙景烈：《滋树堂文集·关中书院学约》，《清代诗文集汇编》编纂委员会编：《清代诗文集汇编》第 307 册，上海：上海古籍出版社，2010 年影印本，第 186—187 页。

② （清）孙景烈：《滋树堂文集·复崔虞村先生书》，《清代诗文集汇编》编纂委员会编：《清代诗文集汇编》第 307 册，上海：上海古籍出版社，2010 年影印本，第 104 页。

③ （清）孙景烈：《滋树堂文集·与陈榕门先生论黄石斋九种经传书》，《清代诗文集汇编》编纂委员会编：《清代诗文集汇编》第 307 册，上海：上海古籍出版社，2010 年影印本，第 107 页。

再赴兰山讲席，实缘家慈年近七旬，晨昏定省，岂敢常令子弟代之。"又曰："书院诸生，近有五十余人，颇知向上，课艺亦渐有进机，但晚学问空疏，半载内不能大为启迪，以副先生千里延师，为国作人之盛意，是可愧耳。"①可知孙景烈主讲兰山书院在乾隆二十年（1755），为时仅半年，时间虽然不长，但其心系书院，关心学子课艺的殷殷之情跃然纸上。

明道书院系乾隆三十四年（1769）鄠县知县舒其绅购买民宅而创建，创立之初因"膏火无资"没有运行，直至乾隆三十九年（1774）汪以诚来任是邑，始与乡绅谋划并筹集膏火之资。同年，聘请孙景烈主讲明道书院。孙景烈主讲明道书院期间，制定了《明道书院举业课程》，对于早课、午课、午后及灯下的学习时间及内容做了详细规定：

早课：（每日黎明即至书案前，先静坐养气，俟旭影上开卷）温本经、温兼经、温《四书集注》、读《性理精义》、读时文一首（每首读三日）、温古文一首。

午课：（遇三六九日讲书或抄文，则午课可酌减也）看《史》、《鉴》、看《近思录》、读小学、临法书若干字（纸用乌经格）。

午后：温《四书集注》、温本经、温时文一首、读古文一首（每首读三日）、读应制诗一首（别体兼读，亦可每首读一日，温一日。）

灯下：（春秋夜二更即寝，冬夜三更即寝，夏夜免亲灯使，夜气深厚，昼间庶有精神）温本经、读兼经

以上工课逐日据实登记在册，起止分明，阅五日呈院长考查。

作文：（每月初二、十七日早起，题下，禁应酬，禁观书，禁抄袭，务尽一日之长，酉刻即交手册，不行燃烛）四书题一道、诗古文题一道。②

此外，孙景烈还应诸生之请撰写《明道书院后记》，详述明道书院的创办经过，肯定舒其绅、汪以诚等地方官员兴办书院的功绩。

三、昌明关学

关学是儒学发展史上一个承前启后且具有地域文化特征的学术流派，始创

① （清）孙景烈：《滋树堂文集·与陈榕门先生书（乙亥）》，《清代诗文集汇编》编纂委员会编：《清代诗文集汇编》第 307 册，上海：上海古籍出版社，2010 年影印本，第 106 页。

② （清）孙景烈：《滋树堂文集·明道书院举业课程》，《清代诗文集汇编》编纂委员会编：《清代诗文集汇编》第 307 册，上海：上海古籍出版社，2010 年影印本，第 187—188 页。

于张载，流行于关中地区，自北宋至清末，延续了800余年，誉播华夏，影响深远。明代著名学者王阳明曾说："关中自古多豪杰，其忠信沉毅之质，明达英伟之器，四方之士，吾见亦多矣，未有如关中之盛者也。"[①] 明、清两代关中地区出现了许多关学的追随者和传播者，吕柟、韩邦奇、马理、杨爵、冯从吾、王徵、李颙、李因笃、李柏、王杰、王鼎、贺瑞麟、刘光蕡、宋伯鲁、牛兆濂等都是其中的佼佼者，孙景烈亦是其中的一员。《清史稿·儒林传》在总结清代关学时说："关学初以马嗣煜嗣冯从吾，而（白）奂彩、（党）湛、（王）化泰皆有名于时。武功冯云程、康赐吕、张承烈，同州李士滨、张珥，朝邑王建常、关独可，咸宁罗魁，韩城程良受，蒲城甯维垣，邠州王吉相，淳化宋振麟，皆笃志励学，得知行合一之旨。至乾隆间，武功孙景烈亦能接关中学者之传。"[②]

孙景烈作为关学传人，首先继承了关学学者世代恪守的"躬行礼教为本"之宗旨，宣扬朱子之学，主张明体适用。王心敬谓其"教人专心小学、四子书。讲四子书，又恪守考亭注，而析理之细，直穷牛毛茧丝，多发人所未发"[③]。孙景烈的弟子王巡泰谓其"务实不务名，务真修实践，不尚标榜浮华，邻于虚车轮辕之饰"。[④]《清儒学案》谓其为学"以求仁为要领，以主敬为工夫，以《小学》一书为入德之基，期为切实近里。……其诲人汲汲孜孜，合经义治事为一"。[⑤]《清史列传》总结其关学思想如下：

> 其为学恪守朱子，而以《四书集注》为主，诸经子史，悉荟萃印证。以此讲学，亦体之以持身涉世。其讲《大学》格致，谓陆王之说，混穷理于去私；讲《中庸》天命之谓性，谓天命善，不命恶；讲《四勿》章复礼，谓礼即为国以礼之礼。尝举真西山语曰："古之学者为己，为青紫而明经，为科举而业文，去圣人之旨远矣。"[⑥]

---

① （明）王守仁撰：《王阳明全集》卷6《文录三·答南元善》，吴光等编校，上海：上海古籍出版社，2011年，第235—236页。

② 《清史稿》卷480《儒林传·王化泰》，北京：中华书局，1977年标点本，第13126—13127页。

③ （清）王心敬：《关学续编》卷2《西峰孙先生》，（明）冯从吾：《关学编·附录》，陈俊民、徐兴海点校，北京：中华书局，1987年，第110页。

④ （清）孙景烈：《滋树堂文集》附王巡泰《太史孙西峰先生文集序》，《清代诗文集汇编》编纂委员会编：《清代诗文集汇编》第307册，上海：上海古籍出版社，2010年影印本，第69页。

⑤ 徐世昌等编：《清儒学案》卷206《孙先生景烈》，沈芝盈、梁运华点校，北京：中华书局，2008年影印本，第8039页。

⑥ 佚名：《清史列传》卷67《儒林传·孙景烈》，王锺翰点校，北京：中华书局，1987年，第5382页。

凡此说明孙景烈在发扬关学知行合一、不尚空谈、求实致用等方面比其他关学学者有过之而无不及。早在任商州学正时，孙景烈就特别关注现实，革陋俗，倡社学，致力于社会风气的改良。乾隆十五年（1750），陕西永寿县知县王居正写信给孙景烈，言及永寿百姓近有刁悍之名，孙景烈认为一地风气之好坏关键在于地方官的所作所为，"官不贪则民敬，官不酷则民亲，官明且断则民莫不服。刁悍之辈，何自而生"？同时，孙景烈认为士乃四民之首，是百姓效仿学习的样板，而士风不好，士习不端，关键在于学校教育没有做好，"今欲培养人才，必令生童各奉朱子所辑小学为根柢，文风俟其自变，若急急于文，道之以浮华，则士习愈坏，士习坏则刁悍之民效尤而作矣"。① 孙景烈的弟子张宝树谓其"与亲族朋友往来赠答，每不屑为周旋世故之词，间有不得已而为文者，亦皆勉学敦品，崇实黜华，盖又醇乎其醇矣"。② 因此时人称孙景烈为关西夫子，海内大儒，"三秦学者翕然宗之"。③

孙景烈作为关学传人，与其他学者一样，将书院作为传播关学的重要阵地，借以昌明关学，培养人才。孙景烈先后三次主讲关中书院，又曾主讲甘肃兰山书院、鄠县明道书院，关中学子受业孙景烈门下者不计其数，其中通过科举走上仕途的多能"有所设施以自表见"，未入仕者"亦俱务为醇谨，不为非义之行"，"故一时海内之士，无不知有酉峰先生者，匪第关中人士已也"。④ 因此孙景烈门下不乏名人，大荔李法、武威孙俌、吴保贾天禄、洛南蒋宁廷、武功张洲、韩城王杰均出其门下，人称"关中书院六士"。其中王杰，字伟人，韩城人，"初从武功孙景烈游，讲濂、洛、关、闽之学；及见（陈）宏谋，学益进，自谓生平行己居官得力于此"。乾隆二十六年（1761）考中进士，系清朝开国以来陕西省第一名状元，官至内阁大学士、左都御史，为官忠贞亮直，持守刚正，"历事两朝，以忠直结主知"。⑤ 王杰擅长书法，擅长诗文，撰有《惺园易说》、

---

① （清）孙景烈：《滋树堂文集·答王永寿居正书》，《清代诗文集汇编》编纂委员会编：《清代诗文集汇编》第307册，上海：上海古籍出版社，2010年影印本，第105页。

② （清）孙景烈：《滋树堂文集》附张宝树《太史孙酉峰夫子文集后序》，《清代诗文集汇编》编纂委员会编：《清代诗文集汇编》第307册，上海：上海古籍出版社，2010年影印本，第188页。

③ （清）孙景烈：《滋树堂文集》附王巡泰《太史孙酉峰先生文集序》，《清代诗文集汇编》编纂委员会编：《清代诗文集汇编》本第307册，上海：上海古籍出版社，2010年影印本，第69页。

④ （清）张洲：《征仕郎翰林院检讨孙先生景烈行状》，（清）钱仪吉等撰：《清代碑传全集·碑传集》卷48，上海：上海古籍出版社，1987年影印本，第256页。

⑤ 《清史稿》卷340《王杰传》，北京：中华书局，1977年影印本，第11085、11088页。

《葆醇阁集》等著作。张洲，字莱峰，武功人，曾在关中书院求学，乾隆二十二年（1757）进士，历任广西修仁、浙江德清县知县，清洁廉明，人人称颂，著有《对雪亭文集》、《诗集》、《论语讲义》、《诗经讲义》等著作。此外尚有陕西临潼人王巡泰，字岱宗，号零川，受业孙景烈门下，乾隆十九年（1754）进士，历任山西五寨、广西兴业、陆川等县知县，所到之处皆有惠政，先后主讲临潼、渭南、华阴、望都、解州、运城，"多所成就，学舍或不能容"。① 著有《四书日记》、《格致内篇》、《仕学要言》、《河东盐政志》、《兴业县志》等十余种，时人称其造就关中人才甚众。

四、弘扬陕西文化

孙景烈一生除著书立说、授业解惑、昌明关学外，还较为注重宣传陕西学人，传播陕西文化，其对被誉为明代"前七子"之一的家乡名人康海甚为崇拜，在讲经授徒之余，不仅整理刻印了康海的《对山集》，还校注出版了康海的《武功县志》，而且这两部文献均被收入《四库全书》，得以广为流传，孙景烈在宣传陕西学者、弘扬陕西文化方面做出一定贡献。

1. 校刻《对山集》

康海字德涵，号对山，陕西武功人，生于明宪宗成化十一年（1475），卒于明世宗嘉靖十九年（1540），享年66岁。康海是明代著名文学家，与李梦阳、何景明、徐祯卿、边贡、王九思和王廷相合称"前七子"。康海擅长诗文，精通音律，善弹琵琶，"主盟艺苑，垂四十年"②，因杂剧《中山狼》而蜚声文坛，晚年与同为"前七子"之一的陕西鄠县人王九思一同对戏曲音乐进行了大胆改革，形成了秦腔四大流派中影响较大的一派"康王腔"，又创建自家戏班子"康家班社"，招收弟子在家中教授演唱，在陕西境内巡回演出，对秦腔艺术的发展影响深远。康海著有诗文集《对山集》、杂剧《中山狼》、散曲集《沜东乐府》，由其纂修的《武功县志》颇受时人推崇，被誉为明代陕西八大名志之一。

据韩结根先生研究，康海的诗文集《对山集》自明嘉靖以来凡六刻，最早

---

① （清）王心敬：《关学续编》卷2，（明）冯从吾：《关学编·附录》，陈俊民、徐兴海点校，北京：中华书局，1987年，第110页。

② （明）李开先：《李中麓闲居集》卷10《对山康修海传》，《续修四库全书》第1341册，上海：上海古籍出版社，2002年影印本，第295页。

的刻本是明嘉靖二十四年（1545）西安知府吴孟祺奉陕西巡抚翁万达之命所刻16卷本，由康海好友长安人张治道（号太微山人）校订，流传甚少。稍后，又在此本的基础上搜集康海遗文，增补墓志及祭文3卷，补刻成19卷本。明万历十年（1582），李维桢等人又相继编选刻成《对山集》46卷，成为《对山集》各版本中收集诗文最多的刻本，著录较少。康熙五十一年（1712），武功人马逸姿搜求旧本，刻成《重刻康对山先生全集》45卷，篇目略少于万历本，但基本保持了万历本的原貌。乾隆二十六年（1761），孙景烈又于陕西武功刻成《康对山先生文集》10卷，卷末附诸家评语。1917年，武功县知县李荫堂又补刻《康对山先生文集》10卷。六种刻本可分为三个系统，即嘉靖本、万历本、乾隆孙景烈刻本。①

康海的诗文集不但刻本多，而且各刻本之间所收篇目出入也较大，孙景烈所刻《对山集》共10卷，孙景烈的弟子、武功人张洲在《对山集后序》中简要叙述了孙景烈刊刻《康海集》的经过：

> 盖对山太史崛起前明中叶之际，与李何王边倡为古文汉魏诗歌，一时宗尚，所传有《对山集》若干卷，校订于渼陂，汇辑于太微，品隲于太仓王麟洲，搜罗互异，弃取不同，而为一再刻以行者，翁抚军、潘提学也。顾书虽经传达室播海内，然而板俱散佚无存，是以购求维艰，学士家藏者绝尠。至我康熙某年，同邑马方伯重刻之金陵省署，卷帙视他刻为独繁，而对山之诗若文斯备载无遗矣。乃先后数刻，顾皆有鲁鱼亥豕，讹谬殊众，且或杂碔砆燕石以混并其中，甄别匪易，读者茫然。酉峰先生于是就故所藏太微元刻选定甲乙，存之箧笥，然未尝遽出示人，顾或举以训洲也。今年夏四月，邑侯敬斋冯公闻之，谋付剞劂，乃覆取而详择焉。更参之别本，共得文若干首，诗若干首，仅计数万言，分为十卷，于斯精已夫。对山以质直之笔抒写胸臆，其所论述，率取意达以止偶爽高迈为能，绝去雕绘之习，而言简情该，古气流溢，味之靡穷，盖得子长氏遗韵者，而五七字古歌行亦有鲍谢风，固宜酉峰先生笃好而深取，诠次考订，若紫阳之于昌黎

① 韩结根：《康海年谱·〈对山集〉版本述考》，上海：复旦大学出版社，1993年，第255—261页。

也。刻既成，用敢纲诸其后，俾读是集者知所由用心焉。①

孙景烈所刻《对山集》共收策论1卷，书1卷，序2卷，记并杂著1卷，墓碑并墓表1卷，墓志、祭文、行状共2卷，诗赋2卷，此本与以前各刻本体例不同，采用文在前、诗赋在后的编排方式。孙景烈刻本除保留了嘉靖刻本和康熙马逸姿刻本所载各家序言外，又增加玛星阿及孙景烈所撰序二篇，序后并附有张治道、朱孟震、张光孝、杨一清、吕柟、崔铣、胡缵宗、李濂、王世贞、俞宪、何良俊、张卤、王学谟、王九思、张文邦、钱谦益诸家及《明史》对康海诗文的评价。诸家评语后载马理所撰《对山先生墓志铭》，卷后又附武功人张洲乾隆二十六年（1761）所作《康对山先生文集后序》一篇。《四库全书总目》谓孙景烈所刻《对山集》盖以"所藏张太微本又加刊削而刻之"。② 韩结根先生认为实则不然，"乾隆本各卷内篇目次序虽大体依嘉靖张治道校订本，但其中尚有序七篇、记五篇、墓碑二篇、墓志三篇、祭文一篇、赋二篇、四言古诗一首、五言古诗四首、七言古诗二首、五言律诗一首、七言律诗一首、五言绝句一首为嘉靖本所未收，而出自万历本。所以乾隆十卷本实际是嘉靖本与万历本的合选本，而自成一系"。③四库馆臣认为《对山集》之嘉靖张太微本"瑉珉燕石，间列错陈"，而万历马逸姿增刊本又"颇伤芜杂"，孙景烈本虽晚出，"而去取谨严，于诗汰之尤力，较诸本特为完善，已尽海所长矣"。④

2. 校注《武功县志》

孙景烈除整理刊刻康海《对山集》外，还校注整理刻印了康海所纂《武功县志》。明正德十四年（1519），康海受刘瑾案牵连罢官居家，历时7个月纂成《武功县志》3卷，分地理、建置、祠祀、田赋、官师、人物、选举七篇，记事起于上古，终于明正德十四年（1519）。康海《武功县志》特色鲜明，文简事略，全书仅两万余字，向以文简事核而为世人称道。时人吕柟在《序》中说："地理约而不漏，建置则而有据，祠祀先今而后古，田赋先古而后今，官师直书

① （明）康海：《对山集》附清张洲《康对山集后序》，《文渊阁四库全书》第1266册，台北：商务印书馆，1983年影印本。

② （清）永瑢等：《四库全书总目》卷171《集部·别集·对山集》，北京：中华书局，1965年影印本，第1499页。

③ 韩结根：《康海年谱·〈对山集〉版本述考》，上海：复旦大学出版社，1993年，第255—261页。

④ （清）永瑢等：《四库全书总目》卷171《集部·别集·对山集》，北京：中华书局，1965年影印本，第1499页。

而劝戒自形，人物之志，浩乎其无穷也，君子于是乎思古，于是乎征今，于是乎开来，其志已勤矣。选举崇义而黜利，盖志之良者也。学者观其志目，亦思过半矣。"① 明人杨武跋曰："其繁简取舍，咸得精守。"② 明末清初学者王士禛多次赞誉康海《武功县志》，并说："以予所闻见，前明郡邑之志不啻充栋，而文简事核，训词尔雅，无如康对山志武功。"③

时至清代，康海《武功县志》仍好评如潮，陈宏谋称此志"文简事核，凡所纪载，悉关国计民生，人心风俗，确乎可传，可为志乘之极则"。④乾隆年间修纂《四库全书》，不但将此志收入其中，还给予了很高的评价，四库馆臣以为该志"文简事核，训词尔雅"，不愧"义昭劝鉴，尤严而公，乡国之史，莫良于此"之美誉，"凡山川、城郭、古迹、宅墓，皆括于地理。官署、学校、津梁、市集则归于于建置。祠庙、寺观则总以祠祀。户口、物产则附于田赋。艺文则用《吴郡志》例，散附各条之下，以除冗滥。官师则善恶并著，以寓劝惩"。⑤同时，四库馆臣还将此志与韩邦靖的《朝邑县志》相提并论，认为"自明以来，关中舆记，惟康海《武功县志》与此志最为有名，论者谓《武功志》体例谨严，源出《汉书》，此志笔墨疏宕，源出《史记》，然后来志乘，多以康氏为宗，而此志莫能继轨，盖所谓不可无一，不容有二者也"。⑥

其实，即使是对《武功志》赞誉有加的王士禛，对此志的意见也前后不一，其曾在《跋朝邑志》中说："韩五泉《朝邑志》与康对山《武功志》并称，先辈称为巨丽，康熙甲戌春，门下士李瓒钞寄此本，读之乃有勿乃太简之叹。《朝邑志》万历中里人王副使学谟重修，文增于旧，而精核古雅，有良史才，似在韩

① （正德）《武功县志·吕柟序》，《中国地方志集成·陕西府县志辑》第36册，南京：凤凰出版社，2007年影印本，第3页。

② （正德）《武功县志》卷末《跋》，《中国地方志集成·陕西府县志辑》第36册，南京：凤凰出版社，2007年影印本，第46页。

③ （正德）《武功县志·诸家评语》，《中国地方志集成·陕西府县志辑》第36册，南京：凤凰出版社，2007年影印本，第5页。

④ （正德）《武功县志·诸家评语》，《中国地方志集成·陕西府县志辑》第36册，南京：凤凰出版社，2007年影印本，第6页。

⑤ （清）永瑢等：《四库全书总目》卷68《史部·地理类·武功县志》，北京：中华书局，1965年影印本，第602页。

⑥ （清）永瑢等：《四库全书总目》卷68《史部·地理类·朝邑县志》，北京：中华书局，1965年影印本，第602—603页。

志之上。关西前辈士大夫率留意志乘如此。"① 同时，在对康海《武功县志》的一片赞誉中也不乏批评之声，尤其是在乾隆年间如火如荼的修志高潮中，学者们对前人称誉有加的康海《武功县志》多持否定态度，方志学家章学诚谓韩邦靖、康海所修志书"徒以简略为志"乃作者之"陋识"②，洪亮吉、毕沅等人在其所撰方志序言中也明确提出批评。如洪亮吉在《新修澄城县志序》中说：

> 一方之志，始于《越绝》，后有常璩《华阳国志》。《越绝》先记山川、城郭、冢墓，次以纪传实。后世志州县者，所仿《华阳国志》，则有郡县废置。李吉甫《元和郡县志》、乐史《太平寰宇记》体例亦最善。吉甫则征引书传，不著所自。乐史则全用旧说，尤广异闻，而附以土产、人物。至祝穆《方舆胜览》，又采入诗文，于是后之志州县者，舍地理而滥徵名宿，略方域而博采词章，有去本求末，流荡忘归者焉。关中地大物博，且宋敏求《长安志》、程大昌《雍胜略》等开其先，以为当有善志。而世所传康海《武功志》、韩邦靖《朝邑志》，皆以意排纂，漫无体例，由明世书传少，学士大夫争以空言相尚，不重旧闻，无足怪焉。③

方志学者仓修良总结说：

> 对于这部志书，长期以来一直受到推崇备至，唯独章学诚与梁启超则不以为然。人们只要打开此志首卷各家之序与诸家评语，可以说是满纸颂词。大家比较熟悉的是王士禛及石邦教两人的评语，因为《四库全书总目提要》不仅征引，而且肯定他们的评价"非溢美也"。王士禛说："予所闻见前明郡邑之志，不啻充栋，而文简事核，训词尔雅，无如康对山志武功。"石邦教曰：《武功志》"七篇，文简而明，事核而要，且其义昭劝鉴，尤严而公，乡国之史，莫良于此志矣。"许颂鼎说："《史记》，史学之始也，对山先生《武功志》，州县志之始也。"有的干脆把它与司马迁《史记》并论，认为不仅是"郡邑志之最"，就是称之"古之良史不为过也"。如此等等，不一而足，似乎真的就成为"志乘之极则"了。而章学诚在《书武功

① （明）王士禛：《带经堂集·蚕尾文集》卷8《跋朝邑志》，《清代诗文集汇编》编纂委员会编：《清代诗文集汇编》第134册，上海：上海古籍出版社，2010年影印本，第702页。

② （清）章学诚著、叶瑛校注：《文史通义校注》卷7《外篇·亳州志掌故例议下》，北京：中华书局，1985年，第817页。

③ （乾隆）《澄城县志》卷20《序录·洪亮吉序》，《中国地方志集成·陕西府县志辑》第22册，南京：凤凰出版社，2007年影印本，第200页。

志后》一文中则说："今观其书，芜秽特甚。盖缘不知史家法度，文章体裁，而惟以约省卷篇，谓之高简，则谁不能为高简邪？（大梁本《文史通义》外篇三）是否仅章学诚一人这样批评呢？近者学者梁启超在《中国近三百年学术史》一书中曾这样批评："方志之通患在芜杂，明中叶以后有起而矫之者，则如康海之《武功县志》仅三卷，二万余言，韩邦靖之《韩邑县志》仅二卷，五千七百余言，自诧为简古，而不学之文士如王渔洋、宋牧仲辈震而异之，比诸马班，耳食之徒，相率奉为修志楷模，即《四库提要》亦亟称之。"（《清代学者整理旧学之总成绩》三）可见章学诚的批评是有根据的，而前此那些称颂实在过高。[1]

康海《武功县志》自成书后屡经刊印，版本甚多，卷数也有三卷、四卷之别，最早的刻本是明正德十四年（1519）冯玮刻本，之后又有明万历四十五年（1617）许国秀刻本和清雍正十二年（1734）沈华刻本先后问世。由于康海《武功县志》是名人名志，自冯玮初刻本刊行后，"许多慕名者竞相刷印，尤其是历任知县官与当地缙绅们纷纷刷印，以之馈赠亲友上宪，视为'礼货'。而刷印的频繁致使板片受损，字迹剥蚀，历经补板递修，正德初刻初印本极为罕见，后印本仅有极少数几本存世。而万历许国秀重刻本及清雍正沈华刻本也都是比较稀有了"。[2]

孙景烈对家乡先贤康海甚为崇拜，爱屋及乌，对康海纂修的《武功县志》更是称赞有加，自称读康志数十年，爱之甚笃，他在《复陈榕门先生书》中写道：

> 对山之文，清疏古雅，每多可诵，而短篇尤佳，惜其无大关系耳。《武功县志》笔意极似龙门，而法戒昭然，颇有关系，实为明以来郡邑志中第一部书，亦为对山文中第一佳作，王阮亭谓其文简事核，训词尔雅，谅哉！然犹未尽其妙也。窃欲妄加评点，略为注释，以阐作者之蕴，付诸梓，与天下共赏焉。奈原板无存，翻刻之板亦多漫漶，鱼鲁亥豕，校雠为艰。迩来刻者又系后人改本，不惟点金成铁，坏了文法，并布置规模亦失矣，大为憾事。适从友人处觅得一旧本，系明时刷印者，亦翻板也，字多错讹，

---

① 仓修良：《方志学通论》，济南：齐鲁书社，1990年，第360—361页。

② 冯宝琳：《康海〈武功县志〉版本考略》，《北京图书馆馆刊》1998年第4期，第74—79页。

尚幸未遭改窜，舍此更无善本。阮亭评语，另纸抄录，并呈览，专复不一。①

此外，孙景烈在《新刊武功县志序》中说：

自对山康先生著吾武功志七篇，世之读者，莫不称善。予读斯志数十年，好之甚笃。窃谓先生实史才，以史才而见于邑志，宜其志之法，扶世教，正人心，埒于良史，而传之独可久焉。岂以文哉！然岂不以文哉！或谓对山史官也，故以史体为志体，是第见其官师篇，美恶并书，别于他志；而于七篇无笔非史法者，殆未之悉耳。夫志之与史，偶殊者体也，而无不同者法也。有其才，则有其法，体之同否，可尽拘欤！先生作志时，解史局已十载，试观七篇中，地理、建置、祠祀、田赋、选举五者，视史体复何殊。惟官师、人物义不当假史官褒贬之权。而官师、人物之列于前史，如酷吏赵禹、毛若虚，其行又谁能隐之。即明代官师，亦自有不能为之隐者，则对山之于美恶并书，非僭也；然非后人所易效。至于明代科贡人物，有褒无贬，与史体略殊者在兹。故曰，志者史之余也。泾野吕氏云："康德涵，汉马迁之才，学之博，犹未逮。"此为深知对山。学者不知迁史之法，乌知斯志之即史，知迁史之法，而徒事摹拟者，亦乌知斯志之为史法史才，而不袭迁史之貌耶？于呼善哉！已仕者读之，可以识政；未仕者读之，可以勉学。而沾丐所及，则更有资于攻文者，可由此而问龙门之津也，斯诚邑乘之极则已。原刻无藏者，翻本多豕亥相淆。而予尤病其失作者本色，尝从事校雠，欲复对山之旧，近得张进士洲所藏善本，与他刻相参，爰正其讹谬，阙其所疑，而又以素所管窥者，妄加评点而略注之。自知谫劣，不足测斯志之妙远，亦聊记予数十年读之之功。俟后之读斯志者，因予说而细论焉。原序二、跋一。新增赵子函序一，诸家评语附序后，命次子峦录而存诸箧。时已卯岁夏五月也。今年秋七月，邑侯敬斋玛公刻对山集方竣，即欲续刻斯志，予重玛君留意于斯，而非若予之徒好其文也。遂乐与再为订之，而请正于世之同好者。②

---

① （清）孙景烈：《滋树堂文集·复陈榕门先生书（戊辰）》，《清代诗文集汇编》编纂委员会编：《清代诗文集汇编》第307册，上海：上海古籍出版社，2010年影印本，第103页。

② （清）孙景烈：《滋树堂文集·新刊武功县志序（辛巳）》，《清代诗文集汇编》编纂委员会编：《清代诗文集汇编》第307册，上海：上海古籍出版社，2010年影印本，第75页。

鉴于《武功县志》原刻本已不得见，"翻本多豕亥相淆"，多失本来面目，孙景烈于是着手校勘，"欲复先生之旧"，所用底本为张莱峰家藏善本，并与其他刻本参校，"爰正其讹谬，阙其所疑，而又以素所管窥者，妄加评点而略注之"。① 武功县知县玛星阿将孙景烈校注本予以刊刻，并在刻书序中说："在籍太史孙酉峰先生觅旧刻，细为校雠，正其谬，阙其疑，加之评注有年矣，而志之善乃益章焉。予求观之，遂付梓以公诸同好者，当不徒取其文而遗其所载，视为饰轮辕之虚车也。"② 孙景烈校注本除保留原刻序跋外，又新增赵子函序，并附诸家评语。此刻一出，风行海内，甚是知名，并与孙景烈整理的《对山集》一并收入《四库全书》。孙景烈评注本在嘉庆、道光、同治、光绪年间均有重印、重刻，是康海《武功县志》中流传广、影响大的一个版本。

第二节　孙景烈与陕西方志的修纂

孙景烈在校注康海《武功县志》之余，深受康海的影响，一方面主讲各大书院，著书立说；另一方面还仿效康海《武功县志》之体例，纂修了《郃阳县全志》和《鄠县新志》两部陕西方志，又搜集资料编纂家乡志书《郃封闻见录》，为续修《武功县志》做准备，其在清代方志纂修历史亦占有一席之地。

一、修纂《郃阳县全志》

郃阳因在郃水之北而得名，系有莘国故地，春秋属晋，战国属魏，秦置郃阳邑，汉置郃阳县，属左冯翊，后废而复置，清雍正十三年（1735）改属同州府，1964 年改"郃"为"合"。在孙景烈修《郃阳全志》之前，郃阳旧志凡四修，分别是嘉靖二十年（1541）蔺世贤、魏廷揆纂修的《郃阳县志》2 卷，万历二十年（1592）叶梦熊纂修《重修郃阳县志》7 卷，顺治十年（1653）庄曾明、叶子循纂修的《续修郃阳县志》7 卷，以及康熙四十九年（1710）钱万选纂修的《宰莘退食录》8 卷。

① （清）孙景烈：《滋树堂文集·新刊武功县志序（辛巳）》，《清代诗文集汇编》编纂委员会编：《清代诗文集汇编》第 307 册，上海：上海古籍出版社，2010 年影印本，第 75 页。

② （正德）《武功县志·玛星阿序》，《中国地方志集成·陕西府县志辑》第 36 册，南京：凤凰出版社，2007 年影印本，第 2 页。按：此序系孙景烈代写。《清代诗文集汇编》编纂委员会编：《清代诗文集汇编》第 307 册《滋树堂文集》，上海：上海古籍出版社，2010 年影印本，第 76 页。

乾隆三十年（1765），席奉乾任郃阳知县，于为政之暇审阅郃阳旧志，嘉靖志、万历志已不可见，修成于康熙四十九年（1710）的《宰莘退食录》又未曾刻印，可见的最早志书是顺治十年（1653）修成的《续修郃阳县志》，时间已过去了 100 多年。鉴于清政府有地方志书 60 年一修的政令，身为地方父母官的席奉乾不得不将修志工作提上议事日程，但又不敢苟且从事，于是接受当地绅士的建议，聘请关中名士、武功人孙景烈纂修新志。乾隆三十四年（1769）正月，孙景烈来到郃阳，着手修志，历时三个月即告完成。

由于孙景烈曾整理评注康海的《武功县志》，因此深受康海《武功县志》体例的影响。康海《武功县志》共 3 卷 7 篇，卷 1 为地理、建置、祠祀；卷 2 为田赋、官师；卷 3 为人物、选举。康海在目录后的序中说：

> 夫志者，记也，记其地理、风俗、人物之事也。武功志，余先君子长公盖尝述之，然县官掌故弗严人匿之矣。余于是卒成先人之志，略序撰之。凡山川城郭与风俗推移，皆地理所具，作地理第一。官署、学校及诸有司所兴行皆建置之事，作建置第二。治民人者，先其神，故祠祀兴焉，作祠祀第三。有田则有赋，有身则有役，田赋之政，国所重焉，作田赋第四；疆域人民，非官不守，礼乐教化，非官不行，作官师第五；文献之事，邦邑所先，以稽古昔，以启后贤，作人物第六；科贡制行，士繇以兴，作选举第七，凡七篇。①

孙景烈修《郃阳县全志》凡 4 卷 7 篇，首绘县境图 1 幅，卷 1 为地理、建置；卷 2 为田赋、官师；卷 3 为人物；卷 4 为选举、杂记，其体例与康海《武功县志》大同小异。孙景烈在目录后亦撰有序文：

> 自古郡邑志盖各因其地以为书，而历代沿革与夫疆域山川，皆所当先也，故首地理。地理若视诸掌，则建置之度地而兴者，如城郭、官署、庙祠、学宫，可类及矣，故次建置。有建置则教养可施，而养先乎教，有田必有赋，急公后私，风俗之原亦在于此，故次田赋。夫田赋寓教于养，顾养而教之者，官师也，官师即次之。有官师则人物辈起，故人物又即次之。人物不尽出选举，而自选举显者实多，故选举又次之。六者具□，郃阳之

---

① （正德）《武功县志·序言》，《中国地方志集成·陕西府县志辑》第 36 册，南京：凤凰出版社，2007 年影印本，第 6—7 页。

志其殆可征矣乎！然犹恐其遗也，故又以杂记拾之而终焉。凡七篇。①
孙景烈所修《郃阳县全志》受康海《武功志》之影响是显而易见的。当时郃阳人张松友在《新刻郃阳县全志序》中说：

> 先生讲学之余，尝评注《武功志》，以抉对山精蕴，为世所珍，则其洞然于志法者久矣。今于仲春来郃开馆篹修，阅三月书成，余受而读之，见其质文相丽，而脉络贯通，七篇直如一篇，至其叙事简明，立言醇正，皆本诸讲学心得者，盖以程朱之理为史汉之文，不独举对山、五泉两志之善兼而有之，且似过之也。三长并擅，五难无讥，吾邑之志，其自今足以征信而备辐轩之采矣乎。是则贤侯之盛举，太史之鸿裁，相与有成功，垂简册也。②

乾隆《郃阳县全志》修成后，知县席奉乾特别满意，认为其"词简而意该，事详而理著，于旧志则存其是者，删其非者，经文纬义，纲举目张，凡郃之地理、建置、田赋与夫官师、人物、选举，靡不详略得体，条理井然。而于六篇外又以杂记终之，免沧海遗珠之憾，真与康、韩前哲并追史汉，实一时千载之钜作也，岂特为郃幸哉"！③ 时人屠用中谓其地理、建置、田赋篇记载沿革废兴，"指陈皆有确据"；官师、人物、选举诸篇则"核实撮要，多寓劝惩殷心"；至于杂记篇更是收录严谨，"尽汰荒渺无稽而有关政教者无不登载详明"。④ 林文德则谓其"词简而能括，事详而不支，义理密察，文质相宜，深得龙门笔旨，谁为之？武功西峰孙太史也"。⑤

二、修篹《鄠县新志》

鄠县在夏朝时为扈邑国，秦改为鄠邑，汉置鄠县，属右扶风，后汉因之，三国至魏晋属始平郡，北魏太平真君七年（446）改属京兆郡，隋因之，唐属京

---

① （乾隆）《郃阳县志·序言》，《中国地方志集成·陕西府县志辑》第22册，南京：凤凰出版社，2007年影印本，第10—11页。

② （乾隆）《郃阳县志·张友岩序》，《中国地方志集成·陕西府县志辑》第22册，南京：凤凰出版社，2007年影印本，第7页。

③ （乾隆）《郃阳县志·席奉乾序》，《中国地方志集成·陕西府县志辑》第22册，南京：凤凰出版社，2007年影印本，第5—6页。

④ （乾隆）《郃阳县志·屠用中序》，《中国地方志集成·陕西府县志辑》第22册，南京：凤凰出版社，2007年影印本，第1页。

⑤ （乾隆）《郃阳县志·林文德序》，《中国地方志集成·陕西府县志辑》第22册，南京：凤凰出版社，2007年影印本，第3页。

兆府，五代、宋、元因之，明、清直至民国时期均属西安府，1964年改称户县。户县最早的方志是明嘉靖十一年（1532）著名文学家、戏剧家王九思编纂的《鄠县志》，康海曾之为作序，王士禛誉之为明代关中大十名志之一，惜明末已经亡佚。明万历二十四年（1596），鄠县知县王九皋在王九思《鄠县志》的基础上又有续修。万历四十六年（1618），鄠县知县刘璞在旧志的基础上又进行重修，可惜明代所修三部志书均亡于明末战乱。现存最早的户县方志是康熙二十一年（1682）康如琏、康弘祥纂修的《鄠县志》，此志是在明万历朝鄠县知县刘璞所修《鄠县志》的基础上增补订正而成，记事谨严，文字简练，图文并茂，但是缺载两周史实及经籍志，康熙五十一年（1712）又有续补，未曾刻印。雍正十年（1732），鲁一佐又再事增补，合前志一同刻印，是为雍正《鄠县重修续志》。

乾隆三十九年（1774），汪以诚任鄠县知县，到任后即搜访王九思《鄠县志》准备重刻，虽然"悬重价购之，终不可得"[①]，于是决定重修新志。当时适逢孙景烈主讲鄠县明道书院，孙景烈来到鄠县后，亦曾搜寻王九思的《鄠县志》而未果。鉴于孙景烈熟悉志法，评注过康海的《武功县志》，又纂修过《郃阳县全志》，均颇得好评，汪以诚认为其是纂修新志的不二人选，因此再三力邀，孙景烈以古稀之年不得已而任其事。乾隆四十一年（1776）开始纂修工作，历时10个月即告完成。志书修成后，孙景烈对初稿不甚满意，辞去明道书院讲席返回武功时，随身携带志稿，再事修改完善，然后寄回，并特意嘱咐汪以诚付梓前务必请陕西巡抚毕沅过目审定，其做事认真严谨，于此可见一斑。

孙景烈所纂《鄠县新志》共6卷9篇10余万字，卷1地理；卷2建置；卷3田赋、官师、风俗；卷4、卷5人物；卷6选举、杂记。孙景烈在《序》中对其篇目体例有所交代：

> 志法首地理，次建置，古今作者，大较然矣。地之山川、形胜，天作也，而疆域、古迹，亦兹地已具者，述地理第一。城郭、学校、官廨、神祠，均地理中建置事，述建置第二。诸建置为民也，民以田为生，有田则有赋，故田赋编次第三。教养斯民者，官师也，故官师编次第四。官师能移风易俗，故第五曰风俗。风俗成而人物兴，故第六曰人物。人物多以选

---

① （乾隆）《鄠县新志·汪以诚序》，《中国地方志集成·陕西府县志辑》第4册，南京：凤凰出版社，2007年影印本，第1页。

举显，故编次选举第七。惧其疏也，以杂记终焉。凡八篇，而斯邑之志其殆庶几足征矣乎！①

孙景烈《鄠县新志》记事止于乾隆四十一年（1776），体例与其所修《邠阳县全志》大同小异，变《邠阳县全志》4 卷 7 篇为 6 卷 8 篇，各篇名目、次序基本相同，仅增加了一篇风俗志，由此可见康海《武功县志》对孙景烈的影响之深。汪以诚谓此志"其文简以驯，其事核以括，其法之有伦如一篇焉"。② 高峰《陕西方志考》如是评价曰："因只设八门总目而未设子目，查阅不甚方便，资料也多源于书籍文献之中，缺少实地访问调查，但总的说来文词简明，体例简约，堪称良志，刻印流传较多。"③

孙景烈修成《鄠县新志》后，150 多年间鄠县再未续修或新修志书，直至 1933 年才重修新志。民国《重修鄠县志》是在孙景烈《鄠县新志》的基础上，参考 1930 年所修《陕西通志》，采录鄠县采访局所辑录的资料，"博搜约取，重加汇编"而成④，记事至 1931 年。

三、纂修《邰封闻见录》

孙景烈系武功邰封里人（今陕西武功县西南），邰封因后稷封邰作邑而得名，秦朝为鼓励农耕，始置邰封里，两汉时期车水马龙，人来人往，成为武功县乃至关中的一个重镇，邰封里之名亦沿袭千年而不改。武功旧志继康海之后，康熙、雍正、乾隆三朝均有续修，乾隆志修成于乾隆四十九年（1784），均系官方行为。孙景烈身为武功人，在其晚年归乡闲居期间，一方面整理出版康海《武功县志》，纂修《邠阳县全志》、《鄠县新志》；另一方面也广泛搜集资料，为续修武功县志做准备。为有别于《武功县志》，孙景烈遂以居里名其书，称《邰封闻见录》。《邰封闻见录》效仿康海《武功县志》的体例，分为 7 篇，删去祠祀，而增加艺文。后人称《邰封闻见录》"地理篇考证独详，人物多依康氏志及

① （乾隆）《鄠县新志·孙景烈序》，《中国地方志集成·陕西府县志辑》第 4 册，南京：凤凰出版社，2007 年影印本，第 3—4 页。

② （乾隆）《鄠县新志·汪以诚序》，《中国地方志集成·陕西府县志辑》第 4 册，南京：凤凰出版社，2007 年影印本，第 1 页。

③ 高峰：《陕西方志考》，内部资料，1985 年，第 55—56 页。

④ （民国）《重修鄠县志·赵葆真序》，《中国地方志集成·陕西府县志辑》第 4 册，南京：凤凰出版社，2007 年影印本，第 111 页。

续志、后志，所增加者仅数人。艺文未成篇，而征引繁富"。又曰："武功沿革，自康氏作志，得其实者半，失其实者亦半，意在补正康氏贻误，而储材备用。书卒未成，惜哉！"①

　　遗憾的是《邰封闻见录》未及完成，乾隆四十七年（1782）孙景烈辞世，未竟稿亦佚于嘉庆年间，乾隆、嘉庆两朝武功县修纂志书，对孙景烈《邰封闻见录》多有参考。在孙景烈编纂《邰封闻见录》前后，武功县令钱君已着手修纂《武功县志》，未及完成，继任黄景略又聘请吴泰来继续修纂，增补付梓，从黄景略所作序言中似乎未曾得见孙景烈《邰封闻见录》，而且此志亦未见著录。嘉庆年间，董教增巡抚陕西，偶然读到康海《武功县志》，"欲合三志（康熙、雍正、乾隆三志）续前志后，以便检阅，而未得其暇"。嘉庆十八年（1813），武功县令张树勋聘请罢官在家的延长县令王森文准备修志，董教增于是嘱其合纂续志，"依据三次递修旧志，参以乡先生孙检讨景烈所撰《邰封闻见录》，并绅耆采访新册合为一编，事无挂漏，而义例恪遵康氏"。② 嘉庆《武功县志》记事起于明嘉靖元年（1522），止于清嘉庆十九年（1814），成书 5 卷 7 篇。

① 转引自陕西省地方志编纂委员会编：《陕西省志·著述志》，西安，三秦出版社，2000 年，第 276 页。

② （嘉庆）《续武功县志·董教曾序》，《中国地方志集成·陕西府县志辑》第 36 册，南京：凤凰出版社，2007 年影印本，第 159 页。

第四章　毕沅与陕西方志

第一节　毕沅其人

一、生平简介

毕沅，字纕衡，一字秋帆，号弇山，自号灵岩山人，江苏镇洋（今江苏太仓）人，生于雍正八年（1730），卒于嘉庆二年（1797），享年68岁。

毕沅少年早慧，6岁时母亲给他讲授《毛诗》、《离骚》，"过目即成诵"。10岁通声韵，12岁习制举，15岁擅诗文。之后读书灵岩山，结交沈德潜、惠栋等著名学者，"学业益邃"。弱冠后远游京师，乾隆十八年（1753）参加顺天乡试，考中举人。乾隆二十二年（1757），授内阁中书，入值军机处，"练习掌故，治事识大体"，深得傅恒、汪由敦等人的赏识，"枢庭诸公，咸以公辅期之"。[①]

乾隆二十五年（1760），毕沅参加礼部会试，廷对时洋洋洒洒数千言，"议论剀切"，加之其人仪表堂堂，"进止有度"[②]，乾隆帝大喜过望，亲擢第一，授翰林院修撰。乾隆二十九年（1764）擢左中允，乾隆三十年（1765）升翰林院侍讲，乾隆三十一年（1766）充日讲起居注官，充会试同考官，寻转左庶子。

---

①　（清）钱大昕：《潜研堂文集》卷42《太子太保兵部尚书湖广总督世袭二等轻车都尉毕公墓志铭》，（清）钱大昕撰、陈文和主编：《嘉定钱大昕全集》第9册，南京：江苏古籍出版社，1997年，第721页。

②　（清）钱大昕：《潜研堂文集》卷42《太子太保兵部尚书湖广总督世袭二等轻车都尉毕公墓志铭》，（清）钱大昕撰、陈文和主编：《嘉定钱大昕全集》第9册，南京：江苏古籍出版社，1997年，第721页。

乾隆三十二年（1767），帝以其"才可大用，非词臣能尽其所蕴"，特旨补授甘肃巩秦阶道。① 乾隆三十三年（1768）四月，毕沅抵甘肃，总督吴达善知其才略，因奏留综理新疆经费局事务，遂驻兰州，"到官，即留办新疆经费局。又从总督出嘉峪关，察勘屯田，自木垒河至吉木萨，往返数万里，途中多纪行咏古之篇"。② 乾隆三十五年（1770）六月，奉旨调补安肃道。

乾隆三十六年（1771），擢陕西按察使，不久升任陕西布政使。乾隆三十七年（1772），暂署陕西巡抚印务，"时大兵征金川，由陕入蜀，公督理台站，馈饷充足"。③ 乾隆三十八年（1773）五月，"河、洛、渭三水并涨，朝邑被冲，分别振恤，全活甚众"④，同年十二月，实授陕西巡抚。乾隆四十一年（1776）三月，署理陕甘总督，乾隆四十一年（1776）十一月，兼署西安将军印。乾隆四十四年（1779），丁母张太夫人忧。毕沅"在陕六载，兼署西安将军者再，署陕甘总督者一，特赐戴孔雀翎，恩遇之隆，汉大臣莫及焉"。⑤ 丁忧期间，乾隆帝以"陕西巡抚员缺紧要，毕沅前任西安最久，熟悉该处情形，且守制将届一年，时不得其人"，即命毕沅再次赴陕任陕西巡抚。⑥ 乾隆四十六年（1781）十二月，"毕沅以御史钱沣劾，降三品顶戴留任"。⑦

乾隆五十年（1785）正月，毕沅调任河南巡抚，何裕城接替毕沅任陕西巡抚。乾隆五十三年（1788），升任湖广总督。乾隆五十五年（1790）二月，"以河南考城城工错缪，降江兰道员，毕沅等褫职，仍留任"。⑧ 乾隆五十九年

①（清）史善长：《弇山毕公年谱》，北京图书馆编：《北京图书馆藏珍本年谱丛刊》第 106 册，北京：北京图书馆出版社，1999 年影印本，第 137 页。

②（清）钱大昕：《潜研堂文集》卷 42《太子太保兵部尚书湖广总督世袭二等轻车都尉毕公墓志铭》，（清）钱大昕撰、陈文和主编：《嘉定钱大昕全集》第 9 册，南京：江苏古籍出版社，1997 年，第 721 页。

③（清）钱大昕：《潜研堂文集》卷 42《太子太保兵部尚书湖广总督世袭二等轻车都尉毕公墓志铭》，（清）钱大昕撰、陈文和主编：《嘉定钱大昕全集》第 9 册，南京：江苏古籍出版社，1997 年，第 722 页。

④（清）王昶：《兵部尚书都察院右都御史湖广总督赠太子太保毕公沅神道碑》，（清）钱仪吉等编纂：《清代碑传全集·碑传集》卷 73，上海：上海古籍出版社，1987 年影印本，第 376 页。

⑤（清）钱大昕：《潜研堂文集》卷 42《太子太保兵部尚书湖广总督世袭二等轻车都尉毕公墓志铭》，（清）钱大昕撰、陈文和主编：《嘉定钱大昕全集》第 9 册，南京：江苏古籍出版社，1997 年，第 722 页。

⑥（清）史善长：《弇山毕公年谱》，北京图书馆编：《北京图书馆藏珍本年谱丛刊》第 106 册，北京：北京图书馆出版社，1999 年影印本，第 166—167 页。

⑦《清史稿》卷 14《高宗本纪》，北京：中华书局，1977 年标点本，第 521 页。

⑧《清史稿》卷 15《高宗本纪》，北京：中华书局，1977 年标点本，第 547 页。

（1794），陕西安康、四川大宁发生白莲教起义，人称传自湖北，毕沅亲赴襄阳、郧阳治理，降授山东巡抚。乾隆六十年（1795），仍授湖广总督。毕沅生值多事之秋，频繁迁转，毫无怨言，"其勇于任事，无迁延顾望如此"。嘉庆元年（1796）春，湖北枝江发生叛乱，"诡称白莲教而宜都长阳长乐教匪一时应和，四出焚掠，公驰枝江，与巡抚惠公调兵进"。嘉庆二年（1797）六月，"以劳卒于辰州军营，有旨加太子太保，谕祭葬"。①

毕沅生前恪于职守，劳心尽力；卒后罪名加身，不得善终。嘉庆四年（1799）九月，朝廷追究教乱罪责，毕沅坐滥用军需罪"削世职，夺荫官"②；嘉庆九年（1804）八月，"清查湖北滥支军需，追罚福康安、和琳之子并毕沅等"③，故后人谓"沅以文学起，爱才下士，职事修举；然不长于治军，又易为属吏所蔽，功名遂不终"。④

钱大昕称赞毕沅识量宏远，喜怒不形于色，"遇僚属以礼，议事不执己见，人人皆得尽其言。若大疑难事，众莫识所措者，公沉机立断，虽万口不能夺。久莅方面，职事修举，不以察察为明，亦不以煦煦要誉。所荐拔多至大僚，或在同列，亦未尝引为己功"。⑤ 遗憾的是毕沅晚年遭逢乱世，心力交瘁，又因"炎瘴致疾，食少事烦，未极大年，此海内识与不识，靡不惊悒堕泪者也"。⑥

二、学术成就

毕沅身为封疆大吏，身居要职，功高位重，尽心职事外他还勤奋向学，潜心学术研究，从少至老，无一日废书。毕沅学识渊博，治学范围非常广泛，涉及经学、史学、文献学、文字学、诸子学、金石学、考古等，辑佚补缺、校勘考释，凡乾嘉学派研究的范围和领域他均有涉及，且颇有成就，因而广受时人

---

① （清）洪亮吉撰：《洪亮吉集·更生斋文甲集》卷4《书毕宫保遗事》，刘德权点校，北京：中华书局，2001年，第1036页。

② 《清史稿》卷16《仁宗本纪》，北京：中华书局，1977年标点本，577页。

③ 《清史稿》卷16《高宗本纪》，北京：中华书局，1977年标点本，第588页。

④ 《清史稿》卷332《毕沅传》，北京：中华书局，1977年标点本，第10978页。

⑤ （清）钱大昕：《潜研堂文集》卷42《太子太保兵部尚书湖广总督世袭二等轻车都尉毕公墓志铭》，（清）钱大昕撰、陈文和主编：《嘉定钱大昕全集》第9册，南京：江苏古籍出版社，1997年，第724页。

⑥ （清）钱大昕：《潜研堂文集》卷42《太子太保兵部尚书湖广总督世袭二等轻车都尉毕公墓志铭》，（清）钱大昕撰、陈文和主编：《嘉定钱大昕全集》第9册，南京：江苏古籍出版社，1997年，第724页。

赞誉。乾隆朝诗人王文治在为《灵岩山人诗集》所作的序言中称毕沅"于经义、史籍、天文、地志，下逮百家杂技之类，俱通贯而纂辑之"。[①] 王昶在为毕沅所作《神道碑》中亦言：

> 少嗜著述，至老不辍，所撰《续资治通鉴》、《史籍考》并《灵岩山人诗文集》，又关中、中州、山东《金石记》，《河间书画录》共若干卷。每遇古书善本，校而录之，若《山海经》、《夏小正》、《说文解字》、《旧音》、《释名疏证》、《三辅黄图》、《太康地志》、王隐《地道志》、《晋书地理志新补正》、《道德经考异》又若干卷，时贤皆奉为秘宝。[②]

钱大昕在为毕沅所作墓志铭中，全面总结了毕沅的治学旨趣和学术成就：

> 性好著书，虽官至极品，铅椠未尝去手。谓经义当宗汉儒，故有《传经表》之作。谓文字当宗许氏，故有《经典文字辨正书》及《音同义异辨》之作。谓编年之史，莫善于涑水，续之者有薛、王、徐三家，徐虽优于薛、王，而所见书籍犹未备，且不无详南略北之病，乃博稽群书，考证正史，手自裁定，始宋讫元，为《续资治通鉴》二百二十卷，别为《考异》附于本条之下，凡四易稿而成。谓史学当究流别，故有《史籍考》之作。谓史学必通地理，故于《山海经》、《晋书·地理志》皆有校注，又有《关中胜迹图记》、《西安府志》之作。谓金石可证经史，宦迹所至，搜罗尤博，有关中、中州、山左《金石记》。诗文下笔立成，不拘一格，要自运性灵，不违大雅之旨，有《灵岩山人诗集》四十卷，《文集》八卷。[③]

清代学者从各个方面肯定了毕沅的学术成就，但忽略了毕沅在修纂地方志方面的成就。毕沅身为地方官员，正值清政府大力提倡修纂方志的年代，一方面积极响应，大力倡导修纂方志；另一方面又身体力行，在方志学理论及实践方面均卓有建树。就实践而言，毕沅一生参与、倡导、支持修纂了大量地方志，取得了丰硕的成果，其中有许多名志，如乾隆《西安府志》、《朝邑县志》、《淳化

① （清）毕沅：《灵岩山人诗集·王文治序》，《续修四库全书》第1450册，上海：上海古籍出版社，2002年影印本，第3页。

② （清）王昶：《兵部尚书都察院右都御史湖广总督赠太子太保毕沅桑沅神道碑》，（清）钱仪吉等编纂：《清代碑传全集·碑传集》卷73，上海：上海古籍出版社，1987年影印本，第377页。

③ （清）钱大昕：《潜研堂文集》卷42《太子太保兵部尚书湖广总督世袭二等轻车都尉毕公墓志铭》，（清）钱大昕撰、陈文和主编：《嘉定钱大昕全集》第9册，南京：江苏古籍出版社，1997年，第725页。

县志》、《三水县志》、《直隶邠州志》、《醴泉县志》、《韩城县志》、《澄城县志》、《长武县志》、《蒲城县志》、《登封县志》、《新修怀庆府志》、《湖北通志》、《石首县志》、《麻城县志》等，虽然其中许多方志毕沅并未直接参与，但却是在他的倡导和鼓励下完成的，"由是观之，毕沅堪称一位杰出的方志学实践家"。① 就理论而言，毕沅在方志的体例、内容、纂修方式及用人等方面都有自己独到的见解，刁美林先生从六个方面总结了毕沅的方志学理论：其一，志书应与地图相互配合，方能发挥其最大作用。其二，志书不争正宗，但求体例精当、内容严谨。其三，志书应收残补剜，以补正史记载史事不足之缺。其四，志书的内容应详略得当，讲求经世致用。其五，志书的材料来源应当广博，考证翔实。其六，志书的编纂者应发挥其所长，尤其注重实践经历。②

第二节　为政陕西，造福三秦

毕沅于乾隆三十六年（1771）正月补授陕西按察使，五月署理布政使事，十月奉旨补授布政使，乾隆三十八年（1773）任陕西巡抚，直至乾隆五十年（1785）正月移任河南巡抚，其间除乾隆四十四年（1779）丁母张太夫人忧居丧一年外，一直在陕西任职，前后长达 13 年之久。毕沅在陕西为官期间，除关注民生，勤于政事外，还大力兴办教育，培养人才；保护文物古迹，传承古代文化；广纳各地贤才，聚集西安幕府从事学术活动，为陕西地方经济发展及文化事业的繁荣做出了贡献。

一、勤勉为政

毕沅在陕西任职期间，全力以赴致力于维护地方稳定和促进社会经济发展。首先，毕沅在陕西任职期间，努力开垦荒田，大力发展农业生产，"幕民垦兴平、盩厔、扶风、武功荒地，得田八十余顷"。③其次，毕沅抚陕期间，特别重视兴修水利，对关中泾、渭、浐、灞、沣等十几条河流，"有一套疏引、筑堰、

---

① 刁美林：《毕沅的方志学思想成就探析》，《中国地方志》2012 年第 4 期，第 52—58 页。
② 刁美林：《毕沅的方志学思想成就探析》，《中国地方志》2012 年第 4 期，第 52—58 页。
③ 《清史稿》卷 332《毕沅传》，北京：中华书局，1977 年影印本，第 10976 页。

开渠的设想"。① 如位于泾阳的龙洞渠即郑白渠，故道历经唐、宋、元、明，"代加修理，灌溉农田，为利甚薄"。龙洞渠与泾河仅一堤之隔，泾水日益混浊，泥沙俱下，每逢涨水，泥沙即倒灌龙洞渠，特别容易导致淤积，每年疏浚，支出巨大，入不敷出，加之"司事者因循迁就，日复一日，泥滓充积，渠底增高，水源旁溢，下流地亩，逐渐减少，不及时经理，必致淤塞断流，使数千年美利，遂至湮没"，乾隆四十四年（1779），毕沅亲临仲山洪口，周览形势，与有关人员筹议修峻，"至次年工峻"②，使得龙洞渠这一历经千年的水利设施发挥出最大的效益。其三，赈济灾民，防灾自救。乾隆三十八年（1773）五月，黄河、渭水、洛河同时泛滥，朝邑镇被淹，"公驰往查勘，分别赈恤，全活甚众"。③ 乾隆四十六年（1781）秋季，黄河泛滥，淹没朝邑县城及东南北3乡53村，溺毙男女830余人，冲塌民房22 396间，受灾民口34 680余人，"公奏请给银修葺，埋葬并分别抚恤，加赈各有差"。④

此外，毕沅抚陕期间，为便于治理，建议调整陕西的行政区划。如乾隆三十八年（1773），"请设长安斗门镇"⑤；乾隆三十九年（1774），"又请开采宁羌铜矿，改留坝厅通判为同知，改三原县为要缺，奏入，并报可"。⑥ 为便于南北运输，又于乾隆四十年（1775）五月"修理栈道工峻"。⑦ 乾隆四十七年（1782），毕沅在陕西任职已满10年，对陕西的情形了如指掌，为便于管理，上奏建议修改陕西行政区划曰："臣荷圣恩简任巡抚，先后十年，于地方一切因革事宜，随时悉心体察，凡此改设，明知有费更张，但今昔情形迥然大异，而山川扼要，形势阻深，不得不为未雨绸缪之计，断不敢因循拘泥，惜有限之费，

① 曹凤权：《毕沅及其对陕西文物的保护》，《文博》1989年第1期，第79—83页。
② （清）史善长：《弇山毕公年谱》，北京图书馆编：《北京图书馆藏珍本年谱丛刊》第106册，北京：北京图书馆出版社，1999年影印本，第152—153页。
③ （清）史善长：《弇山毕公年谱》，北京图书馆编：《北京图书馆藏珍本年谱丛刊》第106册，北京：北京图书馆出版社，1999年影印本，第145页。
④ （清）史善长：《弇山毕公年谱》，北京图书馆编：《北京图书馆藏珍本年谱丛刊》第106册，北京：北京图书馆出版社，1999年影印本，第170页。
⑤ （清）史善长：《弇山毕公年谱》，北京图书馆编：《北京图书馆藏珍本年谱丛刊》第106册，北京：北京图书馆出版社，1999年影印本，第145页。
⑥ （清）史善长：《弇山毕公年谱》，北京图书馆编：《北京图书馆藏珍本年谱丛刊》第106册，北京：北京图书馆出版社，1999年影印本，第151页。
⑦ （清）史善长：《弇山毕公年谱》，北京图书馆编：《北京图书馆藏珍本年谱丛刊》第106册，北京：北京图书馆出版社，1999年影印本，第153页。

致异日贻误地方也。"① 部议允行。

乾隆四十七年（1782），陕西巡抚毕沅奏上《陕省农田水利牧畜疏》：

……窃惟国家大计，不过民生、吏治二端，而建官之本意，则以勤民为主，勤民之要，终以足食为先，百余年来，生齿日繁，而天地生财只有此数，是以民间逐末，日事营求，还过此绌彼赢，生计所资，终未优裕。臣粗览载籍，窃见民生衣食之源，大率农民为要，畜牧次之，因土之宜而尽民之力，以收自然之利，其在西北等省施之，尤当而易行。即如陕西，古称四塞雄封，地大物博，唐虞以来，厥田称上，迨及成周，尤以稼穑为重，《豳风》、《无逸》所陈，至今犹可想见其遗意。惟司牧者，以其事无近功，不复为之措意，以致小民失业者多，往往流为惰窳。臣载抚关中，先后十有余年，郡邑巡行所至，窃见汉中、兴安、商州各府州属，延亘南山，水土饶益，迩年楚、蜀、陇、豫，无籍穷黎，扶老携幼，前来开垦者甚众。但疆里绵邈，高原下隰，闲旷尚多。近者山南一带，添设府厅佐贰等官，以资控制，将来拟即令其详加相度，广劝耕屯，以无业之民，而辟可耕之土，若成熟后，按夫计亩，全活自多。即如乾隆四十三、四等年，两湖偶被灾祲，小民流徙，络绎前来，臣彼时阅兵汉南，目击情形，督率有司，妥为安插，分令就地开荒，男妇不下十余万人，俱得安然乐业，遂成土著。此地利之宜开垦者一也。

至西安、同州、凤翔三府，邠、乾二州，沃野千里，实为陆海奥区，臣近加体察，民间耕读相半，素鲜盖藏，殷实之户，十不得一，缘其平时所恃，不过农田，而秦中地厚水深，山泽之气不通，每有恒旸之咎，夫黄河为数省患，惟宁夏一府，引水灌田，五邑并蒙其利。泾阳龙洞一渠，为关内膏腴之最，秦汉至今，民沾渥泽，前因年久淤塞，灌田仅一万余亩，臣因奏请重加疏浚，今已灌田十万有余。可知民间利病，果能悉心经理，未有不收其美利者。伏思关右大川，如泾、渭、灞、浐、沣、滈、潦、滴、河、洛、漆、沮、汧、汭等水，流长源远，若能就近疏引，筑堰开渠，到处可行水利。无如司事者意计所在，既不与民瘼相关，小民心知其利，又复道谋筑室，不溃于成，即向来本有渠道地方，亦多废而不举，以致泥淤

---

① （清）史善长：《弇山毕公年谱》，北京图书馆编：《北京图书馆藏珍本年谱丛刊》第106册，北京：北京图书馆出版社，1999年影印本，第174—175页。

淤积，水流旁溢，大者逼窄，小者断流，是以偶值暵干，便成荒歉。臣现拟督率司道，饬查各属，将境内形势，高下川原，细加量度。何处可以开渠几条，其渠可以灌田几亩，其旧时所有渠堰，向日灌田若干，现在灌田若干，一一据实具报。倘有不敷挹注者，当即为之筹酌。或劝民自为疏浚，或酌借公项，代为办理。则以时蓄泄，自无水旱之虞，而瘠土变为良田，三农自获倍收之利。况三秦为中土上游，大川半在其地，若分为沟洫，蓄作陂池，则入黄之水，其势并可少杀，于事理不无裨益。此水利之宜疏蓄者二也。

他如省北延安、榆林二府，以绥德、鄜州地多砂砾，每以边境高寒，雨泽少愆，西成即忧歉薄。臣窃见古来云中、北地、五原、上郡诸处，畜牧为天下饶，至以谷量牛马，即唐时开元年间陇右牧政考成，不过数年，马至四十三万，牛至五万，羊至二十八万。兹者地土依然，水草犹在，倘能经画得宜，安知今不如古。臣于七月间巡防所至，见沿边水草，尚为丰茂，若饬令各属有司，询问乡堡，每邑计其成数情形，畜牧者约有若干人，驼马牛羊约需若干匹，由府汇报到司，酌筹间款购买，分给民间，令其试养，并雇觅善于长养之人，教民喂饲，每属酌派佐杂等官，查核经理，候次年孳生后，除交还官项外，余即赏给本人，以为资本。嗣是孳生羊群十取其一，马驼牛十五取其一，其余除资本外，听民自为贩卖，则边民生计，可望渐臻饶裕。其腹地沿山傍水，如终南、太白、汧、渭、沙苑之间，系历代畜牧之场，亦可徐徐筹办，倘数年后果有成效，将来新羌各路，屯兵民户，俱可仿而行之，令其耕作与畜牧相兼。缘耕作所入，只敷本户供支，畜牧工本无多，而休养蓄息，日见充盈，则民力渐裕，兵力愈强，实边土无穷之利。此畜牧之宜讲求者三也。

至州县为亲民之官，所关最要，得其人则一邑之民享其利，不得其人则一邑之民受其害，如病在贪酷，则日事诛求，而良善难安生业；病在因循，则听从胥吏，而闾里鲜得安居，其中稍有才具者，又复以酬应为能，不以地方为事，此等病民之官，又当随时厘剔，大示惩创。再一州一县，大者不过数百里而遥，近有在任数年，而四乡未尝一至者，所谓司牧者谓何？臣现拟饬属，嗣后于本境四乡，或一岁之内，或一季之内，务须轻车减从，周遍历行，按查保甲，稽查游惰。如有利病所关，应行应革事宜，具禀上官，以便随时查办。至春秋祈报，宣讲圣谕，朔望行香，虽系事属仪文，然小民日事观瞻，自有隐相维系之故。故下情易于上达，而匪僻难以潜滋，编氓目见耳闻，共知法纪所在，未始不可化莠为良。地方郡吏，皆当实力奉行，不得以为无关考成，视为具文。

以上各件，若就目前而论，虽无小效近功，然月计不足，岁计有余，行之既久，则户庆盈宁，人歌乐利，官方士习未有不蒸蒸日上者。至大吏为合属视效所关，自当以圣主爱民之心为心，以足民之事为事，损上益下，洁己奉公，董率监司牧守，讲求实政，化导士民，俾衣食足而知礼义，此臣等守土之责，尤所当随事随时，共相勖励者也。①

毕沅的奏章奏入后，虽然因"格于成例，不果行"②，但毕沅在陕西为政期间心系百姓，忧心民事，其良苦用心于此可见一斑。

二、重教兴文

毕沅抚陕期间，一方面重视国计民生和地方经济的发展，兴修水利，鼓励屯田，防灾自救，发展农业生产；另一方面还注重兴办教育，培养人才；广纳各地贤才，聚集西安幕府从事学术活动，为陕西地方经济的发展及文化事业的繁荣做出了贡献。

毕沅抚陕期间，以维持风习、激扬士类为己任，特别重视兴办教育，培育人才。位于西安府的关中书院创立于明代，系在关中大儒冯从吾所建首善书院的基础上改建而成，毕沅认为关中书院是培养人才的重镇，关乎风习教化，因此下令对书院大加整修，访求名师主持院务，要求主进者博通今古，品行方正，潜心教学，互相观摩。此外，毕沅还与司道"按月轮课，亲赴书院，详加甲乙，并饬各府州县书院，皆实心延访通人，其姓名籍贯及更换、开馆日期具报抚藩臬门察核，兼责成本道访查，有不称职者更之，以收实效，励人才"，毕沅的做法得到了清政府的肯定，乾隆帝"谕各省建立书院处皆仿之"。③

① （清）贺长龄辑：《皇朝经世文编》卷36《户政·农政上》，沈云龙主编：《近代中国史料丛刊》第74辑，台北：文海出版社，1966年，第1299—1301页。

② （清）史善长：《弇山毕公年谱》，北京图书馆编：《北京图书馆藏珍本年谱丛刊》第106册，北京：北京图书馆出版社，1999年影印本，第177页。

③ （清）史善长：《弇山毕公年谱》，北京图书馆编：《北京图书馆藏珍本年谱丛刊》第106册，北京：北京图书馆出版社，1999年影印本，第151—153页。

毕沅在陕西任职期间，还广揽人才，积极从事学术活动。毕沅爱才下士闻名古今，他在陕西任职期间，幕府学者云集，史善长谓其"尤好延揽英俊，振拔孤寒，士之负笈担簦走其门者如鹜。片长薄技，罔弗甄录，海内慕为登龙。余姚邵学士二云，经术湛深，阳湖洪编修稚存、孙观察渊如，文章博赡，咸得公讲授汲引之力"。① 洪亮吉所记毕沅款待孙星衍的故事则更为感人：

> 公爱士尤笃，闻有一艺长，必驰币聘请，惟恐其不来，来则厚资给之。余与孙兵备星衍留幕府最久，皆擢第后始散去。孙君见幕府事不如意者，喜慢骂人，一署中疾之若仇。严侍读长明等辄为公揭逐之，末言："如有留孙某者，众即卷堂大散。"公见之不悦，曰："我所延客，诸人能逐之耶？必不欲与共处，则亦有法。"因别构一室处孙，馆谷倍丰于前，诸人益不平，亦无如何也。②

毕沅如此善待学有专长之人，又以学者大儒相号召，吸引了一大批学者名儒云集幕中，符葆森《怀旧集》曰："弇山宫保情深念旧，尤喜翦拂寒畯。开府秦、豫，不独江左人才半归幕府，而故人罢官者，亦往往依之。余作挽诗有云：'杜陵广厦今谁继，八百孤寒泪下时。'盖道其实也。"③ 毕沅与幕僚往来唱和之外，积极从事图书编纂、文献整理和古籍校刊、方志修纂工作，一时之间，陕西的学术活动如火如荼。徐世昌《清儒学案》曰："乾隆朝文治极盛，朝士多以学术相尚，宏奖为怀。兰泉博通之才，宗主汉学，虽研经考史未有成书，其说多见诸文集，金石尤为专家。同时弇山毕氏，嗜学爱士，广延通儒，校释古籍，续编《通鉴》。"④

三、保护文物

重教兴文之外，毕沅还非常重视文物保护。陕西作为文物大省，文化积淀深厚，历史遗存丰富，这一方面得益于优越的自然条件和千年古都辉煌灿烂的

---

① （清）史善长：《弇山毕公年谱》，北京图书馆编：《北京图书馆藏珍本年谱丛刊》第106册，北京：北京图书馆出版社，1999年影印本，第255—256页。

② （清）洪亮吉撰：《洪亮吉集·更生斋文甲集》卷4《书毕宫保遗事》，北京：中华书局，2001年，第1037页。

③ （清）李桓辑：《国朝耆献类征初编》卷185《疆臣·毕沅》，周骏富主编：《清代传记资料丛刊》第155册，台北：明文书局，1985年，第808页。

④ 徐世昌等编：《清儒学案》卷81《兰泉学案》，沈芝盈、梁运华点校，北京：中华书局，2008年，第3117页。

历史文化，同时也离不开历代有识之士的保护和修缮。乾隆三十七年（1772），毕沅甫至陕西，即在维护地方稳定、发展经济的同时，着手文化建设。毕沅在陕西任职期间，就曾多次对陕西境内的文物古迹进行查访踏勘、立碑题名并加以修缮和保护，陕西境内重要的文物古迹，诸如碑林、汉唐帝陵、华岳庙、城墙等无不经毕沅维修保护，因此毕沅是公认的对保护陕西文物贡献最大的有识之士之一，被誉为"关中文物的守护神"。①

西安碑林始建于宋哲宗元祐二年（1087），原为保存唐玄宗开元年间镌刻的《石台孝经》和唐文宗开成二年（837）刻成的《开成石经》而建，后经历代收集，规模逐渐扩大，藏石日益增多，清代始称"碑林"。毕沅到陕西后，继续收集散落民间的汉唐碑碣，并花费巨资进行维护和修葺，可谓碑林史上的功臣。路远先生在《西安碑林史人物志》写到：

> 乾隆三十七年毕沅抚陕之初，至碑林访古刻，见墙宇倾圮，经石及诸碑率弃榛莽，兼以俗工日事捶拓，贞珉将有日损之势，遂瞻顾悚息，决意整修。工程于当年完竣，不仅重新规划和改建了碑林之建筑，为日后碑林建筑格局打下基础，且对碑林藏石进行整理，将已"多失其故"之《开成石经》重新加以编排，旧刻陷于土中者洗而出之。将宋元以前碑刻与明清碑刻区别对待，前者帖估不得恣意摹拓，以使其存诸永久；对后者则进行筛选，存其佳者集中安置，以资拓工口食。此外，碑林之屋周以阑楯，为门以限之，派员专司管理，掌其启闭。这是有清一代对碑林最全面最重要的一次整修，直至清末，碑林之设计与屋宇，仍悉毕沅当时之遗楷，而毕沅也因此次整修而成为碑林史上重要人物。②

"关中自古帝王都"，陕西境内帝王贵戚、先贤名人陵墓不计其数，其中帝陵的数量和密度乃全国之最。据统计，陕西境内共有历代帝王陵墓72座，仅关中一带就有11座汉帝陵、18座唐帝陵。毕沅任职陕西期间，多次踏勘周秦汉唐帝陵并立碑保护，措施得力，成绩显著。乾隆四十三年（1778），毕沅因公事经过咸阳县北毕原，顺道拜谒元圣周公旦墓，并在冢前树立"元圣周公之墓"碑。不仅如此，见于周公身后"宗支单弱"，关、闽、濂、洛诸儒后裔皆有世袭之

① 李挺：《"关中文物的守护神"清代鉴藏家毕沅》，《东方收藏》2012年第6期，第113—116页。
② 路远：《西安碑林史人物志》，西安碑林博物馆编：《碑林集刊》第7辑，西安：陕西人民美术出版社，2001年，第41页。

职，周公子伯禽的后代食采邑于东野，因此周公"虽有奉祀生之名，实与齐民无异"，于是上奏朝廷，"请加恩添设五经博士一员，准将咸阳姬姓嫡派子孙照曲阜东野氏之例，予以世袭，俾永奉元圣周公及文武成康四王陵祀"。奏入，部议允行。① 位于醴泉的唐太宗昭陵是"关中唐十八陵"中规模最大的一座，乾隆四十二年（1777），毕沅见昭陵墓道失修，于是"请帑修葺"，并命令醴泉知县张心镜修建围墙，建立碑亭，并亲自立碑石，公告全县，勿损昭陵。后来又于东西树碑，"纪列所存名位及志冢墓丈尺，将使后人守而勿坏"。② 乾隆四十九年（1784），毕沅又撰《清防护唐昭陵碑》，缕述昭陵始末及清代保护之功，由候补直隶州州判钱坫书，阳湖贡生孙星衍题额并摹勒，醴泉知县蒋其昌立石，国子监生王景垣刻字。

乾隆四十年（1775），毕沅途经凤翔，与严长明等人宿东湖坡公祠，吟咏唱和，"公命修葺祠宇，开通湖水，复还旧观。"③ 乾隆四十二年（1777）夏五月，"奏请修岳庙及诸古迹"，毕沅在奏章中说：

> 太华山为西陲灵岳，庙在华阴县东五里，祠祀岳帝，自唐虞三代以来即为望秩居歆之所，规模轮奂，灵迹巍然，年久失修，殿宇墙垣多有朽渗倾坍之处，去秋瞻观陈奏，荷蒙俞允，兹于本年二月兴工。再关中系临边重镇，西接新疆，为外藩朝觐往还必经之所，沿途古迹如灞桥、温泉、崇仁、慈恩两寺俱汉唐名胜，近年以来所有陵墓祠宇虽经臣次第补修，但胜迹既多，工费亦巨，既未便频请动项，亦不宜任其荒颓，因与司道等悉心集议，总期节縻费而壮观瞻，事不劳而要易集也。④

乾隆帝不但批准了毕沅的建议，而且下旨从当年陕西应该上缴户部的赋税中扣存12万两白银用于古迹保护。华阴庙修缮始于乾隆四十二年（1777）二月，至

① （清）史善长：《弇山毕公年谱》，北京图书馆编：《北京图书馆藏珍本年谱丛刊》第106册，北京：北京图书馆出版社，1999年影印本，第160—161页。

② （乾隆）《醴泉县志·毕沅序》，《中国地方志集成·陕西府县志辑》第10册，南京：江苏凤凰出版社，2007年影印本，第4页。

③ （清）史善长：《弇山毕公年谱》，北京图书馆编：《北京图书馆藏珍本年谱丛刊》第106册，北京：北京图书馆出版社，1999年影印本，第152页。

④ （清）史善长：《弇山毕公年谱》，北京图书馆编：《北京图书馆藏珍本年谱丛刊》第106册，北京：北京图书馆出版社，1999年影印本，第156—157页。

乾隆四十六（1781）年三月，"华阴庙工峻，遵旨给图进呈"。①

乾隆四十七年（1782），毕沅又上奏请求修缮西安城垣及城外灞桥，"遵旨勘估，于明春开工"。②史红帅先生研究认为，在清代西安城墙的历次维修中，以乾隆四十六年至乾隆五十一年（1781—1786）的工程规模最大，耗费人力、物力、财力最多，由此奠定了西安城在清中后期直至近代的多次战争中未曾失守的城防基础。③

第三节　整理编纂陕西地方文献

毕沅任陕西巡抚期间，不但关注百姓生活、重视发展经济，同时还重视文化事业，他以学者的眼光考察陕西的河流山川及风土民情，并整理校刻《三辅黄图》、《长安志》等陕西地方文献，编纂了特殊地志《关中胜迹图志》和《关中金石记》，为丰富陕西地方文献，繁荣陕西文化事业做出了贡献。

一、校刻陕西地方文献

乾隆时期正值清代地理学蓬勃发展之际，毕沅认为地理学不但有益于实学，而且有利于民生，主张研究史学必通地理，因此尤为重视地方文献整理和地理沿革的研究，洪亮吉为毕沅《晋书地理志新校正》所作的后序称，毕沅辑有多种地理著作，自己所经见者有《太康三年地记》、《晋书地道记》、《山海经新校正》、《晋书地理志新校正》等。毕沅汇辑校刻的《经训堂丛书》集其学术之大成，其中三分之一是地理著作，其中与陕西有关的地理著作则是《三辅黄图》和《长安志》。

1. 校刻《三辅黄图》

长安作为千年古都，历代都不乏记载。宋代以前，涉及长安的文献有汉人赵岐所撰《三辅决录》，唐人韦述所撰《两京新记》，除此以外，尚有《三辅故

① （清）史善长：《弇山毕公年谱》，北京图书馆编：《北京图书馆藏珍本年谱丛刊》第106册，北京：北京图书馆出版社，1999年影印本，第167页。

② （清）史善长：《弇山毕公年谱》，北京图书馆编：《北京图书馆藏珍本年谱丛刊》第106册，北京：北京图书馆出版社，1999年影印本，第175页。

③ 史红帅：《清乾隆四十六年至五十一年西安城墙维修工程考——基于奏折档案的探讨》，《中国历史地理论丛》2011年第1期，第112—125页。

事》、《关中记》、《咸镐古事》、《两京道里记》等。时至清代，这些著作大多散佚不存，《三辅黄图》作为现存最早的一部专述秦汉长安的地方志，对长安城及其周围的布局、宫殿、苑囿、馆阁、台榭、池沼、府库、仓廪、桥梁、文化设施、礼制建筑等作了详尽清晰的综合叙述，是研究古代都城、特别是秦汉长安城最重要的历史文献，历代备受重视，但是由于《三辅黄图》流传久远，又经辗转传抄刊刻，残缺讹误不一而足，关于此书的作者、成书时间、卷数等问题也莫衷一是。乾隆三十九年（1774），毕沅重新整理《三辅黄图》，认为"此本作六卷，盖唐世好事者所辑，故杂用晋以后书，并颜师古说，又多与淳等引据不同。考宋敏求、程大昌、陈振孙、王应麟诸辈所见，即今本是也，知唐以后旧本，已佚久矣"。[①] 毕沅参考大量史志资料，对《三辅黄图》进行整理研究，重在以史志考证异同，并"猎取《水经注》、《太平御览》诸书，如晋灼所引《黄图》为今书所无者，一一补其漏略，视康熙初颜方伯光敏重刻，较为完备"。[②] 乾隆四十九年（1784）完成校注并付梓刊刻，何清谷先生评价说："毕沅不愧大家，校注颇有超过前人之处，附载于后的《三辅黄图补遗》一卷，虽搜罗不全，但亦可起拾遗补阙作用。"[③] 毕沅校刻本是《三辅黄图》各种校本中质量较好的一种，是研究汉都长安的必备参考书。

2. 校刻《长安志》

在历代记载长安的志书中，可与《三辅黄图》相提并论的非宋敏求《长安志》莫属。《长安志》一书皆考证长安古迹，系北宋宋敏求鉴于唐韦述《西京记》记载疏略，于是博采群籍，参校成书。陈振孙《直斋书录解题》记宋敏求所撰《长安志》和《河南志》体例虽稍有不同，然"汉、唐旧都遗事详矣"。[④]《四库全书总目》则谓"凡城郭、官府、山川、道里、津梁、邮驿以至风俗物产、宫室寺院，纤悉毕具。其坊市曲折及唐盛时士大夫第宅所在，皆一一能举其处，粲然如指诸掌。司马光以为考之韦记，其详不啻十倍"。加之于韦述《两

---

①　（清）毕沅校正：《三辅黄图·重刻三辅黄图序》，《丛书集成新编》第 96 册，台北：新文丰出版公司，1986 年影印本，第 381 页。

②　（清）毕沅校正：《三辅黄图·汪焆跋》，《丛书集成新编》第 96 册，台北：新文丰出版公司，1986 年影印本，第 399 页。

③　何清谷：《三辅黄图校注·前言》，西安：三秦出版社，2006 年。

④　（宋）陈振孙撰：《直斋书录解题》卷 8，徐小蛮、顾美华点校，上海：上海古籍出版社，2015 年，第 242 页。

京记》亡佚已久，现仅存卷 3 残卷，宋敏求《长安志》又"精博宏赡，旧都遗事，藉以获传，实非他地志所能及"①，故而成为记载唐长安城最早最完备的资料，也是研究宋以前长安城市地理的重要文献。

宋敏求《长安志》颇得世人好评，但传至明清时期刊本稀少，清代考史名家王鸣盛感叹说："予向求此书未获"②，民国时人陈子坚亦称"传刻颇希"。③ 毕沅出任陕西巡抚期间，利用其特殊身份，广为搜荟，"搜得宋敏求《长安志》二十卷，校正刻之，附以图三卷"，同时毕沅还运用史志资料与实地勘察相结合的方法，对《长安志》作了重新校正，"纠正踳驳，疏释蒙滞，附于逐条之下"，于乾隆五十二年（1787）刊刻。在当时传世的多种勘本，以毕沅校本为最佳，流传较广。王鸣盛认为毕沅在繁忙的公务之余，"能以余力表扬坠典"，不但颇具慧眼，还有远见卓识，确有过人之处，毕沅校刻此志不仅仅在于考古以证今，还有裨于政事，"披图案牒以兴革利弊，其补助化理最切，则尤先生用意之深也"。④

二、编纂陕西特殊地方志

毕沅任职陕西的十多年时间里，足迹所至，遍访贤哲，稽文考献，在校刻地方文献的同时，还组织编纂地方志书。陕西作为文物大省，名胜古迹遍布各地，碑碣石刻俯拾皆是，毕沅独具慧眼，先后编纂了《关中胜迹图志》和《关中金石记》两部特殊地方志，为后人研究陕西古迹、利用石刻资料提供了便利。

1.《关中胜迹图志》

关中乃周、秦、汉、唐建都作邑之地，"胜躅名踪，甲于他省"，⑤ 历代典籍都不乏记载，保存至今的文献有《三辅黄图》、宋敏求《长安志》、程大昌《雍

① （清）永瑢等：《四库全书总目》卷 70《史部·地理类·长安志》，北京：中华书局，1965 年影印本，第 619 页。

② （宋）宋敏求撰、（清）毕沅校正：《长安志·王鸣盛序》，《中国方志丛书·华北地方》第 290 号，台北：成文出版社，1970 年影印本，第 5 页。

③ （宋）宋敏求撰、（清）毕沅校正：《长安志·陈子坚》，《中国方志丛书·华北地方》第 290 号，台北：成文出版社，1970 年影印本，第 2 页。

④ （宋）宋敏求撰、（清）毕沅校正：《长安志·王鸣盛序》，《中国方志丛书·华北地方》第 290 号，台北：成文出版社，1970 年影印本，第 5 页。

⑤ （清）毕沅撰：《关中胜迹图志》卷首毕沅《奏进关中胜迹图志原疏》，张沛校点，西安：三秦出版社，2004 年，第 3 页。

录》、吕大防《长安图记》、李好文《长安志图》、何景明《雍大记》、李应祥《雍胜略》等不一而足，尚不包括山水游记及州郡志乘，但是各家记载"体例各殊，纯驳互见，披图案籍，抵牾实繁，未有荟萃群言，归于画一者"。[①]

毕沅抚陕期间，因公务足迹遍及关中的名山大泽，发现关中各地的故宫旧苑，废刹遗墟等文物古迹损毁严重，濒临湮没，于是留心考察，又值国家治定功成，百废修明，加之关中连年风调雨顺，五谷丰登，民力宽舒，认为"废坠堪以具举"，于是"每届辙迹经由，于邮亭候馆中，咨询钞撮"[②]，广泛搜集资料，然后以《大清一统志》、《陕西通志》为依据，参考《元和郡县志》、《太平寰宇记》、《三辅黄图》、《西京杂记》以及宋敏求《长安志》、程大昌《雍录》、何景明《雍大记》等著作，对其中的舛讹疑似之处加以考证，并"间抒一得之愚"[③]，纂成《关中胜迹图志》32 卷，并附《陕西省疆域总图》1、西安府各图 27，同州府各图 12，凤翔府各图 5，汉中府各图 6，延安府各图 2，榆林府、商州府疆域图各 1，乾州府、邠州府、兴安州、鄜州各 2 以及绥德州疆域外图 1 幅，于乾隆四十一年（1776）奏上。该志对陕西巡抚所辖西安府、同州府、凤翔府、汉中府、延安府、榆林府、商州府、乾州府、邠州、兴安州、鄜州、绥德州的地理沿革、名山大川、名胜古迹作了详细介绍，该志对未央宫、含元殿、兴庆宫、曲江、骊山、华清宫、西岳庙等的考证尤为详尽。

民国时宋联奎刻《关中丛书》，将《关中胜迹图志》收入其中，认为此书"以郡邑为经，以地理、名山、大川、古迹为纬，会萃古今记载，订舛厘讹，使归画一。行部时涉历川原，考古证今，因成此编"，并在跋语中说："毕氏莅陕最久，书中叙述多本亲历，间有考证，率皆精审。沿革、形势，一览了然，实为陕西疆里之书。博而不繁，简而有要，诚能家置一编，诸资实用，正不独为征求古迹渊薮也。"[④] 显而易见，毕沅所撰《关中胜迹图志》对陕西历史地理研究以及文物保护建设有着极其重要的参考价值。

① （清）永瑢等：《四库全书总目》卷 70《史部·地理类·关中胜迹图志》，北京：中华书局，1965 年影印本，第 622 页。

② （清）毕沅撰：《关中胜迹图志》卷首毕沅《奏进关中胜迹图志原疏》，张沛校点，西安：三秦出版社，2004 年，第 3 页。

③ （清）永瑢等：《四库全书总目》卷 70《史部·地理类·关中胜迹图志》，北京：中华书局，1965 年影印本，第 622 页。

④ （清）毕沅撰：《关中胜迹图志》卷末《宋联奎跋》，张沛校点，西安：三秦出版社，2004 年，第 939 页。

2.《关中金石记》

有清一代，在考据学的影响和带动下，搜藏金石碑志并借以考经证史的风气愈演愈烈，金石学继元、明中衰之后再度繁荣并日趋科学，著录、考订金石碑刻的著述层出不穷，研究成果亦蔚为可观，毕沅身为乾嘉学者，亦特别留意搜访钟鼎碑石等古器物，并与史学研究相结合，先后著有《关中金石记》、《中州金石记》等著作，在金石学研究方面成绩非凡。

关中系周、秦、汉、唐都会之所在，秦砖汉瓦俯拾皆是，钱大昕谓"碑刻之富，甲于海内"①，孙星衍亦称"雍凉之域，实曰神皋，吉金乐石之所萃也"②，无疑是金石爱好者的流连忘返之地。乾隆三十七年（1772），毕沅始任陕西布政史兼护巡抚印务，首先对西安碑林进行了历时一年的大规模整修，为碑林建筑格局打下了基础。通过整修使毕沅对碑林所藏碑石有了全面了解。此后，毕沅利用公务之便，探幽访古，所至之处，"堂庑之倾圮者，亟令缮完；旧刻之陷于土中者，洗而出之。开成石经多失其故，第复一一加以排比，于外周以阑楯，又为门以限之，使有司掌其启闭。废坠之久，剙然更新，儒林传为盛举"③。"逾河、陇，度伊、凉，跋涉万里，周爱咨询，所得金石文字，起秦、汉，讫于金、元，凡七百九十七通。雍、凉之奇秀萃于是矣。公又以政事之暇，钩稽经史，决摘异同，条举而件系之"④。乾隆四十六年（1781），在幕中学人的协助下，毕沅"始从容晨暮，校理旧文，考厥异同，编诸韦册"⑤，编纂成《关中金石记》8卷，由孙星衍、钱坫负责校录。

《关中金石记》系毕沅在对散落于关中地区的碑石进行系统的搜集整理、考证研究的基础上编著而成，该书按朝代顺序，收集汇编了上起秦汉，下迄金元的碑志石刻797种，对保存在西安府学及关中地区所辖各县每块碑志石刻，从

　　① （清）钱大昕：《潜研堂文集》卷25《关中金石记序》，（清）钱大昕撰、陈文和主编：《嘉定钱大昕全集》第9册，南京：江苏古籍出版社，1997年，第396页。

　　② （清）毕沅：《关中金石记·孙星衍跋》，《续修四库全书》第908册，上海：上海古籍出版社，2002年影印本，第281页。

　　③ （清）毕沅：《关中金石记·卢文弨叙》，《续修四库全书》第908册，上海：上海古籍出版社，2002年影印本，第191页。

　　④ （清）钱大昕：《潜研堂文集》卷25《关中金石记序》，（清）钱大昕撰、陈文和主编：《嘉定钱大昕全集》第9册，南京：江苏古籍出版社，1997年，第396页。

　　⑤ （清）毕沅：《关中金石记·孙星衍跋》，《续修四库全书》第908册，上海：上海古籍出版社，2002年影印本，第281页。

碑名、书者、时代、书体、截碑位置、保存状况、碑文字数、书法特点、碑文内容等方面予以介绍，以史学观点对所录金石作精确考证，详细考评。钱大昕称此志"自关内、河西、山南、陇右，悉著于录；而且征引之博，辨析之精，沿波而讨源，推十以合一，虽曰尝鼎一脔，而经史之实学寓焉"。① 卢文弨谓其"考正史传，辨析点画，以视洪、赵诸人，殆又过之"。②虽然《关中金石记》中的考证部分间有讹误，"但该书对关中地区的金石、碑刻收罗较为全面，集中反映了关中地区碑刻文化的深厚底蕴，尽管有些瑕疵，仍不失为一部具有较学术价值的金石学著作"。③

第四节　毕沅与陕西传统地志的修纂

清代是我国古代方志学发展的鼎盛阶段，全国上下都掀起了修志高潮，修志之盛况前无古人，后无来者，而学者名儒更是广泛参与，蔚然成风。毕沅是修纂地方志的大力倡导者和积极参与者，据学者统计，毕沅在陕西期间，除校刊《三辅黄图》和《长安志》，编纂《关中胜迹图志》、《关中金石记》外，由他倡导、参与、支持修纂而成的地方志有《西安府志》、《朝邑县志》、《长安县志》、《淳化县志》、《三水县志》、《直隶邠州志》、《醴泉县志》、《韩城县志》、《澄城县志》、《长武县志》、《蒲城县志》等多种。此外，还有一些地方志虽然和毕沅没有直接关系，却也是在他的教导和鼓励下完成的，有学者甚至指出，"乾隆后半期近30年中，陕西共成志书30余部，出自毕沅及由他直接倡导、支持而成的志书就有27部，占全部志书的约90％。这些地方志不但能为其地方治理提供材料依据，而且保存了地方人文和地理史料，把陕西地方志的编纂推到了繁荣发展的阶段"。④ 因此毕沅不愧是一位杰出的方志学实践家，他借助长期在地方任职之便利，希望借舆地研究实现其经世致用之理想，因而对整理地方文献、

① （清）钱大昕：《潜研堂文集》卷25《关中金石记序》，（清）钱大昕撰、陈文和主编：《嘉定钱大昕全集》第9册，南京：江苏古籍出版社，1997年，第397页。

② （清）毕沅：《关中金石记·卢文弨叙》，《续修四库全书》第908册，上海：上海古籍出版社，2002年影印本，第191页。

③ 刘维波：《毕沅与金石学研究》，硕士学位论文，陕西师范大学历史文化学院，2009年，第21页。

④ 李金华：《毕沅主导纂修的〈西安府志〉》，《史学月刊》2010年第5期，第127—131页。

修纂地方志投入了特殊感情，在陕西为官期间，他不遗余力地倡导、组织编修地方志，对陕西地方志的修纂做出了特殊的贡献，因此有学者研究认为，"毕沅与其幕僚们对陕西的文化贡献，当首推编纂地方志"。①

一、积极倡导组织编纂地方志

毕沅在陕西任职期间，除校刻《三辅黄图》、《长安志》，编纂特殊地志《关中胜迹图志》、《关中金石记》外，还积极倡导或亲自主持纂修传统地方志，此一时期成书的陕西方志大多都与毕沅有关。

乾隆四十一年（1776），毕沅抚陕已五载有余，见于关中所属地区旧志多"简而不详，浮而寡要"②，于是上奏朝廷，建议重修关中府志：

> 关中形胜之地，山川雄秀，都邑纵横，甲于他省。其名区胜迹，纪载务在精详，每取府州县志，考核咨询，实多谬误。臣不揣愚昧，欲先将各府志次第纂辑。③

毕沅的请求得到了朝廷的允可，同年即启动了关中首府西安的志书修纂工作。乾隆四十一年（1776）冬，西安知府舒其绅、毕沅幕僚严长明遵毕沅之命，以《大清一统志》、《陕西通志》体例为范，参考并征引文献九百余种，于乾隆四十四年（1779）冬纂成《西安府志》80卷。《西安府志》的修成，毕沅首倡之功实不可没，正如西安知府舒其绅所言："然非际今大中丞修明政教，废坠聿兴，而承流望风者，曷能如是？"④后人对毕沅倡修《西安府志》也给予了充分的肯定："毕沅主导纂修《西安府志》的举措，是其治学生涯的一个重要选择，起到承前启后、继往开来，从人员、组织、学识等各个方面奠定此后幕府修书基础的作用。"⑤与此同时，在毕沅的倡导赞助下，关中各地县志的修纂工作也相继展开。

乾隆四十年（1775），毕沅曾前往华岳庙祈泽，登山远眺，见北方平原广泽，郁郁葱葱，一问方知是朝邑县，考虑到朝邑方志自明代韩邦靖以来虽经六

① 郭文娟：《毕沅及其幕僚对陕西的文化贡献》，《西安文理学院学报》（社会科学版）2005年第1期，第88—92页。

② （乾隆）《西安府志·翁耀序》，西安：三秦出版社，2011年，第9页。

③ 《清实录·高宗纯皇帝实录》卷1020"乾隆四十一年十一月丁丑"条，北京：中华书局，1986年影印本，第21册，第679页。

④ （乾隆）《西安府志·舒其绅序》西安：三秦出版社，2011年，第9页。

⑤ 李金华：《毕沅主导纂修的〈西安府志〉》，《史学月刊》2010年第5期，第127—131页。

修，但皆"踵事而增"，遗漏亦在所难免，康熙《朝邑县志》虽称完备，但"历时既久，事迹繁多，不得不重商增辑"。乾隆四十二年（1777），金嘉琰任朝邑县令，拜谒毕沅时，毕沅即告之以修志之意。金嘉琰承毕沅之命，"延纳博雅之士，相与商榷而汇辑焉"，毕沅幕僚钱坫参与修纂，"书成，大中丞详加审定"，新任朝邑县令朱廷模付梓刻印。① 当时陕西同州知府闵鉴在《朝邑县志序》中曰："今岁邑令朱君以新刻志请序于余，余受而读之，始知是志为大中丞毕公檄前任金令与钱明经暨现任朱君所商榷汇辑者"。② 此外，毕沅多次经过岐山，拜谒周公庙，"觉当日辟雍钟鼓流风余韵犹有存焉"，访寻文献，则仅见顺治初年县令王毂所辑方志一种，"而义例未尽允谐"，因此谕令时任岐山县县令平世增"留心甄辑"，由胡文铨协助编纂，不久平世增调离陕西赴滇任职，修志之事暂时搁置。郭履恒继任岐山，"甫莅岐下即修文庙以崇圣教，创书院以育贤才"，毕沅于是又将平世增未及完成的修志要作交给郭履恒，"不一载以书成来上"，毕沅阅后认为"其用心可冒勤且苦矣"，"于是叹斯志之得其人而令之勇于从事尤不可及也"。③ 这就是乾隆四十四年（1779）修成的《岐山县志》。

　　乾隆四十五年（1780），周渭任韩城县令，甫一到任即调阅邑乘，为修新志做准备。乾隆四十七年（1781），周渭拜谒毕沅，毕沅曰："韩邑志久未修辑，邑令之责也，有嘉定钱君坫者，居停于兹，可即采访以资纂修，善其图之"。周渭回到县衙即"集邑旧绅暨诸文士商量计工"，"复择信敏诸人分劳而任之，一善必采，一行亦录，毋滥毋遗"④，历时四月编纂成书，未及付梓周渭疾病缠身。乾隆四十八年（1783），傅应奎继任韩城县知县，见前志"多漫漶不可卒读"，"欲重加编纂而未暇也"，"适大中丞毕公有缮治之命"，于是与当地乡绅"征文考献"，"属嘉定钱君精其义例，密其体裁，书未竣而钱君署汉阴通守篆以去"。傅应奎为之"考建置之源流，政教之沿革，山川风土之淳薄，人材选举之盛衰，

　　① （乾隆）《朝邑县志·金嘉琰序》，《中国地方志集成·陕西府县志辑》第21册，南京：凤凰出版社，2007年影印本，第208页。

　　② （乾隆）《朝邑县志·闵鉴序》，《中国地方志集成·陕西府县志辑》第21册，南京：凤凰出版社，2007年影印本，第208页。

　　③ （民国）《岐山县志》卷首《旧志序·毕沅》，《中国地方志集成·陕西府县志辑》第33册，南京：凤凰出版社，2007年影印本，第154页。

　　④ （乾隆）《韩城县志》卷15《旧序·周渭序》，《中国地方志集成·陕西府县志辑》第27册，南京：凤凰出版社，2007年影印本，第205页。

缀阙厘伪",① 篆成《韩城县志》16 卷。

乾隆五十年（1785），由三水县知县葛德新主持、孙星衍主篆，修成《三水县志》，毕沅在《三水县志序》中详述修志缘起："三水县稍僻，羌无故实，旧志疏略尤甚，知县葛君到官以来，政平民和，百废具举，因言其地缙绅耆老，好尚文雅念圣朝厚泽深仁，重熙累洽，自一县官师制度法良意美，及孝悌节烈掇科中策之士蒸蒸焉月异而日新，不可无纪载以表当时而示来世。适有阳湖孙明经所学该博，负一时盛望，因属撰成之。"② 葛德新《三水县志序》中亦有"近奉大中丞毕公檄重修此志"③ 之语，可见三水县志也是遵毕沅之命修篆而成的。

此外，乾隆《扶风县志》也是遵毕沅之命修篆而成的，扶风县知县熊家振在序中说："余知扶风县事，承大中丞毕公之命，重修邑志。会舍人张君（张埙）来秦中，余与发凡起例，度一寒暑，削稿乃成，为篇十五，为卷十八，图者辅书册以行者也。"④ 正如毕沅所言："余自壬辰岁（即 1772 年）开府西安，于关中州县之志皆次第修举。"即使较为偏远的淳化县，"僻在众山中，民俗凋敝"，本不打算修志，但是毕沅因公来到淳化后，"览其山川，访其基址，未尝不致意久之"。⑤ 乾隆四十七年（1782），邠州及所属三县请求重修志乘，又恰逢洪亮吉来到西安客居毕沅幕府，因此将篆修《淳化县志》的任务交给了洪亮吉。乾隆四十二年（1777），汪以诚、孙景烈合修的《鄠县新志》，曾由毕沅亲自审订。可见乾隆年间陕西关中诸县志的篆修都是毕沅主持倡导的结果。

二、罗织人才篆修方志

清代乾嘉时期，经济发达，文化繁荣，文人学士皆以崇尚风雅、爱才好士

---

① （乾隆）《韩城县志·傅应奎序》，《中国地方志集成·陕西府县志辑》第 27 册，南京：凤凰出版社，2007 年影印本，第 2 页。

② （乾隆）《三水县志·毕沅序》，《中国地方志集成·陕西府县志辑》第 10 册，南京：凤凰出版社，2007 年影印本，第 465 页。

③ （乾隆）《三水县志·葛德新序》，《中国地方志集成·陕西府县志辑》第 10 册，南京：凤凰出版社，2007 年影印本，第 465 页。

④ （嘉庆）《扶风志》卷 18《旧志序·熊家振序》，《中国方志丛书·华北地方》第 272 号，台北：成文出版社有限公司，1970 年影印本，第 449—450 页。

⑤ （乾隆）《淳化县志·毕沅序》，《中国地方志集成·陕西府县志辑》第 9 册，南京：凤凰出版社，2007 年影印本，第 433 页。

为荣。朱筠"授徒养士，造就了养士的风气。……此后如毕沅、阮元、谢启昆、曾燠、孙星衍能罗致博学之士于幕下，校书注书，即受朱筠的影响。前此此风不盛，由朱始然"。① 毕沅与朱筠相比有过之而无不及，他爱惜人才，奖掖后进，有口皆碑，王昶谓其"笃于朋旧，爱才下士，老友如中书吴泰来、学士邵晋涵、编修洪亮吉、山东兖沂道孙星衍，咸以博学工文，前后受知门下，情谊周挚，其余藉奖借以成名者甚多"。② 钱大昕亦谓毕沅"生平笃于故旧，尤好汲引后进，一时名儒才士，多招致幕府，公务之暇，诗酒唱酬，登其门者以为荣"。③

毕沅抚陕期间，门下人才云集。《清史稿》云："沅以文学起，爱才下士，职事修举；然不长于治军，又易为属吏所蔽，功名遂不终。"④ 褒奖至高。可见，毕沅爱才之笃。毕沅开府秦、豫，不独江左人才半归幕府，而故人罢官者，亦往往依之，洪亮吉曰："公爱士尤笃，闻有一艺长，必驰币聘请，唯恐其不来，来则厚资给之。"⑤ 清人陈其元曰："我朝爱客礼士者，惟德州卢雅雨都转、苏州毕秋帆制府，一时士之奔趋其幕府者，如水赴壑，大都各得其意以去。"⑥ 史善长《弇山毕公年谱》谓毕氏"尤好延揽英峻，振拔孤寒，士之负笈担簦，走其门者如鹜。片长薄技罔弗甄录，海内慕为登龙。余姚邵学士二云，经术湛深，阳湖洪编修稚存、孙观察渊如，文章博赡，咸得公讲授汲引之力"。⑦ 毕沅正是凭借自己这种"文经武纬，涵茹海岳"的亲和力使"天下所号为奇峻魁杰之士，以若毛发丝粟之技能，莫不悉出于门墙"⑧，一时通才硕儒象章学诚、邵晋涵、孙星衍、程晋芳、汪中、洪亮吉等皆被罗致门下。毕沅这种将当时的诸多著名学者延致幕下，加以奖掖，对清代学术文化的繁荣产生了深远的影响。

①　姚名达编：《朱筠年谱·序》，北京：商务印书馆，1933年。

②　（清）王昶：《兵部尚书都察院右都御史湖广总督赠太子太保毕沅沧桑沅神道碑》，（清）钱仪吉等撰：《清代碑传全集·碑传集》卷73，上海：上海古籍出版社，1987年影印本，第377页。

③　（清）钱大昕：《潜研堂文集》卷42《太子太保兵部尚书湖广总督世袭二等轻车都尉毕公墓志铭》，（清）钱大昕撰、陈文和主编：《嘉定钱大昕全集》第9册，南京：江苏古籍出版社，1997年，第725页。

④　《清史稿》卷332《毕沅传》，北京：中华书局，1977年影印本，第10978页。

⑤　（清）洪亮吉：《洪亮吉集·更生斋文甲集》卷4《书毕宫保遗事》，刘德权点校，北京：中华书局，2001年，第1037页。

⑥　（清）陈其元：《庸闲斋笔记》卷8《卢毕二公子之爱才》，北京：中华书局，1989年，第181页。

⑦　（清）史善长：《弇山毕公年谱》，北京图书馆编：《北京图书馆藏珍本年谱丛刊》第106册，北京：北京图书馆出版社，1999年影印本，第255—256页。

⑧　（清）王岂孙：《惕甫未定汇稿》卷8《上毕秋帆先生书》，《清代诗文集汇编》编撰委员会编：《清代诗文集汇编》第442册，上海：上海古籍出版社，2010年影印本，第371页。

其一，罗致修志人才。乾隆四十一年（1776）毕沅上奏朝廷请求修纂关中各府县志书，见于时任直隶州州判的庄炘"学问优长，人亦勤慎"，已在陕西修志两年的，"于往迹旧闻，颇能搜采"，当时遵例加捐分发，将赴部掣签，于是请求朝廷特事特办，"可否将庄炘分发陕西候补，令其修纂志乘，实于地方文物有裨"。①庄炘因此留任陕西，在毕沅节署主事并协助毕沅纂修《西安府志》，深受毕沅器重。毕沅在《西安府志序》中说："丙申入觐，爰请先将关中府志重加修辑，蒙荷俞允，秉节西旋，乃以首郡司其排纂，武进庄州倅炘佐之。"②舒其绅《西安府志序》亦谓乾隆四十一年（1776），毕沅"特奏重修关中府志，上俞所请，旌节旋辕，谕首郡太守锡莘甄录其事，而江宁严侍读长明、武进庄州佐炘共编辑焉"。③《西安府志衔名》有"协修：候补直隶州庄炘"④。《洪北江先生谱》载，乾隆四十六年（1781），洪亮吉"代庄州判炘修《延安府志》，岁杪方竣。"⑤赵怀玉谓庄炘为文"谨于法度，藻不妄抒，生平著述舟行汉江为水渗漏，丧失过半"，仅存文 6 卷，诗 700 余首。⑥由于毕沅的推荐，庄炘留任陕西，一生主要在陕西任职，先后"摄宜君、富平、鄠县事"，后来为母守丧去官，免丧后又借补渭南县丞，"复摄朝邑、郿县、盩厔事。……补咸宁知县"。乾隆五十五年（1790），擢兴安府汉阴通判，乾隆五十八年（1793），署乾州直隶州知州，乾隆五十九年（1794）署兴安府知府。嘉庆元年（1796），署咸阳知县，嘉庆二年（1797），迁邠州直隶州知州。嘉庆三年（1798），再摄兴安府事。后来又任邠州州判断，"权凤翔府事，复权榆林府事"。嘉庆九年（1804），仍回邠州，直至嘉庆十八年（1813）以 79 岁高龄携两个孙子归乡颐养天年，可以说为陕西贡献了一生。庄炘精通音韵训诂，与当时著名学者洪亮吉、孙星衍等同治汉学，研究讨经史，曾校刊《淮南子》、《一切经音义》。庄炘擅长诗文，著有《宝绘堂

---

① 《清实录·高宗纯皇帝实录》卷 1020 "乾隆四十一年十一月丁丑"条，北京：中华书局，1986 年影印本，第 21 册，第 679 页。

② （清）舒其绅等修、严长明等纂：《西安府志·毕沅序》，西安：三秦出版社，2011 年，第 2 页。

③ （清）舒其绅等修、严长明等纂：《西安府志·舒其绅序》，西安：三秦出版社，2011 年，第 14 页。

④ （清）舒其绅等修、严长明等纂：《西安府志》，西安：三秦出版社，2011 年，第 20 页。

⑤ （清）吕培：《洪北江先生年谱》，（清）洪亮吉撰：《洪亮吉集·附录》，刘德权点校，北京：中华书局，2001 年，第 2335 页。

⑥ （清）赵怀玉：《故奉政大夫陕西邠州直隶州知州庄君炘墓志铭》，（清）钱仪吉等撰：《清代碑传全集·碑传集》卷 110，上海：上海古籍出版社，1987 年影印本，第 543 页。

集》、《小濠梁吟草》及《师尚斋诗集》等，生平著述因没于水鲜有流传，现仅存文 6 卷，诗 700 余篇，国家图书馆藏有其《西安府学碑林记》嘉庆十年（1805）拓本。

其二，直接将地方志的修纂工作委托给幕府中的学者。如乾隆四十五年（1780）纂修《朝邑县志》，系"大中丞毕公檄前任金令与钱明经暨现任朱君所商榷汇辑者"。① 乾隆四十七年（1782），邠州及所属三县请求重修志书，适逢洪亮吉来到西安客居毕沅幕府，毕沅"因以属之"，将纂修《淳化县志》的任务交与洪亮吉。② 乾隆四十八年（1783），澄城县知县戴治申请重修县志，"巡抚毕公因属亮吉为排纂之，凡四阅，月成，共二十卷"。③ 乾隆四十七年（1782），韩城知县周渭请修志一事请示毕沅，毕沅曰："韩邑志久未修辑，邑令之责也，有嘉定钱君坫者，居停于兹，可即采访以资纂修，善其图之"。后来继任傅应奎遵毕沅之命继续修志，复"属嘉定钱君精其义例，密其体裁"，④ 纂成《韩城县志》16 卷。此外，也不乏有些地方官员主动聘请毕沅幕府中的学者参与修志，正因为如此，乾隆时期毕沅抚陕先后编纂了《西安府志》、《淳化县志》、《澄城县志》、《醴泉县志》、《三水县志》等一批著名地志，可谓名家汇集，名志辈出，成为清编陕西方地方志的全盛时期。

三、为地方志撰写序言

毕沅不但大力倡导、积极参与、热情鼓励修纂方志，而且经其倡导、鼓励纂修而成的志书，毕沅基本上都予以表彰并为之作序。在这些志书的序言里，毕沅一方面叙述方志修纂的缘起及经过；另一方面也涉及各地旧志的沿革、存佚、优劣等情况。同时还有毕沅本人对方志的起源、内容及体例的认识，集中体现了毕沅的修志主张和方志思想，是研究毕沅修志实践及方志思想的重要

① （乾隆）《朝邑县志·闵鉴序》，《中国地方志集成·陕西府县志辑》第 21 册，南京：凤凰出版社，2007 年影印本，第 208 页。按：前任金令即前任朝邑县令金嘉琰，钱明经即钱坫，现任朱君即现任朝邑县令朱廷模。

② （乾隆）《淳化县志·毕沅序》，《中国地方志集成·陕西府县志辑》第 9 册，南京：凤凰出版社，2007 年影印本，第 433 页。

③ （乾隆）《澄城县志》卷 20《序录·洪亮吉序》，《中国地方志集成·陕西府县志辑》第 22 册，南京：凤凰出版社，2007 年影印本，第 200 页。

④ （乾隆）《韩城县志·傅应奎序》，《中国地方志集成·陕西府县志辑》第 27 册，南京：凤凰出版社，2007 年影印本，第 2 页。

资料。

毕沅在陕西担任巡抚期间，为当时完成的大部分志书撰写了序言，其早期的志书序言主要阐述各地旧志之沿革、存佚、优劣及新志的修纂缘起和始末等。如乾隆四十三年（1778），毕沅在为李带双所修《鄠县志》所作序曰：

> 明万历中刘九经撰《鄠志》，王文简公称之，今版已不存，藏书家或有其书，征引富雅，多合地理，而纪载稍似碎杂，类于说部之书。嗣后国朝顺治十四年、康熙九年、雍正十一年皆重修，又阅四十余年之久，政风民俗，阙如未备，余故令重为续纂，成书十四篇，次第为十八卷，文不甚多，于九经之志而万历以前九经所有者有之，九经所无者增补十之二三，若万历以后文献可征者，又无论已。昔贤谓宋子京作史，文简事繁，最为难得，此其然乎？……又鄠人横渠先生为关中正学之宗，二程子称道于前，朱子表章于后，皆宜大书特书，故此书特为灵感录、道统录，为方州小志之创体，其他体例，与九经之志亦全判然已。①

同年，他在为《朝邑县志》撰写的序言中说：

> 独念朝志自明韩参议五泉后，节经六修，虽踵事而增，而漏略不鲜。独本朝圣祖仁皇帝时，王志犹称该备，然历时既久，事迹繁多，不得不重商增辑。适金令嘉琰来谒，语以故，即承之去。金故名孝廉，其官直隶粤东，颇著声迹，前岁冬以修补分发至，爰宰是邑，今甫一载有余，而政教修明，废坠具举，据文考献，纂录成编，披览之时，于是邦之因革形胜，土俗民风，皆具见焉。②

乾隆四十八年（1783），他为《淳化县志》作序曰：

> 余自壬辰岁开府西安，于关中州县之志皆次第修举，独淳化以僻在众山中，民俗凋敝，不欲有所创造以动众。然前以公事至县，览其山川、访其基址，未尝不致意久之。岁壬寅，邠州及所属三县有重修志乘之请，适常州洪孝廉稚存来客西安，余因以属之。考廉精于史学，所修州县志皆一以史例编之。志成，凡十八卷，余又以十年来所闻见而欲订定者为增益十

---

① （宣统）《鄠县志·毕沅序》，《中国地方志集成·陕西府县志辑》第35册，南京：凤凰出版社，2007年影印本，第1—2页。

② （乾隆）《朝邑县志·毕沅序》，《中国地方地集成·陕西府县志辑》第21册，南京：凤凰出版社，2007年影印本，第207页。

数条，于是此书之成，其该可继《长安志》、《雍胜略》二书，非世所传明康海《武功志》、韩邦靖《朝邑志》等所可比矣。①

此外，乾隆四十四年（1779），他为《西安府志》撰写序言，详述《西安府志》修纂原委；乾隆四十六年（1781），他为熊家振、张埙所修《扶风县志》作序："剞劂将竟，为述其缘起"。②

随着修志实践的深入，修志经历更为丰富，毕沅对方志的起源、体例等问题也有了自己的认识，因此在晚期的序言中，毕沅除叙述各志旧志沿革、存佚及新志修纂缘起、始末外，还涉及自己对方志的认识，提出了自己的修志主张，并论及方志的起源、体例及方志评价标准等问题。如毕沅在乾隆四十八年（1783）为《醴泉县志》所作序言中说：

> 一方之志，始于《越绝》，后有常璩《华阳国志》。《越绝》先记山川、城郭、冢墓，次以纪传，《华阳国志》则有郡县废置，李吉甫《元和郡县志》、乐史《太平寰宇记》体例最善。吉甫则不引古书，乐史全用旧说，尤广异闻，而有土产、人物。其后善者则宋敏求《长安志》、罗颀《新安志》等。关中地大物博，宜有善志，而世所传康海《武功志》、韩邦靖《朝邑志》，皆以意排纂，漫无体例，由明世书传少出，学士大夫争以空言相尚，不重旧闻，无足怪焉。③

乾隆五十年（1785），毕沅为《三水县志》作序，亦言：

> 志之体例，出于《括地志》、《元和郡县志》、《太平寰宇记》、《长安志》，外此宋元人著作地里亦可观也。世称《武功志》及《朝邑志》，然朝邑大县，嫌其篇幅太窄，《武功志》以苏若兰文为首卷，亦非方志之体。县志之善，必求诸唐宋人乎？④

尤其是毕沅对自明代以来备受赞誉的康海《武功志》、韩邦靖《朝邑志》的否定，体现了乾嘉学者重视实学、不尚容谈的学风。

---

① （乾隆）《淳化县志·毕沅序》，《中国地方志集成·陕西府县志辑》第 9 册，南京：凤凰出版社，2007 年影印本，第 433 页。

② （嘉庆）《扶风县志》卷 18《旧志序·毕沅序》，《中国方志丛书·华北地方》第 272 号，台北：成文出版社，1970 年影印本，第 449 页。

③ （乾隆）《醴泉县志·毕沅序》，《中国地方志集成·陕西府县志辑》第 10 册，南京：凤凰出版社，2007 年影印本，第 4 页。

④ （乾隆）《三水县志》卷 11《图序·毕沅序》，《中国地方志集成·陕西府县志辑》第 10 册，南京：凤凰出版社，2007 年影印本，第 539 页。

此外，在后期的序言中，毕沅还对自己的修志成果进行了总结。如其在乾隆四十八年（1783）为《淳化县志》所作的序言中说："余自壬辰岁①开府西安，于关中州县之志皆次第修举"。② 同年，陕西洵阳县令邓梦琴纂修《洵阳县志》成，毕沅为之作序曰："余奉天子恩命，再莅关中，先后十稔于兹，前于丙申③入觐，请将陕西府志重加修辑，荷蒙俞允，秉节西旋，次第甄综厥事，诸县属吏相率以请"。④ 由此可见，短短几年时间，毕沅就将陕西方志的修纂推向高潮。

　　毕沅之所以重视方志修纂，一方面由于清政府对各地官员在修志方面有考绩要求；另一方面由于他对传统志书修纂的认识。毕沅在为乾隆三十八年（1773）修成的《洵阳县志》所作序言中说："余惟县志者，府志之权舆也，县志修明，府志当益臻美备。"⑤ 基于这样的认识，毕沅积极倡导并主持陕西各县志的纂修，并为之作序大加表彰。毕沅倡导纂修的志书均属清代陕西方志的上乘之作，刻印流传较广，都完整保存至今，具有较高学术价值，是毕沅对陕西地方志的杰出贡献。作为地方官，如此热心倡导编修地方志，在我国历史上，也是不多见的。

①　即乾隆三十七年（1772）。

②　（乾隆）《淳化县志·毕沅序》，《中国地方志集成·陕西府县志辑》第 9 册，南京：凤凰出版社，2007 年影印本，第 433 页。

③　即乾隆四十一年（1776）。

④　（乾隆）《洵阳县志·毕沅序》，《中国地方志集成·陕西府县志辑》第 55 册，南京：凤凰出版社，2007 年影印本，第 1—2 页。

⑤　（乾隆）《洵阳县志·毕沅序》，《中国地方志集成·陕西府县志辑》第 55 册，南京：凤凰出版社，2007 年影印本，第 1—2 页。

第五章 洪亮吉、孙星衍与陕西方志

洪亮吉、孙星衍都是乾嘉学派的重要学者，二人同在陕西巡抚毕沅幕府做幕僚，期间不仅协助毕沅处理日常政务，还积极参加毕沅幕府的各种学术活动，并在毕沅的倡导、影响和推荐下，参与了多部陕西地方志的修纂，为陕西的方志事业做出了贡献。

第一节 洪亮吉与陕西方志

一、洪亮吉其人[①]

1. 生平简介

洪亮吉，字君直，一字稚存，号北江，晚号更生居士，江苏常州人，生于乾隆十一年（1746），卒于嘉庆十四年（1809），享年 64 岁。

洪亮吉少年丧父，家贫无依，寄居舅家，在外祖母和舅舅的资助下接受教育。"十三知岁歉，十四忍朝饥。母病遗师俸，儿长著父衣"[②] 是其幼年时代清苦生活的真实写照。生活困窘，处境艰难，洪亮吉唯有把希望寄托在科举上，但他先后三次参加童子试均落第，直至乾隆三十四年（1769）第四次应试，才考中秀才，获得参加乡试的资格。洪亮吉天资聪颖又勤奋好学，擅长诗文，"与

---

① 生平事迹见《清史稿》卷 356、《清史列传》卷 69、赵怀玉《洪君亮吉墓志铭》、吕培《洪北江先生年谱》。

② （清）洪亮吉撰：《洪亮吉集·附鲒轩诗》卷 1《岁歉篇》，刘德权点校，北京：中华书局，2001年，第 1910 页。

同邑黄秀才景仁为诗歌相唱和，有时誉，人目为洪、黄"。① 乾隆三十六年
（1771），洪亮吉第二次参加乡试落第，"以馆谷不足养亲"②，于是前往安徽学政
朱筠幕府，开始了他的游幕生涯。洪亮吉在朱筠幕府两年有余，与当时同在朱
筠幕府的著名学者黄景仁、邵晋涵、高文照、王念孙、章学诚、戴震、吴兰庭
等往来密切，受之影响，"始从事诸经正义及《说文》、《玉篇》，每夕至三鼓方
就寝"，日复一日，"由是识解益进"③，开始从事经学、小学及音韵训诂的研究。

乾隆三十九年（1774），洪亮吉"始与孙君星衍订交"，次年入江宁太守陶
易署，"修校李锴《尚史》，匝月事竣。太守亦重先生，因延课其孙，兼管书
记"。④ 乾隆四十一年（1776），入浙江学使王杰幕，旋因母丧归里居忧。乾隆四
十二年（1777），刘权之视学安徽，"遣人相延"，洪亮吉又偕孙星衍前往刘权之
幕府"以助衡校"，"自是先生与孙君助学使校文外，共为《三礼》训诂之学"。⑤
此一时期，洪亮吉捉襟见肘的生活并无多大改善，加之屡困场屋，无奈之下，
于乾隆四十四年（1779）携弟北上谋生，先在常州太守黄泽定署阅卷以备行资，
入京后又在四库馆总校官孙溶等人幕中校书，为了送生病的弟弟南归，一度陷
入"质衣具资"的窘境，适值上元节，无法出门，不得已"托疾断庆吊绝过从
者凡两月"。⑥ 洪亮吉考中举人的次年，即乾隆四十六年（1781），应孙星衍之邀
西行游秦，投奔陕西巡抚毕沅幕府。

洪亮吉客居毕沅幕府不足四年，乾隆五十年（1785），毕沅移任河南巡抚，
洪亮吉亦追随至河南开封。次年，毕沅再擢湖广总督，洪亮吉又追随至湖北，
辗转各地，不离不弃。直至乾隆五十五年（1790），洪亮吉45岁，参加礼部会
试，高中榜眼，授任翰林院编修，同年七月充国史馆纂修官，开始步入仕途。
次年，洪亮吉担任顺天乡试同考官。乾隆五十七年（1792），出任贵州学政，任

① （清）江藩：《国朝汉学师承记》，北京：中华书局，1983年，第71页。
② （清）吕培：《洪北江先生年谱》，（清）洪亮吉撰：《洪亮吉集·附录》，刘德权点校，北京：中华
书局，2001年，第2330页。
③ （清）吕培：《洪北江先生年谱》，（清）洪亮吉撰：《洪亮吉集·附录》，刘德权点校，北京：中华
书局，2001年，第2330页。
④ （清）吕培：《洪北江先生年谱》，（清）洪亮吉撰：《洪亮吉集·附录》，刘德权点校，北京：中华
书局，2001年，第2331页。
⑤ （清）吕培：《洪北江先生年谱》，（清）洪亮吉撰：《洪亮吉集·附录》，刘德权点校，北京：中华
书局，2001年，第2333页。
⑥ （清）吕培：《洪北江先生年谱》，（清）洪亮吉撰：《洪亮吉集·附录》，刘德权点校，北京：中华
书局，2001年，第2334页。

职三年，历试所辖诸府，捐资助学，"由是黔中人士，皆知励学好古"。①

乾隆六十年（1795）冬，洪亮吉三年学政任期已满，经由湖南拜谒湖广总督毕沅，于嘉庆元年（1796）正月返回京师，特授咸安宫官学总裁。次年，奉旨入直上书房，教授皇曾孙奕纯读书。嘉庆三年（1798）大考，皇帝命众大臣拟《征邪教疏》，此时适逢川、陕、鄂三省发生白莲教起义，洪亮吉慷慨陈词，指陈时弊，连篇累牍，无所忌讳。嘉庆四年（1799），乾隆帝驾崩，洪亮吉充任实录纂修官。同年，嘉庆帝诏求大臣上书言事，洪亮吉念及自己出身微贱，受知两朝，步入仕途没几年就身居侍从之列，曰："吾宁谔谔而死，不能默默而生。"② 于是反复极陈时事，因而触怒嘉庆皇帝，诏下刑部狱处以死刑，大学士朱珪觐见皇帝为之求情，这才免除死罪，遣戍伊犁。嘉庆五年（1800）春，京城久旱无雨，嘉庆帝登坛祈雨，并施行赦免，洪亮吉于抵达伊犁百日后，奉旨东归，返回家乡常州。自此洪亮吉无心仕途，闲居乡里，吟诗著书，授徒讲学，自号更生居士，潜心经史研究，直至病逝。

2. 学术成就

洪亮吉是乾嘉时期颇有成就的学者，他的学术研究涉及文学、经学、小学、史学、舆地学、方志学等诸多领域且成绩非凡，时人袁枚谓其"于经深《春秋》，所著有《春秋三传古义》、《左传诂》二书；于史精地理，所著有《三国》、《东晋》、《十六国疆域》三志，刊《史记》以下四史谬误十二卷，又以宋李继迁传国逾百年，而事迹阙略，复成《西夏国志》十六卷；于六书通谐声，所著有《汉魏音》四卷，外为诗至二千首，文及杂著数百篇，而所修府州县志及为幕府笺奏不与焉"。③ 洪亮吉的弟子吕培则谓"先生于学，无所不贯，而于史精地理之学，有《补三国疆域志》、《东晋疆域志》、《十六国春秋疆域志》、《西夏城堡录》、《乾隆府厅州县图志》。于经精训诂之学，有《汉魏音》、《弟子职注》、《比雅》、《六书转注录》等书"。④ 后人亦谓洪亮吉"于经、史、注、疏、《说文》、

———————

① （清）吕培：《洪北江先生年谱》，（清）洪亮吉撰：《洪亮吉集·附录》，刘德权点校，北京：中华书局，2001年，第2341页。

② （清）谢阶树：《洪稚存先生传》，（清）洪亮吉撰：《洪亮吉集·附录》，刘德权点校，北京：中华书局，2001年，第2341页。

③ （清）袁枚：《卷施阁文乙集序》，（清）洪亮吉撰：《洪亮吉集·卷施阁文乙集》，刘德权点校，北京：中华书局，2001年，第265页。

④ （清）吕培：《春秋左传诂跋》，（清）洪亮吉撰：《春秋左传诂》，李解民点校，北京：中华书局，1987年，第905页。

地理，靡不参稽钩贯，穷日著书，老而不倦"。①

首先，洪亮吉是一位文学家，擅长诗歌及骈体文。洪亮吉幼年即以诗名，袁枚主持东南诗坛时，初遇洪亮吉就对他的诗大加赞赏，"谓先生诗有奇气，逢人辄诵之"。②洪亮吉传世诗作约5000余首，其数量之多在我国诗歌史上亦不多见，他的诗歌奇思独造，颇享盛誉，早年诗歌与黄景仁齐名，时人并称"洪黄"，写景咏物，至情至性，有不少名篇佳构。洪亮吉在家乡常州与同乡孙星衍、赵怀玉、黄景仁等酬唱往来，号称"毗陵七子"；流寓各地又纵情山水，吟风弄月。洪亮吉的骈体文高古遒迈，纵情山水，直抒义愤，吴鼒认为其文"具兼人之勇，有万殊之体"③，袁枚则称洪亮吉"善于汉魏六朝之文，每一篇出，世争传之"。④洪亮吉不仅赋诗，还是诗评家，著有《江北诗话》6卷，洪氏论诗，以性、情、气、趣、格五字为标准，讲忠孝，重大节，坚守儒家伦理精神，深怀忧国济世意识，是清代最具有批判性的诗评家之一，在诗歌创作艺术上有不少创见。洪亮吉的诗文著作有《卷施阁文甲集》10卷、《乙集》8卷，《更生斋文甲集》4卷、《乙集》4卷，《晓读书斋杂录》8卷，《遣戍伊犁日记》1卷，《北江诗话》6卷、《天山客话》1卷等。

其次，洪亮吉又是一位经学家。洪亮吉生活在经学昌明，汉学处于鼎盛阶段的乾嘉时期，他推崇顾炎武、阎若璩等朴学先贤，尤其推崇惠栋、戴震与邵晋涵等汉学名家，又生长在学术风气甚为浓厚的江南，因此他的治学旨趣，研究方法不能不受到乾嘉学派的影响。洪亮吉早年游幕各地，"镛书食力"之余"键户诵述"⑤，"不以所遇荣枯释卷帙"⑥，期间虽然经济状况没有多大改善，科举亦未能如愿，但其人生却发生了很大的变化。当时洪亮吉在朱筠、刘权之、王杰

① 佚名：《清史列传》卷69《儒林传·洪亮吉》，王锺翰点校，北京：中华书局，1987年，第5561页。

② （清）吕培：《洪北江先生年谱》，（清）洪亮吉撰：《洪亮吉集·附录》，刘德权点校，北京：中华书局，2001年，第2329页。

③ （清）吴鼒：《吴学士文集》卷4《卷施阁文乙集题辞》，《清代诗文集汇编》编撰委员会编：《清代诗文集汇编》第445册，上海：上海古籍出版社，2010年影印本，第611页。

④ （清）袁枚：《卷施阁文乙集序》，（清）洪亮吉撰：《洪亮吉集·卷施阁文乙集》，刘德权点校，北京：中华书局，2001年，第265页。

⑤ （清）袁枚：《卷施阁文乙集序》，（清）洪亮吉撰：《洪亮吉集·卷施阁文乙集》，刘德权点校，北京：中华书局，2001年，第265页。

⑥ 佚名：《清史列传》卷69《儒林传·洪亮吉》，王锺翰点校，北京：中华书局，1987年，第5561页。

等幕府主要从事文献校勘工作，即孙星衍所言"当道多延之修古书校文者"①，这一经历为其从事经史研究奠定了基础，而游幕安徽学政朱筠幕府，则促使他走上了经史研究的学术道路。朱筠作为乾嘉朴学的"开国元勋"和"领袖"，②在学术上独树一帜，主张读书必先习音韵训诂，在担任安徽学政期间，"病士子不习音训"，购进汲古阁版《说文解字》初印本，聘请戴震的高足王念孙校正刊行，"令各府士子入钱市之"。在朱筠的倡导下，安徽学风为之一变，"许氏之学由此大行"。洪亮吉称之后二十年中，"安徽八府有能通声音训诂及讲求经史实学者，类皆先生视学时所拔擢"。洪亮吉在《书朱学士遗事》一文详载其在朱筠幕府的经历，并谓朱筠喜好以六经训诂督课士子，自己与黄景仁"亦从受业焉"。③ 洪亮吉的弟子吕培认为游幕安徽对洪亮吉影响较大，其不仅"识解益进"，而且开始从事诸经正义及《说文》、《玉篇》等小学研究，"每夕至三鼓方就寝"。④ 孙星衍在《洪君墓碑铭》中说洪亮吉与同在朱筠幕府的邵晋涵、王念孙、章学诚、戴震、汪中、吴兰庭等学者通儒密切交往，"俱以古经义小学相切磨，所学日以进"。⑤ 可见洪亮吉在朱筠幕府时间虽然不长，但与乾嘉学派中坚人物的交往，不仅掌握了最新学术动态，而且很快融入到清代的主流学术研究中，开始涉足经学及小学的研究，之后在经学及小学研究领域取得了很大成就。因此，赵怀玉在为洪亮吉所作墓志铭中说："朱学士筠视学安徽，往从之游，所交多知名士。始，君擅词章，至是乃兼治经。"⑥ 自此洪亮吉吟诗作文之外，又开始涉足经学、小学等研究领域，在经学及音韵训诂方面取得了很大成就，先后著有《春秋左传诂》、《公羊谷梁古义》、《汉魏音》、《六书转注录》、《比雅》等著作。

同时，洪亮吉还是一位史学家。洪亮吉的弟子吕培谓先生于学无所不通，

①　（清）孙星衍：《翰林院编修洪君传》，（清）洪亮吉撰：《洪亮吉集·附录》，刘德权点校，北京：中华书局，2001年，第2357页。

②　姚名达编：《朱筠年谱·序》，北京：商务印书馆，1933年。

③　（清）洪亮吉撰：《洪亮吉集·更生斋文甲集》卷4《书朱学士遗事》，刘德权点校，北京：中华书局，2001年，第1035页。

④　（清）吕培：《洪北江先生年谱》，（清）洪亮吉撰：《洪亮吉集·附录》，刘德权点校，北京：中华书局，2001年，第2330页。

⑤　（清）孙星衍：《清故奉直大夫翰林院编修加三级洪君墓碑铭》，（清）洪亮吉撰：《洪亮吉集·附录》，刘德权点校，北京：中华书局，2001年，第2368页。

⑥　（清）赵怀玉：《皇清奉直大夫翰林院编修洪君幕志铭》，（清）洪亮吉撰：《洪亮吉集·附录》，刘德权点校，北京：中华书局，2001年，第2332页。

在史学研究方面尤其精通地理之学，先后著有《补三国疆域志》、《东晋疆域志》、《十六国春秋疆域志》、《西夏城堡录》、《乾隆府厅州县图志》，可见洪亮吉的史学研究以舆地研究成就最为显著，因此后人称赞洪亮吉"词章考据，著于一时，尤精挐舆地"①，"亮吉之学，长于舆地，亦喜为训诂考订之事。……盖亮吉究心于疆域沿革，最号专门，亦留意于声韵故训，博通苍雅。故其论学之文，自以涉及舆地及文字者为较精"。② 纂修方志也是洪亮吉舆地研究的一个重要方面，洪亮吉先后纂有《延安府志》、《淳化县志》、《长武县志》、《澄城县志》、《固始县志》、《登封县志》、《怀庆府志》、《泾县志》、《宁国府志》等九部地方志，还纂修了《乾隆府厅州县图志》这一全国总志和《毓文书院志》一部书院志，同时在方志理论建设方面也颇有建树。此外，洪亮吉还注重当今地理的研究，在任贵州学政时，"轺车所至，类皆沿源溯流，证以昔闻，加之目验，既不信今，亦不泥古"③，历时两载，撰成《贵州水道考》3卷。

洪亮吉一生笔耕不辍，著述宏富，乾隆末年，贵阳学署即将其诗文汇刻成《北江全集》，道光年间又有续刻，增收著作五种，多为零星小品。光绪五年（1879），洪亮吉的曾孙洪用懃将洪氏诗文、日记、著述及年谱资料汇为一编，编成《洪北江全集》222卷刻印出版，又名《洪北江先生遗书》，共收诗文15种，经史杂著10种，舆地著述7种，乾隆、道光时所刻全部包括在内，一些单刻零种也全部收入，共收书32种，包括年谱、行状、传记、碑铭，将洪氏著述囊括无遗。光绪年间，王国钧在《重刊北江诗话序》中称洪亮吉"生平著作等身，以诂经舆地之学，为本朝巨擘，故刊行各种，几于家有其书"。④

3. 洪亮吉在陕西

乾隆四十五年（1780），陕西巡抚毕沅丁母忧回常州，听闻孙星衍的诗名，于是请其与钱坫同修《关中胜迹图志》，同年冬天，毕沅奉命继续抚陕，邀孙星衍同往西安。乾隆四十六年（1781），孙星衍写信给洪亮吉，"并札言陕西巡抚

① 《清史稿》卷356《洪亮吉传》，北京：中华书局，1977年标点本，第11307页。
② 张舜徽：《清人文集别录》卷9，北京：中华书局，1963年，第258页。
③ （清）洪亮吉撰：《洪亮吉集·卷诗阁文甲集》卷4《贵州水道考上》，刘德权点校，北京：中华书局，2001年，第91页。
④ （清）洪亮吉撰：《洪亮吉集·北江诗话》，刘德权点校，北京：中华书局，2001年，第2241页。

毕公沅钦慕之意，先生遂决意游秦"。^①同年四月，在朋友的资助下，洪亮吉绕道山西，经河南开封，于五月抵达西安，受到毕沅的欢迎和款待。自此，洪亮吉开始了长达近 10 年的毕沅幕府生涯，成为游历毕沅幕府时间最久的学者之一，其中在毕沅陕西巡抚幕中 5 年，直至乾隆五十年（1785）毕沅移任河南，洪亮吉也于同年二月离开西安前往开封。洪亮吉也自称"五年为客曲江头，屡向慈恩寺里游"^②，实际客居陕西的时间还不足 4 年。洪亮吉游幕陕西期间，除协助毕沅处理日常事务外，还协助毕沅编校图籍，修纂陕西方志，积极从事学术活动，这段经历虽然为时不长，却是其学术人生的又一个重要阶段。

其一，协助毕沅处理日常事务。洪亮吉初到陕西客居毕沅幕府，"时幕中为长洲吴舍人泰来、江宁严侍读长明、嘉定钱州判坫及孙君（星衍）与先生，凡五人。陕西尚有回警。日偕毕公筹兵画饷，暇时即分韵赋诗，常至丙夜，间游牛头、香积诸寺，寻曲江及汉唐古迹"。^③乾隆四十六年至五十一年（1781—1786），毕沅主持修葺西安城墙，洪亮吉亦受毕沅之托参与其事。《洪亮吉年谱》载乾隆四十八年（1783）五月，"时西安修浚城隍未竟，而西事颇急，毕公属先生及孙君时假出游为名，规画其事"。同年六月，史馆编修程晋芳乞假来陕，"抵署即病不起，毕公与先生等日为营画医药，及没，皆躬视含敛"。^④

其二，游历三秦名胜，吟咏陕西山水。洪亮吉有《卷诗阁诗》20 卷，主要收录作者游历各地的山水诗及与时人的唱和诗，其中卷二《凭轼西行集》作于乾隆四十六至四十七年（1781—1782），包括作者自京城赴西安途中的所历、所感及所思，以及描写陕西境内的名胜古迹如《函谷关》、《潼关门》、《华清宫》等诗作。卷三《仙馆联吟集》作于乾隆四十六至四十八年（1781—1783），其中《马嵬》、《九月初三日雨后偕黄二孙大游荐福寺》、《慈恩寺上雁塔》、《终南仙馆独游看山桃花作》等吟咏陕西名胜的诗作。卷五《太华凌门集》作于乾隆四十七至四十八年（1782—1783），其中诸如《华阴庙六十韵》、《朝阪行》、《龙门一

①　（清）吕培：《洪北江先生年谱》，（清）洪亮吉撰：《洪亮吉集·附录》，刘德权点校，北京：中华书局，2001 年，第 2335 页。

②　（清）洪亮吉撰：《洪亮吉集·卷施阁诗》卷 9《庐传日马上口占寄毕尚书师湖北》，刘德权点校，北京：中华书局，2001 年，第 646 页。

③　（清）吕培：《洪北江先生年谱》，（清）洪亮吉撰：《洪亮吉集·附录》，刘德权点校，北京：中华书局，2001 年，第 2335 页。

④　（清）吕培：《洪北江先生年谱》，（清）洪亮吉撰：《洪亮吉集·附录》，刘德权点校，北京：中华书局，2001 年，第 2337—2338 页。

百韵》、《自城东沿山地至楼观作》、《清晓由螯屋书院二十里入南山游王女泉历黑龙潭并栖仙游寺作五首》、《过终南镇》、《急雨登五丈原谒诸葛忠武祠》、《郿县道中望太白山积雪越日清晓复由县抵清湫镇入太白山三里憩上池作五首》、《春尽日偕陈公子暶携酒至曲江村看牡丹作》等都是吟咏陕西山水名胜的诗作。

其三，协助毕沅编校图籍。洪亮吉游幕陕西期间，正值社会安定、经济繁荣的乾隆中期，在清政府稽古右文政策的影响下，各级官员都将发展学术文化事业作为一项重要工作，毕沅在陕西任职期间，即特别重视文化事业，先后组织编纂或整理刊刻了大量图籍文献，受到学界的肯定和好评。毕沅的学术成就并非凭借一己之力，而是在幕宾的协助下完成的，洪亮吉自然也参与其事，不但协助毕沅编纂《续资治通鉴》，还参与了《经训堂丛书》的校勘工作。

司马光《资治通鉴》成书后，续之者不一而足，但或多或少都存在各种缺憾，有鉴于此，毕沅于乾隆三十七年（1772）任陕西布政使之始就着手修《续资治通鉴》，前后"经营三十余年，延致一时轶才达学之士，参订成稿，复经余姚邵二云学士核定体例付刻，又经嘉定钱竹汀詹事逐加校阅"。① 《续资治通鉴》显然是一部成于众手的巨著，洪亮吉游幕陕西期间，《续资治通鉴》的编纂工作正在进行当中，洪亮吉当以"轶才达学之士"的身份参与了此书的编纂。孙星衍在《翰林院编修洪君传》中说洪亮吉于乾隆四十五年（1780）考中举人后，"旋至关中，依毕抚部沅与纂宋元资治通鉴，始为地理之学，撰补三国十六国疆域志等书"。② 钱大昕的曾孙钱庆曾在《竹汀居士年谱续编》中说《续资治通鉴》"先经邵学士晋涵，严侍读长明，孙观察星衍，洪编修亮吉及族祖十兰先生（钱坫）佐毕公分纂成书。阅数年，又属公（钱大昕）援勘，增补考异，未蒇事而毕公卒，以其本归公子"。③ 江藩《国朝汉学师承记》亦言："君在毕尚书沅幕中最久，预修《宋元资治通鉴》，修陕西、河南各州县志，是以深于史学，而尤精地理沿革所在。"④ 因此，洪亮吉与当时游幕陕西的著名学者孙星衍、严长明、钱坫一样，都参与了《续资治通鉴》的编纂。

① （清）毕沅编著：《续资治通鉴·冯集梧序》，北京：中华书局，1957 年。

② （清）孙星衍：《洪亮吉传》，（清）洪亮吉撰：《洪亮吉集·附录》，刘德权点校，北京：中华书局，2001 年，第 2358 页。

③ （清）钱庆曾：《竹汀居士年谱续编》，（清）钱大昕撰、陈文和主编：《嘉定钱大昕全集》第 1 册，南京：江苏古籍出版社，1997 年，第 41 页。

④ （清）江藩：《国朝汉学师承记》卷 4，北京：中华书局，1983 年，第 73 页。

期间，洪亮吉又发挥其擅长校勘文献的特长，协助毕沅校理图书，主要工作之一即是参与《经训堂丛书》的校勘。毕沅编纂的《经训堂丛书》共收图书21 种，"太半为毕氏校正及自撰之作，然亦幕府群贤赞襄之力为多"。① 幕府群贤主要负责《经训堂丛书》的校勘，其中地理类图书共 6 种 51 卷，均由洪亮吉负责。乾隆五十年（1785），洪亮吉在为《晋太康三年地志》及王隐《晋书地道志》所作后叙中说："《灵岩山馆丛书》（即《经训堂丛书》）大类有三：小学家一，地理家二，诸子家三。地理自《山海经》至宋敏求《长安志》，凡若干种。先生以亮吉粗知湛浊，梢别广轮，每成志地之书，辄预校雠之役。阏逢执徐岁壮月（即乾隆四十九年八月），所校《太康志》《地理志》2 卷刊成，授简宾筵，命书后序。"② 王桂平先生认为《经训堂丛书》校勘精审，均由各方面名家校勘，"其中所校小学书由江声校正，地志书主要由洪亮吉校勘，如《山海经》、《长安志》等，诸子书除《吕氏春秋》由梁玉绳校勘，多由孙星衍、洪亮吉校勘，孙星衍主要校诸子方面书籍，其对《墨子》一书贡献最大"。③

其四，修纂陕西县志。乾隆四十六年（1781），洪亮吉刚刚抵达西安不久，即"代庄州判炘修《延安府志》"④，这是他一生中所修的第一部方志，大概历时半年之久方才竣工。乾隆四十七年（1782），邠州及所属三县准备重修志书，陕西巡抚毕沅于是将纂修《淳化县志》的任务交给洪亮吉，历时 5 个月始告完成。同年，淳化县知县樊士锋主修《淳化县志》，洪亮吉亦参与了此志的发凡起例与部分修纂工作。乾隆四十八年（1783），洪亮吉又与孙星衍历时 4 个月，共同修成《澄城县志》20 卷。洪亮吉来到陕西后，在不到 4 年时间，先后修纂了《延安府志》、《淳化县志》、《长武县志》、《澄城县志》4 部方志，而且都颇受好评，为陕西的文化事业做出了贡献。

洪亮吉在《将赋南归呈毕侍郎六十韵》一诗中回忆他自京师赴西安的旅程艰辛，以及在西安毕沅节署时所作所为及所感所思：

① 张元济：《丛书百部提要》，商务印书馆编：《丛书集成初编目录》，北京：中华书局，1983 年，第 27 页。

② （清）洪亮吉：《洪亮吉集·卷施阁文乙集》卷 3《晋太康三年地志王隐晋书地道记后叙》，刘德权点校，北京：中华书局，2001 年，第 303 页。

③ 王桂平：《家刻本》，南京：江苏古籍出版社，2002 年，第 173 页。

④ （清）吕培：《洪北江先生年谱》，（清）洪亮吉撰：《洪亮吉集·附录》，刘德权点校，北京：中华书局，2001 年，第 2335 页。

微生三十年，奔走及廿载。方其探幽奇，直欲出宇内。秦中富名山，高欲两泰岱。公乎称好士，一世冀盼睐。佣书羁兰台，引领西望再。维时岁辛丑，四月节值晦。春官初下第，喜极乃不慨。急束一篋书，重欲等耗耒。艰于行李费，肩背自负戴。涂长三十日，勇进不暂退。微闻番回肆，小丑盖芟刈。公时调兵粟，旬日敌王忾。全秦一书生，士气自百倍。疲车来青门，十五亦列队。公才善镇静，曾不耀甲铠。乘闲一投刺，急复请相对。嘉其一言善，俾得列朋辈。宾僚皆天人，讵敢聚置喙。均蒙采葑菲，各各沃觞醉。周旋旬日中，技发不得耐。陈书近百轴，云以待清诲。公云有数才，洵足名一代。极知言奖假，厚意实可佩。公时出一篇，雅颂等切劘。笺文百重茧，笔力欲透背。时时惊望若，不敢冀津逮。维于广堂上，默坐聆声欬。偶道一士奇，名巳入夹袋。严冬十丈雪，深夜埋茶焙。爱此说士甘，足若蹲两敦。吾乡数蒙庄（炘），屈节近作倅。钱生（坫）亦经彦，急欲及锋淬。宾筵有时开，灿若列采缋。殊源复千派，到海一一汇。孙郎才偏奇，近苦性隔碍。人为推甲子，星或入计字。非公鉴其实，世视若弃秽。新年陈华灯，列坐视魂礧。行牵歌袖急，几至酒德悖。维公善调剂，谐语息众怼。前时别公去，感激欲倾肺。公无虑其狂，狂实恃公爱。鄙人最无能，才足守水碓。童年承母训，勤学掌亦烨。今来秦楚大，讵可列廊庑。公也待士均，一一勤劳徕。轩寮皆周行，阙物即颁赉。为开轩槛东，点入山半黛。感今得知己，生世可不悔。虽然受恩深，益不揣冒昧。一言愿陈公，好丑匪一概。公虽仁覆物，曲木勿姑贷。今将别公去，非为忆虾菜。邮奴驰高函，发纸忽三慨。为言叔衰病，久客觅自在。昨复一书促，厉语责愦愦。行买百斛舟，枻鼓湖上埭。公前为购室，屋好不破碎。行当列花竹，喜尚远闤阓。明发函谷关，思公我心痗。[①]

二、洪亮吉与陕西方志的修纂

1. 鲜为人知的《延安府志》

《延安府志》是洪亮吉纂修的第一部方志，可惜今天已经看不到这部方志的原貌。流传至今的延安府旧志共有三部：弘治《延安府志》8卷、康熙《延安府

---

① （清）洪亮吉：《洪亮吉集·卷施阁诗》卷6，刘德权点校，北京：中华书局，2001年，第559—560页。

志》10 卷和嘉庆《重修延安府志》80 卷。洪亮吉于乾隆四十六年（1781）来到西安客居毕沅幕府，同年，"代庄州判炘修《延安府志》，岁杪方竣"，① 但因是志不存，关于洪亮吉修纂《延安府志》的记载亦无处可寻。

洪亮吉修成《延安府志》21 年后，即嘉庆七年（1802），延安府知府洪蕙又主持修纂了嘉庆《延安府志》，此志有嘉庆七年刻本、光绪十年补刻本，其中光绪十年补刻本卷首有 4 篇序言，一为嘉庆七年陕西布政使温承惠所撰，一为嘉庆七年分巡陕西延榆绥兵备道杨馥所撰，一为嘉庆七年延安府知府洪蕙所撰，一为光绪十年延安府知府刘本植所撰，4 篇序言均只字未及洪亮吉乾隆年间曾修《延安府志》一事。1999 年由陕西旅游出版社出版的《延安府志校注》一书，校注委员会主任张社年在此书的序中说："历代编纂的延安地方志书，留存至今的，就有 40 多部。其中仅《延安府志》，有明弘治十七年本、清康熙四十三年本、清嘉庆七年本 3 种。这不能一说是一笔巨大的历史文化财富。"② 依然没有提及乾隆洪亮吉所修府志。但是陈光贻在《稀见地方志提要》一书叙及嘉庆《延安府志》时说："清洪蕙修，洪亮吉纂……《延安府志》亮吉代同邑咸宁知县庄炘所纂，稿成后亮吉离陕。此稿采摭丰富，考据甚详，及蕙任延安知府重为补订，时亮吉以罪戍伊犁，乃大变亮吉所订编例，刊成于嘉庆七年。按刊本体例，分纪一、表三、考三、略六、传录六、文征三；按亮吉修志订例，从未见有如此之体裁也。"③ 此书将洪亮吉所修乾隆《延安府志》与洪蕙所修嘉庆《延安府志》的关系说得很清楚，即后者是在前者的基础上订补而成，温承惠、杨馥、洪蕙的序言中之所以没有提及洪亮吉，大概是因为洪亮吉当时触怒了皇上，被发配戍边，他们有所忌讳，所以在序言中只字不提洪亮吉。洪亮吉是嘉庆四年（1799）被发配伊犁戍边，嘉庆五年（1800）又获释回原籍，而洪蕙所修府志刻于嘉庆七年，杨馥的序言中说洪蕙修此志"三易寒暑"，可见洪蕙始修嘉庆《延安府志》时，恰好是洪亮吉获罪的嘉庆四年。另外，洪蕙未提及洪亮吉所修府志可能还有一个原因，杨馥的序言中说："其书体裁义例，原本大兴章

---

① （清）吕培：《洪北江先生年谱》，（清）洪亮吉撰：《洪亮吉集》附录，刘德权点校，北京：中华书局，2001 年，第 2335 页。

② （嘉庆）《延安府志校注》，西安：陕西旅游出版社，1999 年。

③ 陈光贻：《稀见地方志提要》卷 4《陕西·延安府志》，济南：齐鲁书社，1987 年，第 217—218 页。

氏之说，颇合史法，而详而不秽，简而有条。"① 嘉庆《延安府志》体例为纪、表、考、略、传录、文征，符合章学诚的修史主张，与洪亮吉的修志主张则格格不入，因为各自修志思想的不同，甚至对立，再加上洪亮吉获罪被发配伊犁戍边，洪蕙所修嘉庆《延安府志》虽然承继了洪亮吉所修乾隆《延安府志》的内容，但只字未提及，是极有可能的。

2. 颇受好评的《淳化县志》

淳化县位于陕西省中部偏西，历史悠久，古迹众多，是周、秦、汉、唐的京畿要地，素有"三辅名邑"之美誉。秦孝公十二年（前350），"并诸小乡，聚集为大县"②，始设云阳县，属内史，为关中41县之一，县下设乡，乡下设亭，开本境置县之端。汉属左冯翊，后汉因之，三国魏改称抚夷护军，西晋时并入池阳县，后魏以后为云阳县地。宋太宗淳化四年（993）在梨园镇立县，以其年号赐名淳化，始分置淳化县，属耀州。宋徽宗宣和元年（1119），改属邠州，金、元因之。明属邠州，统于西安府。清雍正三年（1725），属邠州直隶州。

淳化县现存旧志三部，即隆庆《淳化志》、康熙《淳化县志》和乾隆《淳化县志》，其中乾隆《淳化县志》系洪亮吉主纂。乾隆三十七年（1772），陕西巡抚毕沅开府西安，积极倡导修纂方志，至乾隆四十七年（1782），10年时间，"关中州县之志皆次第修举"③，唯独淳化县因僻在众山之中，"民俗凋敝，不欲有所创造以动众"。④期间毕沅曾因公来到淳化县，"览其山川，访其基址"，见淳化地灵人杰，以为亦应有其佳志。乾隆四十七年（1782），邠州及所属淳化、长武、三水三县请求重修新志，适逢洪亮吉来到陕西客居毕沅幕府，毕沅于是嘱其与县令万廷树修纂《淳化县志》，"亮吉取万廷树已成志稿，重加考证厘定，仅越五月而成书。其书于沿革、山川二门，考订尤翔核，形势及道里之远近，祠庙之兴废，广搜博采，稽索亦能得实"。⑤

乾隆《淳化县志》共18卷，分记、簿、志、略四纲，为记者八：土地记、

① （嘉庆）《延安府志校注·重修延安府志叙》，西安：陕西旅游出版社，1999年，第5页。

② 《史记》卷5《秦本纪》，北京：中华书局，1959年标点本，203页。

③ （乾隆）《淳化县志·毕沅序》，《中国地方志集成·陕西府县志辑》第9册，南京：凤凰出版社，2007年影印本，第433页。

④ （乾隆）《淳化县志·毕沅序》，《中国地方志集成·陕西府县志辑》第9册，南京：凤凰出版社，2007年影印本第433页。

⑤ 陈光贻：《稀见地方志提要》卷4《陕西·淳化县志》，济南：齐鲁书社，1987年，第235页。

山川记、大事记、道里记、户口记、风土记、祠庙记、冢墓记；为簿者二：宫殿簿、会计簿；为志者五：学校志、衙署志、职官志、登科志、士女志；为略者三：金石略、词赋略、序略，共计 18 门，"以人物列之于志，而不称传，以艺文人之于略，而不入于志，乖其体例焉"。① 洪亮吉精于史学，"所修州县志皆一以史例编之"。② 从此部方志的体例可以看出，洪亮吉事必师古，拟定体例援引古法，在《淳化县志·序略》中说：

> 仿晋朱育《会稽土地记》等，述土地第一；仿齐刘澄《宋初山川古今记》等，述山川第二；仿汉司马迁等《大事记》，述大事第三；仿隋《西域道里记》等，述道里第四；仿宋《元康六年户口簿记》等，述户口第五；仿晋周处《风土记》等，述风土第六；仿齐《祠庙记》等，述祠庙第七；仿宋季彤《圣贤冢墓记》等，述冢墓第八；仿晋《洛阳宫殿簿》等，述宫殿第九；仿宋李常《元祐会计录》等，述会计第十；仿宋崇宁《学校新法志》等，述学校第十一；仿宋无名氏《衙署志》等，述衙署第十二；仿唐杜佑《通典·职官志》等，述职官第十三；仿宋崔氏《登科记》等，述登科第十四；仿晋常璩《华阳国·士女志》等，述士女第十五；仿宋郑樵《通志·金石略》等，述金石第十六；仿汉刘向《七略·词赋略》等，述词赋第十七；仿常璩《华阳国志·序录》等，述序录第十八。③

18 门个个都有来历，无一门不古朴。这种言必有据，事必问典的做法，正是典型的考据派学风。也正因为把这种严谨的态度贯彻到修志中，洪亮吉主修的这部方志成为陕西乃至全国的名志之一，也是洪亮吉所修方志中质量较高的一部。毕沅对乾隆《淳化县志》评价颇高："于是此书之成，其详核可继《长安志》、《雍胜略》二书，非世所传明康海《武功志》、韩邦靖《朝邑志》等所可比矣。"张之洞在《书目答问》中也将此志列为清代名志。

3. 未及完成的《长武县志》

长武县地处陕西省西部秦陇交界处，古为西戎之地，秦汉属北地郡，唐属邠州，明万历十一年（1583）始置长武县，属邠州，统于西安府，从此，长武

---

① 陈光贻：《稀见地方志提要》卷 4《陕西·淳化县志》，济南：齐鲁书社，1987 年，第 236 页。

② （乾隆）《淳化县志·毕沅序》，《中国地方志集成·陕西府县志辑》第 9 册，南京：凤凰出版社，2007 年影印本，第 433 页。

③ （乾隆）《淳化县志》卷 30《序略》，《中国地方志集成·陕西府县志辑》第 9 册，南京：凤凰出版社，2007 年影印本，第 567 页。

县境域规模趋于定型，长武在历史上是兵家必争之地，唐太宗与薛家父子酣战浅水原，郭子仪长武驻军防守，范仲淹派宋良驻兵长武，因历史上是"常常用武之地"而得名"长武"。

长武县在清代以前未修志书，清康熙十一年（1672），大学士卫周祚奏请修纂地方志书，"各省《通志》尚多阙略，宜饬儒臣修纂。举天下地理、形势、户口、田赋、风俗、人才灿然具列汇为《一统志》，以备御览"。康熙帝采纳其建议，颁令修志，使乾、嘉年间我国地方志的修纂达到鼎盛时期。康熙帝诏令天下郡县分辑志书，康熙十五年（1676），长武县知县始开馆延士，发凡起例，创修《长武县志》。乾隆四十七年（1782），樊士锋任长武县知县，又聘请洪亮吉修成《长武县志》12卷，宣统二年（1910）又经续修。1933年，长武地方官绅动议续修新志，筹备无果。因此长武旧志凡三修，现存有康熙志、乾隆志、宣统志三种。

乾隆四十七年，樊士锋调任长武知县，感叹长武县始置于明朝万历年间，第一部方志修于康熙十五年，之后百余年未修新志，于是将续修新志作为自己为官地方的一项重要工作，于乾隆四十七年开始筹备修志，至次年十一月始告完。樊士锋在《重修长武县志叙》中说："适常州洪孝廉稚存客关中，相与发凡起例，宁繁勿简，宁朴勿华，厘为十二卷，乃功未竟而南旋。次年延扶风大来李孝廉主西席，课读之暇，参考纂订，至十一月而竣。"[1] 乾隆四十八年（1783）五月，黄景仁病逝于山西安邑，临终遗言将身后之事托付给洪亮吉，洪亮吉匆匆忙忙赶赴安邑，"为措资送其枢归里"[2]，因此洪亮吉实际上只参与纂修了其中一部分内容。

乾隆《长武县志》12卷，与洪亮吉同年所修《淳化县志》相比，乾隆《长武县志》少了大事、风土、冢墓、宫殿、学校、金石、词赋等内容，但多了九品、彝行两门。其中九品是仿班固《汉书》的"古今人表"，记载的是历代长武籍的达官显贵；彝行记载的是有孝行，重义气，品行出众的乡人，增加此目是为了更好的引人向善，端正乡人的品行，比起只记载博取功名的秩官、科贡、

① （宣统）《长武县志》卷首《旧志序·樊士锋序》，《中国地方志集成·陕西府县志辑》第11册，南京：凤凰出版社，2007年影印本，第4页。

② （清）吕培：《洪北江先生年谱》，（清）洪亮吉撰：《洪亮吉集·附录》，刘德权点校，北京：中华书局，2001年，第2337页。

九品来说，增设"彝行表"记载普通人的善行，是此志的一个进步。在康熙《长武县志》秩官志里有"名宦"、人物志里有"彝行"两目，可见洪本方志增设九品、彝行两门，是受前志的影响，吸收前志的优良成果。

《长武县志》"多仿效正史体例编纂，史料取舍颇严，范围比较狭小，内容有一定局限，因而使用价值受到影响"。① 王维鼎在县志跋语中说："余观其叙山川源委，建置沿革，较旧志颇详。"② 和康熙志比，乾隆志体例得当，内容简繁适中，比康熙志有很大进步。宣统二年（1910），由知县沈锡荣主修，王锡璋、尚在文、崔志嵩、鱼献珍协修的《长武县志》亦作 12 卷，卷目与乾隆志同，各卷末均附续表，并附金石艺文和疆域图、宜山秀水图、牛公祠图。此志是洪亮吉所修乾隆志的续修，附增了一些内容，体例上并无创新。

三、洪亮吉在陕西期间的学术成就

不足 4 年的陕西游幕生活，在洪亮吉 64 年的人生中相对短暂，似乎不值一提，因此许多传记资料都忽略了洪亮吉的这段人生经历，如赵怀玉《皇清奉直大夫翰林院编修洪君墓志铭》、吴锡麒《清故奉直大夫翰林院编修洪君墓碑》、孙星衍《清故奉直大夫翰林院编修加三级洪君墓碑铭》、恽敬《前翰林院编修洪君遗事述》、秦瀛《原任翰林院编修洪君墓表》、李元度《洪稚存先生事略》、江藩《国朝汉学师承记》以及《清史列传》等均只字未及。其余传记即使有记载也极其简略，如法式善《洪稚存先生行状》言洪亮吉与孙星衍游秦，"居毕制府沅幕，为校刻诸古书，而日游秦中名胜，诗文益胜"。③ 孙星衍《翰林院编修洪君传》载乾隆四十五年（1780）洪亮吉考中举人，"旋至关中，依毕抚部沅与纂宋元资治通鉴，始为地理之学，撰补三国十六国疆域志等书"。④ 谢阶树《洪稚

① 地方史志研究组编：《中国地方志总论·陕西著名地方志简介》，长春：中国地方志学协会、吉林省图书馆学会，1981 年，第 78 页。

② （乾隆）《长武县志·王维鼎跋》，中国西北文献丛书编委会编：《中国西北文献丛书·西北稀见方志文献》第 13 卷，兰州：甘肃古籍书店，1990 年影印本，第 1 辑，第 35 页。

③ （清）法式善：《皇清奉直大夫翰林院编修洪稚存先生行状》，（清）洪亮吉撰：《洪亮吉集·附录》，刘德权点校，北京：中华书局，2001 年，第 2356 页。

④ （清）孙星衍：《翰林院编修洪君传》，（清）洪亮吉撰：《洪亮吉集·附录》，刘德权点校，北京：中华书局，2001 年，第 2358 页。

存先生传》言洪亮吉遭母丧后数年"游陕之西安"。①《清史稿》谓洪亮吉"初佐安徽学政朱筠校文，继入陕西巡抚毕沅幕，为校刊古书"。② 然而纵观洪亮吉的学术人生，其在游幕陕西不足 4 年的时间里，不但确立了他的舆地研究方向，而且在修纂地方志的实践中开始方志理论的探讨和总结，方志思想初步形成。

1. 舆地研究特色凸显

洪亮吉初涉学术研究领域，研究兴趣主要集中在经学及小学之音韵、训诂等方面，并且终其一生，都未曾放弃经学及小学的研究，然而其学术成就最高的领域不在经学而在舆地学。如果说早期游历朱筠、刘权之幕府为其从事经学及小学研究奠定了基础，那么中期游历陕西巡抚毕沅幕府则确立了他的舆地研究方向。

洪亮吉游幕陕西期间，除协助毕沅编校地理图籍，负责《经训堂丛书》地理部分的校勘外，还积极从事舆地研究，并取得了可喜的成就。洪亮吉一生所撰舆地著作主要有《宋元通鉴地理通释》、《补三国疆域志》、《东晋疆域志》、《十六国疆域志》、《贵州水道考》、《乾隆府州县图志》、《西夏国志》等，其中前三种均完成于游幕陕西期间。乾隆四十三年（1778），洪亮吉在校书的过程中已经发现正史多有疏漏，并"留心裒辑者二载"，准备撰著《补三国疆域志》，不久因困难重重而中止，后来考虑到自己在此研究上"用力既久"，不忍半途而废，于是克服各种困难尽力补作，对"证左俱绝者"采取"阙疑以待焉"的办法，仿《宋书·州郡志》之例，撰成《补三国疆域志》。③《补三国疆域志》是洪亮吉涉足舆地研究的开始，林逸所辑《洪亮吉年谱》将此书撰成时间系于乾隆四十五年（1780），并称洪亮吉此年"始为地理之学"。④ 孙星衍在《翰林院编修洪君传》中则言洪亮吉"旋入关中，依毕抚部沅与纂《宋元资治通鉴》，始为地理之学，撰补三国、十六国《疆域志》等书"。⑤ 根据洪亮吉《三国疆域志序》，

① （清）谢阶树：《洪稚存先生传》，（清）洪亮吉撰：《洪亮吉集·附录》，刘德权点校，北京：中华书局，2001 年，第 2360 页。

② 《清史稿》卷 356《洪亮吉传》，北京：中华书局，1977 年标点本，第 11307 页。

③ （清）洪亮吉：《洪亮吉集·卷施阁文甲集》卷 8《三国疆域志序》，刘德权点校，北京：中华书局，2001 年，第 179—181 页。

④ 林逸：《清洪北江先生亮吉年谱》，王云五主编：《新编中国名人年谱集成》第 14 辑，台北：商务印书馆，1981 年，第 33 页。

⑤ （清）孙星衍：《翰林院编修洪君传》，（清）洪亮吉撰：《洪亮吉集·附录》，刘德权点校，北京：中华书局，2001 年，2358 页。

其撰著此书始于乾隆四十三年（1778），两年后中辍，不久又继续补作，历经艰辛始成书，则其完成此书耗时不止两年，加之洪亮吉与孙星衍关系密切，孙星衍所言更为可信。此外，洪亮吉的另一部舆地著作《宋元通鉴地理通释》未见传本，洪亮吉的孙子洪用懃所辑《授经堂未刊洪亮吉著述有关书目》收有《宋元通鉴地理通释》一书，并谓"是书成于助毕氏沉成《续资治通鉴》时"①，当是编修《续资治通鉴》的副产品，则此书当如孙星衍所言，与《补三国疆域志》一样都完成于游幕陕西期间。

　　继《补三国疆域志》后，洪亮吉又以《晋书》纪传为主，详参沈约《宋书》，辅之以魏收《魏书》，又参考了《太康地志》、《元康定户》和王隐、虞预、臧荣绪、谢灵运、孙盛、干宝诸人所著《晋书》，以及郦道元、李吉甫、乐史、祝穆等人所撰地理书，"旁搜乎杂录，间采乎方书"，"凡两阅岁"，② 大约在乾隆四十八年（1783）撰成《东晋疆域志》一书。③ 乾隆五十年（1785），毕沉移任河南，洪亮吉又追随至开封节署，"燕居多暇"④，因杂取诸书，仿《东晋疆域志》之例，撰成《十六国疆域志》。

　　前后五年时间，洪亮吉相继完成了四部舆地著作，游幕陕西无疑是其学术取向发生转变的关键时期，可以说，本来就对舆地研究发生兴趣的洪亮吉，深受毕沉地理"有益于实事实学"思想影响，并在协助毕沉校刻地理图籍的过程中，自觉或不自觉地将研究领域转向舆地学，逐渐形成了自己的研究特色。自此以后，洪亮吉对舆地研究的热情一发而不可收，并且终其一生醉心于此。乾隆五十三年（1788），洪亮吉在为毕沉所撰《中州金石记》所作后序中说："亮吉于金石之学，素寡究心；而舆地之嗜，几于成癖。"⑤ 乾隆五十七年（1792），

---

　　① （清）洪用懃：《授经堂未刊洪亮吉著述有关书目》，（清）洪亮吉撰：《洪亮吉集·附录》，刘德权点校，北京：中华书局，2001年，第2401页。

　　② （清）洪亮吉撰：《洪亮吉集·卷施阁文甲集》卷8《东晋疆域志序》，刘德权点校，北京：中华书局，2001年，第181—183页。

　　③ 按：吕培、林逸所撰《年谱》均谓洪亮吉《补东晋疆域志》、《十六国疆域志》成书于乾隆五十一年（1786）。洪亮吉《十六国疆域志序》言："乙巳岁，客开封节楼，燕居多暇，因杂取诸书辑成之，距《东晋疆域》之成不逾二稔。"乙巳即乾隆五十年，则《补东晋疆域志》成书当在乾隆四十八年（1783）。

　　④ （清）洪亮吉撰：《洪亮吉集·卷施阁文甲集》卷8《十六国疆域志序》，刘德权点校，北京：中华书局，2001年，第184页。

　　⑤ （清）洪亮吉撰：《洪亮吉集·卷施阁文乙集》卷6《中州金石记后序》，刘德权点校，北京：中华书局，2001年，第351页。

洪亮吉在《新修镇远府志序》中亦言"予好为地理之学"。① 时人及后人都认为洪亮吉在舆地研究方面成就突出，赵怀玉说洪亮吉生平所著书凡260余卷，"训诂地里，尤所颛门"；② 江藩认为洪亮吉"深于史学，而尤精地理沿革所在"③；光绪年间，王国钧在《重刊北江诗话序》中称赞洪亮吉"生平著作等身，以诂经舆地之学，为本朝巨擘，故刊行各种，几于家有其书"④；《清史稿》称赞洪亮吉"词章考据，著于一时，尤精擘舆地"⑤；张舜徽先生称"亮吉之学，长于舆地，亦喜为训诂考订之事。……盖亮吉究心于疆域沿革，最号专门。亦留意于声韵训诂，博通苍雅。故其论学之文，自以涉及舆地及文字者为较精"。⑥ 可见游幕陕西期间，洪亮吉的学术研究领域发生了明显的变化，舆地研究特色日益凸显。

2. 方志理论初步形成

游幕陕西期间，洪亮吉除撰著《补三国疆域志》等舆地著作外，还先后修纂了四部陕西方志，而且在修纂方志的实践中，特别注重对方志理论的探讨和总结，方志思想初步形成。洪亮吉的方志理论包括对方志起源、性质的认识和修志主张两个方面，学界多有论述⑦，无论是前者还是后者，在洪亮吉所修陕西方志中均有体现，而《澄城县志序》则是洪亮吉方志思想的集中反映：

> 一方之志，始于《越绝》，后有常璩《华阳国志》。《越绝》先记山川、城郭、冢墓，次以纪传，实后世志州县者所仿。《华阳国志》则有郡县废置，李吉甫《元和郡县志》、乐史《太平寰宇记》体例亦最善，吉甫则征引书传，不著所自，乐史则全用旧说，尤广异闻，而附以土产、人物，至祝穆《方舆胜览》又采入诗文，于是后之志州县者，舍地理而滥征名宿，略

---

① （清）洪亮吉撰：《洪亮吉集·卷施阁文甲集》卷8《新修镇远府志序》，刘德权点校，北京：中华书局，2001年，第188页。

② （清）赵怀玉：《皇清奉直大夫翰林院编修洪君墓志铭》，（清）洪亮吉撰：《洪亮吉集·附录》，刘德权点校，北京：中华书局，2001年，第2363页。

③ （清）江藩：《国朝汉学师承记》卷4，北京：中华书局，1983年，第73页。

④ （清）王国均：《重刊北江诗话序》，（清）洪亮吉撰：《洪亮吉集·北江诗话》卷首，刘德权点校，北京：中华书局，2001年，第2241页。

⑤ 《清史稿》卷356《洪亮吉传》，北京：中华书局，1977年标点本，第11307页。

⑥ 张舜徽：《清人文集别录》卷9，北京：中华书局，1963年，第258页。

⑦ 相关成果有王卫平：《洪亮吉的方志学思想》，《史学史研究》1988年第1期，第48—53页；王梓奕：《洪亮吉的方志学成就》，硕士学位论文，陕西师范大学历史文化学院，2010年；王新环：《洪亮吉的方志纂修思想》，《图书情报研究》2010年第4期，第58—60页等。

方域而博采词章，有去本求末，流荡忘归者焉。关中地大物博，且宋敏求《长安志》、程大昌《雍胜略》① 等开其先，以为当有善志，而世所传康海《武功志》、韩邦靖《朝邑志》皆以意排纂，漫无体例，由明世书传少出，学士大夫争以空言相尚，不重旧闻，无足怪焉。……（《澄城县志》）一以轻重缓急为先后，而建置省并，繁简统辖，城郭镇堡，寺庙廨宇，又均采十七史地志及诸地理书，皆缺者，始以旧志参州志、通志补之。而传闻之未信，方册之难凭者，咸无取焉，盖以信今传后，非徒为立异云尔。②

"一方之志，始于《越绝》"即洪亮吉方志源于古代舆地书观点的最早阐述，这一观点后来在《与章进士学诚书》中升华为"地志者，志九州之土也"。③ 同时，在《澄志县志序》中，洪亮吉对旧志的体例优劣、内容变化都提出了自己的看法，认为方志内容当以地理为主，尤其是对前人交口称赞的《朝邑县志》、《武功县志》等关中名志则不以为然，认为其"皆以意排纂，漫无体例"，主要原因是明代学风浮夸，"学士大夫争以空言相尚，不重旧闻"。④

洪亮吉的修志主张主要包括贵因不贵创、信载籍不信传闻以及重视地理沿革、繁简适中等内容，这些修志主张在修纂陕西方志时均有不同程度的反映。"贵因不贵创"的主张在修《淳化县志》时已有所体现，此志共分 18 个门目，门类篇目的命名皆因袭前人，如卷一《土地记》仿晋朱育《会稽土地记》，卷二《山川记》仿齐刘澄《宋初山川古今记》，……凡此等等，门门都有来历。稍后修《澄城县志》时，已经明确提出了"信载籍不信传闻"的主张，《澄城县志》所记城郭镇堡、寺庙廨宇等内容，均采自正史地理志及诸地理书，二者皆缺则以旧志为主参考州志、通志补之，并且遵循"传闻之未信，方册之难凭者，咸无取焉"的原则。后来，这一主张在修《泾县志》中得以升华："盖撰方志之法，贵因而不贵创，信载籍而不信传闻，博考旁稽，义归一是，庶乎可继踵前

---

① 按：《雍胜略》系明人李应祥、俞安期修纂，疑是程大昌《雍录》之误。

② （乾隆）《澄城县志》卷 20《序录·洪亮吉序》，《中国方志集成·陕西府县志辑》第 22 册，南京：凤凰出版社，2007 年影印本，第 200 页。

③ （清）洪亮吉撰：《洪亮吉集·卷施阁文甲集》卷 8《与章进士学诚书》，刘德权点校，北京：中华书局，2001 年，第 187 页。

④ （乾隆）《澄城县志》卷 20《序录》，《中国方志集成·陕西府县志辑》第 22 册，南京：凤凰出版社，2007 年影印本，第 200 页。

修不诬来者矣。"① 此外，洪亮吉修志主张以地理为本，重视地理沿革，内容繁简适中。其所修《淳化县志》前三卷均为考述淳化县地理沿革的内容，而《澄城县志》又在重视地理沿革的基础上突出山、水的重要性，其中卷四"山属"记载了澄城县十五座山谷、高原；卷五"水属"又记载了澄城县二十二处河流、泉水、井渠的位置与名称等。后来，这一主张在修《泾县志》时则升华为"一方之志，山水最要"。② 修《长武县志》时，洪亮吉与长武县知县樊士锋发凡起例，已经提出了"宁繁勿简，宁朴勿华"③ 的主张，之后在修《泾县志》时，这一修志主张更加成熟："一方之志，苟简不可，滥收亦不可。苟简，则舆图疆域，容有不详，如明康海《武功志》、韩邦奇《朝邑志》等是也；滥收，则或采传闻，不搜载籍，借人材于异地，侈景物于一方，以致讹以传讹，误中复误，如明以后迄今所修府州县志是也。"④ 凡此，说明洪亮吉游幕陕西期间，在修纂方志的实践中，方志思想已经初步形成。

3. 学术影响不断扩大

洪亮吉游幕陕西期间，无论是在舆地研究还是方志修纂方面都取得了一定成就，而且也得到了广泛的肯定和好评，学术影响不断扩大，学术声誉不期而至。《补三国疆域志》成书后，钱坫、吴兰庭、孙星衍先后为之撰写序文，号称"一代儒宗"的钱大昕对此书亦赞美有加，自述其留意三国疆域有年，亦有意补作，而且蜀、吴部分已完成初稿，不料洪亮吉的《补三国疆域志》捷足先登，"今读尊制，体大思精，胜仆数倍，已辍所业，让足下独步矣"。⑤ 钱大昕又称洪亮吉的《补东晋疆域志》"才大而思精，诚史家不可少之书也"，并说："稚存生于千载之后，乃能补苴罅漏，抉摘异同，搜郦、乐之逸文，参沈、魏之后史，阙疑而慎言，博学而明辩，俾读者了然，如聚米之在目前，讵非大快事哉！稚

① （乾隆）《泾县志·凡例》，《中国方志丛书·华中地方》第 231 号，台北：成文出版社，1970 年影印本，第 14 页。

② （清）洪亮吉撰：《洪亮吉集·更生斋文续集》卷 2《泾县志序》，刘德权点校，北京：中华书局，2001 年，第 1165 页。

③ （宣统）《长武县志·重修长武县志叙》，《中国地方志集成·陕西府县志辑》第 11 册，南京：凤凰出版社，2007 年影印本，第 4 页。

④ （清）洪亮吉撰：《洪亮吉集·更生斋文续集》卷 2《泾县志序》，刘德权点校，北京：中华书局，2001 年，第 1164 页。

⑤ （清）钱大昕：《潜研堂文集》卷 35《与洪稚存书二》，（清）钱大昕撰、陈文和主编：《嘉定钱大昕全集》第 9 册，南京：江苏古籍出版社，1997 年，第 605 页。

存少而好学，九州之广，足迹几遍，胸罗全史，加以目验，故能博且精若此。而意犹未足也，将踵是而志十六国之疆域，与斯编相辅而行，予虽衰病，亦尝留意方舆之学，顾企踵以观厥成焉。"① 当时正值为正史补作表志风气盛行之时，洪亮吉首开订补正史疆域志之先河，其学术眼光之敏锐令钱大昕也为之叹服。后来，梁启超称洪亮吉所补诸疆域志，"所述者为群雄割据、疆场屡迁的时代，能苦心钩稽，按年月以考其疆界，正其异名"，可谓"清儒绝诣"，其成绩"永不可没"。② 近年来学术界对洪亮吉早期撰著的这三部舆地著作颇有微词，③ 笔者以为，洪亮吉初涉舆地研究领域，限于学识和当时的研究条件，他的研究难免存在疏漏，不可过于苛求。

同时，洪亮吉所修方志也得到了肯定和称许，毕沅在《淳化县志序》中说洪亮吉精通史学，"所修州县志皆一以史例编之"，并认为其所修《淳化县志》"该核可继《长安志》、《雍胜略》二书，非世所传明康海《武功志》、韩邦靖《朝邑志》等所可比矣"。④ 洪亮吉在陕西的修志实践和成就，为其方志思想的形成打下了良好的基础，之后修纂方志成为其学术研究的一项重要内容，在修纂方志及理论建设方面取得了很大成就。离开陕西后，洪亮吉又相继修纂了《固始县志》、《登封县志》、《乾隆府厅州县志》、《怀庆府志》、《毓文书院志》、《泾县志》、《宁国府志》等，其中《泾县志》注重地理沿革，繁简得当，是洪亮吉所修方志中最好的一部，受到学者的一致认可和好评。《乾隆府厅州县图志》则代表了洪亮吉方志学的最高成就，也确立了其在方志学上的地位。晚清名人张之洞《书目答问》称洪亮吉等人所修诸方"皆有法"，可以作为方志的范例。⑤

① （清）钱大昕：《潜研堂文集》卷24《东晋疆域志序》，（清）钱大昕撰、陈文和主编：《嘉定钱大昕全集》第9册，南京：江苏古籍出版社，1997年，第385—386页。
② 梁启超：《中国近三百年学术史》，上海：生活·读书·新知三联书店，2006年，第257页。
③ 胡宏运《清儒补三国地理志成就探析》（载《中国历史地理论丛》2009年第1期）认为清儒研究三国地理志的成果中，《补三国疆域志》"草创规模，舛误最多"；胡阿祥《东晋南朝侨州郡县与侨流人口研究》（江苏教育出版社，2008年版）一书指出了《东晋疆域志》中的许多错误；魏俊杰《洪亮吉〈十六国疆域志〉谬误举要》（《社会科学论坛》2013年第11期，第107—111页）一文认为由于十六国疆域研究难度较大，加之洪亮吉对史料缺乏考辨，导致书中出现大量错误。周振鹤《点石成金、披沙沥金与脸上贴金》（《读书》1995年第3期，第144—151页）一文则认为三书皆不是成功之作。
④ （乾隆）《淳化县志·毕沅序》，《中国地方志集成·陕西府县志辑》第9册，南京：凤凰出版社，2007年影印本，第433页。
⑤ （清）张之洞撰、范希曾编：《书目答问补正》，上海：上海古籍出版社，1983年，第146—147页。

梁启超认为清人所修各府州县志中，洪亮吉所纂《淳化县志》、《长武县志》、《泾县志》以及孙星衍、武亿等人所修方志"皆其最表表者"。① 当代学者仓修良则称洪亮吉"是清代方志学界考据派的中坚人物"。②

四、游幕陕西对洪亮吉的影响

游幕陕西是洪亮吉学术人生的一个重要阶段，期间他广交学者名儒，积极参与各种学术活动，取得了一定的学术成就，研究方向也从经学转向史学，尤其在舆地研究和方志修纂方面成绩突出，研究特色日益凸显，方志理论初步形成，学术影响不断扩大，可以说在多种因素的综合作用下，游幕陕西对洪亮吉的学术人生产生了长足而深远的影响。

首先，游幕陕西期间，洪亮吉生活相对稳定，心情愉快舒畅，为其安心参与学术活动、从事学术研究创造了条件。与之前困窘的生活相比，洪亮吉游幕陕西期间，基本结束了长期以来捉襟见肘、为衣食温饱忧劳奔波的生活。此一时期洪亮吉的诗文作品格调明快，积极向上，鲜见之前的凄楚与悲凉，这种变化主要得益于毕沅的资助。毕沅爱惜人才，礼贤下士，奖掖后学，不遗余力。洪亮吉在《书毕宫保遗事》中称毕沅"闻有一艺长，必驰币聘请，惟恐其不来，来则厚资给之"③，又在《将赋南归呈毕侍郎六十韵》诗中咏道："公也待士均，一一勤劳徕。轩寮皆周行，阙物即颁赉。"④ 显然在物质生活方面，洪亮吉多得毕沅资助，不仅如此，毕沅听闻洪亮吉在家乡常州租赁的住宅狭小低矮，还为其赠资购宅，"即今花桥北居第也"。⑤ 同时，乾隆中期，政局相对安定，洪亮吉与流寓陕西的学者名流遍游秦中名胜，频繁地举行诗会，赋诗唱和，其乐融融。乾隆五十年（1785）洪亮吉随毕沅前往河南开封，正值河南干旱，治河工作迫

---

① 梁启超：《中国近三百年学术史》，上海：生活·读书·新知三联书店，2006 年，第 272 页。

② 仓修良：《方志学通论》，济南：齐鲁书社，1990 年，第 384—385 页。

③ （清）洪亮吉撰：《洪亮吉集·更生斋文甲集》卷 4《书毕宫保遗事》，刘德权点校，北京：中华书局，2001 年，第 1037 页。

④ （清）洪亮吉撰：《洪亮吉集·卷施阁诗》卷 5《将赋南归呈毕侍郎六十韵》，刘德权点校，北京：中华书局，2001 年，第 560 页。

⑤ （清）吕培：《洪北江先生年谱》，（清）洪亮吉撰：《洪亮吉集·附录》，刘德权点校，北京：中华书局，2001 年，第 2337 页。

在眉睫，无暇他顾，洪亮吉发出了"不复有关中唱酬之乐"的感叹①，也从一个侧面反映了洪亮吉在陕西时的愉悦生活。此外，洪亮吉游幕陕西期间，有机会接触学者名流，方便阅览图书文献和参与各种学术活动，可谓如鱼得水。因此对洪亮吉来说，稳定的生活，愉悦的心情，宽松的环境，浓郁的学术氛围，有利于他专心致志地从事阅读写作和学术研究。

其次，毕沅对洪亮吉的影响至为重要。洪亮吉初抵西安，"毕公闻先生来，倒屣以迎。翊日，遂延入节署"。②此后，毕沅不仅将筹划兵饷、修葺城墙的事务交付洪亮吉等人，还将编纂图籍校勘文献的工作交给他，并推荐他参与多部陕西地方志的修纂。毕沅的赏识和提携，为洪亮吉从事学术研究提供了机会和条件，毕沅的信任和肯定给了洪亮吉从事学术研究的动力和自信。此外，毕沅的学术思想也对洪亮吉产生了很大影响。洪亮吉对舆地研究产生兴趣当始于早期游幕及襄助幕主校理图书等学术活动，而真正开始舆地研究并确立舆地研究方向则在游历毕沅幕府期间。当时正值清代地理学蓬勃发展之际，毕沅本人又认为地理学不但有益于实学，而且有利于民生，平生于为官之暇喜好搜讨地理图书，特别重视舆地文献的整理与研究。毕沅任职陕西期间，先后整理出版了多部与陕西有关的地理文献，并重视实地考察，著书立说，撰成《关中胜迹图志》，组织编纂《西安府志》，校勘《三辅黄图》、宋敏求《长安志》等，期间所辑《经训堂丛书》集其学术之大成，而地理著作又占相当大的比例，凡此都说明毕沅对舆地学的重视。洪亮吉身为毕沅的幕宾，浸淫其中，学术旨趣、研究方法不能不受其影响。

再次，与同在毕沅幕府中的学者交往也对洪亮吉的学术研究产生了一定影响。洪亮吉入秦前即结交了汪中与孙星衍，在谈及汪中对他的学术影响时，洪亮吉在《又书三友人遗事》中说："余弱冠后始识中，中频以有用之学相勖，余始愧励读书，今之有一知半解，未始非中所激成也。"③洪亮吉与孙星衍既是同乡，又是挚友，两人交往颇深，早年均以诗著名，与黄景仁等号称"毗陵七

　　①　（清）吕培：《洪北江先生年谱》，（清）洪亮吉撰：《洪亮吉集·附录》，刘德权点校，北京：中华书局，2001年，第2338页。

　　②　（清）吕培：《洪北江先生年谱》，（清）洪亮吉撰：《洪亮吉集·附录》，刘德权点校，北京：中华书局，2001年，第2335页。

　　③　（清）洪亮吉撰：《洪亮吉集·更生斋文甲集》卷4《又书三友人遗事》，刘德权点校，北京：中华书局，2001年，第1041页。

子"，后来二人同在学人幕府襄校文献，又经孙星衍引荐进入毕沅幕府，共同协
助毕沅编校图籍，同修《澄城县志》。洪亮吉在《读长庆集寄孙大》诗序中说：
"《长庆集》乐天自序，长微之七年。今亮吉春秋三十四，而季仇年才二十七，
与微之小于乐天同。二人之交亦不减元白，所不逮者，或名位耳，其他尚可企
及也。"① 阮元《山东粮道渊如孙君传》谓孙星衍"不欲以诗名，深究经史文字
音训之学，旁及诸子百家，皆心通其义"。② 洪、孙二人相互切磋研讨，"学益宏
博，时又称孙洪"。③ 此外，毕沅幕府学者云集，当时的学者通儒如吴泰来、严
长明、钱坫等人都在幕中，洪亮吉常常与之交流辩论，正如孙星衍在《留别诗》
自注中所言："予与严道甫（长明）、钱献之（坫）、洪稚存（亮吉），王秋塍
（复）客节署最久，议论时有不合。"④ 乾隆四十九年（1784），程晋芳乞假来陕，
甫抵西安即一病不起，毕沅与洪亮吉为其"营画医药，及没，皆躬视含敛"。⑤
与以上著名学者的交往，对洪亮吉学问的增长、成熟有着重要作用，"可以说，
洪亮吉在学术上的成就，一方面得益于自己的智慧和勤奋；另一方面也和与其
他学者的学术交流分不开，同其他学者的交往是洪亮吉在学术上有所成就的重
要外因"。⑥ 有学者指出："乾嘉时期学者的学术声誉之显隐，很大程度上取决于
学者学术交往范围的大小、交往对象层次的高低。"⑦ 洪亮吉的交往范围不可谓
不大，交往对象之层次不可谓不高，因而他受到的影响更为显著，他的学术研
究也受到学术界同行的普遍关注，学术影响不断扩大，学术声誉不期而至，游
幕陕西成为洪亮吉学术道路上的黄金时期，这段经历对他个人的成长及学术研
究的促进作用是显而易见的。

① （清）洪亮吉撰：《洪亮吉集·卷施阁诗》卷1《读长庆集寄孙大》，刘德权点校，北京：中华书
局，2001年，第473页。

② （清）阮元撰：《揅经室集·二集》卷3《山东粮道渊如孙君传》，邓经元点校，北京：中华书局，
1993年，第432页。

③ 佚名：《清史列传》卷69《儒林传·洪亮吉》，王钟翰点校，1987年，第5559页。

④ （清）孙星衍：《留别诗》，（清）洪亮吉撰：《洪亮吉集·卷施阁诗》卷3，刘德权点校，北京：
中华书局，2001年，第526—527页。

⑤ （清）吕培：《洪北江先生年谱》，（清）洪亮吉撰：《洪亮吉集·附录》，刘德权点校，北京：中华
书局，2001年，第2338页。

⑥ 王梓奕：《洪亮吉的方志学成就》，硕士学位论文，陕西师范大学历史文化学院，2010年。

⑦ 韦勇强：《论学术交往对乾嘉学者学术声望显隐之影响——以钱大昕、赵翼、章学诚、崔述为
例》，《广西师范大学学报》（哲学社会科学版）2011年第2期，第137—141页。

第二节　孙星衍与陕西方志

一、孙星衍其人①

1. 生平简介

孙星衍，字渊如，一字伯渊，号薇隐，又号季述，江苏阳湖（今武进）人，生于乾隆十八年（1753），卒于嘉庆二十三年（1818），享年66岁。

孙星衍5岁起即从叔父受业，读书乡里，天资聪颖，过目成诵。乾隆三十九年（1774）就读钟山书院，与卢文弨、洪亮吉、杨芳灿等时相过从，当时袁枚主持东南诗坛，孙星衍"怀诗往谒"，袁枚"倒屣而迎"，阅其诗，跋其卷曰："天下清才多，奇才少，读足下之诗，天下之奇才也。"大有相见恨晚之感，遂"亟荐之当道"，两人从此结为忘年之交。当时钱大昕主讲钟山书院，"尝与君讲论经术小学，甚相契"。② 乾隆四十三年（1778），前往安徽学使刘权之幕府，"与洪君亮吉校文"。③ 乾隆四十四年（1779），孙星衍参加恩科乡试不售，不以为意，吟啸自若。次年，陕西巡抚毕沅因丁母忧回到家乡常州，"闻君名，延之里第"，并嘱其与钱坫一同修纂《关中胜迹图志》。乾隆四十五年（1780）冬，毕沅奉命继续抚陕，邀请孙星衍同往西安，"君以远游必告，乃返句容，至岁除行抵西安节署"。④ 此后，孙星衍客居毕沅陕西幕府长达5年之久。乾隆五十年（1785），孙星衍回句容省亲，之后前往山西大梁，客居大梁节署。清乾隆五十二年（1787），孙星衍考中一甲二名进士，授翰林院编修，充三通馆校理。乾隆五十四年（1789），散馆，改刑部主事。乾隆五十六年（1791），转刑部郎中。孙星衍在刑部任职期间，为法宽恕，"大学士阿桂、尚书胡季堂悉器重之，疑狱

---

① 生平事迹见《清史稿》卷481、《清史列传》卷69、阮元《山东粮道孙君星衍传》、张绍南《孙渊如先生年谱》等。

② （清）张绍南：《孙渊如先生年谱》，北京图书馆编：《北京图书馆藏珍本年谱丛刊》第119册，北京：北京图书馆出版社，1999年影印本，第452页。

③ （清）张绍南：《孙渊如先生年谱》，北京图书馆编：《北京图书馆藏珍本年谱丛刊》第119册，北京：北京图书馆出版社，1999年影印本，第455页。

④ （清）张绍南：《孙渊如先生年谱》，北京图书馆编：《北京图书馆藏珍本年谱丛刊》第119册，北京：北京图书馆出版社，1999年影印本，第456页。

辄令依古义平议，全活甚众"。① 乾隆六十年（1795），奉旨授山东兖沂曹济道，不久权按察使，"凡七阅月，平反数十百条，活死罪诬服者十余狱"。嘉庆四年丁母忧，侨寓金陵。嘉庆六年（1801）受浙江巡抚阮元聘请，主讲杭州诂经精舍，"星衍课诸生以经史疑义，及小学、天部、地理、算法、词章，不十年，舍中士皆以撰述名家"。② 服丧期满，奉旨仍赴山东任职。嘉庆十年（1805），补山东督粮道。嘉庆十二年（1807），为山东布政使。嘉庆十六年（1811）孙星衍因病辞官，回到家乡，嘉庆二十三年（1818）去世。《清史列传》评价其学行曰："星衍性诚正，无伪言伪行，立身行事，皆以儒术，尤喜奖借后进。所至之地，士争归附。其所撰辑，能集众人之才智，准以己之识力，再三审择而后成编。其卒也，海内学者，皆悼慕之。"③

2. 学术成就

孙星衍一生著述宏富，学术研究涉及文学、经学、史学、金石学、文献学等多个领域。张舜徽先生称"星衍之学，博及四部，而持论每与并世诸儒不合，且不自安于识小之科，亦欲以阐明义理自见"。④

孙星衍少负诗名，擅长词章，袁枚目之为奇才，张舜徽先生谓其生平所为诗文，每隔数年即自订为一集，乾隆五十九年（1794），成《问字堂集》6卷；嘉庆三年（1798），成《岱南阁集》2卷；嘉庆七年（1802），成《五松园文稿》1卷；嘉庆十一年（1806），成《平津馆文稿》2卷；嘉庆十四年（1809），成《嘉谷堂集》1卷，"后乃合此十二卷，总名《芳茂山人文集》，刊入《岱南阁丛书》"。虽然如此，孙星衍不欲以词章名世，"深究经史文字音训之学，旁及诸子百家，皆必通其义。居官不废诵习，而所业大成"。⑤ 阮元则谓孙星衍"早年文辞华丽，继乃沉潜经术，博极群书，勤于著述。性喜奖借后进，所至之地，士争附之。又好聚书，闻人家藏有善本，借钞无虚日，金石文字拓本、古鼎彝书

---

① 佚名：《清史列传》卷69《儒林传·孙星衍》，王钟翰点校，北京：中华书局，1987年，第5553—5554页。

② 佚名：《清史列传》卷69《儒林传·孙星衍》，王钟翰点校，北京：中华书局，1987年，第5554页。

③ 佚名：《清史列传》卷69《儒林传·孙星衍》，王钟翰点校，北京：中华书局，1987年，第5555页。

④ 张舜徽：《清人文集别录》卷10，北京：中华书局，1963年，第272页。

⑤ 张舜徽：《清人文集别录》卷10，北京：中华书局，1963年，第272页。

画，靡不考其源委"。①

孙星衍在经史研究上独对一帜，其治经主张先通训诂，所著《尚书今古文注疏》是乾嘉时代《尚书》研究的集大成之作，"意在网罗放失旧闻，录汉、魏人佚说为多，兼采近代汉学家诸人之说，惟不取赵宋以来诸人注，积二十余年而后成"②，梁启超认为与同时代江声所著《尚书集注音疏》、王鸣盛《尚书后案》相比，"孙渊如算是三家之冠了"。③ 此外尚有《周易集解》10 卷、《夏小正校正》3 卷、《明堂考》3 卷，《考注春秋别典》15 卷，《尔雅广雅诂训韵编》5卷，《魏三体石经残字》1 卷，《孔子集语》17 卷、《史记天官书考证》10 卷等。修纂地方志也是孙星衍史学研究的一个重要方面，陈光贻谓其好藏书，精校勘，一生著述丰富，尤其擅长志乘学，"纂方志约十种，皆为名书"。④ 孙星衍一生参与或主持纂修的方志多达 10 余种，所修的《三水县志》、《醴泉县志》、《偃师县志》、《庐州府志》、《松江府志》、《鄞州志》等多被《中国稀见地方志提要》列为上乘。在长期的方志修纂实践中，孙星衍的方志思想亦逐渐形成，虽然未见专门著述，但在其所纂志书的篇目、凡例及序言中都有体现，"他的方志学思想属于典型的考据学派，他主张方志以考据存文献，重视志书的资料的考证工作，因此孙氏所修志书史料价值很大，有极高的存史价值"。⑤

孙星衍在文献辑佚、校勘及目录学领域也卓有成就。孙星衍先后辑有《仓颉篇》、《括地志》、《汉官七种》、《甘氏星经》、《石氏星经》、《古文尚书马郑注》等，"抑其一生辑录群书，自本草、医方、星经、地记、汉仪、唐律、字书、旧史，以及百家诸子之遗文逸典，悉加校叙，条别源流，颇寓辨章学术之旨"。⑥孙星衍辑佚方法科学，体例严谨，今人谓其辑佚"不以量多见长，而以精审著称"。⑦ 辑佚之外，孙星衍又精于校勘，其一生校勘古籍多达 30 余种，著名的有

① （清）阮元撰：《揅经室集·二集》卷 3《山东粮道渊如孙君传》，邓经元点校，北京：中华书局，1993 年，第 438 页。

② 徐世昌等编：《清儒学案》卷 110《孙星衍》，沈芝盈、梁运华点校，北京：中华书局，2008 年，第 4358 页。

③ 梁启超：《中国近三百年学术史》，上海：生活·读书·新知三联书店，2006 年，第 168—169页。

④ 陈光贻：《稀见地方志提要》卷 4《陕西·直隶邠州志》，济南：齐鲁书社，1987 年，第 233 页。

⑤ 史五一：《试析孙星衍的方志学思想》，《广西地方志》2006 年第 6 期，第 12—14 页。

⑥ 张舜徽：《清人文集别录》卷 10，北京：中华书局，1963 年，第 272 页。

⑦ 焦桂美：《论孙星衍的辑佚学思想、方法及成就》，《图书馆理论与实践》2008 年第 6 期，第 64—67 页。

《周易口诀义》6卷、《尚书考异》5卷、《春秋释例》15卷,《孙子十家注》13卷,《元和郡县志》40卷,《景定建康志》50卷、《唐律疏议》30卷,"其余篇简小者不可胜数",① 其中许多被张之洞《书目答问》定为善本。丁丙有"校勘之学至乾嘉而极盛,出仁和卢抱经、吴县黄丕烈、阳湖孙渊如之手者皆雠校精审"。孙星衍把他一生所校订的书籍分别编在《岱南阁丛书》和《平津馆丛书》中刊行,这两部丛书是孙氏校勘的精华所在,他运用灵活多样的校勘方法所校诸书为后人提供了许多宝贵的成果,经他校过的本子有的被一再重刻,有的直到今天仍被作为底本或主校本。辑佚、校勘与目录关系密切,孙星衍在目录学方面也颇有造诣。嘉庆五年,孙星衍采用了新的分类方法,将家藏图书编目为《孙氏祠堂书目》,虽然著录简单,分类也不尽合理,但简单实用也是事实。此外还著有两部善本书目《平津馆鉴藏书籍记》和《廉石居藏书记》,而《寰宇访碑录》则属于全国性的金石书目。

孙星衍在金石学研究领域也颇有成就,他精研金石碑刻,工篆、隶、刻印,早在乾隆三十九年(1754),孙星衍在钟山书院读书时,就与钱大昕同游茅山玉晨观郁冈,"搜讨碑碣,手录华阳洞口宋人题名甚多,皆志乘未载"。② 在毕沅幕府,参与了《关中金石记》的校订和考释,并为之撰写跋语。之后宦迹所至,勤于搜讨,藏品日富,他的学生洪颐煊说:"渊如师喜金石文字,生平游历所至,搜访无虚日,德州平津馆所藏碑自周秦至唐宋五代凡廿余匣。"③ 孙星衍就搜访所见及府中藏品,撰成金石著作《寰宇访碑录》、《京畿金石考》,前者是全国性的金石总目,后者则著录直隶各府及所属州县金石文字并加以考证。孙星衍对金石碑刻的认识,较之同时代的学者有明显的超前性。当时许多学者都利用金石来证经考史,对于这种治学取向,孙星衍并非跟风趋向,而有着自己独特认识,他认为:"夫金石实一方文献,可以考证都邑、陵墓、河渠、关隘、古今兴废之迹,大有裨于政事。不独奇文妙墨,足垂永久"。④

① 张舜徽:《清人文集别录》卷10,北京:中华书局,1963年,第272页。

② (清)张绍南:《孙渊如先生年谱》,北京图书馆编:《北京图书馆藏珍本年谱丛刊》第119册,北京:北京图书馆出版社,1999年影印本,第452页。

③ (清)洪颐煊:《平津馆读碑记·自序》,《续修四库全书》第905册,上海:上海古籍出版社,2002年影印本,第2页。

④ (清)孙星衍:《京畿金石考·自序》,《续修四库全书》第906册,上海:上海古籍出版社,2002年影印本,第187—188页。

3. 孙星衍在陕西

乾隆四十五年（1780），陕西巡抚毕沅因居母丧归常州，听闻孙星衍的诗名，于是"延之里第，与钱明经坫同修《关中胜迹图志》。时蒋侍御和宁、钱少詹大昕、赵观察翼来吴门，毕公邀游灵岩山馆，君与钱君皆在坐"。① 是年冬天，毕沅奉命继续抚陕，"欲邀偕往，君以远游必告，乃返句容，至岁除行抵西安节署"。② 孙星衍在《补三国疆域志后序》中亦言："予以庚子（即 1780 年）之岁，自吴徂秦。"③ 乾隆五十年（1785）四月，孙星衍离开西安前往山西大梁，客居大梁节署，在陕西度过了其一生中重要的 5 年。阮元则谓："会陕西巡抚毕公沅以母忧居吴门，起，复闻君名，遂同入关。西安幕府初开，好贤礼士，一时人才名宿踵至，君誉最高。"④

与洪亮吉一样，孙星衍客居毕沅幕府期间，协助毕沅处理日常事务，与幕中同仁游历陕西山水名胜，吟诗唱和，此外，孙星衍还做了以下两个方面的工作。

其一，协助毕沅编校图籍。毕沅居丧期间，孙星衍即与钱坫为其编纂《关中胜迹图志》。乾隆四十五年（1775），孙星衍追随毕沅来到陕西后，还与洪亮吉一起参与了《续资治通鉴》的编纂工作。钱大昕的曾孙钱庆曾在《竹汀居士年谱续编》中说《续资治通鉴》"先经邵学士晋涵、严侍读长明、孙观察星衍、洪编修亮吉及族祖十兰先生（钱坫）佐毕公分纂成书。阅数年，又属公（钱大昕）覆勘，增补考异，未蒇事而毕公卒，以其本归公子"。⑤《孙渊如先生年谱》载乾隆四十六年（1776），孙星衍在西安节署，"与严侍读长明、钱明经坫校订古书，始为《山海经注》。时吴舍人泰来、庄大令炘皆在节署，洪君亮吉亦自都入关。朱学士筠素知君名，撰句云'小学刘臻吾辈定，丽词庾信早年成'。书楹帖

---

① （清）张绍南：《孙渊如先生年谱》，北京图书馆编：《北京图书馆藏珍本年谱丛刊》第 119 册，北京：北京图书馆出版社，1999 年影印本，第 456 页。
② （清）张绍南：《孙渊如先生年谱》，北京图书馆编：《北京图书馆藏珍本年谱丛刊》第 119 册，北京：北京图书馆出版社，1999 年影印本，第 456 页。
③ （清）洪亮吉撰、谢钟英补注：《补三国疆域志补注》附孙星衍《〈补三国疆域志〉后序》，二十五史补编编委会编：《二十五史补编·三国志补编》，北京：北京图书馆出版社，2005 年，第 582 页。
④ （清）阮元撰：《揅经室集·二集》卷 3《山东粮道渊如孙君传》，邓经元点校，北京：中华书局，1993 年，第 432 页。
⑤ （清）钱庆曾：《竹汀居士年谱续编》，（清）钱大昕撰、陈文和主编：《嘉定钱大昕全集》第 1 册，南京：江苏古籍出版社，1997 年，第 41 页。

寄赠"。①"乾隆四十八年癸卯，君三十一岁，在西安节署。……为毕抚部校刻宋敏求《长安志》及刊《山海经》，峻事，以赀为贡生，入都应京兆试。乃自蒲州至运城……。八月试罢，乃携仲弟西行……渡河，之韩城，访傅大令，之郃阳，观《曹全碑》，入关"。②《年谱》所言校刻《长安志》及《山海经》，指协助毕沅编校《经训堂丛书》一事。《经训堂丛书》共收图书 21 种，"太半为毕氏校正及自撰之作，然亦幕府群贤赞襄之力为多"。③ 幕府群贤主要负责《经训堂丛书》的校勘，其中地理类图书均由洪亮吉负责，"孙星衍主要校诸子方面书籍，其对《墨子》一书贡献最大"。④ 乾隆四十七年（1782），毕沅撰《关中金石记》，孙星衍与洪亮吉、钱坫一样协助编纂，"谬承校录"，⑤ 并撰写跋语。阮元则谓"毕公撰《关中胜迹志》、《山海经注》、校正《晏子春秋》，皆属君手定"。⑥

其二，修纂陕西方志。孙星衍修纂陕西方志可分两个阶段，一是其在毕沅幕府期间，据《年谱》记载，乾隆四十七年（1782），孙星衍 30 岁，"客西安节署，纂修邠州、醴泉等方志"。⑦ 乾隆四十八年（1783），与洪亮吉同纂《澄城县志》。乾隆五十年（1785）四月，孙星衍离开陕西前往山西，客居大梁节署，次年二月，再次入陕，客居咸宁令庄炘官署，"纂修长安、咸宁县志"，四月返大梁，捐纳布政经历职衔，七月返句容，就本省乡试，考中举人。⑧ 如果《年谱》记载无误，孙星衍当于乾隆五十一年（1786）二月纂修过长安、咸宁二县志，四月返大梁，七月返句容参加乡试，次年赴京会考，考中进士，很可能欲修而

① （清）张绍南：《孙渊如先生年谱》，北京图书馆编：《北京图书馆藏珍本年谱丛刊》第 119 册，北京：北京图书馆出版社，1999 年影印本，第 456—457 页。

② （清）张绍南：《孙渊如先生年谱》，北京图书馆编：《北京图书馆藏珍本年谱丛刊》第 119 册，北京：北京图书馆出版社，1999 年影印本，第 457—458 页。

③ 张元济：《丛书百部提要》，商务印书馆编：《丛书集成初编目录》，北京：中华书局，1983 年，第 27 页。

④ 王桂平：《家刻本》，南京：江苏古籍出版社，2002 年，第 173 页。

⑤ （清）毕沅：《关中金石记》卷末孙星衍《关中金石记跋》，《续修四库全书》第 908 册，上海：上海古籍出版社，2002 年影印本，第 281 页。

⑥ （清）阮元撰：《揅经室集·二集》卷 3《山东粮道渊如孙君传》，邓经元点校，北京：中华书局，1993 年，第 432 页。

⑦ （清）张绍南：《孙渊如先生年谱》卷上，北京图书馆编：《北京图书馆藏珍本年谱丛刊》第 119 册，北京：北京图书馆出版社，1999 年影印本，第 457 页。

⑧ （清）张绍南：《孙渊如先生年谱》卷上，北京图书馆编：《北京图书馆藏珍本年谱丛刊》第 119 册，北京：北京图书馆出版社，1999 年影印本，第 458—459 页。按：《年谱》谓孙星衍乾隆五十一年（1786）纂修长安、咸宁二县志，然现存清修陕西县志中，长安、咸宁二县均无乾隆志，疑《年谱》有误。

未果，现存清修陕西县志中，均不见乾隆年间所修长安、咸宁二县志。

孙星衍在《三辅黄图新校正序》中简要总结了自己在陕西期间的所作所为：

> 予以乾隆困敦之岁聿始西征，游寓五载，中丞馆予上舍，此邦当路，欢若平生，延访名山，流连遗址，西观芒竹，东历阳华，北绕甘泉，南瞻子午，千门万户，指掌能图；四塞八川，画沙可述。又撰诸方志，旁求故实，颇悉源流，良亦此书之益，桑下之恋，斐然成编，所谓贤于博奕，后世览之，幸勿称为著作。①

乾隆四十九年（1784），孙星衍在《直隶邠州志自序》中总结自己在陕 5 年的经历时说：

> 星衍来游关中，旋阅五载。所居节署，雅多贤俊。巡抚毕公，假以暇日，从容著书。尝自成《神农本草经注》、《尔雅笺》、《孙子兵法新校》、《文子注》各若干卷。其《醴泉志》、《三水志》及此书，各以数月撰成。迫于雠校，《经》、《传》不获，专心考核，徒取唐宋地里之例，蒐讨成编。重以平津爱客，公燕无虚，醉余镫次，偶一缀笔，恐多疏失，以贻来者之议。其于稽古，似有所长。窃又通晓地里，雍、冀、梁、三州名山大川，指掌能言，不爽毫发。见有所及，庶非墙面。②

二、孙星衍所修陕西方志

孙星衍自乾隆四十五年（1780）来到西安毕沅节署，不但协助毕沅编纂《关中胜迹图志》、《续资治通鉴》，校刻古籍，还参与陕西地方志的修纂，除与洪亮吉同纂《澄城县志》外，还先后参与或主纂了《醴泉县志》、《直隶邠州志》、和《三水县志》三部陕西方志。

1. 乾隆《醴泉县志》

醴泉县位于陕西咸阳西北方向，地处关中腹地，历史悠久，人杰地灵。夏属雍州，周称焦获，秦叫谷口县（一作瓠口），西汉置谷口邑，属左冯翊，东汉并入池阳，南北朝时改称宁夷县。隋文帝开皇十八年（598），因境内有泉，味

① （清）孙渊如：《孙渊如先生全集·问字堂集》卷 3《三辅黄图新校正序》，《续修四库全书》第 1477 册，上海：上海古籍出版社，2002 年影印本，第 403 页。

② 《咸阳经典旧志稽注》编撰委员会编：《咸阳经典旧志稽注·直隶邠州志》卷首孙星衍《自序》，西安：三秦出版社，2010 年，第 1—2 页。

甘如泉醴，且旁有醴泉宫，故更名为醴泉县。宋、元、明、清相沿不改，1964年，经国务院批准，改"醴泉"为"礼泉"。礼泉县北部的九嵕山有唐太宗昭陵、唐肃宗建陵两座皇家陵墓，属国家重点文物保护单位。

现存醴泉旧志共七部，其中最早的旧志修于明嘉靖十四年（1535），由醴泉儒学训导夹璋编纂。第二部《醴泉县志》修于明崇祯十一年（1638），由南京湖广道监察御史苟好善（醴泉人）编纂并作跋语，翰林院侍读杨汝成、国子监司业周凤翔分别撰写序言。第三部《醴泉县志》修于清康熙三十八年（1699），由醴泉县令裴陈佩编纂并写序，周中孚谓此志是在崇祯志的基础上"重为润色，去繁溽而存精要，参以旧闻，并补遗逸，分为九门，冠以十图，皆独出己见而成，不藉他人为助云"。① 第四部《醴泉县续志》修于乾隆十六年（1751），由醴泉知县宫耀亮编纂并写序。第五部《醴泉县志》修于乾隆四十九年（1784），醴泉知县蒋骐昌修，孙星衍纂，陕西巡抚毕沅为之作序。第六部《醴泉县志》修于嘉庆二十四年（1819），由醴泉县知事黄应培编纂。第七部《续修醴泉县志稿》修于1935年，由醴泉县长张道芷、前任县长胡铭荃监修，拔贡举人陆军部候补主事曹骥观纂，陕西省长邵力子题写书名。

乾隆年间醴泉县两次修志，第一次在乾隆十六年（1751），由醴泉知县宫耀亮主持修纂，30余年后，"值关中屡丰，民物咸若，县之士大夫呈请修志，申上其事，得院司府嘉允"，县令蒋骐昌于乾隆四十七年（1782）主持修纂志书，当时孙星衍寓居西安毕沅幕府，"博闻士也"，蒋骐昌于是延请其与修志书。鉴于醴泉县明修旧志及范文光《昭陵志》皆不传，所存旧志仅见裴陈佩所纂康熙志及宫耀亮所续乾隆志，而裴志"略而不典"，宫志"博核而无体例"，蒋骐昌于是与孙星衍"考证史传，及于方俗，作书十四卷"。② 乾隆《醴泉县志》卷首附有醴泉县境图、唐昭陵图（上、下）、唐肃宗建陵图、洪堰总图。全志共14卷18门，一曰县属，二曰乡属，三曰山属，四曰水属，五曰水利，六曰陵墓，七曰庙属，八曰官属表，九曰户口赋税，十曰学校，十一曰兵，十二曰闻人，十三曰列女，十四曰科贡表、封荫表，十五曰金石，十六曰旧闻，十七曰艺文，

---

① （清）周中孚：《郑堂读书记》下《郑堂读书记补逸》卷13，北京：北京图书馆出版社，2007年，第362—363页。

② （民国）《续修醴泉县志稿》卷14《杂记·叙录·蒋骐昌序》，《中国地方志集成·陕西府县志辑》第10册，南京：凤凰出版社，2007年影印本，第410页。

十八曰序录。

孙星衍所纂《乾隆醴泉县志》的精华内容为地理沿革及金石碑刻。孙星衍修志重视地理沿革及考证，此志详细考证了醴泉县的沿革及建置，县境内各乡镇及山脉、水系的沿革及发展。醴泉县境内有唐昭陵和建陵，石刻众多，旧志失载，"夫金石志之例，但记见存，不及已失，县志之例，宜并载之。非徒广记旧闻，亦恐他时复出，可以稽求并录，欧阳赵氏题跋于后"。①同时，此志凡有所引用必标明出处，引用文献广博，"所采有《唐会要》，新旧《唐书》、十七史地志，李吉甫、杜佑、乐史等志，前之作者皆未之及也"。②"这部县志一个突出的特点是考据详确，对一人一事、一碑一石，皆有源有据，引证史籍加以论证，考证尤为精详，因而该志的学术价值，史料文献价值都非常高"。③

2. 乾隆《直隶邠州志》

邠州乃古豳国地，南北朝时始设豳州，唐开元十三年（725），因"豳"、"幽"二字易混，于是改"豳州"为"邠州"。明代邠州辖新平、淳化二县，直隶陕西布政使司。洪武三年（1370），撤新平县，辖地归邠州直辖，州辖淳化县，改属西安府。成化十四年（1478），分淳化县，复置三水县，州辖2县。万历十一年（1583），分邠州设长武县，州辖3县。清代沿袭明制，邠州辖三水、长武、淳化3县，属西安府。雍正三年（1725）升为直隶州，直属陕西布政使司。

邠州现存旧志共三部，第一部《邠州志》修于明嘉靖年间，系邠州知州姚本修，邠县举人阎奉恩纂；第二部《邠州志》修于顺治七年（1650），系邠州知州苏东柱在嘉靖志的基础上续修而成，此志实为嘉靖志的增补重刊本，其中职制目有增补，记事止于顺治六年（1649）。顺治《邠州志》记载了当时隶属邠州的淳化、三水、长武三县的实况，"各县史实分述各县名下。门目分类尤详，集场、铺路、村舍等都独立为门。州内古迹名胜稽考详实，图文并茂。各种典赋，考注独详。是志为研究上述各县历史，续修各县方志均有重要价值。康熙四十四年（1705）又在卷四增刻了文志鲸的《邠署留题》十首，戴冠的《范文正公

① （民国）《续修醴泉县志稿》卷14《杂记·叙录·蒋骐昌序》，《中国地方志集成·陕西府县志辑》第10册，南京：凤凰出版社，2007年影印本，411页。

② （乾隆）《醴泉县志·毕沅序》，《中国地方志集成·陕西府县志辑》第10册，南京：凤凰出版社，2007年影印本，第4页。

③ 高峰：《陕西方志考》，内部资料，1985年，第32页。

祠》一首。"① 第三部《邠州志》修于乾隆四十九年（1784），由王朝爵修，孙星衍纂。

乾隆四十四年（1779），王朝爵任邠州知州，乾隆四十九年（1784），嘱孙星衍纂《邠州志》，志凡 25 卷，分为 25 部，卷一州县，卷二州县故治、今治，卷三山属，卷四水属（水利附），卷五乡属，卷六国，卷七署属，卷八儒学，卷九庙属，卷十墓，卷十一古迹，卷十二恩泽、五行，卷十三大事，卷十四官属（上），卷十五官属（下），卷十六地丁钱粮，卷十七经费，卷十八兵、驿，卷十九名人（上），卷二十名人（下），卷二十一节妇，卷二十二科第表，卷二十三风俗土产，卷二十四石刻、著述、题咏，卷第二十五序录（图附）。"此种编例，既能使每卷页数相等平衡，又篇名便以查索，开卷瞭然"。② 乾隆《邠州志》内容包含淳化、长武、三水三个属县，当志书已纂成四卷时，三属县各自请求修纂志书，"故此书卷一至卷四并及三县，卷五已下专志州治。直隶州志之例，古无所仿，若专志州治者，实当称为《直隶邠州州志》，今不可一书异名也"。③

乾隆《直隶邠州志》取材颇为广泛，考证精详。孙星衍纂修方志主张"方志以考据存文献"，认为享有盛誉的关中名志诸如韩邦靖之《朝邑志》、康海之《武功志》"皆非著述之体，徒以文笔简要为长"，故"不敢袭其弊也"。④孙星衍《邠州志》不仅对邠州的古迹进行考证，同时还对旧志记载补阙正讹，正如孙星衍在序言中所言："邠州多古迹，可与经史相证左，旧志荒略，所载故实，不著原书，今悉正其讹谬。"⑤ 时人及后人对孙星衍所纂《邠州志》评价颇高，毕沅在序中说："其记地理古迹，仿诸《太平寰宇记》、《长安志》。记人物，仿诸《剡录》，皆注所据之书。予又嘉孙明经（星衍）之为此志，能别白是非，以得考古之真"。⑥ 梁启超《中国近三百年学术史》谓孙星衍其为"名儒精心结撰"

① （顺治）《邠州志·提要》，国家图书馆分馆编：《清代孤本方志选》第 11 册，北京：线装书局，2001 年，第 1 辑。

② 陈光贻：《稀见地方志提要》卷 4《陕西·直隶邠州志》，济南：齐鲁书社，1987 年，第 234 页。

③ （清）孙星衍：《孙渊如先生全集·问字堂集》卷 4《邠州志序》，《续修四库全书》第 1477 册，上海：上海古籍出版社，2002 年影印本，第 422—423 页。

④ （清）孙星衍：《孙渊如先生全集·问字堂集》卷 4《邠州志序》，《续修四库全书》第 1477 册，上海：上海古籍出版社，2002 年影印本，第 423 页。

⑤ （清）孙星衍：《孙渊如先生全集·问字堂集》卷 4《邠州志序》，《续修四库全书》第 1477 册，上海：上海古籍出版社，2002 年影印本，第 423 页。

⑥ （清）孙星衍：《直隶邠州志》卷首《序目·毕沅序》，《咸阳经典旧志稽注》编撰委员会编：《咸阳经典旧志稽注》，西安：三秦出版社，2010 年，第 10 页。

的志书之一。陈光贻在《稀见地方志提要》中则称"星衍入陕所纂《邠州》诸志，为其中年之作，篇目虽简，而事无遗漏"。① 陈万峰亦谓乾隆《直隶邠州志》"资料翔实，文约事丰，列目精细，引证丰厚，素有关中名志之誉"。②

3. 乾隆《三水县志》

三水县即今旬邑县，古属豳国，秦始置枸邑县，属内史，汉属右扶风，后汉因之，晋改称邠邑，属新平郡，后废。北魏时期改称三水县，仍属新平郡，西魏置恒州，寻废，隋属北地郡，义宁二年（618）改属新平郡。唐属邠州，五代、宋、金因之，元至元七年（1270）并入淳化县，明成化十四年（1478）复置三水县，仍属邠州，统于西安府。清雍正三年（1725），邠州升为直隶州，辖三水、淳化、长武三县。1914 年，因与广东三水县重名，复名枸邑县。1958年，撤销枸邑县，和长武同时并入彬县，直属陕西省。1961 年撤销大县建制，恢复枸邑县，同时复设陕西省咸阳专区，枸邑县属之。1964 年，因"枸"字生僻，选同音常用字替代，遂改称旬邑县。

三水县最早的志书修于明万历九年（1581），由三水县令秦渠创修，今已不存，现存三水县旧志共三部：第一部修于清康熙十六年（1677），三水县令林逢泰修、三水县人文倬天纂；第二部修于乾隆五十年（1785），朱廷模、葛德新修，孙星衍纂；第三部修于同治十一年（1872），姜桐冈修，郭四维纂。

关于《乾隆三水县志》的修纂缘由，毕沅在《三水县志序》中略有记载：

> 三水县稍辟，羌无故实，旧志疏略尤甚，知县葛君到官以来，政平民和，百废具举，因言其地缙绅耆老，好尚文雅，念圣朝厚泽深仁，重熙累洽，自一县官师制度，法良意美，及孝悌节妇，掇科中策之士，蒸蒸焉月异而日新，不可无记载以表当时而示来世。适有阳湖孙明经所学该博，负一时盛望，因属撰成之。予览其文，实能考书传之故事，删旧文之猥冗。其以艺文分隶各部，及刺取书传，必载所出，皆宋元人方志之法，异乎流俗之为之也！艺文则载其有关政事者，余概从削，又获于予心，故为序而行之。志凡十卷十四部，……孙君著述之简而有法如此，恐有议其漏者，予为道其体例云。③

① 陈光贻：《稀见地方志提要》卷 4《陕西·直隶邠州志》，济南：齐鲁书社，1987 年，第 234 页。
② （清）孙星衍：《直隶邠州志·陈万峰序》，《咸阳经典旧志稽注》编撰委员会编：《咸阳经典旧志稽注》，西安：三秦出版社，2010 年。
③ （乾隆）《三水县志·毕沅序》，《中国地方志集成·陕西府县志辑》第 10 册，南京：凤凰出版社，2007 年影印本，第 465 页。

葛德新在《重修邑三水县志序》中谓修于康熙十六年的志书"颇斐然可观",但时间已过去了 100 多年,县内建制、人口等都发生了很大的变化,"城池衙署书院庙宇桥梁之缮葺创建,地粮之减,户口之增,驿站课程之裁,解盐茶法,更定职官科目,德行艺文之宜续补者",加之又有陕西巡抚毕沅重修志书之命,于是选聘乡绅"考订而增益之,曩时之阙如者灿然大备"。①

乾隆《三水县志》11 卷 14 门,卷一为县谱、故城、乡镇亭堡寨,卷二为山、水,卷三为城、署、关、桥、坊、古址,卷四为坛、庙、寺、观、墓,卷五为职官,卷六为地丁、钱粮,卷七为兵防,卷八为名人,卷九为列女,卷十为科贡,卷十一为图序,门目分类在乾隆时期所修方志中可称简要,每门之后均有孙星衍的考释和评论。《三水县志》记事起自后魏三水县设治,迄于清代,并着重记载明清史实,志中征引史实古籍,必载所出,且加按语,或考其真伪,或辨其存佚。艺文不列专门,诗文奏议等分隶各部,余概从略。体例严谨,叙述明晰,记载详实凝练,为时人称许。毕沅谓此志"实能考书传之故事,删旧文之猥冗,其以艺文分隶各部,及刺取书传,必载所出,皆宋元人方志之法,异乎流俗之为之也。艺文则载其有关政事者,余概从削,又获于予心。……孙君著述之简而有法,如此恐有议其漏者,予为道其体例云"。② 梁启超《中国近三百年学术史》谓孙星衍所纂《三水县志》为"名儒精心结撰"的志书之一,张之洞《书目答问》亦将孙星衍所纂《三水县志》列入"国朝省志、府州县志善本"之林。

第三节　洪、孙同纂《澄城县志》

一、洪亮吉与孙星衍的学术交往

洪亮吉结识孙星衍在乾隆三十九年(1774),是年洪亮吉 29 岁。据《洪北江年谱》记载,是年十月,洪亮吉前往扬州,冬末始归,"偕汪孝廉端光唱和诗极多。是岁,始与孙君星衍订交,同里则孙、黄、赵诸君外,复偕杨君伦、吕

———————————

　① (乾隆)《三水县志·葛德新序》,《中国地方志集成·陕西府县志辑》第 10 册,南京:凤凰出版社,2007 年影印本,第 465 页。

　② (乾隆)《三水县志·毕沅序》,《中国地方志集成·陕西府县志辑》第 10 册,南京:凤凰出版社,2007 年影印本,第 465 页。

君星垣、徐君书受，唱酬无间，里中号为七子"。①《孙渊如年谱》亦言乾隆三十九年，孙星衍 22 岁，肄业金陵书院，"主讲卢学士文弨常与考证古学，洪君亮吉、杨君芳灿俱馆于金陵，时相过从。"同年九月，孙星衍归常州，"居外舅王氏宅，与同里洪君亮吉、黄君景仁、赵君怀玉、杨君伦、吕君星垣文宴无虚日"。② 因常州在晋时为毗陵郡，故《清史稿·赵翼传》谓："其同里学人后于翼而知名者，有洪亮吉、孙星衍、赵怀玉、黄景仁、杨伦、吕星垣、徐书受，号为'毗陵七子'。"③

洪亮吉与孙星衍既是同乡，又是同道，二人自此结下了深厚的情谊。乾隆四十一年（1776）中秋节，洪亮吉与孙星衍等五人泛舟白云溪，写下了《八月十五泛舟白云溪诗》。乾隆四十二年（1777），安徽学使刘权之派人请洪亮吉前往，"先生亦以营葬乏资，遂于长至前由陆程赴太平，并约孙君星衍偕行。刘公相待有加，以先生缟素，不肯更易，因约值节日朔望，皆听独处，专遣人司饮食。在学署一载，率以为常。……自是先生与孙君助学使校文外，共为《三礼》训诂之学，留太平渡岁"。直至乾隆四十三年五月，"偕孙君至句容学署度夏"。④《孙渊如年谱》亦载乾隆四十三年（1778），孙星衍"与洪君亮吉校文幕中"，⑤乾隆四十五年（1780）冬，孙星衍受毕沅之邀来到西安，与严长明、钱坫等人协助毕沅校订古书。不久，洪亮吉撰成《补三国疆域志》，孙星衍为之撰写后序。同时，孙星衍又写信邀洪亮吉来陕，"并札言陕西巡抚毕沅钦慕之意"，洪亮吉于是决定游秦，并于乾隆四十六年（1781）五月来到西安毕沅节署。乾隆四十九年（1784），洪、孙二人同纂《澄城县志》。乾隆五十二年（1787），洪亮吉与孙星衍一同北上京师参加礼部会试，"寓绳匠胡同"。⑥此次会试，洪亮吉名

①（清）吕培：《洪北江先生年谱》，（清）洪亮吉撰：《洪亮吉集·附录》，刘德权点校，北京：中华书局，2001 年，第 2331 页。

②（清）张绍南：《孙渊如先生年谱》，北京图书馆编：《北京图书馆藏珍本年谱丛刊》第 119 册，北京：北京图书馆出版社，1999 年影印本，第 452—453 页。

③《清史稿》卷 485《文苑传·赵翼》，北京：中华书局，1977 年标点本，第 13391 页。

④（清）吕培：《洪北江先生年谱》，（清）洪亮吉撰：《洪亮吉集·附录》，刘德权点校，北京：中华书局，2001 年，第 2333 页。

⑤（清）张绍南：《孙渊如先生年谱》，北京图书馆编：《北京图书馆藏珍本年谱丛刊》第 119 册，北京：北京图书馆出版社，1999 年影印本，第 455 页。

⑥（清）吕培：《洪北江先生年谱》，（清）洪亮吉撰：《洪亮吉集·附录》，刘德权点校，北京：中华书局，2001 年，第 2339 页。

落孙山，孙星衍则高中进士，并"以一甲进士授翰林院编修、充三通馆校理"。①乾隆五十四年（1789），孙星衍担任刑部主事，后升任礼部郎中，同年，洪亮吉再次北上京师，"居孙君星衍琉璃厂寓斋。三月，应礼部会试，榜发，不售"。②此后洪、孙二人各自为仕途和生计奔波，聚少离多，但二人的情谊却历久弥新。

在洪亮吉的诗集中，有多首写给孙星衍的诗。其中《渡河寄孙大君星衍》有"平生性命视知己，得一死友殊堪夸。此时忆君颜不华，醉里扰扰人声哗"之句③，在《客感寄孙大》诗中有"何止与君交一世，此心无昧总相从"之句④，又在《读长庆集寄孙大》的诗序中说："《长庆集》乐天自序，长微之七年。今亮吉春秋三十四，而季仇年才二十七，与微之小于乐天同。二人之交亦不减元白，所不逮者，或名位耳，其他尚可企及也。"⑤洪亮吉见有人北上京师，于是口占五篇遥寄远在京城的友人，其一即《孙比部星衍》："自君居京华，令我懒作诗。作诗与谁观，谁为定妍媸。一篇偶赏心，世论不免嗤。一篇牵率成，俗赏反在斯。我虽不敢言，得失我自知。唯我与子心，胶漆难喻之。我工子开颜，我拙子不怡。非惟字句间，兼为审篇题。前寄袁尹章（枚），昨答汪叟词（苍霖）。上皆有墨瀋，由君指其疵。或时作一篇，我心如乱丝。置君于我旁，萦者即以治。别君居三年，作诗少千首。以此厚怨君，君能识之否？"⑥

同样，孙星衍除撰写了许多与洪亮吉的唱和诗外，亦有许多篇章写到洪亮吉。孙星衍在《题青山庄访古图》中回忆其与洪亮吉等人的情谊时写道："里居时，予与洪稚存太史（亮吉）、王秉玉比部（育琼）、吴公珍明府（堂）常游青山庄，寻访古迹，阅十余年，予得第入翰林，三子皆计偕北上，会合京邸，补写为图。其后洪、王登第，吴以县令随牒中州，又数年而王捐馆舍，又十余年

① 《清史稿》卷481《儒林传·孙星衍》，北京：中华书局，1977年标点本，第13224页。

② （清）吕培：《洪北江先生年谱》，（清）洪亮吉撰：《洪亮吉集·附录》，刘德权点校，北京：中华书局，2001年，第2339页。

③ （清）洪亮吉撰：《洪亮吉集·卷施阁诗》卷1《渡河寄孙大星衍》，刘德权点校，北京：中华书局，2001年，第466—467页。

④ （清）洪亮吉撰：《洪亮吉集·卷施阁诗》卷1《客感寄孙大》，刘德权点校，北京：中华书局，2001年，第481页。

⑤ （清）洪亮吉撰：《洪亮吉集·卷施阁诗》卷1《读长庆集寄孙大》，刘德权点校，北京：中华书局，2001年，第473页。

⑥ （清）洪亮吉撰：《洪亮吉集·卷施阁诗》卷8《有人都者偶占五篇寄友·孙比部星衍》，刘德权点校，北京：中华书局，2001年，第632页。

而洪、吴亦下世矣。"① 洪亮吉卒后，孙星衍撰有《翰林院编修洪君传》和《清故奉直大夫翰林院编修加三级洪君墓碑铭》，在铭文最后一句曰："我交于君旷世知，大书无愧有道碑。"② 由此可见洪亮吉与孙星衍互相视为知己至交，其感情之深，非一般的朋友可比。

二、洪、孙同纂《澄城县志》

澄城县古属雍州之地，汉代属左冯翊，晋为郃阳县地。后魏太平真君七年（446）始置澄城县，兼置澄城郡，隋开皇初，废郡，以县属冯翊郡，唐属同州，五代梁改属河中府，后唐同光中复故，宋、金、元因之，明统于西安府，清雍正三年（1725）属同州，雍正十三年（1735）属同州府。澄城县土厚水淳，风和俗美，梁原起伏，山川壮丽，隋文帝在此修建行宫，魏征受封于此。

澄城最早的县志修于明嘉靖三十七年（1609），当时澄城县知县徐效贤嘱国子监生石道立创修县志，未竟而卒。次年继任敖左在徐效贤所修志稿的基础上，与石道立修成志书上、下两卷，韩邦靖和马理分别撰叙并题词。清代顺治六年（1649），姚钦明任澄城知县主持续修志书，由邑人路世美主纂，在嘉靖《澄城县志》的基础上补续而成顺治《澄城县志》，"讹者正之，缺者补之，散佚者赓续之"，③ 仍分为上、下两卷。之后乾隆、咸丰年间都修有志书。

乾隆四十八年（1783），澄城知县戴治"征文考献，惟东光（路世美）续志二册仅存"，感叹："百余年来，城社改观，桑麻盈畴，户口蕃礼俗成科第，宦达亦复，蒸蒸日盛，不有志以表之，余寔惧焉"④，于是戴治聚乡贤、绅士、里老共议修志一事，并请示陕西巡抚毕沅，毕沅向他推荐洪亮吉，帮他编排纂修县志。孙星衍也参与其中，与洪亮吉共同纂修《澄城县志》，历时四月而成书。洪亮吉在《新修澄城县志序》中说："旧志创于明嘉靖中，至国朝顺治六年续修，然均值县境多事之时，未及精审。乾隆四十八年，知县戴君有重修县志之

① （清）孙渊如：《孙渊如先生全集·芳茂山人诗录》卷9《题青山庄访古图》，《续修四库全书》第1477 册，上海：上海古籍出版社，2002 年影印本，第 659 页。

② （清）孙星衍：《清故奉直大夫翰林院编修加三级洪君墓碑铭》，（清）洪亮吉撰：《洪亮吉集·附录》，刘德权点校，北京：中华书局，2001 年，第 2371 页。

③ （乾隆）《澄城县志》卷 20《序录·姚钦明序》，《中国地方志集成·陕西府县志辑》第 22 册，南京：凤凰出版社，2007 年影印本，第 198 页。

④ （乾隆）《澄城县志》卷 20《序录·戴治序》，《中国地方志集成·陕西府县志辑》第 22 册，南京：凤凰出版社，2007 年影印本，第 199 页。

请，巡抚毕公因嘱亮吉为排纂之。凡四阅，月成，共二十卷……均采十七史地志及诸地理书。皆缺者，始以旧志参州志、通志补之。"① 可见，乾隆志征引广博，考证精细，只以旧志作为参考和补充的材料。

乾隆《澄城县志》共20卷18门：卷一县属，卷二城属，卷三乡属，卷四山属、水属，卷五学校，卷六至七庙属，卷八陵墓，卷九道里、风俗、户口、赋税，卷十至十一职官，卷十二封建、科贡，卷十三至十四闻人，卷十五列女，卷十六金石，卷十七至二十艺文。乾隆《澄城县志》是洪亮吉与好友孙星衍共同修纂的，孙星衍是洪亮吉的至交，两人的修志主张也基本相同，同属考据学派，与戴震的修志思想一脉相承。孙星衍同洪亮吉一样，也是清代颇有影响的方志学名家。乾隆《澄城县志》出自洪、孙二人之手，算得上是一部名志。在县志的序言中，洪亮吉说："一以轻重缓急为先后，而建置省并繁简，统辖城郭、镇堡、寺庙、廨宇，又均采十七史地志及诸地理书。皆缺者，始以旧志参州志、通志补之。而传闻之未信，方册之难凭者，咸无取焉，盖以信。"② 这体现了洪亮吉"贵因不贵创"、"信载籍不信传闻"的修志思想。孙星衍的修志思想与洪亮吉类似，孙星衍在《重刊景定建康志后序》中说："蒙谓一方修志，如有宋元旧本，自宜刊刻原书在前，依例增续，或辨证古人得失，别为一卷。近时作志，动更旧例，删落古人碑版，引书出处，增以流俗传闻。芜秽诗什为不典。"③ 洪、孙二人在志中征引古籍，必载出处，且加按语，考其真伪，辨其存佚，志中考证最精的亦是有关地理方面的县属、城属、乡属、山属、水属等内容，这些内容也被编排在县志的最前面，可以看出乾隆《澄城县志》的内容体例基本与洪氏所修的乾隆《淳化县志》、乾隆《长武县志》是一脉相承的。与乾隆《淳化县志》、乾隆《长武县志》相同的是，乾隆《澄城县志》的人文内容，如职官、科贡、闻人、列女、艺文等也占了很大篇幅，这也体现了洪、孙二人对志书内容的合理安排，认为志与史相表里，地理与人文也是相辅相成的，并非一味地去考证地理沿革。

---

① （乾隆）《澄城县志》卷20《序录·洪亮吉序》，《中国地方志集成·陕西府县志辑》第22册，南京：凤凰出版社，2007年影印本，第200页。

② （乾隆）《澄城县志》卷20《序录·洪亮吉序》，《中国地方志集成·陕西府县志辑》第22册，南京：凤凰出版社，2007年影印本，第200页。

③ （南宋）周应合纂：《景定建康志》，《中国方志丛书·华中地方》第416号，台北：成文出版社，1970年影印本，第672—673页。

乾隆《澄城县志》不同于其他几部澄城县志，其最突出的特点在于，乾隆志的地理沿革为前五卷：分为县属、城属、乡属、山属、水属，分类很细，极有条理。虽然明嘉靖志有地理、建置；清咸丰志有地舆、山川、建置；民国志有地理、建置，在这些有关地理沿革内容的卷次中，每卷下面还分设若干目，如嘉靖《澄城县志》"地理志"有：沿革、分野、邑名、疆域、山川、形势、桥渡、井泉、古迹、陵墓、景致、风俗、灾祥等目，其分类似乎比乾隆志更为细致，但是细观其内容，乾隆志的分类更科学、更有条理性。嘉靖志虽然地理 1 卷分了 13 个子目，但是其内容杂乱无章，像景致、风俗、灾祥这些不属于地理的内容，都归到了地理志门下，且每个子目下的内容都极其简略。如"邑名"一目，内容只有"古徵，《前汉·地理志》颜师古注曰：'懲，今之澄城县是也，《左传》所云取北徵即此地耳'"①；"疆域"一目，内容只有"东郃阳，东南朝邑，南同州，西南浦城，西白水，西北宜君，北洛川，东北韩城，广五十里，袤一百五十里"②，皆寥寥数语。这两条对应乾隆志的内容是"县属"、"城属"两卷，在"县属"一卷中，洪亮吉考证了从周北徵邑至清澄城县域沿革，征引文献有《元和郡县志》、《太平寰宇记》、《陕西通志》、《通典》及各正史地理志等；在"城属"一卷中，又考证了澄城县城从上古至清代的沿革变化，同样征引古籍多种，并于有疑问处加有按语。稍作对比，乾隆志与前志孰详孰略，孰优孰劣即一目了然。除了上述地理沿革的内容外，乾隆志中金石、艺文等内容，嘉靖志中都没有涉及，这又是嘉靖志的一大缺陷。乾隆以后的咸丰志、民国志则继承了乾隆志的优点，都有金石和艺文的内容。嘉靖志在"杂志"中还收录了鬼妖等荒诞的内容，这是其不严谨之处，这种内容在洪亮吉的志书中则很少出现。

当然，乾隆志也有不及后志之处，如咸丰志列有"经籍"1 卷，仿《隋书·经籍志》而作，目的是"作志者因昉之，而别以诗文入艺文焉，兹仍旧体，而于已未刊行者，备志其书并序跋之，表明书旨者，择而附之，简策有灵藉，可留千百于什一也"③。乾隆《澄城县志》中的经籍志收录了唐、明、清三代澄城文人的著作，很多书还附有序跋，可以使后人对前人的著作有较为全面的了解，

---

① （嘉靖）《澄城县志》卷 1，咸丰元年（1851）刻本。
② （嘉靖）《澄城县志》卷 1，咸丰元年（1851）刻本。
③ （咸丰）《澄城县志》卷 19，咸丰元年（1851）刻本。

能体现并部分保留本地文人的文化成果，建立属于本地的目录之学，是很有用的历史文献。在地方志中设立经籍志是很有意义的一件事情，清代有些地方志中就设立了经籍志，这是咸丰志最值得后世吸取和学习的地方。乾隆《澄城县志》中没有经籍志，这是它的一个缺憾。再如民国志卷四"实业"很有时代特色，此卷将实业分为物产、职业、商务三目，又将物产分为农产物、矿产物、工产物；将商务分为出品、入品、市镇、货币、商会等内容。叙述职业时，除务农的主业外，还记载了澄城人民的各种副业。这是民国澄城志中最为突出的地方，具有明显的时代特征，当然它是以时代为依托，乾隆志不可能超越历史出现这些内容。民国志中还有"大事记略"1卷，记载了从周襄王二十八年（前624）到1926年8月15日，澄城一地发生的重大事件，这一点是纂修其他地方志书应该借鉴的。其实洪亮吉早在纂修《澄城县志》之前，修《淳化县志》时，就专设"大事记"1卷，这是对地方历史的一个简明且清晰的梳理，是很值得发扬的，但是洪亮吉并没有把它沿用到以后的志书中，这不能不说是一个缺憾。不过，乾隆《澄城县志》虽有这些不足之处，但总的来说，其体例完善，内容丰富，详略得当，考证精细，记载翔实，不失为地方志中的佳构。

第六章 蒋湘南与陕西方志

第一节 蒋湘南其人

一、生平简介

蒋湘南，字子潇，河南固始人，生于清嘉庆元年（1796），卒于咸丰四年（1854），享年59岁。

蒋湘南幼年丧父，家境贫寒，母亲教读于艰辛之中，叔父怜惜他有才，为之购书千卷，并聘请名师教授，学诗习文，涉猎经史百家，学业大进。蒋湘南天资聪慧，"一览辄晓，其有疑者，负笈走千里，访于魁儒。所至考其山川沿革，风土人情，验之于事，证之于经，勤学不倦"。蒋湘南自少年时代即志向远大，"与同里王济宏同学，放言论志，渭然开辟贾、董、马、郑之学，濂、洛、关、闽之理，道藏梵荚之书，毗婆尸佛之教，分析其支派源流，而穷其精奥"。①蒋湘南读书刻苦，善于思考，不随流俗，他的同乡阎彤恩称赞说："君之学醇而不迁，质而有文，诚不自欺，峻不绝物。自宗族、乡党以及名卿、大夫，靡不口称而心服焉。"②

道光五年（1825），河南提督学政吴慈鹤选蒋湘南为拔贡，并写诗赞曰："一鞭初指仆公来，难得风檐有此才！"次年蒋湘南入京应试，深得封疆大吏蒋

---

① （清）夏寅官：《蒋湘南传》，（清）钱仪吉等撰：《清代碑传全集·碑传集补》卷50，上海：上海古籍出版社，1987年影印本，第1553—1554页。

② （清）蒋湘南撰：《七经楼文钞·阎彤恩序》，李叔毅等点校，郑州：中州古籍出版社，1991年。

攸铦、阮元的赏识，又结识了陈用光、顾莼、吴嵩梁、龚自珍、魏源、齐彦槐、俞正燮等学者名人，"上下其议论，考稽商榷，学识大进"。[①] 之后又在山东学使吴慈鹤幕中襄校文献，在南京两江总督蒋攸铦幕府作短期幕僚，同江南学者文人交流学问。道光八年（1828）底，赴陕甘学政周之祯幕府，为幕僚一年，写下许多诗篇，其中描写蒙古族草原生活的《鄂尔多乐府》具有民族史料价值。道光十五年（1835）蒋湘南考中举人，之后数试礼部不售。道光十九年，修《蓝田县志》；道光二十一年（1841），修《泾阳县志》；道光二十二年（1842），修《留坝厅志》；道光二十四年（1844），大挑二等，补虞城教谕。蒋湘南绝意仕进，专事游幕、讲学，潜心研究经学。他先后四次入陕，晚年主讲于关中书院、同州书院。道光二十九年（1849）八月，蒋湘南"重入潼关"，"次年纂修《同州府志》"。[②] 咸丰四年（1854）八月卒于陕西凤翔。

二、学术成就

蒋湘南是清代道咸之际著名的回族学者，他一生仕途坎坷，官运不通，曾在山东、陕西提督学政幕府做幕僚，在河南、陕西书院担任主讲，潜心著述，成就显著，在学术上有较高的造诣，他的学术研究涉及经学、史学、文学等领域，著述丰富，声名显赫。后人谓其："治经宗许郑，旁通象纬、历律、舆地、水利、农田诸学。……尤工诗古文辞"。[③] 蒋湘南的弟子刘元培总结其一生的学术成就时说："吾师子潇先生以五十之年，成书百卷，解经者，十之四；辨史者，十之三；衍算者，十之二；述刑名、钱谷、河盐诸大政者，十之一。"[④] 夏寅官所撰《蒋湘南传》则总结得更为具体：

> 先生之学，自经史、象纬、律历、舆地、农田、礼制、兵刑、名法，以及释道两藏，一一寻源沿流，究其得失。学博，故见无不大；识精，故论无不平；气盛，故辞无不达。诚大河南北之巨儒已。所著书，解经者十

---

① （清）夏寅官：《蒋湘南传》，（清）钱仪吉等撰：《清代碑传全集·碑传集补》卷50，上海：上海古籍出版社，1987年影印本，第1554页。

② （清）蒋湘南：《华岳图经·彭龄序》，李伟、吴建伟主编：《回族文献丛刊》第2册，上海：上海古籍出版社，2008年，第793页。

③ 佚名：《清史列传》卷73《文苑传·蒋湘南》，王鍾翰点校，北京：中华书局，1987年，第6071页。

④ （清）蒋湘南撰：《七经楼文钞·刘元培序》，李叔毅等点校，郑州：中州古籍出版社，1991年。

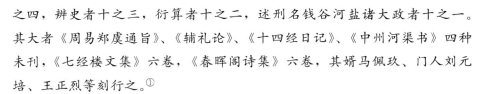

之四，辨史者十之三，衍算者十之二，述刑名钱谷河盐诸大政者十之一。其大者《周易郑虞通旨》、《辅礼论》、《十四经日记》、《中州河渠书》四种未刊，《七经楼文集》六卷，《春晖阁诗集》六卷，其婿马佩玖、门人刘元培、王正烈等刻行之。①

张舜徽先生认为夏寅官的总结言过其实，"余详绎是集，颇病其学术浮泛，而无自得之言"，并谓其《七经楼文钞》所论或本章学诚之成说，或系顾炎武之唾余，或承阮元之旧论，"抄说雷同，皆此类矣"。②

第二节　蒋湘南与陕西的不解之缘

蒋湘南一生先后四次入陕，足迹遍及关中、陕南、南北各地，对由河南赴陕西的路线及沿途景物都非常熟悉，并撰有《西征述》、《后西征述》记载其入陕的路线及所见所闻，同时还撰有大量吟咏陕西的诗文，与陕西结下了不解之缘。

一、四次入陕

蒋湘南初次入陕是在道光八年（1828），目的是入陕甘学政周之桢的幕府为宾客，蒋湘南所撰入陕游记《西征述》详细记载了此次入陕的经过。"道光八年，佐周学使之桢，获疏闿怀壮游，始春孟焉。"③ 蒋湘南从家乡固始出发，过光州，溯汝水而西，经汝阳，北行过召陵，渡沙河，经郏县、汝州，又西行过伊阳、宜阳、渑池，到达陕州。此次入陕，蒋湘南本来打算经潼关宿华岳庙，趁机游览玉泉院、青柯坪，但闻听周之桢已"按临同州"，于是从桃林改道西北至大荔，"升龙门，观河，浑浑泡泡，鱼龙百变，信太史公书真得地灵者"。仲春，由渭南至临潼。东入长安，仅停留一宿，匆匆"抱古怀而去"。"过咸阳，问阿房宫，无知者，而咸阳桥犹横亘东门外"，游马嵬驿、五丈原。暮春时节抵凤翔，"上秦穆公冢，慨然思三良；东湖拜苏文忠像"。自凤翔旋辕过泾阳，居

① （清）夏寅官：《蒋湘南传》，（清）钱仪吉等撰：《清代碑传全集·碑传集补》卷50，上海：上海古籍出版社，1987年影印本，第1554页。

② 张舜徽：《清人文集别录》卷19，北京：中华书局，1963年，第522—523页。

③ （清）蒋湘南撰：《七经楼文钞》卷6《西征述》，李叔毅等点校，郑州：中州古籍出版社，1991年，第183页。

三原节署，两阅月，而后入北山，"说者谓秦地晚寒，北山寒尤厉，虽盛暑，古无絺绤袗，余行之而乃笑其不然"。游历陕北各地，经延安、榆林，进入宁夏固原已到暮秋时节。由庆阳入邠州，试乾州，返回池阳，"是时后长至已十日"。嘉平之朔，岁暮天寒，周之祯邀蒋湘南明春同游祁连山，又相约次年春天同游南山。年冬岁末，蒋湘南因祖母年岁已高，倚门盼归，于是决定回返河南老家。"鲍铁帆刺史以车送抵西安，胡小碧、蔡丹岩两明府互客余，踏故宫，搜金石，采遗闻，披黄籍，阳晷不足，秉烛以继，如是者三日而后行"。① 于是经华阴，出潼关，回到河南。

蒋湘南第二次入陕在道光十七年（1837）。蒋湘南在入陕游记《后西征述》中说："道光八年，余初入陕，由南路；道光十七年，由大梁之鲁山，复由鲁山转汝州以入陕，亦南路。"② 此外，蒋湘南《后西征述》写于道光十九年（1839），文中写道："余去年出关时所行之路已非前年入关时所行之路，今日入关时所行之路又非去年出关时所行之路"，其中"前年入关"即指道光十七年蒋湘南第二次入陕，当于次年即道光十八年返回河南。

蒋湘南第三次入陕当在道光十九年，此次入陕撰有游记《后西征述》，详述入陕行程、路线及沿途所见。蒋湘南此次入陕走北路，从家乡固始出发至大梁的路程，与前两次所走路线相同，过大梁则改由北路入陕，经中牟、郑州、汜水、洛阳、渑池入陕西境，过潼关，宿灵宝县。"关中以潼关为咽喉，以函谷为门户，以陕州为屏蔽，今函关之废已久，而潼关以东属河南境，陕州不足以障陕西矣"。③ 过华县，华州、渭南县、临潼，抵达西安。

蒋湘南第四次入陕当在道光二十九年（1849）。蒋湘南的门人彭龄在《华岳图经序》中说："道光二十九年八月十五日，重入潼关。……次年纂修《同州府志》，《山川》一卷备极经营，盖将以为别撰岳志之底本。"④ 咸丰《同州府志》始修于道光三十年（1850）十月，历时三年方告完成。蒋湘南此次入陕很可能

① （清）蒋湘南撰：《七经楼文钞》卷6《西征述》，李叔毅等点校，郑州：中州古籍出版社，1991年，第183—186页。
② （清）蒋湘南：《后西征述》，（清）王锡祺：《小方壶斋舆地丛钞》第6帙，兰州：兰州古籍书店，1985年影印本。
③ （清）蒋湘南：《后西征述》，（清）王锡祺：《小方壶斋舆地丛钞》第6帙，兰州：兰州古籍书店，1985年影印本。
④ （清）蒋湘南：《华岳图经·彭龄序》，李伟、吴建伟主编：《回族文献丛刊》第2册，上海：上海古籍出版社，2008年，第793页。

未回河南，期间曾先后主讲关中书院，同州书院等地，行徒甚众，声誉益隆，咸丰四年客死凤翔。

二、记载陕西

蒋湘南一生四次入陕，其中道光八年第一次入陕、道光十九年第三次入陕还分别撰写了游记《西征述》和《后西征述》，两篇游记以日记的形式详细记载了作者两次入陕的具体行程、交通路线、沿途景观、所见所闻及所感所思，是了解清末陕西交通状况、水利兴废、名胜古迹及民风民俗的珍贵资料。

首先，蒋湘南的游记详细记载了到由河南固始前往陕西西安的交通路线及道路状况："自余乡之西安有南北二路，由固始县北渡淮，道颍陈西北至大梁，然后西行，历河南府、陕州以入潼关者，北路也。由光州西渡淮，至汝阳折而北，又至郾城转西，历郏、汝，抵陕州，东之观音堂，与北路合，所谓南路也。南路一千八百余里，北路二千一百余里，故行者往往由南。"道光八年（1828）及道光十七年（1837），蒋湘南两次入陕，均由南路，道光十九年（1939）入陕则由北路，第四次入陕路径不详。游记中还涉及沿途道路状况，如从阌乡盘豆镇至潼关之间的路程，民间素有"加四路"之说，蒋湘南对车夫的解释不以为然，认为"野语无稽，殊堪喷饭"，但此段路程确实比实际距离要长，蒋湘南亦"不解其何故"，"及行十余里，而后恍然悟之"，并认为此段路程"不止加四"，且说明原因："灵宝以西之路，旧时本在河滨，其南山之水，之北注于河者不下数十，河水啮其汭口，浸淫弥广，路为河夺，行旅必迁道驱车以避之，则一里且有加至二里者，何至于十里加四里也。余去年出关时所行之路已非前年入关时所行之路，今日入关时所行之路又非去年出关时所行之路。路日加远，而旧称四十里之数固未之改。"①

其次，蒋湘南的游记尤其重视地理形势、关塞险要。蒋湘南认为自古以来，陕州是关中的"屏蔽"，而关中则以潼关为咽喉，以函谷关为门户，但如今"函关之废已久，而潼关以东属河南境，陕州不足以障陕西矣"。②　而函谷关作为陕

———

①　（清）蒋湘南：《后西征述》，（清）王锡祺：《小方壶斋舆地丛钞》第 6 帙，兰州：兰州古籍书店，1985 年影印本。

②　（清）蒋湘南：《后西征述》，（清）王锡祺：《小方壶斋舆地丛钞》第 6 帙，兰州：兰州古籍书店，1985 年影印本。

西的门户，其险要的地理位置更具有战略意义："余尝论陕西之险要全在函关，函关弃则潼关难守，何也？潼关逼近腹里，稍一摇动，全陕俱震，故守潼关之势单，不如守函关之势重。且函关至潼关一百余里，在在险要，敌既入之，则我之险尽为敌乘，而我转无可恃之险，何如设重镇于函关以捍蔽潼关乎！"①蒋湘南还指出函谷关的地址变迁及险要情形："汉函谷关在硖石东，秦函谷关在硖石西，程大昌《雍录》谓'在灵宝县南十里'者，今只五里。盖大山中裂一线，蛇赴两壁，铁森千尺，函幽而孕明。每行，健步一人，前喊'来车勿骤'，或让立壁隙然后过，否则两值，各欲还不能。古志载'车不容方轨，马不得并骑'，又云'一夫当关，万夫莫开'者，信然不诬也。"②

再次，蒋湘南的游记记载最多的是沿途的名胜古迹，或详述古迹之情形，或抒发个人之感慨。如行记中记载了秦、明两朝所修长城的情况："秦蒙恬所筑长城在绥德，而明俞子俊所筑边墙在榆林"，当地人称边墙为"余公边"，"起自府谷之黄甫川，西抵甘肃、宁夏，共一千九百余里。故由榆之夏，出塞入塞，凡行二十日，皆傍边墙而西"。明代在榆林设榆林卫，境内长城约700千米，设有屯兵城堡36座，榆林即36座城堡之一，是重要的军事边镇，而到了清朝，由于清政府采取怀柔政策，蒙古族"稽颡归化"，"往昔所谓要地，如神木、定边、花马池、横城堡、石嘴子诸处，今皆通市日中，华戎无阂焉。而余公边亦颓废不治矣"。③又如位于华山脚下的华岳庙始建于汉武帝时，之后成为历代帝王祭祀西岳华山的神庙和行宫，北魏时迁于今址，唐、宋、明、清均有修葺，乾隆四十二年（1777）毕沅抚陕期间，又历经三年大规模修葺，始成今日之规模，蒋湘南在《后西征述》中还详细地记载了华岳庙的建筑布局、内外景观等情况：

> 庙去华山十五里，汉武帝所立集灵宫也。乾隆中巡抚毕公修之，显敞宏丽，称其山川庙，前列坊二，中为显灵门，绕以周垣，角楼四翼，计其地估今尺方十里许也。显灵门之内曰五凤楼，楼左右墙，墙各有门，曰便门、左便门，内枯树一，曰青牛树，相传老子入关系青牛于此。青牛树西

① （清）蒋湘南：《后西征述》，（清）王锡祺：《小方壶斋舆地丛钞》第6帙，兰州：兰州古籍书店，1985年影印本。

② （清）蒋湘南撰：《七经楼文钞》卷6《西征述》，李叔毅等点校，郑州：中州古籍出版社，1991年，第183—184页。

③ （清）蒋湘南撰：《七经楼文钞》卷6《西征述》，李叔毅等点校，郑州：中州古籍出版社，1991年，第185页。

偏有古柏，大数围，中空，槐树生其内，枝叶扶疏，与柏环抱，曰柏抱槐。旁有残石高三尺余，状若小山，土人呼五岳石，非也，唐玄宗御制《华岳碑》为黄巢所燔者也。树以汉唐名者林立数百株，不可数。进此为灵星门，门之中有石坊，东西两庑塑冥官，而历代祭碑皆亭覆于院。又进为金城门，门内石桥三，桥旁御碑亭，皆本朝赐祭碑也。又有古碑亭二，嵌汉唐以来残石于壁，凡二百余枚。中为正殿，曰颢灵殿，殿九楹，后曰礼步门，曰寝宫，曰穿殿，曰配殿，又后一门曰后宰门，门之西曰放生池，池北曰吕祖堂，而御书楼巍峙于正中。乾隆四十四年，毕中丞祈雨，高宗纯皇帝御书"岳莲灵澍"四大字以昭神贶，中丞镌诸石而供奉于兹楼也。楼北为庙之尽处，垣上有台，高十六丈，东西二十丈，南北十九丈，上起层楼，并建小阁以藏道经，南对太华，东眺河潼，北俯泾洛，中南云树苍茫，川原绣错，极华阴之大观矣。楼之扁曰万寿阁。①

最后，抒发感慨。蒋湘南作为一个文人，所经之处，登临访古，难免要抒发个人之感慨。如道光八年（1808）仲春，"由渭南之临潼，唐华清宫故址在城外骊山上。余浴于贵妃池，登山问东西绣岭，惟余松声谡谡，侈极而衰，固其所也，况有女戎乎？"②但正如作者所言，游历各地并不仅仅是为了"流连光景"，主要目的应当是观察形胜，考察民情。蒋湘南在游历陕西的过程中，特别注重民风民情的考察，他认为"雍州"人"习秉质劲，啬而骛利，弃本逐末，劳苦惟甘"，陕西南部"殷富而民杂"，北部则"候寒而民惰"。关中自古号称沃野之地，但至道光年间，"上郡多水而利不兴，郑白有渠饮而不给，沃壤仅宁夏、汉中耳"。③凡此都体现了蒋湘南关注社会、忧心民事的爱国情怀。

三、歌咏陕西

蒋湘南擅长诗文，有《春晖阁诗选》、《七经楼文钞》传世，其生平经历及所感所思在诗篇中均有反映。《春晖阁诗选》卷三及卷四的大部分内容是吟咏陕

①　（清）蒋湘南：《后西征述》，（清）王锡祺：《小方壶斋舆地丛钞》第6帙，兰州：兰州古籍书店，1985年影印本。

②　（清）蒋湘南撰：《七经楼文钞》卷6《西征述》，李叔毅等点校，郑州：中州古籍出版社，1991年，第184页。

③　（清）蒋湘南撰：《七经楼文钞》卷6《西征述》，李叔毅等点校，郑州：中州古籍出版社，1991年，第186—187页。

西的篇章，这些诗篇或纪行、或咏史、或抒情，描绘陕西山水，记录三秦掌故，陕西的名胜古迹、历史人物频现诗中。如卷三的《潼关》、《冯翊杂书》、《鸿门》、《华清宫》、《灞桥》、《长安》、《咸阳》、《焚书处》、《梦游太白山吟》、《马伏波墓》、《五丈原》、《凤翔试院作》等，卷四的《金锁关中道》、《延安》、《韩蕲王故里》、《延安至绥德山行戏作》、《无定河》、《扶苏墓》、《米脂晓发》等，仅从题目就可知晓诗歌的内容。有些诗篇还有序言，记载或叙述创作诗歌的缘起或本事，也是不可多得的珍贵资料。如蒋湘南在《米脂二义士行·自序》中指出，《虎口余生记》详细记载了明末米脂县令边大绶掘李自成祖坟一事的始末，但却遗漏了两个关键人物——此事的始作俑者贺时雨和艾诏，掘坟一事系此二人上书督师汪乔年，"请毁贼祖冢为厌胜，乔年以闻，报可，下知县亲掘"。蒋湘南认为《虎口余生记》失载二人之名，让人不可思议。崇祯十六年（1643），李自成建立大顺政权后，"名米脂为天保府，索两生磔之，骂以死"，可见贺、艾二人对李自成憎恨的程度，而其名却不传。道光九年（1809），蒋湘南途经米脂，寻访二人的后裔，又见于（康熙）《延绥镇志》详载此事，之后仅二百余年，贺、艾二人却已被世人遗忘，默默无闻，"于是诗扬之"。①

第三节　蒋湘南与陕西方志

蒋湘南一生数次入陕，旅陕期间，对陕西的山水草木产生了深厚的感情，对陕西的文化产生了浓厚的兴趣，也将他的才华贡献给了陕西人民，不仅吟咏陕西山水，撰写了旅陕行记《西征述》和《后西征述》，还曾主讲同州书院、关中书院，编纂了四部陕西府厅县志，以及《华岳图经》、《后泾渠志》等山水志书，对陕西地方文献的建设做出了较大贡献。

一、修纂传统地志

1.《蓝田县志》

蒋湘南纂修的第一部陕西方志是道光《蓝田县志》。此志之前，蓝田已有雍正、乾隆、嘉庆年间所修旧志三部，但这些方志"类目杂乱，条理不清"。道光

① （清）蒋湘南：《春晖阁诗选》卷4，《续修四库全书》第1541册，上海：上海古籍出版社，2002年影印本，第192页。

十四年（1834），胡元焕任蓝田县知县，"一年赈水灾，二年捕蝗蝻，三年筹义仓，四年修城郭"。① 同时胡元焕还特别重视地方文献，当年即编成《辋川志》一部，继而又"咨于耆长，询及刍荛、缙绅、儒林，共相商榷"，着手修纂《蓝田县志》。在友人蒋湘南的协助下，"因前志之旧章，准三史之正例，网罗放佚，弥逢阙文"，② 历时两年，编纂成《蓝田县志》24 篇 16 卷，分图、表、志、传 4 目，并附有《文征录》4 卷。蒋湘南修志主张以图经为主，因此所修《蓝田县志》重视图经在方志中地位和作用，卷一绘有 10 图，分别为县境全貌图、县城图、二十里图、道里图、诸山图、诸水图、水利图、县署图、学宫图、王山书院图。"复取杂家所记与旧志被删者条次之为四类，曰掌故，曰叙述，曰诗赋，曰杂识，与先编之《辋川志》同附于正志之后"。③ 后人称蒋湘南所修《蓝田县志》无论是在方志理论还是在实践方面都有重要的发展和进步，"其明显的特征是突破了已往志书的框架结构，始以图表志传的综合手段表述志书的内容，具有科学性；同时结合地情设目分类，增加《辋川志》、《文征录》，突出地方性；其次编者所发凡例十六条，每条凡例针指一卷，就各卷的体例、纲目、内容等作出必要的说明与规范，起到开宗明意画龙点睛的作用"。④ 光绪元年吕懋勋主持修纂《蓝田县志》，就是在胡元焕、蒋湘南《蓝田县志》的基础上修成的，"自道光十九年以前，守旧志而遵循之；自道光十九年以后，续新志而附益之。卷帙次第、条例后先，一仍其故"。⑤

2. 《泾阳县志》

蒋湘南纂修的第二部陕西方志是道光《重修泾阳县志》。道光二十一年（1841），胡元焕自蓝田移任泾阳，见于旧志"择焉而不精，语焉而不详"，于为

---

① （光绪）《蓝田县志》卷 16《序传·胡元焕序》，《中国地方志集成·陕西府县志辑》第 16 册，南京：凤凰出版社，2007 年影印本，第 321 页。

② （光绪）《蓝田县志》卷 16《序传·胡元焕序》，《中国地方志集成·陕西府县志辑》第 16 册，南京：凤凰出版社，2007 年影印本，第 321 页。

③ （光绪）《蓝田县志》卷 16《序传·胡元焕序》，《中国地方志集成·陕西府县志辑》第 16 册，南京：凤凰出版社，2007 年影印本，第 324 页。

④ 刘少民：《〈蓝田县志〉史略》，中国人民政治协商会议陕西省蓝田县委员会学习文史资料委员会编：《蓝田县文史资料》第 12 辑，内部资料，1995 年，第 25—35 页。

⑤ （光绪）《蓝田县志·吕懋勋序》，《中国地方志集成·陕西府县志辑》第 16 册，南京：凤凰出版社，2007 年影印本，第 135 页。

政之暇着手编纂新志，"以授简于友人固始蒋君湘南参同考异，改弦更张"①，修成《泾阳县志》30卷，分为纪、图、谱、考、略、传六目，末附《后泾渠志》3卷。蒋湘南纂修的道光《重修泾阳县志》与乾隆年间葛晨所修《泾阳县志》无论是在篇章布局还是体例上都有很大不同，虽说沿用旧志，实则创新颇多。首先，此志贯穿了蒋湘南修志重视图经的主张，"图谱之学，古有专门，郑樵言之详矣。自图经之法亡而方志遂无有重图者，余撰《蓝田志》，特作十图以存图经遗意。今更统古今地理，括为二十三图"。② 其次，于旧志多有增补。"今按泾阳旧志，沿革多误，考古、地理家专门如《元和志》等亦误，于是分条辨正，征引甚繁，又必注明原书，则非表之按格可尽。旧志无历代大事，今补之"。③ "旧志于山川古迹多不能详，今增入古迹六十余条，必注明引用书目。至旧志牵引邻境古迹且有附会稗官野语者，今删"。④ 再次，对旧志体例多有改革。作者认为旧志将节孝、贞烈诸妇女统入《人物志》，"殊乖体例"，于是仿史书之例创《列女传》，"上卷孝节，下卷贞烈，贤母只三人，附下卷末"。"旧志分方伎仙释为二门，不合史例，不知释道两教皆称方伎也，今正之"。⑤ "毕尚书作《关中金石记》，泾阳缺焉。今特广搜，俾后之考金石者有所藉"。⑥ 最后，详注出处。"旧志虽有征引，不注出处，今详注原书，以示实事求是之义，倘有讹误，来哲正之"。⑦ 难能可贵的是，蒋湘南见于"新志成而旧志废"的实际情况，在此志的第三十卷《叙传》中著录明嘉靖以来共五部泾阳旧志的序言，使后人借以考知旧志之间的因袭情况并铭记旧志作者的功绩。

① （道光）《重修泾阳县志》卷30《叙传·胡元焕叙》，《中国地方志集成·陕西府县志辑》第7册，南京：凤凰出版社，2007年影印本，376页。

② （道光）《重修泾阳县志·凡例》，《中国地方志集成·陕西府县志辑》第7册，南京：凤凰出版社，2007年影印本，第202页。

③ （道光）《重修泾阳县志·凡例》，《中国地方志集成·陕西府县志辑》第7册，南京：凤凰出版社，2007年影印本，第202页。

④ （道光）《重修泾阳县志·凡例》，《中国地方志集成·陕西府县志辑》第7册，南京：凤凰出版社，2007年影印本，第203页。

⑤ （道光）《重修泾阳县志·凡例》，《中国地方志集成·陕西府县志辑》第7册，南京：凤凰出版社，2007年影印本，第204页。

⑥ （道光）《重修泾阳县志·凡例》，《中国地方志集成·陕西府县志辑》第7册，南京：凤凰出版社，2007年影印本，第203页。

⑦ （道光）《重修泾阳县志·凡例》，《中国地方志集成·陕西府县志辑》第7册，南京：凤凰出版社，2007年影印本，第204页。

3.《留坝厅志》

蒋湘南纂修的第三部方志是道光《留坝厅志》。留坝厅始设于乾隆二十九年（1764），系从凤县分出，隶属汉中府。由于设厅时间较晚，一直未修志书。嘉庆年间修《汉中府志》时，"以留坝无志，故所载寥寥，间有论辨，不能确切"。①　道光二十年，时任留坝厅同知的贺仲瑊，"深叹八十年来志乘未具"，"思创为一书以备陕省掌故"，于是在道光二十二年（1842），延聘著名学者蒋湘南编纂厅志。该志汲取了道光时留坝厅司狱陈庆怡《留坝厅志略》的部分内容，同时又"上稽群史，旁征档案，左右采获"，历时一年有余始告完成。此志共10卷，分为图、表、志、传四目，"其学校、选举、金石、儒林、文苑、方技、流寓诸门，地之所阙，非敢强附"。②　此志又依章学诚《永清县志》之例，附有《足征录》4卷专载诗文，以与正志相辅相成。蒋湘南主修此志，态度极为严谨，凡所引用，"必注明以示不敢掠美"，同时又注明旧志的错讹，"府志所录古事，每有错误，今亦注明以待人考校"。③

4.《同州府志》

蒋湘南纂修的最后一部陕西方志是咸丰《同州府志》。同州旧志始修于乾隆五年（1740），至乾隆四十六年（1781）又有续修，此旧志共60卷，分16门，"大概取各州县之志而汇录之，与类书无异。职官选举等胪列人名，又类官簿卯册，不足以垂示典型"。④道光二十九年（1849）八月，蒋湘南"重入潼关"，次年主修《同州府志》。此次重修，"特援古地理家图经之法，而纬以史例"，分图、表、志、传四大类，而以《文征录》3卷附后。值得一提的是，蒋湘南在此部方志的凡例中，阐述了自己的方志思想。蒋湘南的方志体例基本上以图、表、志、传为主，在《同州府志·凡例》中明确说明："方志，古名图经，自宜以图经为主。在官之朝章国故，在民之畸行纯修，非图经之法所能尽，不能不参合志传之体，其沿革事迹，职官选举等各按朝代年月，科分为序，不能不用表体，

---

① （道光）《留坝厅志·凡例》，《中国地方志集成·陕西府县志辑》第52册，南京：凤凰出版社，2007年影印本，第469页。

② （道光）《留坝厅志》卷末《贺仲瑊自叙》，《中国地方志集成·陕西府县志辑》第52册，南京：凤凰出版社，2007年影印本，第539—540页。

③ （道光）《留坝厅志·凡例》，《中国地方志集成·陕西府县志辑》第52册，南京：凤凰出版社，2007年影印本，第470页。

④ （咸丰）《同州府志·凡例》，《中国地方志集成·陕西府县志辑》第18册，南京：凤凰出版社，2007年影印本，第3页。

兹故定为图表志传四目，而各以门类分载。"①

二、编纂陕西山水志书

蒋湘南在长期的方志编纂实践中，逐渐突破了传统志书的框架结构而呈现出浓郁的地方特色。蒋湘南热爱陕西山水，一生足迹遍及三秦大地，在饱览陕西风光的同时，还将地方特色融入到方志当中，突出了方志的地方性，其在胡元煐主持下编纂《蓝田县志》时，即结合蓝田地情增加了《辋川志》和《文征录》，受此影响，之后在编纂《泾阳县志》时，别撰《后泾渠志》；在完成《同州府志》的编纂后，又撰成《华岳图经》，极大地丰富了陕西地方文献的内容。

1.《华岳图经》

西岳华山久负盛名，历代关于华山的记载数不胜数，仅志书就有数十种之多。蒋湘南一生多次入陕，每次入陕必经华阴，对华山文献较为熟悉。蒋湘南认为历代记载华山的志书虽然很多，但大都不尽人意，因此撰写一部华山志成为他的宿愿。道光二十二年（1842）十月，蒋湘南"入关宿岳庙镇，感李靖上书裴寂祈梦事，因作祝文一篇，焚告岳神乞梦"，许愿要"别撰《华山志》一部以答神庥"。二十九年（1849）八月再次入陕时，"重拜庙下申前誓"，并准备于次年四月登岳，"览其胜概，然后下笔"。②道光三十年（1850），蒋湘南主修《同州府志》时，于其中的《山川》一卷"备极经营，盖将以为别撰岳志之底本"，并且与画师郭吉堂约定于当年四月"同作三峰之游"。不料此年三月，蒋湘南"堕车折臂，不果往"，不得已使郭吉堂独游华山，"画图十八幅以示"。咸丰元年（1851），蒋湘南在完成《同州府志》的纂修后，参考经史，"卧游冥想"，"竭三昼夜之力"撰成《华岳图经》。③

《华岳图经》是蒋湘南"蓄之十年而成于三日"④之书，全书分上下两卷，上卷绘图 8 幅，下卷为文 10 篇，从"华"字的读音到华山历代归属、名称由来，

———————————

① （咸丰）《同州府志·凡例》，《中国地方志集成·陕西府县志辑》第 18 册，南京：凤凰出版社，2007 年影印本，第 3—4 页。

② （清）蒋湘南：《华岳图经·叙录》，李伟、吴建伟主编：《回族文献丛刊》第 2 册，上海：上海古籍出版社，2008 年，第 798 页。

③ （清）蒋湘南：《华岳图经·彭龄序》，李伟、吴建伟主编：《回族文献丛刊》第 2 册，上海：上海古籍出版社，2008 年，第 793 页。

④ （清）蒋湘南：《华岳图经·彭龄序》，李伟、吴建伟主编：《回族文献丛刊》第 2 册，上海：上海古籍出版社，2008 年，第 792 页。

华山山水、道路、里程、传说、历代祀典及关于华山的著述均予以记载考辨，不载诗文、金石、寺观。此书在体例上与之前的华山志书有所不同。蒋湘南认为志山之书属地理类，"地理者，地中之条理也。山有支干，水有脉络，于此不分，难言地理"，但是后世的志山之书只是"点缀景物而已"，这类书只能算作游记，不是真正意义上的志书。基于这种认识，蒋湘南于所撰《华岳图经》严格遵守古地志的体例，专记山水支干、脉络及历代祭山神礼，一不点缀景物，二不登录诗文。此外，蒋湘南又认为志地理当以图为主，"古人为学，左图右书，故《禹贡》有图，《山海经》有图，后世图不传而图注尚存。作方志者本之，专以行文为主，遂失图经命名之义。郑樵《通志》所以大声疾呼，以明图学也。图注而曰经，自不可参以俚鄙怪诞之词。兹编于山名、水名、谷名、峰名，凡涉伧俗与不见载籍者，一概从删"①。因此《华岳图经》上卷八幅图均附有文字说明，即所谓"经"。下卷十篇"参考经史，志其大者，一切俚名怪谈，皆弃而不录，庶几方岳面目稍为洗涤"。② 正如蒋湘南的门人武访岩所言："吾师子潇先生之《华岳图经》出，然后体裁一复于古，即华岳之真面目于是见焉。""若其辨'华'字之音，考岳庙之误，以及祀典、阳华薮等篇，皆自来志华山者所未晓，而先生熔子铸史，穿穴数十种书，控喉罄胸而出之，信乎有华岳即不可无此书也。"③

2.《后泾渠志》

泾河又称泾水，是渭河的第一大支流，泾河下游是我国水利开发最早的地区之一，引泾灌溉的历史可以上溯到秦王政元年（前246）凿泾水，兴建郑国渠，距今已有近2300年的历史。郑国渠兴建后，"溉泽卤之地四万余顷，则皆亩一钟。于是关中为沃野，无凶年，秦以富强，卒并诸侯"。④ 郑国渠之后，又有汉代白渠、宋代丰得渠，元代王御史渠，明代广惠渠、通济渠。至清代又弃泾引泉，名龙洞渠，民国时期，著名水利专家李仪祉先生又主持建成泾惠渠，至今仍泽被关中大地。

泾渠是历代引泾灌溉水利工程的总称，文献中早有记载。元李好文《长安

---

① （清）蒋湘南：《华岳图经·凡例》，李伟、吴建伟主编：《回族文献丛刊》第2册，上海：上海古籍出版社，2008年，第795页。

② （清）蒋湘南：《华岳图经·叙录》，李伟、吴建伟主编：《回族文献丛刊》第2册，上海：上海古籍出版社，2008年，第857页。

③ （清）蒋湘南：《华岳图经·武访岩序》，李伟、吴建伟主编：《回族文献丛刊》第2册，上海：上海古籍出版社，2008年，第791—792页。

④ 《史记》卷29《河渠书》，北京：中华书局，1959年标点本，第1408页。

志图》卷下《泾渠图说》被誉为现存的第一部引泾灌溉专史，详细记载了历代泾渠的兴建、维修，元代引泾灌区的渠道分布及管理制度等内容，并开绘制水利图之先河。之后《元史·河渠书》专列泾渠，叙述历代泾渠的修建及元代政府对泾渠的经营管理。乾隆年间王太岳所撰《泾渠志》可谓第一部专记泾渠的文献，道光年间，蒋湘南主修《泾阳县志》，在《山川考》对泾渠已有记载的情况下，又别撰《后泾渠志》，蒋湘南解释道："修凿之法，历代各殊，渠口之改，随时屡变，旧志叙述不明，令人眩惑。王太岳之《泾渠志》又专详其奉命指挥，故泾渠之水利最古，其故实亦最富，自来未有统荟为一书者，今详考史文，广稽方志，提纲分目，俾览者首尾了然。后有访泾渠者，必执以当左券矣。"①

　　蒋湘南《后泾渠志》3卷，卷一为《泾渠职官纪事表》，分纪年、人名、官职、事迹四项，从正史、类书、方志、碑刻等文献中采辑资料，依次列举从秦始皇元年（前246）郑国任水工始修泾渠，至道光二十一年（1841）胡元焕任泾阳知县"重修渠堰开鹿巷"，期间两千余年历代修筑、管理、经营泾渠者的姓名、时任官职及所负责的具体事务。如唐代宗大历十三年（778），黎幹任京兆少尹，"开郑白支渠"；北宋神宗熙宁年间，周良孺任都水丞，"自石门开渠引泾水"。卷二为《龙洞渠志》，龙洞渠即明代项忠所凿之广惠渠，此卷引用河渠书目及县志屡述广惠渠的流经地及灌溉面积。卷三乃《泾渠原始》，广引资料列举历代泾渠的原始及故道，如"斗门之始"引用《新唐书·百官志》曰："水部郎中、员外郎所掌京畿有渠长、斗门长。既曰京畿似专指泾渠而言，斗门固始于唐也。唐代斗门若干数，斗门长若干人，皆无籍可考。《宋史·河渠志》言旧设斗门一百七十有六，其有长否未之言，想亦必有长矣。元代谓之斗吏，又谓之斗门子，共一百三十五名，盖其时一百三十五斗，是一斗有一长也。"又如"限水之始"引《刘公去思碑》证明泾水有限制使用的政令，并附考证曰："按唐代泾渠部式后世不传，在当时必有明文，故高陵令刘仁师得以循故事，考式文，尊正令，使无越制也。宋天圣六年泾阳县尹李同立约以限水，其所立之约亦不传。元李好文作《长安志图》，载元代用水则例甚详，今所行者皆本元制。"② 又

　　① （道光）《重修泾阳县志·凡例》，《中国地方志集成·陕西府县志辑》第7册，南京：凤凰出版社，2007年影印本，第203页。
　　② （道光）《重修泾阳县志》附蒋湘南《后泾渠志》卷3，《中国地方志集成·陕西府县志辑》第7册，南京：凤凰出版社，2007年影印本，第378—399页。

因清代渠制全本元代，元代渠制在李好文《长安志图》中记载颇详，故蒋湘南在《后泾渠志》卷末附录《长安志图》所载《元代渠制》，显明元代的水利政策和法规。

蒋湘南《后泾渠志》广征博引，资料收集甚为完备，加之蒋湘南是道咸之际著名的学者，曾撰有《江西水道考》，于水利颇为熟悉，因此《后泾渠志》的史料价值不容忽视。

三、蒋湘南的方志思想

蒋湘南所纂四部陕西府厅县志及一部山水志，无论是体例还是内容都具有一致性，这也是清代学者名流参与修志的特点之一，即在所修方志中体现了学者自身的学术思想及修志主张，综观蒋湘南所修方志有以下三个特点。

1. 继承并发展了章学诚的方志思想

众所周知，清代修志成果丰硕，志家辈出，形成了不同的流派，以章学诚为代表的撰著派（又称史志学派）强调对各类资料分析概括而不是汇集排比，然后以成一家之言。章学诚依据纪传体史书的体例，创立了地方志的"四体"：纪、谱（表）、考（志、略、书）、传。之后，在长期的修志实践中，章学诚又把"四体"发展成"三书"：即志、掌故和文征，其中"志"是方志的主要组成部分，而掌故和文征则是文献资料的汇辑。不难看出，蒋湘南所修志书的体例与章氏是一脉相承的，同时又有所发展。蒋湘南主修的四部陕西府厅县志，有三种分为图、表、志、传四目，一种分纪、图、谱、考、略、传六目。《蓝田县志》和《同州府志》均附有《文征录》，《留坝厅志》附有《足征录》，著录与地方有关的诗文，最大限度地保留了地方文献和档案。正因为如此，蒋湘南所纂《蓝田县志》和《同州府志》被视作清代"撰著派"方志的代表作。

2. 重视图经在方志中的作用

蒋湘南认为纂修方志应当以图经为主，以表、志、传为辅，"夫州县方志于古属外史所掌，其在史部也，属地理门，图经者，地理门中之一种也，方志之例，宜以图经为主而参用史法，俾纪纲法度与凡忠孝节义之行无不灿然毕具，尔雅于古，润泽于今，图表志传，四者缺一不可，夫然后可为信史哉！"① 基于

---

① （光绪）《蓝田县志·凡例》，《中国方志丛书·华北地方》第 235 号，台北：成文出版社，1969年影印本，第 5—6 页。

这种认识，蒋湘南所纂《蓝田县志》第一卷分别绘制疆域图、县城图、二十里图、道路图、县境诸山图、水利图、县署图、学宫图、玉山书院图及新建玉山书院图等以存古图经之遗意。在纂修《泾阳县志》时，蒋湘南又一次强调说："图谱之学，古有专门，郑樵言之详矣。自图比之法亡而方志遂无有重图者，余作《蓝田志》特作十图以存图经遗意，今更统古今地理，括为二十三图。"① 道光二十二年（1842）纂修《留坝厅志》时，蒋湘南又强调说："方志古名图经，盖所重在图也。今志意欲复古，详作八图，每图皆注，俾览者心目犁然，且省志中分门别类之繁。"② 纂修《同州府志》时依然如此，并对志书分图、表、志、传四目作了详细说明："方志古名图经，自宜以图为主。然在官之朝章国故，在民之畸行纯修，非图经之法所能尽，不能不参合志传之体，其沿革事迹，职官选举等各按朝代年月，科分为序，不能不用表体，兹故定为图、表、志、传四目，而各以门类分载。"③ 可见在蒋湘南所修的四部陕西方志中，自始至终都贯穿了其修志重视图经的主张。

3. 注重著录旧志序跋

蒋湘南见于"新志成而旧志废"的实际情况，在所修方志中注重著录旧志序跋。蒋湘南纂修的四部陕西方志，除《留坝厅志》因是该厅的第一部方志无旧志可言外，其余三部均在《叙传》中著录旧志序跋。如《蓝田县志·叙传》著录有顺治《蓝田县志》郭显贤序、周良翰序，雍正《增修蓝田县志》李元升序，嘉庆《蓝田县志》马学赐序以及胡元焕道光《蓝田县志序》和《重修辋川志序》。《泾阳县志·叙传》著录明嘉靖以来共五部泾阳旧志的序言，并在《凡例》中说明有意："新志成而旧志废，官书往往然也。或有剿袭旧志以为己说者，后人亦无从考见，兹则于《叙传》详列旧志诸序，复载其书入《经籍志》以备遗亡。"④《同州府志·叙传》则详载乾隆《同州府志》各序，马朴《天启同州志》二序及《道光同州府志序》。蒋湘南著录旧志序言的目的是显而易见的，

---

① （道光）《重修泾阳县志·凡例》，《中国地方志集成·陕西府县志辑》第7册，南京：凤凰出版社，2007年影印本，第202页。

② （道光）《留坝厅志·凡例》，《中国地方志集成·陕西府县志辑》第52册，南京：凤凰出版社，2007年影印本，第469页。

③ （咸丰）《同州府志·凡例》，《中国方志集成·陕西府县志辑》第18册，南京：凤凰出版社，2007年影印本，第3页。

④ （道光）《重修泾阳县志·凡例》，《中国地方志集成·陕西府县志辑》第7册，南京：凤凰出版社，2007年影印本，第204页。

一则使后人不忘旧志之功，二则"俾后之考志乘者有以详其源流"。① 因此借助《叙传》以及作者的说明，各地旧志的纂修历史及旧志之间的因袭关系一目了然。

---

① （咸丰）《同州府志·凡例》，《中国方志集成·陕西府县志辑》第 18 册，南京：凤凰出版社，2007 年影印本，第 4 页。

第七章　其他学者与陕西地方志的修纂

第一节　严长明与《西安府志》

一、严长明其人

严长明，字冬友，号道甫，江苏江宁人，生于雍正九年（1731），卒于乾隆五十二年（1787），享年 56 岁。

严长明自幼奇慧，"幼读书十行并下"，11 岁时应童子试，深得户部侍郎李绂的赏识，李绂对方苞等人说："此将来国器也，公等善视之"。后曾从方苞受业，游学两淮盐运使卢见曾幕府，得以博览群书。乾隆二十七年（1762），高宗南巡，严长明以献赋召试，特赐举人，入朝任内阁中书，奏充方略馆纂修官，"长明内直日久，谙悉典故，尤务持平允"。① 乾隆二十九年（1764），大学士刘统勋荐其入直军机处，"君在军机凡七年，通古今，工于奏牍。刘文正公（统勋）最奇其才"，凡军机处之重狱大政，"赖君在直任其劳，获成议"。② 乾隆三十六年（1771），严长明升任内阁侍读，"凡直禁近七年，拜上赐者数四"。③ 同年，因丁父忧去官，不久又遭丧母之痛，严长明自此无意仕途，"间游秦中、大

---

①　（清）钱大昕：《潜研堂文集》卷 37《内阁侍读严道甫传》，（清）钱大昕撰、陈文和主编：《嘉定钱大昕全集》第 9 册，南京：江苏古籍出版社，1997 年，第 630—631 页。

②　（清）李元度纂：《国朝先正事略》卷 42《文苑·严长明》，易孟醇校点，长沙：岳麓书社，2008 年，第 1221 页。

③　（清）洪亮吉撰：《洪亮吉集·卷施阁文乙集》卷 6《归求草堂寿言诗序》，刘德权点校，北京：中华书局，2001 年，第 340 页。

梁，居毕中丞所，为定奏辞，还主庐阳书院"。① 乾隆五十二年（1787）八月卒于合肥。

严长明博学强记，遍通古今，"所读书，或举问，无不能对。为诗文用思周密，和易而当于情"。② 严长明精通史学，先后担任《平定准噶尔方略》、《通鉴辑览》、《一统志》、《热河志》等纂修官，"前后领诸馆纂修凡五"，③ "有声馆阁"。④ 乾隆皇帝重修《大清一统志》，严长明实际负责陕西省部分的分修工作。父母去世后，严长明不复出仕，于家乡"筑室三楹，颜曰'归求草堂'，藏书三万卷，金石文字三千卷，日吟咏其中，海内求诗文者踵相接，从容应之无倦色"。严长明曾对人说："士不周览古今载籍，不遍交海内贤俊，不通知当代典章，遽欲握笔撰述，纵使信今，亦难传后。"⑤ 洪亮吉称严长明生平著述凡三十二种，"副既藏于家塾，字可悬之国门。兼之读道旁之碑，则膝前能疏其误；出枕中之秘，则娇女亦讽其辞"。⑥ 据钱大昕所撰《内阁侍读严道甫传》列举严长明生平著述有《归求草堂诗文集》、《西清备对》、《毛诗地理疏证》、《五经算术补正》、《三经答问》、《三史答问》、《淮南天文太阴解》、《文选课读》、《文选声类》、《尊闻录》、《献征余录》、《知白斋金石类签》、《金石文字跋尾》、《石经考异》、《汉金石例》、《五岳贞珉考》、《五陵金石志》、《平原石迹表》、《吴兴石迹表》、《素灵发伏》、《墨缘小录》、《南宋文鉴》、《奇觚类聚》、《八表停云录》、《养生家言》、《怀袖集》、《吴谐志》凡 20 余种。⑦《清史稿·艺文志》又著录有严长明《八表停云集》30 卷。

二、严长明与陕西

严长明于乾隆四十年（1775）来到陕西客居毕沅幕府，毕沅在《西安府志

① （清）姚鼐：《惜抱轩诗文集》卷13《严冬友墓志铭并序》，上海：上海古籍出版社，2008年，第189页。

② 《清史稿》卷485《文苑传·严长明》，北京：中华书局，1977年标点本，第13393页。

③ （清）洪亮吉撰：《洪亮吉集·卷施阁文乙集》卷6《归求草堂寿言诗序》，刘德权点校，北京：中华书局，2001年，第340页。

④ （乾隆）《西安府志·图萨布序》，西安：三秦出版社，2011年。

⑤ （清）钱大昕：《潜研堂文集》卷37《内阁侍读严道甫传》，（清）钱大昕撰、陈文和主编：《嘉定钱大昕全集》第9册，南京：江苏古籍出版社，1997年，第632页。

⑥ （清）洪亮吉撰：《洪亮吉集·卷施阁文乙集》卷6《归求草堂寿言诗序》，刘德权点校，北京：中华书局，2001年，第340页。

⑦ （清）钱大昕：《潜研堂文集》卷37《内阁侍读严道甫传》，（清）钱大昕撰、陈文和主编：《嘉定钱大昕全集》第9册，南京：江苏古籍出版社，1997年，第632页。

序》中说："岁乙未，江宁严侍读长明以病在告，税驾关中，因以积疑与之上下，侍读所见，多与余相吻合"。① 同年三月，严长明随毕沅行经凤翔府，同宿东湖坡公祠，唱和赋诗。② 乾隆四十六年（1781），洪亮吉来到陕西，当时严长明与吴泰来、钱坫、孙星衍等人均在毕沅幕府。乾隆五十年（1785）二月，洪亮吉"偕严侍读长明游紫阁、白阁、圭峰、草堂寺，由沣水桥巡第五桥诸旧迹"。当时毕沅已调任河南巡抚，催促洪亮吉前往开封，二月底洪亮吉由陕入汴。③ 钱大昕谓"毕中丞沅巡抚陕西，招至官斋，为文字交，因得游太华、终南之胜，诗文益奇纵，所得金石刻益富。在秦中十载，撰次《西安府志》八十卷，《汉中府志》四十卷，皆详赡有法"。④ 严长明在毕沅幕府期间，除主持修纂《西安府志》外，还协助毕沅编纂《关中金石记》、《中州金石记》，参加《续资治通鉴》的考订。毕沅《灵岩山人诗集》多为毕沅与幕中宾客的交游唱和之作，其中有关严长明的诗文最多，如《访严冬友》、《喜严侍郎冬友至》、《与冬友玩月原韵》等诗作，处处体现毕沅与严长明的交往与友情。

三、西安旧志概况

西安是千年古都，历史悠久，文化繁荣，历代志书都不乏记载。早在先秦时期，《禹贡》、《山海经》等地理著作中就有长安所在地古雍州的山川形势及风土人情的记载。秦汉以至魏晋南北朝时期，地记作为地方志的主要形式盛极一时，其中许多都涉及古都长安，遗憾的是这些地记大多已经亡佚，刘纬毅《汉唐方志辑佚》一书所辑魏阮籍《秦记》、无名氏《关中图》、晋裴秀《雍州记》、晋潘岳的《关中记》以及北魏崔鸿《西京记》、北周薛寊《西京记》等，都或多或少地涉及古都长安的内容。其中汉代辛氏《三秦记》"是迄今最具典型、最有影响的一部反映长安及关中地记形式的著作"。⑤

---

① （乾隆）《西安府志·毕沅序》，西安：三秦出版社，2011 年；按："岁乙未"即乾隆四十年（1775）。

② （清）史善长：《弇山毕公年谱》，北京图书馆编：《北京图书馆藏珍本年谱丛刊》第 106 册，北京：北京图书馆出版社，1999 年影印本，第 152 页。

③ （清）吕培：《洪北江先生年谱》，（清）洪亮吉撰：《洪亮吉集·附录》，刘德权点校，北京：中华书局，2001 年，第 2338 页。

④ （清）钱大昕：《潜研堂文集》卷 37《内阁侍读严道甫传》，（清）钱大昕撰、陈文和主编：《嘉定钱大昕全集》第 9 册，南京：江苏古籍出版社，1997 年，第 632 页。

⑤ 刘安琴：《长安地志》，西安：西安出版社，2007 年，第 27 页。

现存最早的专门记载秦汉都城长安的地志当属《三辅黄图》，此书专记秦、汉都城建置，而以汉长安城为主，对长安城及其周围的宫殿、苑囿、馆阁、台榭、府库、仓廪、池沼、桥梁、文化设施、礼制建筑等的布局作了详尽清晰的综合叙述。之后，隋唐两代都有学作撰写专著记载长安城坊及宫室建置等情况，其中唐人韦述的《两京新记》属其中的集大成之作，惜今仅存第三卷残文。北宋时期是我国地方志的大发展时期，体例趋于定型，宋敏求在韦述《两京新记》的基础上，充分利用韦述对于长安的记述及藏书中丰富的文献资料，于宋神宗熙宁九年（1076）撰成《长安志》20 卷，对于长安的叙述全面翔实，可谓第一部真正意义上的长安方志。《长安志》的体例承袭韦述《两京新记》，内容丰富，不仅仅局限于唐朝，还上溯周秦，追述前代史事，侧重于记载城池、宫室、州县。《四库全书总目》称宋敏求《长安志》内容全面，记述细致，"凡城郭、官府、山川、道里、津梁、邮驿，以至风俗、物产、宫室、寺院，纤悉毕具。其坊市曲折，及唐盛时士大夫第宅所在，皆一一能举其处，灿然如指诸掌"，认为此志"精博宏瞻，旧都遗事，藉以获传，实非他地志所能及"①，"古来志都京者，前莫善于《三辅黄图》，后莫善于《长安志》"。② 《长安志》资料丰富翔实，著述中大量运用相关历史地理资料，对于长安城的建制沿革交代十分清晰，其细致的分类及翔实的记载使其成为研究长安城历史沿革的必备参考书，具有极高的史料价值，后世编纂与长安相关的书籍，《长安志》是必不可少的参考资料，如程大昌的《雍录》即"以《三辅黄图》、《唐六典》、宋敏求《长安志》、吕大防《长安图记》及《绍兴秘书省图》诸书，相互考证"而成，③ 顾炎武撰《历代帝王宅京记》，体例则仿《雍录》及《长安志》，可见《长安志》对后世影响之大。

元、明、清时期，有关长安的志书数量不少，但大多承袭宋敏求《长安志》。如元人骆天骧《类编长安志》10 卷，大量搜集与长安相关的历史地理资料，并附以碑刻、诗文等相关资料，形式上同类书相似。清代藏书家瞿镛谓此

① （清）永瑢等：《四库全书总目》卷 70《史部·地理类·长安志》，北京：中华书局，1965 年影印本，第 619 页。

② （清）永瑢等：《四库全书总目》卷 68《史部、地理类·钦定日下旧闻考》，北京：中华书局，1965 年影印本，第 603 页。

③ （清）永瑢等：《四库全书总目》卷 70《史部·地理类·长安志》，北京：中华书局，1965 年影印本，第 620 页。

书"取宋氏志稍增金、元间沿革故事，而分门条系之，如诗文之有分类，然地志无此体也"。① 现代藏书家叶启勋亦谓"是书以宋敏求《志》卷轴过多，故事散布州县，难以检阅，乃取而去其繁芜，撮其枢要，增入金元沿革，门分类聚，故曰《类编》。虽以古迹为主，凡州郡之变更、城郭之迁移，以及山川名胜、宫室第宅、丘陵冢墓，与夫古今兴废之殊、名贤游览之作，靡不备录。又附之以纪异、辨惑，而以石刻终焉"，虽然此书所收金元诗文较多，有关金元沿革故事亦分门条系，但"非地理志体裁"。② 清代乾嘉时期的著名学者徐松，在编纂《全唐文》时从《永乐大典》中辑出了宋敏求的《河南志》，"校写之暇，采集金石传记，合以程大昌、李好文《长安图》，作《唐两京城坊考》"。③ 徐松《唐两京城坊考》西京部分主要采自宋敏求《长安志》所记唐长安城的内容，同时又广搜资料，利用唐人碑志、诗文集、小说等进行增补，详细地记载了唐长安城的街道、市场、官署、宅第、寺观、宫殿、渠道、风土人情等内容，是研究唐代西京的重要参考书籍。

四、《西安府志》的修纂

关中自古为人文荟萃之地，长安则是千年古都，自宋敏求撰成《长安志》以后，700年来方志事业蓬勃发展，尤其是明、清两代，一地数修方志者屡见不鲜，但是几乎未见专门记载长安的志书。乾隆三十七年（1772），毕沅移任陕西，担任陕西布政使。毕沅是一位学者型官员，为了加强地方上的治理，主张"能以文学被饰吏治，不特长吏与有荣施，兼使列郡诸守亦知所以自效也"④，非常注意发展文教事业，深入实地，走访调查，"举凡土物民风，无不悉备，而西安为省会要区，尤加意焉"。⑤ 经过七年时间，毕沅自称于三秦大地之名山大川以及"古墟废井、车尘马迹，大半经行"，并且发现于山则"一实数名"，于水则"存亡分合"，各家说法不一，"迄无定论"⑥，在感慨关中各地志书严重失修，

① （清）瞿镛编纂、瞿果行标点、瞿凤起覆校：《铁琴铜剑楼藏书目录》卷11《史部·地理类》，上海：上海古籍出版社，2000年，第288页。
② 叶启勋、叶启发撰，李军整理、吴格审定：《二叶书录·拾经楼由书录》，上海：上海古籍出版社，2014年，第51—52页。
③ （清）徐松撰、张穆校补：《唐两京城坊考》，北京：中华书局，1985年，第1页
④ （乾隆）《西安府志·毕沅序》，西安：三秦出版社，2011年。
⑤ （乾隆）《西安府志·翁燿序》，西安：三秦出版社，2011年。
⑥ （乾隆）《西安府志·毕沅序》，西安：三秦出版社，2011年。

倡导、组织修志之余，认为省会所在地的西安的志书更为当务之急。

乾隆四十年（1775），严长明"以病在告，税驾关中"，毕沅于是就修志一事与严长明商议，两人一拍即合。次年，毕沅赴承德避暑山庄觐见乾隆帝，"请先将关中府志重加修辑"，得到乾隆帝的恩准。毕沅回到西安，立即着手与严长明"发凡起例"，"复以兹事体大，率臆莫凭，乃携归金陵，搜荟群籍，凡与秦中文献关涉者，计得千数百种"。① 严长明精通史学，曾担任国史馆修纂官，经验丰富，乾隆三十年（1765）重修《大清一统志》时，严长明实际负责陕西省部分的分修工作，陕西布政使尚安谓之为当代著作巨手，毕沅将修纂《西安府志》的工作交给严长明，可谓得人。"《西安府志》编修的每一项工作，每一个环节，都由严长明亲自负责完成。……尤为可贵的是，《西安府志》的整个编纂过程，从设想、奏请到最后的删削、定稿，毕沅一直参与其中"。②

《西安府志》始修于乾隆四十一年（1776），告成于乾隆四十四年（1779），全志共 80 卷，分 15 门 51 类 136 目，约 160 余万字。卷首录顺治、康熙、雍正及乾隆帝御制的与陕西有关的诗文，正文记载西安地理、名山、大川、建置、食货、学校、职官、人物、选举、大事、古迹、艺文、金石等内容，并附拾遗 7 卷，于乾隆四十五年（1780）付梓。《西安府志》是西安设府以来仅有的一部府志，志书修成之后，知府舒其绅感叹曰："今国家重修《统志》，方成数省，而四库馆亦未竣事，是编实为诸郡嚆矢。"③

毕沅在《西安府志序》中详细叙述了修志的缘由及始末：

> 岁乙未，江宁严侍读长明以病在告，税驾关中，因以积疑与之上下，侍读所见，多与余相吻合。丙申入觐，爰请先将关中府志重加修辑，荷蒙俞允，秉节西旋，乃以首郡属其排纂，武进庄州倅炘佐之。侍读因与原本史裁，发凡起例，商榷既定，复以兹事体大，率臆莫凭，乃携归金陵，搜荟群籍，凡与秦中文献关涉者，计得千数百种，目载卷首，类次区分，文成数万，致力可谓勤矣。犹以事不深于政术，理弗密于时务，史廓经郭事等驵贩识者恧焉，因是复诣青门，适榆林舒太守其绅调任首郡，修明政教，百废具举，公余之暇，力任搜扬，阅其所上图册，至于兼两莫能胜载。侍

---

① （乾隆）《西安府志·毕沅序》，西安：三秦出版社，2011 年。
② 李金华：《毕沅主志纂修〈西安府志〉》，《史学月刊》2010 年第 5 期，第 127—131 页。
③ （乾隆）《西安府志·舒其绅序》，西安：三秦出版社，2011 年。

读复详加决录，州次部居，为门一十有五，分类五十有一，统计成书八十卷。……其文则简要而事复赅综，具程大昌之博议而谢其烦芜，擅何景明之雅材而加以典实。盖侍读读书破万，故能衷百论以贯三长，而舒守本实心以行实政。即其甄录所在，而于食货见其勤求政本焉，于建置见其兴举废坠焉，于学校官师知其兴德造而重循良，于忠贞节烈知其阐幽潜而维风教。则是志也，固一郡之献征，即谓太守之治谱可也。①

史善长在《弇山毕公年谱》中叙述《西安府志》的修纂时说：

西安古称天府四塞，自丰镐宅京，而后秦、汉、隋、唐咸建都于此，因掌故甲于他省。公来抚兹土七年，名山大川，以暨故墟废井，车马经由过半。于山，则终南、惇物、太乙、华山、武功、太白；于水，则灞、浐、泾、渭、沣、滈、潦、潏，其间存亡分合，虽孔传、班书、桑经、郦注，迄无定论，锥指莫由；其他袭故沿讹，更难究诘。古之纂述，如《关中记》、《三辅决录》、《咸镐古事》、《两京新记》、《两京道里记》，皆散佚不传；幸宋敏求《长安志》，藏书家尚有副本。因属通人搜荟群籍，凡与秦中文献关涉者，计得千五百种。发凡举例，类聚区分，文成数万，为门一十有五，分类五十有一，合成一百卷，亲加裁削，为《西安府志》八十卷。②

《西安府志》主要以雍正十三年（1735）所修《陕西通志》为依据，同时又参考了明代马理、冯从吾以及清康熙年间贾汉复所修《陕西通志》的内容，"诸书所未备者，则博考经史，旁征图籍，取材既广，卷帙遂多"。府州县志中又参考了明代所修高陵、富平、醴泉、耀州等志，对于当时所修的府州县志亦"间有取资，难以尽据"。因此《西安府志》"虽因实创"，③ 与以往所修志书尽袭旧志有所不同。李金华先生《毕沅主导纂修的〈西安府志〉》一文从资料丰富、考证翔实；结构精当，体例谨严；详略得当，经世致用三个方面总结了《西安府志》的特点和价值。④ 此外，值得肯定的尚有以下两点。

其一，《西安府志》不仅取材宏富，而且凡征引文献必注明出处，并于卷首详列引用书目，体现了乾嘉时期学者治学的严谨和规范，正如严长明在凡例中

① （乾隆）《西安府志·毕沅序》，西安：三秦出版社，2011年。
② （清）史善长：《弇山毕公年谱》，北京图书馆编：《北京图书馆藏珍本年谱丛刊》第106册，北京：北京图书馆出版社，1999年影印本，第162—163页。
③ （乾隆）《西安府志》卷首《西安府志略例》，西安：三秦出版社，2011年。
④ 李金华：《毕沅主导纂修的〈西安府志〉》，《史学月刊》2010年第5期，第127—131页。

所言："是编征引经籍，悉取原文，言择其雅，事从其核，通计决录，千有余种，另疏书目于后。昔卫湜《礼记集说》称人之著书，惟恐不出于己；吾之著书，惟恐不出于人。矧志乘为一方文献，尤忌率臆无稽，致使后来难以征信。"①

其二，《西安府志》不仅与清代所修方志一样于卷首详列鉴裁、甄辑、编订、协修、参校人员衔名，还在凡例中详细列举匡襄、经办诸人及各属县参与搜集资料的官员姓名，凡出过力的人都予以表彰。"至前任如廉使孙公含中（升浙江布政使），王公时薰，宋公丰绥（三公并故），太守周公廷俊（今任广西驿盐道），具籍匡襄。至于经始厥事，太守汾阳田公（已故）之力尤多。各州县属如长安令杨君徽（今升华州牧），凌君天佑，咸宁令欧君焕舒（升留坝同知），咸阳令孙君景燧（今升泉州太守），临潼令史君传远（升兴安州牧），蓝田令阮君曙，泾阳令方君承保（今升赣州太守），三原令任君文溥（今升商州牧），盩厔令徐君作梅（今调华阴），渭南令邱君佐（升宁羌州牧），富平令崔君龙见（今升乾州牧），醴泉令张君心镜（今调蒲城），搜扬采辑，饫益宏多，例得备书，不敢没其实也。"②

《西安府志》始修之时，严长明即决心将其修成一部"上以佐朝廷四库之储藏，下以备西安一郡之文献"的志书③，修纂之时特别用心，先用一年的时间编成长编，复经修纂者"斟酌民言，参稽案牍，凡一郡之农田、水利、食货、建置、官师、学校、选举，及人物之忠孝节烈、官有条章、家相簿籍，恣情披阅，莫敢或遗，亦莫敢或滥"，严长明又用了两年时间"甄综史例，抑扬寸心，口沫手胝"始告完成。④《西安府志》在材料选择上丰富而扎实，内容编排上优美而精当，成书之后自然备受各方称赞，陕西布政使尚安谓其"俾一郡之掌故，眉列掌示"，宜于古而不悖于今，"可备是邦之文献而资贤守之设施"。⑤ 陕西提刑按察使刘塨称其取材广博，义例精严，"有张茂先之博虚，有刘原父之弹洽，盖几乎与宋敏求《长安》一志方轨齐驱，至程大昌《雍录》、何景明《雍大记》、焦源清《雍胜略》诸书，有其过之无不及也"。⑥ 陕西提刑按察使浦霖称其"取

① （乾隆）《西安府志》卷首《西安府志略例》，西安：三秦出版社，2011年。
② （乾隆）《西安府志》卷首《西安府志略例》，西安：三秦出版社，2011年。
③ （乾隆）《西安府志》卷首《西安府志略例》，西安：三秦出版社，2011年。
④ （乾隆）《西安府志·舒其绅序》，西安：三秦出版社，2011年。
⑤ （乾隆）《西安府志·尚安序》，西安：三秦出版社，2011年。
⑥ （乾隆）《西安府志·刘塨序》，西安：三秦出版社，2011年。

材宏富，立义精严，方诸史传，大都取则扶风，而荟萃鉴裁，与宋欧阳氏之《新唐书》相似，非近日操觚家之能事也"。① 清代以前记载西安的志书虽然不少，但是"专以西安为对象，内容翔实、贯通古今的，则只有清乾隆四十四年《西安府志》一部"。②

第二节　严如熤与《汉中府志》

一、严如熤其人③

严如熤，字炳文，自号乐园，祖籍浙江桐庐，宋末始迁居湖南溆浦，生于乾隆二十四年（1759），卒于道光六年（1826），享年68岁。

严如熤幼年聪慧，"始读书，目十行下"。④ 13岁补县学生，入岳麓书院接受正规的书院教育，深受岳麓书院山长罗典的器重和赏识。罗典是湖南湘潭人，乾隆十六年（1751）考中进士，历任史馆编修、鸿胪少卿、四川学政，所至之处"尽革陋规，以经不造士，文体为之一变"。罗典学识渊博，育才有方，自乾隆四十七年（1782）至嘉庆十三年（1808），一直掌教岳麓书院，任岳麓书院山长长达27年，90岁无疾而终，"造就人才甚众"，⑤ 其中严如熤、陶澍、欧阳厚均等皆出自其门。在罗典的指教和影响下，严如熤在舆地、经学、兵法等方面大有长进。

乾隆五十四年（1789），严如熤因学行兼优，被遴选为贡生，荐入京师国子监学习，湖南学政张姚成称其有经世之才，足当大任。乾隆六十年（1795），贵州、湖南等地发生了大规模的苗民起义，湖南巡抚姜晟接受张姚成的推荐，将有济世之才的严如熤延入府中聘为幕佐，咨询平苗方略。严如熤上《平苗条议》

① （乾隆）《西安府志·浦霖序》，西安：三秦出版社，2011年。
② 党斌：《略述乾隆四十四年〈西安府志〉及其价值》，《上海文博论丛》2012年第2期，第37—39页。
③ 严如熤传见《清史稿》卷361、民国《湖南通志》卷193《国朝人物》、民国《续修陕西通志稿》卷67《名宦》、陶澍《布政使衔陕西按察使乐园严公墓志》、汤金刊《布政使衔陕西按察使乐园严公神道碑》。
④ 陶澍：《布政使衔陕西按察使乐园严公墓志》，（清）严如熤撰、黄守红标点、朱树人校订：《严如熤集》卷首，长沙：岳麓书社，2013年。
⑤ （清）李元度纂：《国朝先正事略》卷40《文苑·罗典》，易孟醇校点，长沙：岳麓书社，2008年，第1192页。

十二则，"言剿抚防御之策甚备"。①严如熤在姜晟幕中凡四年，"多所赞画"②，辅佐姜晟、傅鼐平定苗乱，并为处置苗疆善后事宜出谋划策，期间遵姜晟之嘱纂辑《苗防备览》一书，"以为后之有事苗疆者，得有稽考"。③

嘉庆五年（1800），严如熤举孝廉方正，赴京参加廷试。当时川、陕、鄂三省爆发了白莲教起义，"制诏询平定三省善后事宜"，严如熤以《平苗三省乱民善后事宜》十四条奏上，并附《平定教匪条议》一文，提出方略十二条，洋洋洒洒万余言，备述原委，铺陈利害，深得嘉庆帝赏识，亲擢第一。次日，召赴军机处询屯政，再上《屯政方略》十二事。嘉庆帝在圆明圆召见严如熤，破格任命其为陕西洵阳县知县，"并其疏交三省大帅督抚采行"。④

嘉庆六年（1801），严如熤赴陕西洵阳就职。为官洵阳期间，勤于听断，治理有方，朝廷诏加知州衔，赏戴花翎，屡获升迁，令以同知直隶州用。嘉庆七年（1802），析西乡县南24地，取"汉定远封侯邑"之意，新设定远厅，次年，补授严如熤为定远厅同知，总揽定远厅事务。嘉庆九年（1804），陕西巡抚方维甸奏加知府衔，次年因丁生母忧扶柩南归。料理完丧事，严如熤即南下前往两广总督那彦成幕府为幕佐，协助那彦成肃清海盗，"至则就途中见闻所及"纂成《洋防辑要》一书，"论列甚详"。同年撰成《三省山内风土杂识》。

嘉庆十二年（1807），严如熤守丧期满，谕仍发陕西以同知续用，交军机处记名。嘉庆十三年（1808），补潼关厅同知。嘉庆十四年（1809），特旨擢授汉中府知府，自此十余年不迁。嘉庆十八年（1813）修成《汉中府志》。嘉庆十九年（1814），加陕安道衔，嘉庆二十五年（1820），特擢兵备陕安道。道光三年（1823），升陕西按察使。道光五年诏授贵州按察使，没有赴任，仍留任陕西按察使，道光六年（1826）卒于任所。道光帝"以如熤在陕年久，熟于南山情形，任事以来，地方安靖，特诏嘉奖，加按察使衔，以示旌异"。严如熤自始任洵阳知县至终任陕西按察使，"皆出特擢"，其任汉中知府十余年不调，"得成其镇抚

---

① 陶澍：《布政使衔陕西按察使乐园严公墓志》，（清）严如熤撰、黄守红标点、朱树人校订：《严如熤集》卷首，长沙：岳麓书社，2013年。

② 佚名：《清史列传》卷75《循吏传·严如熤》，王锺翰点校，1987年，第6234页。

③ （清）严如熤：《苗防备览》卷首《苗防备览引》，道光二十三年（1843）重刻本。

④ 陶澍：《布政使衔陕西按察使乐园严公墓志》，（清）严如熤撰、黄守红标点、朱树人校订：《严如熤集》，长沙：岳麓书社，2013年。

南山之功"。①

严如熤自幼勤奋好学，尤为留意舆地经世之学，乾隆时期天下太平，武备废弛，"公独留心兵事"。② 后来清朝内忧外困，形势急转直下，严如熤学以致用，重在经世，在治理地方、处理政务的同时，还将所见所闻及治理方略形诸文字，以备后来者借鉴，后人谓其"为人性豪迈，去边幅，泊荣利，视之如田夫野老。于舆地险要，如聚米画沙。所规画常在数十年外，措施略见所著书。尝佐那彦成筹海寇，有《洋防备览》；佐姜晟筹苗疆，有《苗防备览》；佐傅鼐筹屯田，有《屯防书》"。③ 此外，严如熤身为湖南人，又长期受教于岳麓书院，秉承了湖湘学派"讲性理、笃践履、重经世"的学术传统，以经世致用为著述之的，以舆地之学为经世之具，在舆地研究方面成就显著，除《苗防备览》、《洋防辑要》外，尚有《三省边防备览》、《汉中府志》、《乐园文钞》、《乐园诗钞》等多种著述，其中大部分都是在长期的为官过程中，为了解决现实问题，基于亲身经历，通过实地考察，大量参考相关资料纂辑而成，充分体现了一个学者关注现实，忧心国事的经世精神，也正因为如此，严如熤被誉为清代田野派学者，是清代经世学派的重要代表人物之一。

二、严如熤与陕西

严如熤自嘉庆六年（1801）补授陕西洵阳县知县，至道光六年（1826）病逝，期间除母亲去世丁忧三年外，其余时间一直在陕西度过。可以说严如熤的一生与陕西息息相关。

1. 为官陕西、功著南山

嘉庆六年（1801），严如熤补授陕西洵阳县知县，任职期间，"勤于听断，日坐堂皇治事，或因公诣乡，有赴诉者，立马讯结"。④ 洵阳县地处深山，"与湖北边界相错，兵贼往来如织"，⑤ 鉴于这种情况，严如熤采取"坚壁清野"、"筑

---

① 《清史稿》卷 361《严如熤传》，北京：中华书局，1977 年标点本，第 11392—11393 页。

② （清）陶澍：《布政使衔陕西按察使乐园严公墓志》，（清）严如熤撰、黄守红标点、朱树人校订：《严如熤集》，长沙：岳麓书社，2013 年。

③ 《清史稿》卷 361《严如熤传》，北京：中华书局，1977 年标点本，第 11393 页。

④ 佚名：《清史列传》卷 75《儒林传·严如熤》，王锺翰点校，1987 年，第 6234 页。

⑤ 《清史稿》卷 361《严如熤传》，北京：中华书局，1977 年标点本，第 11391 页。

堡练团"等措施，"相地险要为寨堡，选置团勇正副长，且耕、且守、且战"①，
"贼至无可掠，去则抄其尾。又择坚寨当冲者，储粮供给官军"②，成效显著。

见于陕西汉中府西乡县所辖 72 地，"山大林深，极其辽阔，周围二千余
里"，于是上奏建议在西乡山内二十四地分设抚民同知，厅治在班城，为班定远
侯封地，因名"定远"。③ 嘉庆八年（1803），朝廷采纳了严如熤的建议，正式设
立定远厅，属陕西省汉中府管辖，授命南郑县知县班逢扬为定远厅同知，班逢
扬甫至任所即病逝，于是补授严如熤为定远厅同知，创业扩基，实为首任。严
如熤见于定远乃陕西门户，于是创建新城，扼川陕门户，历时七月峻工，严如
熤"解囊以应，不敢糜帑，亦不忍为民累是役也"。④ 又在定远厅西南 100 多里
的地方选择黎坝、渔渡坝两地分筑石城，与厅城成掎角之势，"团练武备，如治
洵时，贼至辄歼"。⑤ 因治理地方有功，陕西巡抚方维甸奏加知府衔，适逢母亲
去逝，于是坚决婉辞，扶柩归乡。

嘉庆十二年（1807），严如熤服丧期满进京，"谕仍发陕西以同知用，交军
机处记名"。⑥ 次年二月，补潼关厅同知。嘉庆十四年（1809），特指授汉中府知
府。当时，汉中经白莲教兵燹之后，满目疮痍，百废待兴，严如熤到任后妥为
善后，安抚灾民，汉中全境秩序井然。为了预防战乱再起，面对当时"承兵燹
后，民困兵骄，散勇逸匪伏戍于莽"的实际情况，严如熤首先采取"举工赈修
渠堰，完仓廪，以足民食"的办法，继而"联营伍、治堡寨，严保甲，以固民
卫。慎讼狱，禁邪说，以正民俗"。⑦"于华州渭南开谕悍回，缚献亡命数十人；
于宁羌解散湖北流民；于城固擒教首陈恒义：皆治渠魁，宽胁从。令行禁止，

① （清）陶澍：《布政使衔陕西按察使乐园严公墓志》，（清）严如熤撰、黄守红标点、朱树人校订：
《严如熤集》，长沙：岳麓书社，2013 年。
② 《清史稿》卷 361《严如熤传》，北京：中华书局，1977 年标点本，第 11391 页。
③ （清）严如熤撰、黄守红标点、朱树人校订：《严如熤集·三省边防备览》卷 11《策略》，长沙：
岳麓书社，2013 年，第 1078 页。
④ （清）严如熤撰、黄守红标点、朱树人校订：《严如熤集·乐园文钞》卷 7《蠲修定远厅石城碑
记》，长沙：岳麓书社，2013 年，第 179 页。
⑤ （清）陶澍：《布政使衔陕西按察使乐园严公墓志》，（清）严如熤撰、黄守红标点、朱树人校订：
《严如熤集》，长沙：岳麓书社，2013 年。
⑥ （清）陶澍：《布政使衔陕西按察使乐园严公墓志》，（清）严如熤撰、黄守红标点、朱树人校订：
《严如熤集》，长沙：岳麓书社，2013 年。
⑦ （清）汤金钊：《布政使衔陕西按察使乐园严公神道碑》，（清）严如熤撰、黄守红标点、朱树人校
订：《严如熤集》，长沙：岳麓书社，2013 年。

人心帖服，南山遂大定"。同时，严如熤亲临实地勘查，在汉中兴修水利，修复褒城山河堰及城固五门、杨填二堰，各灌田数万亩，"他小堰百余，皆履勘浚治，水利普兴"。① 严如熤治理汉中期间，还留意文化教育，他在辖内创办义学，恢复汉南书院，并亲临讲授，振兴汉中文教。嘉庆十八年（1813），他延聘汉中大儒郑炳然等人，编修《汉南续修郡志》（即《汉中府志》）收录汉中历代史料甚多，其内容丰富，义例恰当，刻板印行后，被陕西巡抚林则徐赞为清代全国三大名志之首，为汉中保留了大量珍贵的历史记录，流传至今。严如熤治理汉中13年，"君之功名遂与南山相始终"②，他对汉中的一草一木都非常熟悉，凡当地的"亭障要隘，村寨径路曲折，无不口讲指画，而心萦缭之"。汉中的老兵妇孺，没有不知道他的。虽然数十年间未获升迁，仍然勤勤恳恳，在他的治理之下，汉中水利大兴，农业也恢复到了良好的水平，百姓们无不心悦诚服，"南山遂大安"，严如熤个人也"名满三省间"。③

其次，严如熤自嘉庆六年（1801）补授陕西洵阳县知县至道光六年（1826）卒于任上，前后26年为官地方，勤勤恳恳，致力于维护地方安定和经济济发展。严如熤在陕西任职最久，其在陕西的为官经历即是最好的证明，汤金钊总结其在陕西的为官政绩时说：

> 其令洵阳也，县宅万山，与湖北之郧西、竹山、竹溪，陕西之白河、镇安、安康、平利相斗入，官兵追贼急，往来折窜，皆道洵。公倡民筑堡练勇，戒勿迎击，专截其尾，扰其顿。豫贮粮冲寨以待官兵，俾追贼无留阻，遂与官兵夹击张天德等七股贼于太平，复破湖匪二千于蜀河口。……其知定远厅也，创建新城，扼川陕门户。又分筑二石城于黎坝、渔渡坝，与厅城犄角。屡馘贼首陈心之、冯世周等。……其知汉中府也，承兵燹后，民困兵骄，散勇逸匪伏戎于莽，于是举工赈修渠堰，完仓廪，以足民食。联营伍，治堡寨，严保甲，以固民卫。慎讼狱，禁邪说，以正民俗。以其间缚悍回于华渭，擒禽余匪于宁羌城，固皆治渠魁，宽胁从。曰吾但治从逆，不治从教。夫人手缲车以教纺棉，二子杂诸生以课艺，困苏犷化，欢

---

① 《清史稿》卷361《严如熤传》，北京：中华书局，1977年标点本，第11392页。

② （清）汤金钊：《布政使衔陕西按察使乐园严公神道碑》，（清）严如熤撰、黄守红标点、朱树人校订：《严如熤集》，长沙：岳麓书社，2013年。

③ （清）陶澍：《布政使衔陕西按察使乐园严公墓志》，（清）严如熤撰、黄守红标点、朱树人校订：《严如熤集》，长沙：岳麓书社，2013年。

然如家人。然勤治下，拙事上，始大吏咸度外待君，尝岁暮卜筑宁陕新旧二城，归而南山晚收大歉，已逾请赈期，遂元旦趋抚辕稽首，请以一官易百姓命。巡抚董公教增卒，破例为奏请乃已，及董公去，而君始龃龉支诎，惟恳恳饬吏事，自备于是，十余年不迁。及为陕安兵备道也，适有诏三省会筹南山情形，川督今大学士蒋公，奏委君总勘，君自川入湖反陕，相度数千里，设官置治，增营改汛，悉凑款会，然如君对策前议，亦竟未逮及也。会旧抚更易，君治益上闻，新任督抚，皆推诚委听，以君言奏。益厅治于盩厔洋县界，益营兵于商州略阳，复以君修复汉中渠百余堰，溉沃万顷，将溥厥利于全秦。橄视沣、泾、灞、泸、渭、洛诸川，郑白龙首诸废渠，百坠垂兴，万人睽仰。①

严如熤官不过三品，事功不出南山，其自始任洵阳知县至最后担任陕西按察使，"皆出特擢"，在陕西任职前后长达二十多年，"特以南山二十年镇静之功，非公莫属"。② 严如熤一生为官，功绩卓著，不仅受到朝廷的嘉奖和重用，还受到当地百姓的拥戴，及其卒后，"秦民巷哭，如失慈父母"。③ 秦瀛在《重修汉中府志序》中亦说："时君方官郡司马，大府廉君才，密令办治之。用是轻骑减从，深入其阻，周历所至，召其从而晓譬之，俾屯田耕种，世为农氓，永永无有他志。君经济大略，卓卓如是。天子最其能，擢守是邦，盖知君者深矣。君既莅事，戢新兵，筑废城。会遇岁祲，山地硗确，民易转徙，抚循倍难。"④ 邓显鹤在《沅湘耆旧集》中如是总结严如熤治理陕西的功绩："在陕二十余年，平定南山教匪。因与戎事相终始，遂以其间缮城垣，立堡寨，浚濠沟，筑堤堰，教耕织，崇学校，教养兼施，恩威并用，边境肃然。至条陈屯田、水利、建置边疆文武营厅，熟思审处，规划详尽，厥功尤伟。"⑤

① （清）汤金钊：《布政使衔陕西按察使乐园严公神道碑》，（清）严如熤撰、黄守红标点、朱树人校订：《严如熤集》，长沙：岳麓书社，2013 年。

② （清）陶澍：《布政使衔陕西按察使乐园严公墓志》，（清）严如熤撰、黄守红标点、朱树人校订：《严如熤集》，长沙：岳麓书社，2013 年。

③ （清）陶澍：《布政使衔陕西按察使乐园严公墓志》，（清）严如熤撰、黄守红标点、朱树人校订：《严如熤集》，长沙：岳麓书社，2013 年。

④ （清）严如熤主修、郭鹏校勘：《汉中府志校勘·秦瀛序》，西安：三秦出版社，2012 年。

⑤ 邓显鹤编纂，沈道宽、毛国翰、左宗植校订，欧阳楠点校：《沅湘耆旧集》卷 127《严布政如熤》，长沙：岳麓书社，2011 年，第 5 册，第 87 页。

2. 踏遍陕西、记载陕西

嘉庆六年（1801），严如熤补授陕西洵阳县知县，至道光六年（1826）病逝，期间 20 多年的为官生涯主要在陕西度过，可以说足迹遍及陕西各地，尤其是陕南一带，后人称其在南山十余年，"亭障要隘，村寨径路曲折，罔不口讲指画，而心萦缭之。穷乡邃谷，老兵妇孺，咸识君姓氏"。① 在长期的基层工作中，严如熤不仅亲历考察，随时留心记录所闻所见，还善于总结相关知识和经验，纂辑了一些辅助施政的著述，其中《三省山内风土杂识》、《三省山内道路考》及《三省边防备览》是关于川、陕、鄂三省边界风土人情、交通道路等问题的详细记载，对研究清代陕南区域地理、经济、文化颇有价值。

严如熤甫到洵阳，在治理洵阳的过程中，经过对陕南各地的实地勘察，充分认识到了陕西与相邻各省的关系，"陕西之汉中、兴安、商州，四川之保宁、绥定、夔州，湖北之郧阳、宜昌，地均犬牙相错，其长林深谷，往往跨越两三省，难以界划。故一隅有事，边徼悉惊，守土之吏，疆域攸分即能固圉保民，讵能越境而谋？故讲乂安之策，必合三省通筹之也"。② 基于这一认识，嘉庆十年（1805），严如熤将其在陕南的所见所闻撰成《三省山内风土杂识》一书，对陕西、四川、湖北三省交界处各县山中的通道、地形、地貌及"匪情"作了较详查的记载，并在序文中叙述其撰述缘起曰：

> 庚申岁，余奉檄从军，往来秦陇金商梁洋之间。后承乏洵阳、定远。洵邻郧阳，定远川北，每因团练搜捕至边，得与川楚父老相问劳。其山川之幽险，民间之疾苦，盖耳熟焉。因思山内流民患之见于前代者，兆端于正统，历成、弘以迄天、崇，绵延而未之绝。讵非以地实辽阔，一劳永逸，防驭讵无长策哉！书于迂拙，就见闻之所及，录而存之。或者千虑一得，略备刍荛，则亦爱咨询之意也。此编多马上所得，未有体制，故名之曰《山内风土杂识》。③

光绪末年，胡思敬将此书收入《问影楼舆地丛书》，民国时期，长安宋联奎汇刻

---

① 汤金钊：《布政使衔陕西按察使乐园严公神道碑》，（清）严如熤撰、黄守红标点、朱树人校订：《严如熤集》，长沙：岳麓书社，2013 年。

② （清）严如熤：《三省山内风土杂识》，中国西北文献丛书编委会编：《中国西北文献丛书·西北稀见丛书文献》卷 8《关中丛书》，兰州：兰州古籍书店，1990 年影印本，第 2 辑，第 297 页。

③ 转引自辛德勇：《〈三省山内道路考〉的发现及其价值—并论严如熤之入仕与相关著述产生的因缘》，沈乃文主编：《版本目录学研究》第五辑，北京大学出版社，2014 年，第 200 页。

《关中丛书》，又据《问影楼舆地丛书》本铅字排印，并在跋语中说：

> 先生宦辙所至，如洵阳、定远，皆在万山中，毗连川楚，犬牙相错，又值用兵，盗贼出没，防不胜防。先生相地要隘，筑堡练团，令民且耕且守且战，并用坚壁清野之法，成效昭然，卒平巨乱。此编当为是时所作，胡氏刊入《问影楼丛书》，且谓《三省边防备览》一书权舆于此，非泛记风土者所得并论也。先生由守令陟分巡，先后在陕南垂二十年，政教所被，感人最深。是书首篇即谓义安之策，必合三省通筹之实，为经国大猷。邵阳魏氏默深所云割地设省，亦不外此。比岁疆圉多事，兵家有言，贵知彼己，循是以求进止方略，得其肯綮矣。原本印行无多，先生守土于斯，关中流传独阙，亦一憾事，矧其为边防门户地利所资尤有不容散佚者，不独甘棠之慕宜尔也。①

严如熤撰成《三省山内风土杂识》不久，又撰成《三省山内道路考》，分作陕西、甘肃、四川、湖北四个部分记载三省交界地带的道路，既多且详，"除了主要干道，还有羊肠小道，而且稍微重要一些的道路，都有逐程的里程数字"。② 虽然古代记载里数的地理书很多，"但若论同时详细记述一个大区域内如此繁密的道路网络，特别是山间道路，还没有任何一部里程注记，能够超出于《三省山内道路考》之上。因此，这部《三省山内道路考》不管对古代交通地理演变历史的研究，还是对道路里程记发展历史的研究来说，都具有特别重要的价值"。③

道光元年（1821），严如熤升任陕安兵备道，适逢朝廷筹划陕、川、楚边防建设事宜，命令三省勘察南山地形，四川总督蒋攸铦奏请严如熤总任其事，"公自川入楚，反陕数千里，相度形胜，析官移治，增营改汛，条列井井"。④ 此次勘察，严如熤不仅有机会考察之前未曾去过的地方，去过的地方也"再至三至

① （清）严如熤：《三省山内风土杂识·宋联奎等跋》，中国西北文献丛书编委会编：《中国西北文献丛书·西北稀见丛书文献》卷8《关中丛书·三省山内风土杂识》，兰州：兰州古籍书店，1990年影印本，第2辑，第321页。

② 辛德勇：《〈三省山内道路考〉的发现及其价值——并论严如熤之入仕与相关著述产生的因缘》，沈乃文主编：《版本目录学研究》第五辑，北京大学出版社，2014年，第206页。

③ 辛德勇：《〈三省山内道路考〉的发现及其价值——并论严如熤之入仕与相关著述产生的因缘》，沈乃文主编：《版本目录学研究》第五辑，北京大学出版社，2014年，第206页。

④ （清）陶澍：《布政使衔陕西按察使乐园严公墓志》，（清）严如熤撰、黄守红标点、朱树人校订：《严如熤集》，长沙：岳麓书社，2013年。

焉"。"此次宦游南山，一方面为严如熤提供了亲身进入深山区调查的机遇，更让他对治理山区有了深刻的认识。他在奏请朝廷在"三省边区"设置大量厅、县，给后世治理南山提供难能宝贵经验。这些新设的厅、县为现在陕西、湖北、四川三省交界地区的行政设置奠定一定的基础。"① 通过此次考察，严如熤对三省边界的情形更加熟悉，也认识到之前所撰《三省山内风土杂识》、《边境道路考》并不完备。道光二年（1822），严如熤在《三省山内风土杂识》和《边境道路考》的基础上，结合此次亲身勘定川、陕、楚接壤州县的详细情况，"增以往日见闻所未到，思虑所未周"，辑成《三省边防备览》一书。

《三省边防备览》14卷，卷一为陕西、四川、湖北三省边境总图及各地地图四十余幅，卷二、卷三为《道路考》，详载三省边境各厅、州、县之道路；卷四为《额威勇公行营日记》，收录的是经略大臣额威勇于嘉庆三年（1798）五月至嘉庆七年（1802）十一月剿匪的行程日记，其中详细记载了作者所经历的营垒及正路间道，以及"途径之险夷，里数之长短，山峦之向背，林木之浅深"，② 对于了解三省边境之道路情况有一定的参考价值。卷五为《水道》，包括流经三省边境的大河小川及河流滩涂、王士正的《东西二汉水辩》以及《凡江转运纪略》。卷六、卷七为《险要》，主要记载三省边界之相连关隘、各厅、州、县之险要等，目的在于鉴前毖后，固我保人。卷八为《民食》，详载三省边境各地的物产情况，卷九为《山货》，详记三省边境各地山货及特产。卷十为《军制》，根据各镇兵册，详记三省边境各地的驻兵及防守等。卷十一为《策略》，卷十二为《史论》、卷十三、十四为《艺文》。此书最大的特点是"记载范围打破行政区域的界限，跨越三数省者，几为得见。应当说，这是严氏的一个创举"。③《三省边防备览》一书虽然是为了镇压农民起义，维护地方安定而编纂的一部著作，但此书记述了四川、陕西、湖北三省边区形势，是严如熤舆地著作中最有影响、亦最有价值的一部，严如熤虽然谦虚地称《三省边防备览》是"辑"，实际上书中很大一部分资料都是其亲自考察所得，是当时其他同类书和地方志所没有的，

① 李汉林、张振兴：《"田野派"学者严如熤》，《吉首大学学报》（社会科学版），2012年第5期，第49—54页。
② （清）严如熤撰：《三省边防备览》卷首《三省山内边防备览引》，《严如熤集》，黄守红标点、朱树人校订，长沙：岳麓书社，2013年，第936页。
③ 鲁西奇、罗杜芳：《道咸经世派的先驱——严如熤》，《武汉大学学报》（人文科学版），2002年第6期，第683—690页。

准确地说应称其为"撰或著"。①

辛德勇先生指出，《三省边防备览》虽然是在《三省山内风土杂识》和《三省山内道路考》的基础上撰成的，但并不能取代两书。《三省边防备览》在大幅度增加入篇幅的情况下，为求简洁，在相关门类之下，对《三省山内风土杂识》的内容作了较大幅度的减省，大量重要内容没有被采录，这样一来，就使得《三省边防备览》一书，在很多方面的纪事，反而远不及《杂识》详备。同样，严如熤修纂《三省边防备览》时，在收入《三省山内道路考》的内容时也做了较大幅度的删削，而且"由于《三省山内道路考》撰述严谨，刊刻精整，而《三省边防备览》的内容和版刻相对来说都明显要草率很多，即使是两书同有的内容，后者也未必都比前者准确，更不用说那些被删除的内容，其史料价值自是无以替代"。由于川、陕、楚三省边界在清代末期的特殊地位，严如熤在嘉庆、道光年间相继撰著的《三省山内风土杂识》、《三省山内道路考》、《三省边防备览》这一系列著作，史料价值，无与伦比，同时对于研究陕南山区的移民问题、环境变迁、经济发展都提供了极有价值的资料。②

在陕西为官期间，严如熤不但劳心劳力，勤于政事，为陕西地方的社会安定及经济发展做出了贡献，其在陕西地方文化事业建设方面也颇有作为，其诗文集《乐园文钞》、《乐园诗钞》中也留下了许多记载或歌咏陕西的篇章。严如熤的诗文以记人叙事、写景抒情为主，鲜见无病呻吟或风花雪月之作。《乐园文钞》所记人物多是前代圣贤、地方乡绅、有政绩的基层官吏及节妇列女，其中所及人物多名不见经传；叙事文章中有的涉及国家大事及地方事务，有的则记载了作者为官时重视地方教育及水利设施修建等内容，大多言之有物，切合实际，不尚空谈，不务虚名。其中《定远事宜第一禀》、《定远事宜第二禀》从城垣、兵粮、壮丁三个方面总结治理定远厅的紧急要务及具体的方略措施；《蠲修定远厅石城碑记》则详细记载了设置定远厅的原因及修建定远厅城的经过；《修班公堰记》、《山河二堰改修渠身堰堤记》、《西乡县修磨子沟河堤记》、《修郡城北关外山河堰大堤记》、《修李家堰石洞水平记》、《修杨坝堰堰堤洞门记》等文则记述了严如熤在陕南任职期间兴修水利的详细情况。贺熙龄在《乐园文钞》

① 蓝勇：《严如熤及其经世文献的价值》，《清史研究》，1996年第4期，第80—86页。
② 辛德勇：《〈三省山内道路考〉的发现及其价值——并论严如熤之入仕与相关著述产生的因缘》，沈乃文主编：《版本目录学研究》第五辑，北京大学出版社，2014年，第173—212页。

序中说："先生之文，明白洞达，不规规摹仿而自合绳尺，至其进退古人，敷陈民生利病，政治得失，如烛照指数，而自道其所得也。"①《乐园诗钞》中的诗作除抒情、写景、咏史外，亦有不少叙事、记人的作品，其中《耕田歌》、《教织歌》以及《夏耘词》、《秋获词》、《悯农词》等从一个侧面反映了严如熤重视农业生产的实际情况；而《祈晴词》、《喜雨词》则描写了作者在凶荒之年体恤百姓，遇涝祈晴，遇旱喜雨的复杂心情；《谕农词》告诫百姓"有丰必有啬，当安常念危"②，劝导百姓勤俭持家，仁粮备荒。此外还有许多关于军事、经济的诗作，如鉴于洵阳土匪出没，村镇萧条的实际情况，严如熤在当地广修寨堡，谕示百姓"依险构寨，稍平者挖濠作堡，坚壁清野"，借以免除"荡摇之患"，并作《寨保行》以劝之；寨堡既成，又激励寨民"互相团练，以战以耕"，复作《团练行》。③ 而《木厂咏》、《铁厂咏》、《纸厂咏》等则反映了陕南地方经济发展状况。徐世昌《晚晴簃诗汇》曰："乐园经世伟略，诗特余事。集中《从军》、《悯农》诸篇，有杜陵《出塞》、道州《舂陵》遗意，《华阳吟》及《木厂》、《铁厂》、《纸厂》诸咏、《寨堡行》、《团练行》、《前后乡兵行》皆关于南山风土形势军事，亦采风者所必取。"④ 可见严如熤的诗文是其体察民情，忧心民事，务真求实的为官生活的生动反映，同时对于了解清代陕南社会与经济也有一定的参考价值。

三、《汉中府志》的修纂

严如熤在陕西任官期间，除撰著《三省山内风土杂识》、《三省边防备览》等与陕西有关的舆地著作外，还主修了《汉中府志》，为陕西的方志事业做出了贡献。

1. 汉中旧志述略

汉中古属梁州，春秋为蜀地，战国初为秦楚之境，秦惠王更元十三年(前 312)

① （清）严如熤撰、黄守红标点、朱树人校订：《严如熤集·乐园文钞·贺熙龄序》，长沙：岳麓书社，2013 年，第 3 页。

② （清）严如熤撰、黄守红标点、朱树人校订：《严如熤集·乐园诗钞》卷 1《谕农词》，长沙：岳麓书社，2013 年，第 221 页。

③ （清）严如熤撰、黄守红标点、朱树人校订：《严如熤集·乐园诗钞》卷 1《寨堡行》、《团练行》，长沙：岳麓书社，2013 年，第 245 页。

④ 徐世昌辑：《晚晴簃诗汇》卷 122，顾廷龙主编：《诗歌总集丛刊·清诗卷》，上海：生活·读书·新知三联书店，1989 年，第 916 页。

攻取汉江中游，于南郑（今汉台区东北）置汉中郡，成为秦三十六郡之一。秦末刘邦受封汉王，与项羽一争高下，后仍为汉中郡，属益州。三国时期，蜀汉据有汉中，以之为重镇，苦心经营；魏元帝景元四年（263）灭蜀，兼并汉中，复置梁州，晋因之。东晋隆安中又侨置秦州，宋、齐因之。梁武帝天监三年（504）入于魏，复称梁州汉中郡。隋文帝开皇三年（583）废郡，炀帝大业三年（607）废州，改为汉中郡。唐武德初复曰梁州，置总管府，玄宗开元十三年（725）改曰褒州，开元二十年（732）复故。唐德宗兴元元年（784）升兴元府，为山南节度使治所。五代属蜀，宋曰兴元府汉中郡，元为兴元路，属陕西行省。明洪武三年（1370）改兴元路为汉中府，并重建汉中城，属陕西布政使司，清因之，领二厅一州八县。1913 年，撤汉中府置汉中道，治南郑。

汉中因汉水而兴，经过几千年的发展，历史文化积淀深厚，人文气息浓郁，加之此地扼川、陕交通之咽喉，乃南北交通之要道，自古以来就具有重要的军事战略意义，成为兵家必争之地，因此古代史志不乏记载。汉中历史上的地方志，最早可追溯到东汉祝龟的《汉中耆旧传》，现存最早的志书当属晋代常璩所纂《华阳国志》中的《汉中志》、《汉中士女传》。之后，唐代有《汉中纪》、《兴元旧话》、《洋州图经》，作者无考，均失传。北宋李宗谔编有《兴元图经》，亦不传。南宋乾道年间，城固县令阎苍舒编纂《兴元志》20 卷，亦不传。明、清两朝是汉中历史上志书修纂的黄金时期，且大多保存完好，成为了解汉中历史的重要资料。

明代两修《汉中府志》，今仅存一部。嘉靖二十三年（1544），汉中府同知张良知主持修成《汉中府志》10 卷，分为舆地志、建置志、田赋志、水利志、职官志、宦迹、选举表、人物传、典礼考、丛纪等 10 目，此为现存最早的汉中府志，"对汉中的历史沿革考证详尽，从唐尧虞舜时代开始，至明代均有较详细的记载"。[①] 万历三十一年（1603），汉中知府崔应科在前志的基础又有续修，惜此志佚而不存。

清代顺治、康熙、嘉庆朝曾三修《汉中府志》，可谓代代相沿。顺治十三年（1656），冯达道任汉中府知府，寻访旧志，索之再三，主藏吏"以锓版数片呈，积尘寸许，点画不可辨"[②]，于是忙里偷闲，冗中抽暇，在万历志残板的基础上

①　高峰：《陕西方志考》，内部资料，1985 年，第 185 页。
②　（清）严如熤主修、郭鹏校勘：《汉中府志校勘·冯达道序》，西安：三秦出版社，2012 年。

修成《汉中府志》6卷，内容简明，篇幅有限，故后人谓其"篇章虽云典雅，而搜集未免简略"，①虽然如此，这却是清代陕西省修成的第一部府志。康熙二十五年（1686），滕天绶由广东潮州府同知升任汉中府知府，正值清政府诏修《一统志》，征收天下图舆，滕天绶见于汉中旧志或佚或简的现状，于是"广接绅衿，授餐适馆，各抒闻见，汇集篇章，仍旧志之条目，缀后来之考订"②，主要增补顺治十三年后30余年之事，与顺治《汉中府志》合编为24卷，易名为《汉南郡志》，其中前14卷为各府县山川、形胜、风俗、赋税、灾祥、秩官、兵防、公署、祀典、选举、人物等记述，后10卷为艺文，所占篇幅最多，又细分为诗、策、书、表、碑铭、记、序、传、赋、疏、文、状等子目，内容丰富，记载详细。康熙《汉南郡志》修成之后，滕天绶又亲自修改，"繁者删之，逸者补之，略者益之，疏者密之，不涉于风化纲纪者去之，或缘于伪传影射者刊之，皆本之邑乘之笔载，核之往代之史籍，而后捐其冰俸，付之梓人"。③虽然如此，后人对此志评价并不高，陈光贻在《稀见地方志提要》中说："是编天绶延邑人和盐鼎采辑顺治十三年后三十余年之事，乃合旧志共编为二十四卷，卷帙虽大增于前，而只补艺文居多，事物所增无几。其书体裁总分为六类：曰舆地志、曰建置志、曰食货志、曰秩官志、曰人物志、曰艺文志。舆地志有《僭乱》、《历代得失大略》、《明末流寇记略》三篇，不入《艺文》，于志例殊若不合。余类亦子目冗杂，体例有欠严慎。"④

康熙《汉南郡志》修成后，历经乾隆朝的修志高潮，汉中府再未修志，直至嘉庆年间严如熤任汉中府知府，修成嘉庆《汉南续修郡志》，期间相去120多年。

2. 嘉庆《汉南续修郡志》的修纂

嘉庆十四年（1809），严如熤来到汉中，甫到任即"检视郡乘"，发现当时能见到的汉中府志除康熙二十七年（1688）滕天绶修成的《汉南郡志》外别无它志，慨然叹曰："文献之无征，至于如此，将何所稽以为治耶？"⑤又见于康熙《汉南郡志》"板残字蛀，模糊不能成句读"，汉中各属县或有旧志而历经多年未

① （清）严如熤主修、郭鹏校勘：《汉中府志校勘·滕天绶序》，西安：三秦出版社，2012年。
② （清）严如熤主修、郭鹏校勘：《汉中府志校勘·滕天绶序》，西安：三秦出版社，2012年。
③ （清）严如熤主修、郭鹏校勘：《汉中府志校勘·滕天绶序》，西安：三秦出版社，2012年。
④ 陈光贻：《稀见地方志提要》卷4《陕西·汉南郡志》，济南：齐鲁书社，1987年，第225页。
⑤ （清）严如熤主修、郭鹏校勘：《汉中府志校勘·严如熤叙》，西安：三秦出版社，2012年。

曾续修，或本无旧志亦未修新志。嘉庆十六年（1811）春，严如熤着手修纂《汉南续修郡志》，历时三年，至嘉庆十八年（1813）冬始告完成。

严如熤着手修纂《汉南续修郡志》之始，先对可以利用的汉中旧志进行了一次清点，整理可资利用的资料，结果发现当时可见的汉中府旧志只有康熙志，而且残缺不全，汉中府所属各县的方志，除南郑县有嘉庆元年知县王行俭所修《南郑县志》外，城固、洋县、西乡、沔县、略阳各县方志均修于康熙年间，而宁羌、褒城、凤县三地尚未曾修志。在参考资料有限的情况下，严如熤以《陕西通志》为续修准式，以滕天绶所修康熙《汉南郡志》为基础进行续修，于繁忙的公务之余，"稍得闲则以搜集为事，随得随录，渐次成卷帙焉"。广安人郑炳然与严如熤是好友，跟随严如熤多年，严如熤抚绥老林及督修堰渠，"郑君必策马偕"，而且郑炳然"精绘事，工远势，能具千里于尺幅"；又有南郑人杨生筠，"富文学，志洁行芳"，严如熤将绘制山川、疆域、栈道、水利各图及采访、考订、校阅之事交付二人。[①]

严如熤所修嘉庆《汉南续修郡志》共32卷，卷1星野、舆图；卷2建置；卷3幅员、道路、形胜、关隘；卷4、5山川；卷6古迹、邱墓；卷7坊表、里编、乡村、市集、津梁、驿传、铺舍；卷8城池、公署；卷9、10职官；卷11武职；卷12食货；卷13学校；卷14祀典；卷15、16、17人物；卷18选举；卷19军制；卷20水利；卷21风俗；卷22物产；卷23祥异；卷24纪事；卷25、26、27艺文；卷28、29、30诗；卷31、32拾遗。在内容安排上，鉴于汉中乃南北交通要道，"当秦蜀冲，上通河陇，下扼荆扬，为自古形胜地"，加之"林幽谷奥，易以藏奸"，因此特别重视对汉中地区的关隘、道路及山川的记载。又因汉中旧志没有关于水利的记载，而自三国时期萧何凿堰渠以足军食以来，"历代疏导，实为汉南大政"[②]，故专设水利卷详细记载汉中水利情况，除绘制《南褒山河堰图》等九幅水利图外，还详细记载汉中各地水利设施及古代渠堰、有关水利兴建的碑记等内容。

严如熤所修《汉南续修郡志》是一部续志，故在体例方面受到了诸多限制，关于这个问题，作者在序言中也略有交代："旧《志》（指康熙《汉南郡志》）所

---

① （清）严如熤主修、郭鹏校勘：《汉中府志校勘·严如熤叙》，西安：三秦出版社，2012年。

② （清）严如熤主修、郭鹏校勘：《汉中府志校勘》卷20《水利》，西安：三秦出版社，2012年，第700页。

有者，列原辑滕君姓名于前。其旧《志》未备而循《通志》义例增入者，则专载某某辑。不作《凡例》，以循《通志》，沿旧《志》成文，毋庸另标列也。各卷首无弁语，亦无后论，惧剿袭徒蹈雷同，学人浅陋，议论鲜当也。"① 同时，严如熤所修《汉南续修郡志》，在继承康熙《汉南郡志》体例的基础上，"又分门别类，对其不合理之处，重新组合，较之《滕志》，更合规范体例"。如康熙《汉南郡志》的《艺文志》多达 10 卷，几乎占全志的二分之一，显然比例失调。《汉南续修郡志》改《艺文志》为 6 卷，分为诗、文两类，篇幅大大缩减。《汉南续修郡志》还增设《拾遗》2 卷，收录无类可归而又有裨于史的史事，"既保存了史料，又增加了志书的可读性"。其他各卷，均作了较多的调整和补充。"经过严氏的重新归类编辑，原本比较散乱的《滕志》变得结构合理，归属得当，体例规范，虽卷帙浩繁，但条理清晰，并无杂乱繁冗之感"。②

值得肯定的是嘉庆《汉南续修郡志》中的地图。康熙《汉南郡志》仅有"总图"一幅，严如熤所修《汉南续修郡志》卷 1《舆图》共绘有《汉中府城图》、《汉中府属疆域总图》、《留坝厅疆域图》、《定远厅疆域图》、《宁羌州疆域图》、《南北栈道图》以及汉中府所属南郑、褒城、城固、洋县、西乡县、凤县、沔县、略阳等八县疆域图，又有《陕甘毗连黑河形势图》和《华阳山形图》。《水利志》则附有《南褒山河堰图》、《南褒廉水、冷水渠图》、《南郑班公堰图》、《城洋杨填堰图》、《城固五门各堰图》、《城固沙河各堰图》、《洋县瀼滨、溢水渠图》、《西乡渠图》及《沔县渠图》等。协助严如熤修志的郑炳然擅长绘图，建议改用当时先进的开方计里方法绘制各图，"十一城四至八到，视他书较清晰焉"。③《汉南续修郡志》中所附地图，是研究古代陕西汉中行政建制以及交通、水利、地形等不可多得的珍贵史料。

严如熤《汉南续修郡志》修成付梓之际，时人秦瀛为之作序，认为作者收拾散亡，取而重辑，能够做到"门次部居，有体有要，于古今形势，尤不啻聚米画沙"。秦瀛的称赞并非溢美，严如熤《汉南续修郡志》修成后，颇得时人及后人的褒美和和肯定。道光二十九年（1849）十月，时任云贵总督的林则徐写信给贵州大定府知府黄宅中，肯定《大定府志》说："深叹编纂之勤，采辑之

① （清）严如熤主修、郭鹏校勘：《汉中府志校勘·严如熤叙》，西安：三秦出版社，2012 年。
② （清）严如熤主修、郭鹏校勘：《汉中府志校勘·前言》，西安：三秦出版社，2012 年。
③ （清）严如熤主修、郭鹏校勘：《汉中府志校勘·严如熤叙》，西安：三秦出版社，2012 年。

博，抉择之当，综核之精。惟严如熤之志汉中、冯敏昌之志孟县，李兆洛之志凤台，或堪与此颉颃，其他则未能望及项背也。"① 可见，林则徐将严如熤所修《汉南续修郡志》视作当时全国四大名志之一。郭鹏先生在点校本前言中对严如熤所修《汉南续修郡志》也给予了充分的肯定："以历史的角度观之，严对后人最大的贡献，莫过于这部留给后人的全面记载汉中历史、地理、人文的《汉中府志》，使今天和今后的人们，能了解汉中几千年的历史。其卷帙之巨，信息量之大，在汉中有史以来的志书中首屈一指。"郭鹏先生并认为此志的价值是多方位的，"它使人们了解到汉中几千年的自然、人文、资源、经济、风俗、文化、人物、大事等方方面面，不少内容很有存史、资治、教化价值，具有研究、开发、使用价值，具有发扬、传承、借鉴价值，特别是《艺文》卷中不少前贤睿智的思想、《人物》卷中众多英杰彪炳千秋的业绩，这些都是留给今人及后代的宝贵财富"。"汉中历代之志，迄今保存最完整、规模最大、资料最多者，当数这部《严志》"。② 辛德勇先生谓此志"重视山川建置，纪事切合实际，价值自远高于同时平庸志书之上。但若论严如熤对后世影响最大的著述，仍属《三省边防备览》，其他诸书，恐怕都无法与之并比。"③

总之，严如熤所修嘉庆《汉南续修郡志》是一部质量较高的志书，但限于条件以及作者个人的局限，此书的错谬亦毋庸讳言，道光十一年（1831），安徽桐城人光朝魁（连城山人雪轩氏）任褒城县令，在修《褒城县志》时，对严如熤所修《汉南续修郡志》多所参考，并在《褒城县志》卷末附有《汉中府志赘语》，对《汉南续修郡志》有肯定，更多的是质疑和纠谬。如谓《汉南续修郡志》卷二《建置》中的《郡县建置序》"杂乱难解"，而《历代建置表》本《陕西通志》，"甚整齐，惟增改数样不合"，并一一列举《历代建置考》中的错谬。④ 又如："萧何墓在长陵东司马门道北百步，见《明帝纪注》，今咸阳县地，不得在城固。鬼谷，《史记》注在阳城（《苏秦传》），又曰在云阳（《甘茂传》）。今褒

① 林则徐：《林则徐全集》第八册《信札》之第 1034 号《致黄宅中》，福州：海峡文艺出版社，2002 年，第 4158 页。
② （清）严如熤主修、郭鹏校勘：《汉中府志校勘·前言》，西安：三秦出版社，2012 年。
③ 辛德勇：《〈三省山内道路考〉的发现及其价值——并论严如熤之入仕与相关著述产生的因缘》，沈乃文主编：〈版本目录学研究〉第五辑，北京大学出版社，2014 年，第 198 页。
④ （道光）《褒城县志》卷 11《汉中府志赘语》，《中国地方志集成·陕西府县志辑》第 51 册，南京：凤凰出版社，2007 年影印本，第 458—459 页。

城何以有鬼谷先生墓?"① 长期从事地方志研究的郭鹏先生在校勘整理的过程中，参考各种资料，出校勘记 400 余条，随文出校字 1000 多处，并追根溯源，尽量查明错误的因袭，使读者能够客观地认识志书的价值。

最后，关于严如熤所修嘉庆《汉南续修郡志》的名称需要简单说明一下。古代传统的府、州、县志等地域类志书，均采用当时行政区域名加"图经"、"志"等字词的形式命名。唐德宗时，升梁州为兴元府，故唐、宋时期有《兴元图经》、《兴元志》。元代改为兴元路，明初改路为府，遂为汉中府，一直沿袭至清代，故明代嘉靖、清代顺治时所修汉中府志均称《汉中府志》。惟清康熙年间滕天绶修成志书后，取名《汉南郡志》。滕氏在其《序言》中说："丙寅之冬，奉命来守汉南"②，故知滕氏所谓"汉南"即专指汉中府。陈光贻亦谓"汉南即汉中府，其名始于秦，至明始置府，领邑十二"。③ 严如熤在康熙滕志的基础上，续修成志，遂承其后命名为《汉南续修郡志》。"严氏续修，承继《滕志》，沿用其名，故曰《汉南续修郡志》，自然是应有之义。《严志》在志书的各页书口上，却刻为'汉南续修府志'（除重刻的滕天绶《序言》几页页口为'汉南续修郡志'外），可见，严氏已经意识到称'郡志'之不妥。1924 年，汉中道尹阮贞豫组织重刻该《志》时，纠正上述混乱，遂定名为《重刻汉中府志》。"④ 清人光朝魁在《〈汉中府志〉赘语》中说："自秦汉置汉中郡，汉水之所环绕也。隋避讳，尝改曰'汉川'。其地多在汉北，故汉晋每称曰'沔北'。今强被以'汉南'之名，则是《尔雅》荆州之域矣。"⑤

需要说明的是，严如熤所修《汉南续修郡志》原刻本在清同治年间太平天国战争中毁于战火，1924 年重新刻版印刷时，将道光九年汉中府知府杨名飚所辑义烈、节烈数百人作为第 33 卷增刻入其中，名《重刻汉中府志》。日前，长期从事地方志研究的学者郭鹏先生以严如熤主修的嘉庆《汉南续修郡志》为底本，以 1924 年《重刻汉中府志》为对校本，根据多年对汉中历史的研究，广泛

① （道光）《褒城县志》卷 11《汉中府志赘语》，《中国地方志集成·陕西府县志辑》第 51 册，南京：凤凰出版社，2007 年影印本，第 461 页。

② （清）严如熤主修、郭鹏校勘：《汉中府志校勘·滕天绶序》，西安：三秦出版社，2012 年。

③ 陈光贻：《稀见地方志提要》卷 4《陕西·汉南郡志》，济南：齐鲁书社，1987 年，第 225 页。

④ （清）严如熤主修、郭鹏校勘：《汉中府志校勘·前言》，西安：三秦出版社，2012 年。

⑤ （道光）《褒城县志》卷 11《汉中府志赘语》，《中国地方志集成·陕西府县志辑》第 51 册，南京：凤凰出版社，2007 年影印本，第 458 页。

查阅该志所引用的原典史籍、金石资料等，据滕天绶《汉南郡志》，严如熤《三省边防备览》，明清时期相关的各州、厅、县志、碑刻拓片，古今有关汉中的史料著述等进行校勘，出校勘记500多条，随文出校字1000多处，厘正原志错讹，使该志更准确，更具有存史与使用价值。此点校整理本已由三秦出版社整理出版。

第三节　钱坫与朝邑、韩城二县志

一、钱坫其人

钱坫，字献之，一字篆秋，号十兰，自署泉坫，江苏嘉定（今上海市嘉定区）人，生于乾隆九年（1744），卒于嘉庆十一年（1806），享年63岁。①

嘉定钱氏系名门望族，学人辈出，钱坫系钱塘之弟，钱大昕族侄，秉承族训，潜心为学，"少而颖敏，有过人之资。精于小学，游京师，朱笥河先生（筠）延为上客"。②翁方纲《送钱献之序》称："献之以一介之士游京师，未三年，而同学前后数辈无不知有献之者。……献之之学，博而有要，不泥古，亦不戾古，其肯以人之见称稍贮于其怀耶？"。乾隆三十九年，钱坫应顺天乡试，中副榜贡生，"将归拜其亲，省其叔佼父于粤"。③据陈鸿森先生考证，钱献之南下广东省亲当在乾隆三十九年冬。乾隆四十一年，钱坫始游关中，"客大府镇洋毕公幕"④，"巡抚毕公沅以其才奏留陕西，补授乾州直隶州州判，历署兴平、韩城、等县，又以乾州兼署武功县，请终养回籍"。钱坫晚年患风痹病，"亲没终

①　关于钱坫的生卒年，包世臣《钱献之传》谓卒于嘉庆十一年（1806），年六十六，据此当生于乾隆六年（1741）；吴修《续疑年录》卷4及光绪《嘉定县志》卷16均谓钱坫卒于嘉庆十一年，年六十三，当生于乾隆九年（1744）。陈鸿森《钱坫遗文小集》一文考证认为："今据《与杨蓉裳书一》云'年将半百，俛仰多悲'，札末属'壬岁十一月望日'，当为乾隆五十七年壬子。以包、吴二说验之，乾隆六年生，则是年年五十二；九年生，则为四十九岁，与年将半百之说正合，然则献之年寿，当以吴修《续疑年录》等为正。"《中国典籍与文化论丛》第12辑，南京：凤凰出版社，2009年，第253—275页。

②　（清）江藩：《国朝汉学师承记》卷3，北京：中华书局，1983年，第51页。

③　（清）翁方纲：《复初斋文集》卷12《送钱献之序》，《清代诗文集汇编》编撰委员会编：《清代诗文集汇编》第382册，上海：上海古籍出版社，2010年影印本，第124页。

④　（清）钱坫：《十六长乐堂古器款识考》卷3，《续修四库全书》第901册，上海：上海古籍出版社，2002年影印本，第531页。

制，不复出，侨居中苏州，客游维扬，归而疾作，卒于苏州"。①

钱坫在学术研究方面颇有造诣，论者谓其"沈博不及詹事（钱大昕），而精当过之，学者所为称嘤城二钱者也"。②《清儒学案》称钱坫"在毕制府沅陕幕最久，与洪亮吉、孙星衍研讨训诂舆地之学，著《史记补注》，详于音训及郡县山川"。③训诂、舆地之外，钱坫还精通经学、金石学，擅长书法，尤以篆书知名天下，被誉为清代篆书第一人，《清史稿》谓"当乾、嘉之间，嘉定钱坫、阳湖钱伯坰，皆以书名"。④钱坫一生博览群书，著述甚富。据学者整理研究，钱坫著述已经刊行的有11种，分别是：《诗音表》1卷、《车制考》1卷、《论语后录》5卷、《尔雅古义》2卷、《尔雅释地四篇注》1卷、《说文解字斠诠》14卷、《十经文字通正书》14卷、《异语》19卷、《新校注汉书地里注》16卷、《十六长乐堂古器款识考》4卷、《浣花拜石轩镜铭集录》2卷。未经刊行的有十三种，分别是：《内则注》3卷、《春秋解例》、《尔雅释义》10卷、《异音》7卷、《史记补注》130卷、《汉书十表注》10卷、《十六国地里志》、《圣贤冢墓考》1卷、《昭陵石略》、《西番水地记》1卷、《篆人录》、《十兰骈体文》2卷、《金凤玉笙诗》2卷。⑤"诸书虽业有精粗，然献之博极群书，才辨纵横，戛戛自造一家之言，固乾嘉学术之杰也"。⑥

二、钱坫在陕西

钱坫一生与陕西息息相关，包世臣谓其从陕西巡抚毕沅游，"遂官于陕二十余年"⑦，然由于资料有限，钱坫在陕西的行迹可述者有以下几个方面。

首先，关于钱坫来陕的时间，学界多有考证，然说法不一。据钱坫自述：

　　① （清）潘奕隽：《三松堂集》卷4《陕西乾州州判钱献之传》，《清代诗文集汇编》第399册，第345页。

　　② （清）包世臣：《艺舟双楫》卷8《附录二·钱献之传》，《续修四库全书》第1082册，上海：上海古籍出版社，2002年影印本，第738页。

　　③ 徐世昌等编：《清儒学案》卷84《钱先生坫》，沈芝盈、梁运华点校，北京：中华书局，2008年，第3321页。

　　④ 《清史稿》卷503《艺术传·邓石如》，北京：中华书局，1977年标点本，第13893页。

　　⑤ 陈鸿森、潘妍艳：《钱坫事迹考证》，《中国典籍与文化》2011年第4期，第53—59页。

　　⑥ 陈鸿森：《钱坫遗文小集》，《中国典籍与文化》编辑部编：《中国典籍与文化论丛》第12辑，南京：凤凰出版社，2009年，第253—275页。

　　⑦ （清）包世臣：《艺舟双楫》卷8《附录二·钱献之传》，《续修四库全书》第1082册，上海：上海古籍出版社，2002年影印本，第738页。

"余以乾隆四十一年始游关中，客大府镇洋毕公幕。"① "二十年秦赘所见商周下至唐代器物，几数千余件，然皆云烟过眼，瞥而不留，年守者仅此耳，岂不慨哉！嘉庆二年十一月朔日，钱坫记。"② 又包世臣《钱献之传》："以副榜贡生就职直隶州州判，从陕西巡抚毕沅游，遂官于陕二十余年，历署文山县、乾州、华州事。嘉庆二年（1797）教匪扰陕西、四川、河南、湖北，而华州为陕西入河南要道，君兼摄州县事，率众乘城，力遏其冲。……"③ 以钱坫自述所言赴秦时间及官于陕20余年、嘉庆二年（1797）仍在陕西任职来看，钱坫赴陕时间当以乾隆四十一年（1776）为是。

其次，关于钱坫在陕西的任官经历及时间，各家传记虽有所及，但均寥寥数笔，不甚详悉。前言包世臣《钱献之传》云钱坫"历署文山县、乾州、华州事"，江藩《汉学师承记》曰："乾隆甲午，中副榜，遂至关中，在毕巡抚幕中。……后就职州判，监修陕西城；授乾州州判，得末病归，卒于苏州。"④ 潘奕隽《陕西乾州州判钱献之传》则曰："游关中，巡抚毕公沅以其才，奏留陕西，补授乾州直隶州州判，历署兴平、韩城等县，又以乾州兼署武功县，请终养回籍，病风痹，亲没，终制，不复出。"⑤ 陈鸿森先生则曰："毕氏异其才，奏留陕西，补授乾州州判。历署兴平、韩城、武功知县，乾州、华州知州。白莲教徒犯陕，献之纠乡勇，力遏其冲，危城以全"。⑥ 至于任官的具体时间，史志多未言及，"盖献之官卑，转徙各地，久之乃实授乾州州判。其署理各州县事，为时皆不长，且陕西历白莲教之乱，簿版毁损，各州、县志《职官》多阙献之名。故其在陕宦迹岁月，殊难一一考知。"⑦ 钱坫在嘉庆元年所做《十六长乐堂古器款识考自

① （清）钱坫：《十六长乐堂古器款识考》卷3，《续修四库全书》第901册，上海：上海古籍出版社，2002年影印本，第531页。
② 陈鸿森：《钱坫遗文小集》，《中国典籍与文化》编辑部编：《中国典籍与文化论丛》第12辑，南京：凤凰出版社，2009年，第253—275页。
③ （清）包世臣：《艺舟双楫》卷8《附录二·钱献之传》，《续修四库全书》第1082册，上海：上海古籍出版社，2002年影印本，第738页。
④ （清）江藩：《国朝汉学师承记》，北京：中华书局，1983年，第51—52页。
⑤ （清）潘奕隽：《三松堂集》卷4《陕西乾州州判钱献之传》，《清代诗文集汇编》编撰委员会编：《清代诗文集汇编》第399册，上海：上海古籍出版社，2010年影印本，第345页。
⑥ 陈鸿森：《钱坫遗文小集》，《中国典籍与文化》编辑部编：《中国典籍与文化论丛》第12辑，南京：凤凰出版社，2009年，第253—275页。
⑦ 陈鸿森、潘妍艳：《钱坫事迹考证》，《中国典籍与文化》2011年第4期，第53—59页。

叙》中曾言"乾隆癸卯以后，宦游秦甸，至今十余岁矣"①，据此其游秦任官当在乾隆癸卯即乾隆四十八年（1783），崔瑾先亦考证认为：钱坫于乾隆四十八年（1843）递捐通判，毕沅奏请将其分发陕西试用候补，乾隆四十九年（1784）署兴安府汉阴厅监补通判，乾隆五十八年（1793）任乾州直隶州州判，嘉庆二年，署华州。②

再次，钱坫在陕西任官期间，职位虽然不高，但能勤于政事，颇得好评。潘奕隽在传记中说："君之兼理武功也，白莲教匪滋事，阑入鳌屋，武功去鳌屋六十里，中界渭河，贼啸聚河滨，君纠乡勇分据要害，贼不能度渭。夜，自城悬灯达城外，离地八尺四寸，周望如火龙，凡守御之具无不备。君循河夜守，衣不解带者二十二昼夜，危城以全。乾州采买米谷，向派里役，吏冒其利，派于民，君令赴隔县采买，吏耷刁民控君，忌君者欲以此倾君，适奉旨一体隔县采买，而忌者计不售。盖君之为吏，位虽卑而能尽其职如此。"③

最后，乾隆四十八年至五十一年（1783—1786），陕西大规模地整修西安城墙，钱坫曾参与其事。据陈鸿森、潘妍艳《钱坫事迹考证》一文考证，乾隆四十六至四十七年（1781—1782），在整修西安城墙的勘估、筹备阶段，钱坫因擅长测算，尝佐毕沅核计工料、工费等事务。四十八年六月开工伊始，钱坫在兼任地方官的同时，专门负责协助毕沅核对、测量、销算等事。④ 钱坫虽然只是短时间内辅佐毕沅监修西安城墙，这一事实当为后人铭记。

第五，钱坫在陕西期间，积极参与毕沅幕府的各种学术活动，参与陕西地方志的修纂。钱坫自谓"少孤失学，壮而好游，沈潜之功少。然喜与贤士大夫交，得闻前辈绪论，故业亦稍进"，特别是游历陕西的人生经历，对钱坫的学术人生产生了很大的影响，期间耳濡目染，亦留心搜集商周、秦汉古器物，久而久之，考虑到其中"有足证文字之原流者，有足辨经史之讹舛者，皆有裨于学识"，于是将其中"稍异见所臧弄者，剖为一编"，于嘉庆元年将其游秦20年所得编成《十六长乐堂古器物款识考》4卷，此应是钱坫客居陕西，受当时诸多金

① 陈鸿森：《钱坫遗文小集》，《中国典籍与文化》编辑部编：《中国典籍与文化论丛》第12辑，南京：凤凰出版社，2009年，第253—275页。

② 崔瑾：《钱坫〈说文解字靓诠〉研究》，硕士学位论文，宁夏大学人文学院，2013年，第6—7页。

③ （清）潘奕隽：《三松堂集》卷4《陕西乾州州判钱献之传》，《清代诗文集汇编》编撰委员会编：《清代诗文集汇编》第399册，上海：上海古籍出版社，2010年影印本，第345页。

④ 陈鸿森、潘妍艳：《钱坫事迹考证》，《中国典籍与文化》2011年第4期，第53—59页。

石爱好者影响的结果，正如钱坫自谓"余非贤人，今幸依侍河间中丞莫府，又有侍读严君及孙君日相讨论，自纱入缁，不染自黑"。①《洪亮吉年谱》言乾隆四十六年（1781）洪亮吉来到陕西毕沅节署，与吴泰来、严长明、钱坫、孙星衍"凡五人"② 同在府中。《清代学者像传》则谓钱坫"客关中毕秋帆中丞所，与方子云、洪稚存、孙渊如诸人讨论训故舆地之学"。③ 可见钱坫长期在毕沅幕府任职，与方正澎、孙星衍、严长明等校订古书《山海经》、搜罗金石，参与编纂《关中金石记》、《中州金石记》，主纂《朝邑县志》、《韩城县志》，为陕西地方文献建设贡献了一己之力。

三、修纂朝邑、韩城二县志

钱坫任职、客居陕西期间，除参与毕沅幕府的各种学术活动，协助毕沅修纂《关中胜迹图志》外，还参修了《朝邑县志》和《韩城县志》，为陕西的修志事业做出了一定贡献。

1.《朝邑县志》

朝邑古代为临晋县地，北魏太和十一年（487）置南五泉县，属澄城郡，西魏大统六年（540）因西临朝坂而得名朝邑，隋属冯翊郡，唐初属同州，肃宗乾元三年（760）割属河中府，改名河西，代宗大历三年（768）复称朝邑，仍属同州，五代、宋、元、明、清因之，新中国成立后，于1958年并入大荔县。

乾隆年间钱坫修《朝邑县志》之前，朝邑县志凡三修：

其一是正德《朝邑县志》，也是现存最早的朝邑旧志，明正德十四年（1519）王道、韩邦靖纂修。正德《朝邑县志》2卷7篇不足6000余字，修纂者韩邦靖字汝度，号五泉，朝邑人，生于明孝宗弘治元年（1488），卒于世宗嘉靖二年（1523），享年36岁。韩邦靖少年早慧，十四岁考中举人，正德三年（1508）与其兄韩邦奇同时考中进士，同负盛名，时称"关中二韩"，官至工部主事、员外郎。正德九年（1514），乾清宫失火，韩邦靖"指斥时政甚切，武宗大怒，下之诏狱"。给事中李铎等为之求情，才夺官为民。世宗即位，起任山西

① 陈鸿森、潘妍艳：《钱坫事迹考证》，《中国典籍与文化》2011年第4期，第53—59页。

② （清）吕培：《洪北江先生年谱》，（清）洪亮吉撰：《洪亮吉集·附录》，刘德权点校，北京：中华书局，2001年，第2335页。

③ （清）叶衍兰、叶恭绰编：《清代学者像传》第1集《钱坫》，上海：上海书店出版社，2001年，第278页。

左参议，分守大同，"岁饥，人相食，奏请发帑，不许。复抗疏千余言，不报。乞归，不待命辄行。军民遮道泣留"①，不久病逝，年仅 36 岁，有《韩五泉诗集》4 卷行于世。正德十三年（1518），韩邦靖应朝邑知县王道约请，编纂《朝邑县志》，正德十四年完稿。正德《朝邑县志》系文人修志，不解史法，因而个性鲜明，历来褒贬不一。正德《朝邑县志》最大的特点是文字简约，"总约不过六七千言，用纸十六七番，志乘之简，无有过于此者"。其中《物产篇》仅用 96个字，分类记述了 15 种地方特产，章学诚认为若不以史家体例衡量，"直是一篇无韵之《朝邑赋》，又是一篇强分门类之《朝邑考》"。②《四库提要》谓"古今志乘之简，无有过于是书者"。③ 王士祯谓其与康海《武功县志》"并称先辈，称丽为巨"，④ 并将其列为关中十大名志之一。《四库提要》谓其"宏纲细目，包括略备，盖他志多夸饰风土，而此志能提其要，故文省而事不漏也"，"自明以来，关中舆记，惟康海《武功县志》与此《志》最为有名"。⑤ 章学诚将韩邦靖《朝邑县志》与康海《武功县志》进行对比，认为朝邑志虽然稍优于武功志，但也难免"滥采野史"、"不考事实"等瑕疵，此外，"并选举于人物，而举人进士不载科年"，记人记事使用避讳或尊称，致使后人不明所指等也不能让人满意。⑥ 现代著名藏书家叶启勋遍考明代以来的藏书家目录，除《千顷堂书目》外，迄无著录，"固知此书不仅为名志书，抑亦罕传之秘帙已"，故以高价从书商手中购入。⑦

其二是万历《朝邑县志》，万历十二年（1584）郭实、王学谟修纂，此志系在正德《朝邑县志》的基础上续修而成，分为地形志、建置志、秩祀志、食货志、官氏志、人物志、节义志、纪事志，共计 8 卷，体例基本因袭正德《朝邑县志》，志目大同小异，文简意赅，时人谓其"详而不芜，简而匪疏，品裁具而

① 《明史》卷 201《韩邦靖传》，北京：中华书局，1974 年标点本，第 5319 页。

② （清）章学诚著、叶瑛校注：《文史通义校注》卷 8《外篇·书朝邑志后》，北京：中华书局，第 911 页。

③ （清）永瑢等：《四库全书总目》卷 68《史部·地理类·朝邑县志》，北京：中华书局，1965 年影印本，第 602 页。

④ （明）王士祯：《带经堂集·蚕尾文集》卷 8《跋朝邑志》，《清代诗文集汇编》第 134 册，第 702 页。

⑤ （清）永瑢等：《四库全书总目》卷 68《史部·地理类·朝邑县志》，北京：中华书局，1965 年影印本，第 602—603 页。

⑥ （清）章学诚著、叶瑛校注：《文史通义校注》卷 8《外篇·书朝邑志后》，北京：中华书局，1985 年，第 911 页。

⑦ 叶启勋、叶启发撰，李军整理、吴格审定：《二叶书录·拾经楼由书录》卷上，《中国历代书目题跋丛刊》第 4 辑，上海：上海古籍出版社，2014 年，第 52 页。

体式宜","词存褒贬，义切风戒"。①

其三是康熙《朝邑县后志》，8 卷，王兆鳌修，王鹏翼纂，康熙五十一年（1712）刻印。此志接续正德、万历二志，记事起于万历十三年（1585），止于康熙五十一年（1712），"旁搜博稽，采诸舆论，考之金石，缺者补之，后者续之，略者详之，疑者订之，宁严勿泛，宁朴勿缛，宁不没一善，不妄誉要人"②，并增加了前志所无的艺文志、灾祥志、杂记等内容。

乾隆年间朝邑县令金嘉琰认为，上述三种朝邑县志中，韩邦靖所修正德《朝邑县志》"意取体要，每详其大而略其细，举其总而忽其析，故为文甚简"，王学谟所修万历《朝邑县志》"承之加备焉"，至康熙朝王兆鳌所修《朝邑县后志》则"至后志为最赅"。③康熙志修成后，直至乾隆朝，朝邑县再未修过志书。乾隆四十年（1775），陕西巡抚毕沅祈泽华岳庙，亲临华山，远眺朝邑，见其平原广泽，沃野漫衍，郁郁葱葱，一派"宅壤丰腴，物阜民殷"之景象，于是感念于朝邑志书自明代韩邦靖之后，凡经六修，"虽踵事而增，而漏略不赀"，唯康熙《朝邑志》"犹称该备"，但"历时即久，事迹繁多，不得不重商增辑"。适逢朝邑县令金嘉琰前来拜谒，毕沅遂告之以修志之意。④金嘉琰于乾隆四十一年（1776）任朝邑县令，甫到任即访求志乘，留心修志，"下车之日，凡与绅士见，必以重订为请，既又甄录事迹，征行考实"。加之毕沅又有修志之意，于是"延纳博雅之士，相与商榷而汇辑"，乾隆四十三年志书修成，金嘉琰有病在身未及付梓。乾隆四十四年（1779），朱廷模继任朝邑县知县，金嘉琰将刊刻志书之事托付给朱廷模，于乾隆四十五年（1780）付梓刻印。

乾隆《朝邑县志》11 卷约 17 万字，卷 1 地形录，卷 2 胜迹录，卷 3 县尹丞尉簿史录，卷 4 历代著闻人录，卷 5 本朝著闻人录，卷 6 孝行、忠义并节烈妇录，卷 7 城池、公署、学校、坛庙修建录，卷 8 赋税录，卷 9 科举录，卷 10 缀录，卷 11 修志源流录。乾隆志修成后，陕西巡抚毕沅亲自审定，认为此志记载

　　①　（万历）《续朝邑县志》卷末王传《韩邑续志跋》，《中国地方志集成·陕西府县志辑》第 21 册，南京：凤凰出版社，2007 年影印本，第 80 页。

　　②　（康熙）《朝邑县后志》卷首张廷枢序，《中国地方志集成·陕西府县志辑》本第 21 册，第 84 页。

　　③　（乾隆）《朝邑县志·金嘉琰序》，《中国地方志集成·陕西府县志辑》第 21 册，南京：凤凰出版社，2007 年影印本，第 208 页。

　　④　（乾隆）《朝邑县志·毕沅序》，《中国地方志集成·陕西府县志辑》第 21 册，南京：凤凰出版社，2007 年影印本，第 207 页。

了朝邑县的因革形胜，土俗民风，称朝邑县志有韩邦靖创修于前，乾隆志成之于后，"所谓相得益彰，亦并传诸不朽"。① 朱廷模亦谓之"博采遐搜，略无挂漏，征引考据，方聚物分"。②

2.《韩城县志》

韩城为古梁国少梁邑所在地，秦改少梁为夏阳，置县，两汉时期属左冯翊，晋属冯翊郡，北魏属华山郡，后省入部阳。隋开皇十八年（598），改置韩城县，属冯翊郡，唐武德三年（620）属西韩州，贞观八年（634）州废，以县属同州，天祐二年（905）改名韩原县，五代梁改属河中府，后唐天成元年（926）复曰韩城，复属同州，宋、元、明时期废而复置，清雍正十三年（1735）属同州府。辛亥革命后，属陕西省关中道，1928年取消道制，直属省辖。新中国成立后，分合改并，1961年恢复韩城县建置，属渭南专区，1984年撤县设市，仍属渭南地区，1985年国务院批准为开放城市。韩城历史悠久，遗存丰富，是国务院公布的中国历史文化名城之一。

现存韩城旧志共五部，钱坫修乾隆《韩城县志》之前，韩城修有两部旧志：

其一是明万历三十五年（1607）苏进、张士佩所修《韩城县志》，此志是韩城市现存最早的一部志书，共8卷32目，系韩城县芝川镇人张士佩应知县苏进之邀纂修而成，"全书文词简约，内容多记具体事实而不冗芜杂乱，表格清晰易读，但考证欠少。版本刻印精良，流传不多"。③

其二是康熙四十二年（1703）康行偁、康乃心在万历志基础上纂修的《韩城县续志》，此系康行偁任职韩城期间，聘请德高望重、博学能文之士广征博采而成，纂修者康乃心系关中名士，字孟谋，又字太乙，号莘野，陕西部阳（今合阳县）人，生于明崇祯十六年（1643），卒于康熙四十六年（1707），享年65岁。康乃心于康熙三十八年乡试中举，隐居不仕，尝与李颙、李因笃、顾亭林等漫游大江南北。康乃心擅长诗文，著有《毛诗笺》、《莘野集》，时人有"关中二李，不及一康"之语，以诗名扬海内，珍藏古籍七八千卷，著述宏富，已刻行世者近50种。康熙《韩城县志》共8卷约6万余言，体例一仍旧志，仅作续

① （乾隆）《朝邑县志·毕沅序》，《中国地方志集成·陕西府县志辑》第21册，南京：凤凰出版社，2007年影印本，第207页。

② （乾隆）《朝邑县志》卷11《修志原流考·朱廷模跋》，《中国地方志集成·陕西府县志辑》第21册，南京：凤凰出版社，2007年影印本，第367页。

③ 高峰：《陕西方志考》，内部资料，1985年，第76页。

补的工作，记事止于康熙四十一年（1702）。

乾隆四十五年（1780），周渭任韩城县知县，到任伊始即访求志乘，见于距前志即康熙《韩城县志》修成已有80多年，"城郭犹是，人民已非，风俗物土之遗，其为增损移易者几何哉"？于是"访诸父老，质诸缙绅，每窃窃以废坠残缺为虑，而公务悾偬未暇也"。乾隆四十七年（1782）春，周渭前往省城拜谒陕西巡抚毕沅，毕沅嘱咐周渭曰："韩邑志久未修辑，邑令之责也，有嘉定钱君坫者，居停于兹，可即采访以资纂修，善其图之。"周渭回到韩城，即召集当地乡绅及能文之士，"商量计工，众共乐从，复择信敏诸人分劳而任之，一善必采，一行亦录，毋滥毋遗。邑进士项城令陈君献可，雅而能文，且多记邑中已往事迹，遂敬礼以典其事，预为编次焉。……是志也，大略则依张、康两志而为之，然缺者必补，而于冗杂间出之处，亦并不敢迁就古人。其新入采辑者，则务期明信可征。"①惜志未成而周渭离任。乾隆四十八年（1783），傅应奎继任韩城县令，"披览前志，多漶漫不可卒读。盖自前令康君修辑，至今八十余年，其间时事日殊，人才辈出，当补入者不啻十之五六。余旋因奉檄分校乡闱，欲重加编纂而未暇也。适大中丞毕公有缮治之命，于是与邑绅士征文考献，属嘉定钱君精其义例，密其体裁。书未竣而钱君署汉阴，通守篆以去。余为之考建置之源流，政教之沿革，山川风土之淳薄，人材选举之盛衰，缀阙釐伪，成若干卷，而志之条理粗具。"②

钱坫所修乾隆《韩城县志》共16卷67个子目，17万多字，卷首除序文、纂修姓氏、目录外，还附有星野、地理、城郭、汪平书院、龙门山等图。卷一为建置、古城、镇戍、乡里、户丁、市集、山、水、桥渡。卷二为形势、城池、廨署、兵防、驿传、学校、公所、祠祀、古迹、物产、风俗、冢墓；卷三为田赋、仓；卷四为文官表、循吏；卷五为科举表；卷六为贤良、廉能、文学、武略；卷七为孝友、义行、流寓、方技、仙释、寿民；卷八为贞女、烈妇、节妇、贤孝；卷九为奏疏；卷十为序、引、记；卷十一为记、信息；卷十二为考、辨、议、论、墓志、杂文、书后；卷十三为碑记；卷十四为诗、诗余、赋、著述；卷十五为旧闻、旧序；卷十六为古鼎考、碑版考。记事起自上古，迄于乾隆四十八年（1783）。

---

① （乾隆）《韩城县志》卷15《旧序·周渭序》，《中国地方志集成·陕西府县志辑》第27册，南京：凤凰出版社，2007年影印本，第205—206页。
② （乾隆）《韩城县志·傅应奎序》，《中国地方志集成·陕西府县志辑》第27册，南京：凤凰出版社，2007年影印本，第2页。

乾隆《韩城县志》的纂修者傅应奎、钱坫均为知名学者，傅应奎继周渭之后主持完成了志书的修纂，钱坫虽未等志书修成即移任汉阴，但二人的学识及主张对志书都产生了一定的影响。傅应奎对志书修纂有一己之见，他认为"邑志之作，虽属一隅，然搜讨援据，即史臣纪载之义也"。傅应奎认为，在关中旧志中，康海《武功志》、王九思《鄠县志》效仿《三辅黄图》，韩邦靖《朝邑志》则效仿《漱水志》，"皆以简练为尚"，并认为"古者地志惟载山川、形胜、风俗、物产，间举古迹以证地之所在，非夸多门靡资文苑之用也。至亭台桥市、佛寺道观、名宦人物、诗文悉载者，自南宋之志为然。唐人志乘远不可稽，今所见宋时本如朱长文之《吴郡图经》、周淙之《临安志》、梁克家之《三山志》、范成大之《吴郡志》、罗愿之《新安志》、《四明志》、施宿之《会稽志》、周应合之《建康志》、潜说友之《临安志》，多至一二十卷，或至八九十卷，知前贤撰述，未可以多寡分优劣也。盖县志欲其详，至府志递减之，省志、一统志则更删削之。若邑志太简，譬诸登高而望四至，虽一指点可尽，而峰峦之回伏，林木之遮蔽，川涂之支派，终有未甚明晰者。是志也，不敢务繁，亦不敢太简，余因诸君子之考核，得寓目其间，藉手以成信乘，庶几毋贻守土者羞乎"。① 加之在编辑人事上，则敦请当时陕西巡抚毕沅任总裁，布政使图萨布、按察使王昶任鉴定，其他编纂、参阅、采访人员均为当时知名人士，因此乾隆《韩城县志》是旧志中材料最全面、内容最丰富的一种，不仅详列康熙至乾隆间八十余年的事迹，而且还囊括之前旧志的主要内容，其中人物和艺文所占比例较大，嘉庆年间陆耀遹又在此志的基础上修成《韩城县续志》。

第四节　陆耀遹、董祐诚与陕西方志的修纂

一、陆耀遹与《韩城县续志》

1. 陆耀遹其人

陆耀遹，字绍文②，江苏武进人，生于乾隆三十六年（1771），卒于道光十

---

① （乾隆）《韩城县志·傅应奎序》，《中国地方志集成·陕西府县志辑》第27册，南京：凤凰出版社，2007年影印本，第2页。

② 徐世昌等编：《清儒学案》卷113《陆先生耀遹》，沈芝盈、梁运华点校，北京：中华书局，2008年，第4561页作"绍闻"，《清史列传》、《碑传集》均作"绍文"。

六年（1836），享年 66 岁。

陆耀遹少补诸生，擅长诗文；壮岁出游，客居浙江学政阮元幕府，颇见器重。嘉庆十六年（1811），陆耀遹携弟子董祐诚前往陕西，客居陕西巡抚朱勋（1813—1822 年担任陕西巡抚）幕府。嘉庆十八年（1813）白莲教之天理教徒发动起义，河南滑县李文成为主要教首，时任陕甘总督那彦成前往镇压，路过长安，请陕西巡抚举荐可用之才，朱勋推荐陆耀遹，言其"知兵事阔狭"。那彦成立即召见陆耀遹，陆耀遹"为陈机宜缓急数十事，因属具草以上，采以入奏，多见施行"。① 朱勋被罢免后，陆耀遹回到家乡。道光四年（1824），朝廷下诏令地方举孝廉方正②，"邑中以君名上，试二等，以校官用，得淮安府学教授"。后来陆耀遹又游历广东，"当事者强留之，凡历十余岁"。道光十五年（1835），叔父陆继辂招之使还，"比归，而祁生（继辂）已谢病去官，病亟。君为经济其丧，刊刻其遗书。"不久又任阜宁教谕，次年卒于阜宁。③

陆耀遹为人沉敏和正，处事周慎，"为人谋必竭忠告，或相倚任，斠然无私，故所至见敬信，惟恐失之"。④ 陆耀遹擅长诗文，诗宗钱、刘，能自成一家，有《双白燕堂诗集》、《双白燕堂文集》、《双白燕堂外集》，又集有《双白燕堂集唐诗》。诗文之外，又工尺牍，《清史稿》称"其为人韬敛精采，而遇事侃侃无所挠。游公卿间，尤长尺牍"⑤，陆耀遹居留陕西期间，为朱勋代拟尺牍，汇为《姑射词人客陕西抚部笺牍》6 卷，行于世。据李兆洛所记，陆耀遹一生著书凡十余种，所著书随所客名之。陆耀遹又酷嗜金石文字，"尝客陕西巡抚幕，所至搜辑摹拓，有暇辄矻矻伏案，考证所得"，他搜集到的金石资料超过王昶《金石萃编》的一半，纂成《金石续编》21 卷，所录始自汉代，迄于金代，计碑志421 通，依时代先后编次。《金石续编》完全按照《金石萃编》的体例，专录王

① （清）李兆洛：《阜宁县学教谕陆君耀遹传》，（清）钱仪吉等撰：《清代碑传全集·碑传集》，上海：上海古籍出版社，1987 年影印本，第 789 页。

② 关于陆耀遹举孝廉方正的时间，《清史列传》卷 72（5966 页）、《清儒学案》卷 113（4562 页）均言道光元年（1821），然据李兆洛《阜宁县学教谕陆君耀遹传》，其举孝廉方正在朱勋解任陕西巡抚后。又《清宣宗实录》载道光二年（1822），朱勋被免，道光四年（1824），陆耀遹举孝廉方正，"著以教职用"。

③ （清）李兆洛：《阜宁县学教谕陆君耀遹传》，（清）钱仪吉等撰：《清代碑传全集·碑传集》，上海：上海古籍出版社，1987 年影印本，第 789 页。

④ （清）李兆洛：《阜宁县学教谕陆君耀遹传》，（清）钱仪吉等撰：《清代碑传全集·碑传集》，上海：上海古籍出版社，1987 年影印本，第 789 页。

⑤ 《清史稿》卷 486《文苑传·陆耀遹》，北京：中华书局，1977 年标点本，第 13411 页。

氏所未备，参互考订，"缺者补之，讹者正之，差者次之，伪者削之，旁采诸家之题跋，间一参以鄙见"，[①] 张舜徽称《金石续编》"卓然可传"。[②]

2. 陆耀遹与陕西

关于陆耀遹的生平，史籍记载寥寥，其在陕西的行迹更是难觅其踪。据李兆洛《董君方立传》记载，嘉庆十六年（1811）李兆洛担任凤台知县期间，董祐诚与其师陆耀遹"赴陕西，途出凤台，止之宿，因留旬余"。[③] 又据李兆洛《阜宁县学教谕陆君耀遹传》，陆耀遹曾客居陕西巡抚朱勋幕府，期间曾为陕西总督那彦成镇压白莲教起义出谋划策，朱勋被罢免后南归返乡。又据《清史稿·疆臣年表·各省巡抚》，嘉庆十八年（1813），朱勋始任陕西巡抚，道光元年（1821）升任陕甘总督。《宣宗皇帝实录》载朱勋于道光二年（1822）因事被免职。又陆耀遹所修嘉庆《韩城县志》，始于嘉庆十九年（1814），成书于嘉庆二十三年（1818）。与弟子董祐诚同修嘉庆《咸宁县志》，始于嘉庆二十二年（1817），成书于嘉庆二十四年（1819）。据此陆耀遹嘉庆十六年（1811）赴陕，至道光二年（1822）朱勋被免，期间可能都在陕西朱勋幕府。因此《续修陕西通志稿》称其"旅关中最久，乡人庄逵吉以知县发陕西，历任咸阳、大荔、蓝田、咸宁、潼关，耀遹实与偕行"。[④] 陆耀遹居留陕西十余载，除了纂修《韩城县续志》、《咸宁县志》外，还有《姑射词人客陕西抚部笺牍》6卷留存于世，此笺牍系陆耀遹为陕西巡抚朱勋代拟的政务往来公函，凡百余件，全书依内容分为三类：一为庆贺类，二为慰唁类，三为问讯录。内容涉及捐官送礼、客套寒暄，礼节问候，也有互通信息，请求关照，更有官场隐私，求计问招。尤其难得的是，透过官场应酬的字里行间，清道光间陕西巡抚所辖州县之政治、经济、军事、文化、民俗、法制等方面的情形跃然纸上，特别是信函中多处涉及的滑县捻军行动态势，及三省统帅策划会同"兜剿"捻军的全过程，更为研究捻军史增添了可靠的资料。函件所致，皆为清道光朝政界、军界权高位重之士，关

① （清）陆耀遹：《金石续编》卷首陆增祥识语，《续修四库全书》第893册，上海：上海古籍出版社，2002年影印本，第409页。

② 张舜徽：《清人文集别录》卷15，北京：中华书局，1963年，第415页。

③ （清）李兆洛：《董君方立传》，（清）钱仪吉等撰：《清代碑传全集·续碑传集》卷72，上海：上海古籍出版社，1987年影印本，第1178页。

④ （民国）《续修陕西通志稿》卷85《人物·流寓·董祐诚》，中国西北文献丛书编委会：《中国西北文献丛书·西北稀见方志文献》第8卷，兰州：甘肃古籍书店，1990年影印本，第1辑，第267页。

系盘根错节，你来我往，互相照应，再现了清代官场捐官送礼的腐朽之风。

3. 《韩城县续志》的修纂

乾隆四十九年（1784），钱坫在陕西期间，在韩城县令傅应奎的主持下修纂《韩城县志》16 卷，记事始于上古，至于乾隆四十八年（1783），内容详尽，颇得好评。30 余年后，陆耀遹又纂修《韩城县续志》。

按清代志书 60 年一修的规定，嘉庆《韩城县续志》与乾隆《韩城县志》仅隔 34 年，究其原因，嘉庆《韩城县续志》的修纂与陕西巡抚朱勋及韩城县杰出人物王杰、强克捷有关。嘉庆十九年（1814），陕西巡抚朱勋前往韩城祭祀乾隆朝著名大臣王杰，礼毕阅览旧志，曰："古者乡先生殁而祀于社，所以昭典刑，贻则效，二公于乡有光矣。志修虽未远，而此数十年内，凡可采而附二公以光邑乘，不使日久荒渺，纪载缺如，非有司之责欤？"① 时任韩城县知县冀兰泰心领神会，加之任职地方修纂志书本身也是分内之事，于是积极筹划，克服重重困难，聘请陆耀遹主纂，在韩城乡绅的协助下，于嘉庆二十三年（1818）完成志书修纂。当时陆耀遹在朱勋幕府，很可能受朱勋之嘱主修了《韩城县续志》。

冀兰泰、陆耀遹所修《韩城县续志》共 5 卷，卷 1 为宸翰纪，著录皇帝表彰王杰、强克捷的联、额及谕告；卷 2 为续文官表、续武官表、续循吏传、续科贡表、续例员表、封荫表；卷 3 为续贤良传、续孝友传、续义行传、续方技传；卷 4 为续列女传，卷 5 为刊误补遗。此志编目体例一仍旧志，完全以傅应奎、钱坫所修乾隆《韩城县志》为本，续事止于嘉庆二十二年（1817），"自乾隆四十八年后续为编录，名目体例，悉仍旧志，其典章制度无所更易，贤良、文学、孝子、节妇傅志已录者，并不赘书"。此外，此志主要针对前志遗漏和错误处进行刊误补遗，"傅志有援据偶误者，有疏漏宜补者，有张、康二志所有而傅志未录者，别为刊误补遗 1 卷，附《续志》末，其乾隆四十八年以后应入傅志，而单文只义不能别成篇目者，并附录焉"。② 嘉庆《韩城县续志》可谓续志中的典范之作，全书共计约 2 万余字，简约明晰，详略得当，"可为旧方志专务博滥冗芜者鉴"。③

---

① （嘉庆）《韩城县续志·冀兰泰跋》，《中国地方志集成·陕西府县志辑》第 27 册，南京：凤凰出版社，2007 年影印本，第 242 页。

② （嘉庆）《韩城县续志·凡例》，《中国地方志集成·陕西府县志辑》第 27 册，南京：凤凰出版社，2007 年影印本，第 214 页。

③ 高峰：《陕西方志考》，内部资料，1985 年，第 77 页。

二、董祐诚与《长安县志》

1. 董祐诚其人

董祐诚，初名曾臣，后改今名，字方立，江苏阳湖县（今江苏省常州市武进区）人。生于乾隆五十六年（1791），卒于道光三年（1823），享年33岁。

董祐诚少年时代家道中落，生活窘迫，然"幼颖异殊于常儿"，[①] "生五岁，晓九九数。稍长，善属文"[②]，未及弱冠，与其兄长董基诚已经蜚声士林。董祐诚不苟言笑，无意官场，为衣食奔走四方，嘉庆十六年（1811），随其师陆耀遹前往陕西，客居陕西巡抚朱勋幕府。嘉庆二十二年（1817）随兄北上，客居北京，中嘉庆二十三年（1818）顺天乡试举人。后来连续三次参加礼部会试皆名落孙山，郁郁寡欢，"遂肆力治经，又不乐为世俗学，专治钩稽隐奥之书，务出新义，阐秘曲，补罅漏，以是精力耗竭"[③]，不幸于道光三年（1823）殁于京寓，年仅33岁。

董祐诚少负才名，讷于言辞，"于书之外无所嗜，于世之书无不读，尤有过人才，凡他人所不能探索者，祐诚一二过目，辄通其旨"。[④] 董祐诚始工汉魏六朝文，有《兰石斋骈体文钞》1卷，《移华馆骈体文》4卷，《兰石词》1卷传世。继而主要致力于律历、数理、舆地、名物之学，讲求典章、礼仪、政治之要，"思有所表见于世"。[⑤] 其算学著作有《割圆连比例术图解》3卷、《椭圆求周术》1卷、《斜弧三边求角补术》1卷、《堆垛求积术》1卷，《三统术衍补》1卷；董祐诚在舆地研究方面也颇有成就，其一是接续清人研究《水经注》之余绪，著成《水经注图》，不幸未及终卷英年早逝，董基诚襄集汇刻《董方立遗书》时，大概是由于《水经注图》图幅过于阔大，刊刻困难，仅以《水经注图说残稿》为名刊入其文字疏释部分，而图稿部分始终未见刊行，以至失传，甚为遗憾。其二是修纂方志，董祐诚短暂的一生曾修过3部地方志：《长沙志》、《咸宁志》、《长安志》。董祐诚又嗜金石之学，蒋茵培在《金石续编跋》中称"曩时交游中

① （清）李兆洛：《董君方立传》，（清）钱仪吉等撰：《清代碑传全集·续碑传集》卷72，上海：上海古籍出版社，1987年影印本，第1178页。

② 《清史稿》卷486《文苑传·董祐诚》，北京：中华书局，1977年标点本，第13421页。

③ （清）阮元撰、罗士琳补：《畴人传》卷51《续补三·国朝·董祐诚》，《续修四库全书》第516册，上海：上海古籍出版社，2002年影印本，第512页。

④ （清）阮元撰、罗士琳补：《畴人传》卷51《续补三·国朝·董祐诚》，《续修四库全书》第516册，上海：上海古籍出版社，2002年影印本，第512页。

⑤ 佚名：《清史列传》卷73《文苑传·董祐诚》，王锺翰点校，1987年，第6018页。

嗜金石之藏者惟绍闻（陆耀遹），而方立（董祐诚）、彦闻（方履篯）继之，各以所得相夸也。计其所藏，彦闻最夥，考释亦最详，方立从绍闻于秦，故所得略相亚"。① 李兆洛称董祐诚有经世之才，"衣食奔走，足迹半天下，凡夫山川形势、政治利弊，采览所及，历历识之不忘。少时喜为沈博绝丽之文，稍长，更肆力于律历、数理、舆地、名物之学，涉猎益广，撰述亦益富"。② 遗憾的是董祐诚英年早逝，著述未及结集出版，董祐诚去世后，其兄董基诚汇其遗稿，以《董方立遗书》之名刊刻出版，共计 9 种 16 卷，其中难免遗漏，张舜徽谓其于祐诚之学"仅一鳞半爪耳"，其中《董方立文甲集》所载仅有关历算及其他考证之文十五首，"而祐诚经世之论，考史之篇，无一存者，末由测其学之涯涘也。"③

由于缺乏记载，加之董祐诚英年早逝，其客居陕西的时间及事迹无从考证。据李兆洛《董君方立传》记载，嘉庆十六年（1811），董祐诚与其师陆耀遹赴陕西，途经安徽凤台，时李兆洛任凤台知县，二人相识，"因留旬余"。当时董方立 21 岁，"进止凝然，不强笑语，颇狷急而讷于言辞"。④ 董祐诚到陕西后，客居陕西巡抚朱勋幕府，期间游历陕西各地，所撰《西岳华山神庙赋》传诵一时，"长安为之纸贵"。⑤ 又有《长安县志叙传》、《武功县后稷庙碑》诸篇，"皆为杰构"；《兴平县马嵬堡唐贵妃杨氏墓碑》一篇，"吊古伤情，尤千载之奇作"。"祐诚精熟史事，故其为沉博绝丽之文，亦无不根柢史学。从知沉思翰藻，亦必学有本原"。⑥ 嘉庆二十年（1815），参与纂修《长安县志》；嘉庆二十二年（1817），咸宁知县高廷法准备纂修《咸宁县志》，"时毗陵陆劲文茂才以老名士客虚舟中丞节署，其高足董方立孝廉亦宏通博雅，嗜古士也，高君遂延其师弟主编辑"，⑦ 虚舟中丞节署即陕西巡抚朱勋幕府，直至嘉庆二十四年（1819）修

① （清）陆耀遹：《金石续编》卷首《题跋·蒋因培跋》，《续修四库全书》第 893 册，上海：上海古籍出版社，2002 年影印本，第 411 页。

② （清）李兆洛：《董方立传》，（清）钱仪吉等撰：《清代碑传全集·续碑传集》卷 72，上海：上海古籍出版社，1987 年影印本，第 1178—1179 页。

③ 张舜徽：《清人文集别录》卷 15，北京：中华书局，1963 年，第 427 页。

④ （清）李兆洛：《董君方立传》，（清）钱仪吉等撰：《清代碑传全集·续碑传集》卷 72，上海：上海古籍出版社，1987 年影印本，第 1178 页。

⑤ （民国）《续修陕西通志稿》卷 85《人物·流寓·董祐诚》，中国西北文献丛书编委会编：《中国西北文献丛书·西北稀见方志文献》卷 8，兰州：甘肃古籍书店，1990 年影印本，第 1 辑，第 268 页。

⑥ 张舜徽：《清人文集别录》卷 15，北京：中华书局，1963 年，第 427 页。

⑦ （嘉庆）《咸宁县志·沈琮序》，《中国地方志集成·陕西府县志辑》第 3 册，南京：凤凰出版社，2007 年影印本，第 2 页。

成《咸宁县志》。

2. 修纂《长安县志》

长安乃"雍秦之首邑，帝王之故都"，西周为京畿之地，秦王政封其弟成蟜为长安君；秦二世三年（前207），楚怀王封项羽为长安侯。汉初，刘邦采纳娄敬、张良建言，定都长安，于汉高祖五年（前202）置长安县。七年（前200），汉高祖将都城从栎阳迁到长安。王莽曾撤长安县，置常安县，并建都于常安城，刘玄更始元年（23）复名长安县。东汉时长安县辖区不断扩大，属京兆郡，三国、晋因之。西晋愍帝建都长安，魏晋南北朝时，前赵、前秦、后秦、西魏、北周皆建都长安。隋置长安县，并撤万年县，置大兴县，置首都于大兴城。隋文帝时两县属雍州，炀帝改雍州为京兆郡，两县属之。唐置长安县，并撤大兴县，置万年县，改大兴城为长安城，置首都于长安城。长安、大兴两县属京兆尹。武德二年（619）分万年县置芷阳县。武德七年（624）废芷阳县入万年县。总章元年（668）分长安地置乾封县，分万年地置明堂县。永昌元年（689）析长安地置永昌县。长安二年（702）废乾封县入长安县，废明堂县入万年县。神龙元年（705）废永昌县。天宝七载（748）改万年县为咸宁县，乾元元年（758）复为万年县。五代后梁开平元年（907），改长安县为大安县。后唐同光三年（925），复为长安县。此后，宋、金、元、明、清俱为长安县，与咸宁（万年）县分治西安（宋称永兴军路京兆府，金称京兆府路京兆府，元称安西路总管府，皇庆元年改为奉元路，明、清称西安府）城中。1913年2月，撤销咸宁县，并入长安县，结束了西安城两县分治的历史。

长安最早的志书当属宋敏求所修《长安志》，然此志虽以《长安志》命名，实际上是辑录周代以来历代建都遗迹，将长安、咸宁二县的历史及建制囊括其中。因此，长安最早的县志在是万历四十三年（1615）修成的《长安县志》，由时任长安县知县李华然主修，长安籍著名学者冯从吾主持编纂的《长安县志》完成，这是长安县历史上第一部以本县境域为记述范围的县级地方志书，惜此志佚而不存。康熙七年（1668），长安县知县梁禹甸"伤典册之散佚，慨文献之不足"，[①] 适逢贾汉复巡抚陕西，修成《陕西通志》，受之鼓舞，于是根据冯从吾所修万历《长安县志》，"更加附益"而成康熙《续修长安县志》8卷，主要记载

---

① （嘉庆）《长安县志》卷36《序传》，《中国方志丛书·华北地方》第227号，台北：成文出版社，1969年影印本，第856页。

清代前期长安县及西安府城有关人文地理与社会状况，文辞简约，流传较少。

　　嘉庆十六年（1811），安徽桐城人董聪贤任长安县知县，见于自康熙志以来，时间已过去了150多年，长安县未曾续修县志，于是"咨于耆长"，讨论今古，商榷名例，"集议重修"①，并聘请当时客居陕西的江苏籍著名学者董曾臣主持编纂，修成36卷本《长安县志》，记事止于嘉庆十七年（1812），于嘉庆二十年（1815）镌刻成书。嘉庆《长安县志》编纂之时，冯从吾纂明万历《长安县志》经明末战乱，"锓板散失，世无传本"。而梁禹甸纂康熙《长安县志》"既病简略，复为后人所窜乱，展转乖刺"，因此可资借鉴的前代志书甚为有限，编纂者只能"订正旧规，更举新例"。嘉庆《长安县志》仿史家体例，分图、表、志、传四目，卷一至卷四分别是疆域图、山川图、城郭图、乡镇图；卷五至卷九分别是晷度表、纪事沿革表、职官表、选举表；卷十至卷二十四分别是土地志、山川志、田赋志、祠祀志、学校志、衙署志、风俗志、宫室志、陵墓志、寺观志、经籍志、金石志；卷二十五至卷三十六分别是循吏传、先贤传、忠节传、考友传、义行传、逸民传、艺术传、列女传、释老传、叙传。《志》中大量资料为编纂者实地采访及考察所得，真实记录了清代中期长安县的实际状况，具有重要的资料价值。嘉庆《长安县志》内容较旧志丰富详尽，所载人物比《康熙长安县志》更加翔实，隐恶扬善，识大而不遗小，虽采摭宏富而无繁冗琐碎之感。嘉庆《长安县志》体例完备，采摭宏富，"征引故实，必明言所自，凡称旧志，皆康熙时志文，其敏求志则直称《长安志》以存其旧"，"辞尚体要，繁冗琐屑，非所以立言也，……旧志所有逸事异闻，诸篇语怪无征，皆所不取"。②"该志继前志又有全面更新。如前四卷精绘自周至清嘉庆古都长安的历史沿革疆域图，以及汉唐长安城、元奉天城、唐宫城、皇城、禁苑、及清故长安城，外郭的城郭图系列图卷共计23副。尤其是《唐城今城合图》，以精良的朱墨套印，分唐城为墨，清城为朱，黑红相间，全为一图，悦目清晰，唐、清长安古城的不同分界与两朝不同名称一目了然。这些精版图绘，正是至今绘制历代长安图和研究古长安历代机构建置最重要的参考资料之一。"③此志往往被论

　　①　（嘉庆）《长安县志》卷36《序传》，《中国方志丛书·华北地方》第227号，台北：成文出版社，1969年影印本，第858页。

　　②　（嘉庆）《长安县志·志例》，《中国方志丛书·华北地方》第227号，台北：成文出版社，1969年影印本，第6页。

　　③　刘安琴：《长安地志》，西安：西安出版社，2007年，第287页。

者与董祐诚于嘉庆二十四年（1819）纂成的《咸宁县志》并称，这两部志书简而不遗，严于考据，被清代学者称赞为"冠绝古今"的两部陕西名志。

三、陆、董合纂《咸宁县志》

咸宁县位于长安城东半部，东西宽约 20 千米，南北长 70 千米，西周为京畿之地，秦时属内史，汉属京兆尹。北周明帝二年（558），于长安城中置万年县，开始了长安、万年分治于长安城中的历史。隋朝建立之初，隋文帝杨坚兴建新都大兴城，于开皇三年（583）改万年县为大兴县，与长安县分治大兴城中。唐代改大兴城为长安城，高祖武德元年（618），改大兴县为万年县，仍与长安县分治长安城中。高宗总章元年（668），于万年县析置明堂县，后又并入万年县。唐玄宗天宝七载（748），改万年县为咸宁县，唐肃宗至德三年（758），复改为万年县。五代后梁开平元年（907），改万年县为大年县。后唐同光元年（923），复为万年县。北宋徽宗宣和七年（1125），改万年县为樊川县。金世宗大定二十一年（1181），复樊川县为咸宁县。此后，元、明、清俱为咸宁县，与长安县分治西安城中。1913 年 2 月，撤销咸宁县，并入长安县，结束了西安城两县分治的历史。

与长安县一样，长期以来，长安、咸宁（万年）二县的历史及建制都附于西安旧志，宋敏求《长安志》中记载了咸宁县的相关情况，最早以咸宁县命名的志书修于明万历四十年（1612），由时任咸宁县知县陈王庭主修，王弘廷编纂，这是咸宁县历史上第一部以本县境域为记述范围的县级地方志书，至清代已佚而不传。康熙年间，陕西巡抚贾汉复号召各地修志为修《陕西通志》做准备，咸宁县知县黄家鼎遍搜旧志而不得，遂敦促乡贤士大夫一边汇集材料以备采择，一边修纂新志，"博采志记，旁搜舆论，无者有之，冗者裁之，残者补之，讹者正之"①，历时半年修成康熙《咸宁县志》8 卷，记事止于康熙六年（1667），于康熙七年（1668）付梓。此志内容丰富，类目详备，考镜亦颇详赡。

嘉庆二十二年（1817），高廷法任咸宁县知县，鉴于距康熙七年所修县志已过去了 140 多年，期间咸宁县与长安县"经界之离合，田赋之增减，兵制之沿革，驿传之繁简，乡举里选之多寡，名宦乡贤孝子节妇之可师可法者，汗漫无

---

① （嘉庆）《咸宁县志·黄家鼎序》，《中国地方地集成·陕西府县志辑》第 3 册，南京：凤凰出版社，2007 年影印本，第 2 页。

纪，日就汩没"，①深感责任重大，于是延请乡贤士大夫采访搜罗，考据补辑，并聘请当时客居陕西的江苏籍著名学者陆耀遹、董祐诚主持编纂。历时两年，于嘉庆二十四年（1819）四月修成《咸宁县志》26卷。此时，高廷法升任商州直隶州知州，由临潼县知县沈琮署任咸宁知县，共同完成了县志校订付梓。

　　嘉庆《咸宁县志》编纂之时，万历《咸宁县志》经明末战乱，"简断帙残，故刻无有"②，而黄家鼎纂康熙《咸宁县志》"时方草创，书籍未备，凡所援引，舛漏颇多"，因此可资借鉴的前代志书甚为有限，编纂者只能"严于考核，悉为补正"。③嘉庆《咸宁县志》中大量资料为编纂者实地采访及考察所得，真实记录了清代中期咸宁县的实际状况，具有重要的资料价值。此志共计26卷，首一卷，其编纂方法及体例与嘉庆《长安县志》如出一辙，设图、表、志、传四目，卷一至卷四为图，有疆域、山川、经纬、道里、城郭等，并附有文字说明。卷五至卷九为表，有纪事沿革表、职官表、选举表；卷十至卷十六为志，共计地理、田赋、祠祀、衙署、学校、陵墓、经籍、金石八志。卷十七至二十六为传，共计良吏、列传、忠节、孝友、义行、儒学、文艺、隐逸、方技、列女十传。此志在采访、搜罗、考据补辑与订正旧志基础上编纂而成，内容更加丰富，城社、山谷、历代疆域、古渠、旧城，俱悉于图，表内年经事纬，纵横分明，于典章、人物记载甚详，且严于考据。

　　嘉庆《咸宁县志》是一部通志性质的地方志书，其记述上溯周秦，下迄嘉庆二十四年（1819），贯通三千余年咸宁历史，是咸宁自有史以来，内容最为详备的一部地方志书。此志体例与嘉庆《长安县志》相同，一改旧志详志传、略图表之弊，以图表所示年经事纬，纵横分明。该志与旧志相比内容更加丰富翔实，邓廷桢在《序》中说："因旧志而增删之，其无关于世道人心者，悉从淘汰，其与长安毗连误传其故址者，悉为补正。分为图表志传，一如史例，为卷廿有六，为目廿有三，越三年书成。""余卒读之，见其简而不遗，括而不冗，信乎志犹诗也，足以备采风问俗之资；志犹史也，足以寓褒善贬恶之义，是刻

　　　①　（嘉庆）《咸宁县志·高廷法序》，《中国地方地集成·陕西府县志辑》第3册，南京：凤凰出版社，2007年影印本，第1页。

　　　②　（嘉庆）《咸宁县志·邓廷桢序》，《中国地方地集成·陕西府县志辑》第3册，南京：凤凰出版社，2007年影印本，第1页。

　　　③　（嘉庆）《咸宁县志·凡例》，《中国地方地集成·陕西府县志辑》第3册，南京：凤凰出版社，2007年影印本，第7页。

195

也又何多让焉?"① 梁启超谓清代学者所修各府、州、县志,"除章实斋诸作超群绝伦外,则董方立之《长安》、《咸宁》二志,论者推为冠绝今古"。② 刘安琴先生认为该志有三个特点:其一,其版绘图卷较嘉庆《长安县志》更加丰富,婉丽多彩。其二,该志很注重对本县历史脉络的详细考证。其三,编目体例系统科学。③

第五节　吴泰来与《同州府志》、《蒲城县志》

一、吴泰来其人

吴泰来,字企晋,号竹屿,江苏长洲(今苏州)人,生年不详,卒于乾隆五十三年(1788)。

吴泰来才情逸秀,与王昶、王鸣盛、钱大昕、赵文哲、黄文莲、曹仁虎等合称"吴中七子"。乾隆九年(1744),由副贡生进校官,任宿松县教谕。乾隆二十五年(1760)考中进士,乾隆二十七年(1761),召试赐内阁中书。吴泰来自小就对做官没有多大兴趣,年长后更无意仕途,因此没有赴任。晚年,吴泰来借病归乡,"筑遂初园于木渎。藏书多宋、元善本","毕沅延主关中及大梁书院,与洪亮吉辈往来唱和"。④ 吴泰来擅长诗文,又工书画,其诗大旨本王士禛,王昶尝谓吴中自沈德潜外,无能抗手。著有《净名轩》、《砚山堂》等集。

关于吴泰来赴陕的时间,史籍未见明确记载,据《洪亮吉年谱》记载,乾隆四十六年洪亮吉来到西安时,吴泰来已在毕沅节署。乾隆四十六年(1781),吴泰来主讲关中书院,并主纂《同州府志》,历时三年成书;乾隆四十七年(1782),仍主讲关中书院,并应蒲城县知县张心镜之邀,主纂《蒲城县志》。又洪亮吉在《跋大令集并寄尚书师武昌》中说:"王大令复以《雪苑消寒集》属题,因忆甲辰乙巳(乾隆四十九、五十年)间,与大令同客西安毕尚书师幕府,亦有此集。预其会者,吴舍人泰来、严侍读长明、贾上舍元模、庄通判炘、钱

①　(嘉庆)《咸宁县志·邓廷桢序》,《中国地方志集成·陕西府县志辑》第3册,南京:凤凰出版社,2007年影印本,第1页。

②　梁启超:《中国近三百年学术史》,上海:生活·读书·新知三联书店,2006年,第272页。

③　刘安琴:《长安地志》,西安:西安出版社,2007年,第293—294页。

④　《清史稿》卷485《文苑传·吴泰来》,北京:中华书局,1977年影印本,第13381—13382页。

州倅坫、朱秀才爔、徐布衣坚、蒋县丞齐耀、王文学开沃、孙比部星衍，凡十人，今甫八年，存没相间，不胜怀旧之情，爰作一篇，跋大令集后，并寄尚书师武昌。"① 据此可知乾隆四十六至五十年（1781—1785），吴泰来可能一直在毕沅幕中，何时离去不得而知。

二、吴泰来与陕西方志

吴泰来客居陕西巡抚毕沅幕府期间，先后参与了乾隆《同州府志》和乾隆《蒲城县志》的修纂。

1.《同州府志》

同州旧属雍州，战国时为魏临晋邑，秦置临晋县，汉属左冯翊，北魏太和十一年（487）置华州及华山郡，孝昌二年（526）改郡曰武乡，西魏改州曰同州。隋开皇三年（583）废郡，大业三年（607）废州，改置冯翊郡。唐武德元年（618）复曰同州，天宝元年（742）曰冯翊郡，乾元元年（758）复曰同州，隶关内道，五代因之。宋曰同州，属永兴军路，金属京兆府路，元初以州治冯翊县，属奉元路，明属西安府。清雍正三年（1725）直隶陕西布政使司，雍正十三年（1735）同州升为府，辖大荔、朝邑、邰阳、澄城、韩城、华州、华阴、蒲城、潼关、白水十县，华容人张奎祥首任同州知府。

同州旧志凡六修，最早的一部同州方志修成于明天启五年（1625），由时任知州张一英主修，同州人马朴主纂，前后历时三十年，全志18卷53子目，记事从先秦到当代，刻印精良，流传甚少。第二、三部《同州府志》均修于乾隆年间，其一是乾隆五年（1740）所修《同州府志》，由时任同州知府张奎祥主修、李芝兰纂，主要依据《陕西通志》的体例修纂而成，也是同州升府后的第一部方志；其二是乾隆四十六年（1781）修成的《同州府志》，由同州知府杨徽主修、吴泰来纂。第四部是咸丰元年（1851）李恩继、文廉修、蒋湘南纂咸丰《同州府志》。第五部是光绪七年（1881）修成的《同州府续志》。

乾隆年间同州府两次修志，乾隆五年成书的《同州府志》是在明天启五年（1625）张一英、马朴所修《同州志》及明隆庆六年（1572）李可久、张光考所修《华州志》的基础上，参考各属县志书纂修而成。提督陕西学政陈其凝谓华

---

① （清）洪亮吉：《洪亮吉集·卷施阁诗》卷12，刘德权点校，北京：中华书局，2001年，第707页。

容人张奎祥升任同州府知府，为政之暇，翻阅旧志，"慨然谓府既新设，志犹仍旧，不足以纪创举，示后人也。乃综属邑之志而增删联缀之，以为《同州府志》二十卷"。①乾隆五年修成的第一部《同州府志》卷帙浩繁，内容丰富，记事始于上古，迄于雍正末年。此志体例以《陕西通志》为准式，仅简单地将明人所修《同州志》、《华州志》及同州府所属县志书的内容进行汇录编排，陕西巡抚张楷所称"简而不遗，华而不浮，远溯上古，近迄今日，莫不厘然备具"显然是过誉之词。②后人谓此志"摘比如类书，记注如簿册，义例芜浅，不为雅制"。③蒋湘南亦谓此志"大概取各州县之志而汇录之，与类书无异。职官选举等胪列人名，又类官簿卯册，不足以垂示典型"。④正因为如此，才有了乾隆四十六年（1781）修成的第二部乾隆《同州府志》。

乾隆年间修纂的第二部《同州府志》实际是第一部的续志。鉴于乾隆年五年张奎祥修纂的《同州府志》质量欠佳，乾隆四十六年，同州府官绅共议重修志书，由时任中书舍人吴泰来担任主纂，历时三年，成书四卷，名曰补遗，附于张志之后，"盖增以乾隆六年以后四十余年之事而已"。⑤此志分16门53目，记事止于乾隆四十六年，资料主要来源于旧州、县志及其他史书。陕西巡抚毕沅在序言中详细叙述了此志的修纂缘由及经过，并说："乃者府之士大夫谙于文献，呈请修志，府县官申上其事，予深韪之，适同年友内阁中书舍人吴君竹屿主讲关中书院，实任斯役，信能搜集旧闻，校理讹舛，三年书成，请序于予，予览其书，详慎明备，又嘉都人士之乐成此举以张志而示后来也，因详述梗概如此。"⑥

---

①（咸丰）《同州府志》卷34《序传·陈其凝序》，《中国地方志集成·陕西府县志辑》第19册，南京：凤凰出版社，2007年影印本，第210页。按乾隆六年（1741）所修《同州府志》可能不止20卷，据《咸丰同州府志·序传》当为56卷，乾隆四十九年（1784）仅纂成《补遗》4卷，合计60卷。

②（咸丰）《同州府志》卷34《序传·张楷序》，《中国方志集成·陕西府县志辑》第19册，南京：凤凰出版社，2007年影印本，第209页。

③（咸丰）《同州府志》卷34《序传·陈大受序》，《中国地方志集成·陕西府县志辑》第19册，南京：凤凰出版社，2007年影印本，第213页。

④（咸丰）《同州府志·凡例》，《中国方志集成·陕西府县志辑》第18册，南京：凤凰出版社，2007年影印本，第3页。

⑤咸丰）《同州府志》卷34《序传·陈大受序》，《中国地方志集成·陕西府县志辑》第19册，南京：凤凰出版社，2007年影印本，第213页。

⑥（咸丰）《同州府志》卷34《序传·毕沅序》，《中国地方志集成·陕西府县志辑》第19册，南京：凤凰出版社，2007年影印本，第214页。

2. 《蒲城县志》

蒲城为春秋时期晋国的蒲邑，秦置重泉县，属内史，汉属左冯翊，后汉因之，晋属冯翊郡，后废，北魏太和十一年（487）析白水置南白水县，属白水郡，西魏改县曰蒲城，隋属冯翊郡，唐初属雍州，开元四年（716）改奉先，属京兆府，天祐三年（907）改属同州，后唐还属雍州，属京兆府。宋建隆中属同州，开宝四年（971）复曰蒲城，天禧四年（1020）改属华州，金、元因之，明统于西安府，清雍正三年（1725）属华州，雍正十三年（1735）属同州府。

蒲城于明永乐、弘治、嘉靖、崇祯年间分别修有志书，惜明末战乱均亡于兵燹。清顺治六年（1649），张舜举任蒲城县知县，聘请乡绅李馥蒸纂修志书，七年书成，惜不存。康熙五年（1666），邓永芳任蒲城县知县，复请李馥蒸以顺治志为蓝本，体例一依前志，搜集补缀而成康熙《蒲城县志》，凡 4 卷 11 类 64 目。康熙五十三年（1714），汪元仕、何芬又在前志的基础上进行续修，体例卷目一依前志。

乾隆四十四年（1779），张心镜任蒲城县知县，为政之余稽考旧志，有感蒲城自康熙五十三年（1714）以后再未修志，加之当地贤士大夫亦深虑文献缺略，无以资考证，于是张心镜以修志为己任，借公务谒见陕西巡抚毕沅之机，提出修志的请求，得到毕沅的鼓励，适逢同年吴泰来主讲关中书院，于是请其协助修志。二人"晨夕过从，相与商榷古今，全稿是正，多所增益"，历时三年，于乾隆四十七年（1782）修成乾隆《蒲城县志》，张心镜自谓"虽未敢云简而有法，然而取材慎择，凡裨官野乘近于澜者，剿说者无取杂焉，详而不流于冗，核而不失于正"。① 乾隆《蒲城县志》15 卷，分地理、建置、田赋、职官、选举、人物、艺文 7 门，下设 31 目。"总括这部县志，内容虽较丰富，取材也确较慎重，但体例不够条理清晰，全书采用文字叙述，总不如列表醒目易读，而此志决然无一表格，是为不足之处"。②

---

① （乾隆）《蒲城县志·张心镜序》，《中国地方志集成·陕西府县志辑》第 26 册，南京：凤凰出版社，2007 年影印本，第 113—114 页。
② 高峰：《陕西方志考》，内部资料，1985 年，第 83 页。

第八章　清代学者名儒与陕西特殊地志

在清政府的倡导和各级官员的主持下，加之学者名儒、地方乡绅的积极参与，有清一代方志修纂成果斐然。就陕西省而言，清修陕西方志数量可观，种类齐全，质量上乘，以官方主持修纂的传统省志及府、厅、州、县志为主流。此外，一些学者还出于个人兴趣，或结合个人经历，发挥个人的学术特长，根据陕西的地情、地貌及人文景观，从实际出发，纂修了一批特殊地志，其中值得关注的有胜迹志、金石志、山水志、书院志及乡土志。这些特殊地志的修纂，一方面丰富了陕西地方志的类别，同时也丰富了陕西地方文献的内容，为研究清代陕西的历史文化、名胜古迹、人文地理及风土人情提供了可贵的资料。

第一节　胜迹志

陕西省地处中国内陆腹地，位于黄河流域的中游，是中华民族及华夏文化的重要发祥地之一，先后有周、秦、汉、唐等十余个政权在此建都，时间长达1000余年，是我国历史上建都朝代最多、时间最长的省份，长期以来都是中国政治、经济、文化的中心，拥有深厚的历史文化积淀和灿烂辉煌的历史文化遗产。古人言"一隅之地，亦有名区"，更何况陕西作为一个文物大省，省会西安又是历史文化名城，境内历史遗存丰富，文物古迹数不胜数，名胜古迹志自然就成为修纂传统方志时一项不可或缺的重要内容，这些名胜古迹志无疑是了解各地历史文化遗存及名胜古迹的重要文献。

我国古代修纂方志就有记载各地名胜古迹的优良传统，专门记载各地历史上有纪念意义的建筑物以及历史遗迹的古迹志发展成为传统方志的必备门类之一，陕西方志也不例外，明代赵廷瑞修，马理、吕楠纂的嘉靖《陕西通志》即包括《圣神帝王遗迹》1卷、《古迹志》2卷。清代陕西各地修纂方志，都非常重视名胜古迹志的编纂，雍正十三年（1735），擅长史地的沈青崖纂成雍正《陕西通志》100卷，就包括《古迹志》2卷，并在《古迹志》卷首的序言中交代了其写作目的及体例：

> 汉唐遗迹，贲饰西都，南山倚阙，渭水穿渠，离宫别馆，复道萦纡，长扬墨缕，上林笔铺，六爻三内，戚里名区，荒亭古戍，断碣遗墟，溯洄千古，陈迹云徂，考诸吕绘，以补黄图，作《古迹志》第二十七。谨案秦中地居上游，神圣之迹托焉，帝王之都在焉，考古者博搜广探，岂仅欲掇拾旧闻，夸多而逞靡哉？诚以立乎今日，以溯千载，如睹其人，如生其世，沿迹以求，亦理乱得失之林也。是故首宫阙，宸居也；次府第，王侯将相朝绅野逸所寄处也；次园林，其游览所在也；次郊垌，则凡故垑遗迹周不收也。列以图绘，阅之可当卧游；缀以遗闻，览之如披外史，若夫故城废县，有关于建置，奇观胜概，有系于山川，以各有其类，概不录焉。[①]

乾隆四十四年（1779），舒其绅修、严长明修纂乾隆《西安府志》80卷，其中《古迹志》就占了14卷，篇幅之多在传统地志中是不多见的，由其卷首的序言来看，其与雍正《陕西通志》一脉相承，只是内容更为丰富充实。

传统的省志及府、厅、州、县志记载名胜古迹只是一个方面，更为翔实亦更值得珍视的是专门记载各地名胜古迹的专志。陕西古属雍州，关中历来都是人文荟萃之地，长安更是千年古都，"周、秦、汉、唐并建都作邑"，遗闻旧事、名胜古迹俯拾皆是，相关典籍文献亦屡见记载，"诸家撰述之存于今者，《三辅黄图》以下如宋敏求《长安志》、程大昌《雍录》、李好文《长安志图》、何景明《雍大记》、李应祥《雍略》之类，未易一二殚数"。[②] 至清代，学者编纂的专门记载陕西名胜古迹的专志越来越多，其中篇幅最长、内容最为丰富的当属毕沅的《关中胜迹图志》，此外，值得称道者尚有《重修辋川志》、《马嵬志》、《褒谷古迹辑略》、《忠武志》、《忠侯祠墓志》等。

---

① （雍正）《陕西通志》卷72《古迹》，中国西北文献丛书编委会编：《中国西北文献丛书·西北稀见方志文献》卷4，兰州：兰州古籍书店，1990年影印本，第1辑，第337页。

② （清）永瑢等：《四库全书总目》卷70《史部·地理类·关中胜迹图志》，北京：中华书局，1965年影印本，第622页。

一、《重修辋川志》

辋川位于今陕西省西安市蓝田县，是唐代大诗人王维的别业遗迹，王维晚年在此过着吟风弄月、赋诗作画的隐居生活，生前所作《辋川图》虽已不存，后人临写不少。千余年来，辋川已成为文人理想中的旅游胜地，也成为士大夫向往的"神境"，不计其数的文人墨客流连于此，历代名胜古迹也很多。加之辋川"分华岳之支，据峣峰之胜，名齐栗里，境等桃源"①，因此唐代以后就成为蓝田县著名的风景名胜区，屡屡出现在文人墨客的笔下。早在明代就出现了《辋川志》，作者荣华系陕西蓝田人，明成化十七年（1481）考中进士，官至御史，惜此志久已散佚。道光十四年（1834），胡元煐任蓝田知县，"遍阅辋川诸图刻，亲历其地，欲纂辑成书"，但因忙于政务，直至道光十七年（1837），始"因省邑二志汇而辑之，或搜之散见他书者，证之身亲目睹，又与乡人士详核之，旁参互证，合者存之"，修成《辋川志》6卷，曰图考，曰名胜，曰人物，曰金石，曰杂记，曰文征，"俾古来胜迹，一展卷而了如指掌，庶几谢公之屐，卢生之杖不致迷途，即身未能至者亦可挟册可当卧游矣"。② 因为胡元煐修成此专志在先，故道光十九年（1839）胡元煐主持修纂《蓝田县志》时，就省略了古迹志的内容，将《重修辋川志》附于志末。光绪元年（1875）吕懋勋主持修纂《蓝田县志》，"卷帙次第，条例后先，一仍其故"③，仅增补了道光十九年（1839）以后的内容。虽然"今天辋川遗迹已荡然无存，赖此专志可知历史面貌"。④

二、《马嵬志》

《马嵬志》专记杨贵妃马嵬驿事。马嵬驿位于陕西省兴平市西12千米处，又名马嵬坡，传说因东晋太元十八年（393）朝廷委派名叫"马嵬"的武官率众

---

① （光绪）《蓝田县志·重修辋川志·重刻辋川图序》，《中国地方志集成·陕西府县志辑》第16册，南京：凤凰出版社，2007年影印本，第324页。

② （光绪）《蓝田县志·重修辋川志·胡元煐序》，《中国地方志集成·陕西府县志辑》第16册，南京：凤凰出版社，2007年影印本，第323页。

③ （光绪）《蓝田县志·吕懋勋序》，《中国地方志集成·陕西府县志辑》第16册，南京：凤凰出版社，2007年影印本，第135页。

④ 高峰：《陕西方志考》，内部资料，1985年，第105页。

筑城，固守疆土而得名，《元和郡县志》则言"马嵬故城在县西北二十三里，马嵬于此筑城以避难，未详何代人也"。① 在唐代"安史之乱"中，唐玄宗西奔成都，在此缢死杨贵妃，自此马嵬坡名扬天下，家喻户晓，亦成为文人骚客吟咏的对象，清代蘅塘居士谓"唐人马嵬诗极多"，其中以唐代大诗人白居易的《长恨歌》、李商隐的七律《马嵬》、郑畋的七绝《马嵬坡》最为有名。唐代以后，马嵬其地与唐玄宗、杨贵妃的故事不绝于史，方志亦时见记载，或考马嵬故城之所在，或书李、杨之情事。如《太平寰宇记》载马嵬故城一名马嵬坡，"马嵬，姓名也，于此筑城以避难，未详何代人。唐天宝末年，玄宗西幸次马嵬驿，为禁军不发，杀杨妃于此"。② 程大昌《雍录》亦曰："马嵬故城，在兴平县西北二十三里，雍都西九十里。城本是马嵬筑以避难，马嵬者，姓名也。有驿，杨妃死于驿，白居易诗曰：'西出都城百里余'（案：百里余当做百余里）。"③ 并详载"明皇幸蜀"故事。《明一统志》载马嵬坡"在兴平县西二十五里，唐杨妃葬处，坡有馬嵬泉，久涸，本朝洪武中，其旁湧出一泉"。④ 清光绪二年（1876），浙江永康人胡丹凤辑录志书、史料、笔记等多种文献，纂成《马嵬志》16卷，分为古迹、事实、词曲、金石、图画、服饰、珍宝、花卉、禽兽、评论、艺文等11门，将散见于各种文献的有关唐明皇、杨贵妃事的记载汇集在一起。胡丹凤在此志的《编例》中写道："是志为贵妃而作，凡骊山、温泉、华清宫、长生殿、沈香亭，皆妃侍明皇游幸所至，故录及之。其开、天以前，古人题咏甚夥，概置弗录。"此志采辑文献，上始于唐，下迄于清，凡有所征引，皆注明出自某书。作者在采录的过程中，凡遇记载歧异之处，即"旁参互校"，"如有可以订正者，于某字下注一作某。间有各本残缺讹误者，均从阙。获善本，再行补刊"。⑤ 清人彭崧毓为此志所作的序中说："虽然，开元、天宝之间，一代治乱之迹，新旧《唐书》纪之详矣，奚取此志之备箴劝哉？说者谓，乘舆播迁，六军不发，迟回留此，事不可知。他日两京之复，神器之归，皆决于此时一念之刚忍，明皇诚不愧为英主焉"。⑥

① （唐）李吉甫撰：《元和郡县志》卷2，贺次君点校，北京：中华书局，1983年。
② （宋）乐史撰：《太平寰宇记》卷27，王文楚等点校，北京：中华书局，2007年，第578页。
③ （宋）程大昌撰：《雍录》，黄永年点校，中华书局，2002年，第116页。
④ （明）李贤等撰：《大明一统志》卷32，西安：三秦出版社，1990年影印本，第558页。
⑤ （清）胡凤丹：《马嵬志·编例》，严仲义校点，南京：江苏古籍出版社，1990年。
⑥ （清）胡凤丹：《马嵬志·彭崧毓序》，严仲义校点，南京：江苏古籍出版社，1990年。

三、《褒谷古迹辑略》

《褒谷古迹辑略》专记褒斜栈道古迹及石门摩崖石刻。褒斜古栈道是逾越秦岭、沟通南北的重要通道，也是我国交通史上最早开凿的古栈道之一。《史记·河渠书》载："其后人有上书欲通褒斜道及漕事，下御史大夫张汤。汤问其事，因言：'抵蜀从故道，故道多阪，回远。今穿褒斜道，少阪，近四百里；而褒水通沔，斜水通渭，皆可以行船漕。漕从南阳上沔入褒，褒之绝水至斜，间百余里，以车转，从斜下入渭。如此，汉中之谷可致，山东从沔无限，便于砥柱之漕。且褒斜材木竹箭之饶，拟于巴蜀。'天子以为然，拜汤子印为汉中守，发数万人作褒斜道五百余里。道果便近，而水湍石，不可漕。"① 褒斜古栈道南端在汉中市北的褒谷，北端在眉县斜谷，自古以来就是南北兵争军行和经济、文化交流必行之道，规模大，沿用时间长，南北两端均有汉魏以来过往官吏及文人雅士的题名及诗作，史志亦不乏记载。《史记·货殖列传》载："栈道千里，无所不通，唯褒斜绾毂其口，以所多易所鲜。"② 《太平寰宇记》载褒谷在兴元府褒城县北五十里，"《十三州志》云：'昔蜀王从卒数千余出猎于褒谷西溪。秦惠王亦畋于山中，怪而问之，以金一筐遗蜀王。及报，欺之以土。秦王大怒，其臣曰："此秦得地之端也。"秦王未知蜀道，乃刻石牛五头，置金于尾下，伪如养之者，言此天牛能屎金。蜀人见而信之，乃令五丁共引牛成道，致之成都。秦始知蜀道而亡蜀。'今地接故金牛县界。"③ 清代同治年间，汉中府褒城县教谕罗秀书等人经多次实地踏勘褒斜古栈道，并辑录自东汉至清代的大量摩崖石刻、题记、诗赋，以及古人研究性文章，撰成《褒谷古迹辑略》一书，辑录褒谷石刻铭文近50种，并汇集相关诗文，"虽占褒谷石刻总数的三分之一左右，但在当时的条件下已是前无古人了。迄今120多年来，人们对褒谷石刻铭文的搜集，也未超过此书之规模"。④ 正因为如此，《褒谷古迹辑略》是研究古栈道历史，以及对该区域内历史、政治、军事、水利、书法、文学、文化、人物、民俗等多方面研究不可多得的文献资料。高峰在《陕西方志考》一书中介绍此书说："这

① 《史记》卷28《河渠书》，北京：中华书局，1959年标点本，第1411页。
② 《史记》卷129《货殖列传》，北京：中华书局，1959年标点本，第3261—3262页。
③ （宋）乐史等撰：《太平寰宇记》卷133，王文楚等点校，北京：中华书局，2007年，第2616页。
④ （清）罗秀书等原著、郭鹏校注：《褒谷古迹辑略校注·高万成序》，内部资料，1997年。

部古迹辑略内容主要将褒斜历代摹崖石刻之《石门颂》、《李苞碑》、《石门铭》、《修堰碑》的文字一一进行考校注释。并将其考校所得刻《石门道记碑》一方树立在石门。同时将沿途数十里历代摩崖刻制的诗、文、歌咏进行了搜辑。附《褒斜栈道说》、《褒谷地舆说》等各一篇。考证翔实，刻印亦好，是一部较好的褒斜古迹志专志书。"①

四、《忠武志》和《忠武侯祠墓志》

《忠武志》和《忠武侯祠墓志》则专记诸葛亮。诸葛亮可谓妇孺皆知的历史名人，他协助刘备北伐曹魏，六出岐山，鞠躬尽瘁，死而后已，最后客死五丈原，葬于陕西勉县城关南两公里处的定军山北麓。后人在纪念、追思诸葛亮的同时，还将有关记载及资料辑录成书，形成专志。清代康熙年间，张鹏翮有感于诸葛武侯的至德丰功，为了昭垂今古，传诸后人，于是广搜博采，"因侯之年表，考其始终。以按其生平之经历，删浮存要，汇为一编"，纂成《忠武志》8卷，"举凡侯出处之正，抱负之宏，得君之专，托孤之诚，知人之明，刑赏之公，制度之巧，用兵之神，荐贤之忠，声教之广，将略之深沉，相业之彪炳，与夫帝统正闰之辨，一展卷间，了如指掌"。②《四库提要》则谓"是编载汉诸葛亮始末，首本传，次年表，次世系，次心书，次新书，次遗文，次遗制，次遗事，次用人，次胜迹，次为后人诗文，其遗文不收黄陵庙记之类，颇有甄别。而《心书》、《新书》确为伪托，乃并载之，则仍芜杂也；既收《心书》、《新书》，姑存其旧，而十六策乃不载，则又疏漏也。"③清代中期，在当年诸葛亮"死犹护蜀葬军山"的陕西勉县任武侯祠主持长达30余年的虚白道人（李复心），也竭平生之心力完成了一部专记武侯祠、墓，实为诸葛亮资料汇编的《忠武侯祠墓志》，是书凡9卷，内容包罗宏富，"既存诸葛事迹、世系等，又偏重叙写勉县武侯祠、墓；既有"以祠墓之碑文为主"的艺文，也采用精工的图叙。因此它既是全国知名的武侯祠、墓的合志，又不拘于一地一景，而具有武侯资料大全的性质，是有别于《忠武志》和《诸葛武侯集》、三者缺一不可的重要文

① 高峰：《陕西方志考》，内部资料，1985年，第199—200页。

② （清）刘廷玑：《忠武志跋》，王瑞功主编：《诸葛亮研究集成》，济南：齐鲁书社，1997年，第843页。

③ （清）永瑢等：《四库全书总目》卷60《史部·传记类存目·忠武志》，北京：中华书局，1965年影印本，第545页。

献之一"。①

第二节　山水志

　　山水志是记载某一地域内名山大川的志书，与古迹志一样也是地方志的一个重要支流。自古以来我国就有编纂山水志的传统，《尚书·禹贡》与《山海经》可谓山水志的源头，在我国古代方志中，除在传统的省志及府、厅、州、县志中专辟门类记载各地山水外，还修纂了许多独立的山志或水志。作为志书中的一个类别，山水志的体例和地方志的体例大同小异，闵麟嗣在《黄山志定本自序》中说："夫志者，记也。记其地理、风俗、文献之大略也。志山水与志郡邑，虽异实同。"② 清代著名方志学家章学诚指出："夫志州县与志名山不同。彼以形胜景物为主，描摩宛肖为工，崖颠之碑；壁阴之记，以及雷电鬼怪之迹，洞天符检之文，与夫今古名流游览登眺之作，收无孑遗，既征奥博，盖原无所用史法也。若夫州县志乘，……。"③ 可见同为志书，由于记载对象不同，其体例亦不复相同，山水志和地方志各具特点，在门类和内容上亦存在差异。今人研究认为，旧山志一般分为两大部分：第一部分为"卷首"，包括图、序、凡例等；第二部分是若干篇专述，即分门别类记述名胜古迹、湖光山色、人物故事、金石文物、艺文杂录等。④ 水志则涉及江、河、湖泊及水利设施等内容。山水志的记载范围广泛，资料丰富翔实，其中保存有丰富的环境变迁、水利兴废、区域经济开发、民间信仰乃至社会经济形态诸多方面的重要资料，可弥补一般地方史志及其他著述之不足，对环境变迁、历史地理、水利史、文化史、区域社会经济史的研究都具有很高的史料价值，历来备受学者重视。

　　陕西省作为地处内陆腹地的省份，虽然不如江南各省山清水秀，但也不乏高山大河。横贯东西的秦岭，山峦起伏，连绵不断。黄河流经陕西省东部，渭、

　　① 冯岁平：《虚白道人及其〈忠武侯祠墓志〉》，《文博》2000 年第 6 期，第 63—68 页。
　　② （清）闵麟嗣：《黄山志定本》卷首《自序》，故宫博物院编：《故宫珍本丛刊》第 258 册，海口：海南出版社，2001 年影印本，第 43 页。
　　③ （清）章学诚著、叶瑛校注：《文史通义校注》卷 8《外篇·修志十议》，北京：中华书局，1985 年，第 848 页。
　　④
宋兹荣、李宝书：《山水志编写初探》，《黑龙江史志》1998 年第 1 期，第 26—27 页。

泾、沣、涝、潏、滈、浐、灞等河流环绕长安，山水资源相对丰富，但是令人遗憾的是，记载陕西山水的志书与南方各省相比相对较少，加之流传过程中或亡佚、或鲜见刊刻，故 2004 年中华书局影印出版《中华山水志丛刊》时，所收陕西山水志书非常有限，山志仅 2 种，分别是清人李榕所辑《华岳志》和蒋湘南所撰《华岳图经》；水志 3 种，分别是清人王太岳所撰《泾渠志》，汪廷栋等撰、童光瀛绘图的《二华开河渠图说》以及杨调元撰《华阴县新修河渠图说》，远远不能反映陕西的山水志书编纂情况。

一、山志

通常情况下，山志所记多是全国或省区范围内屈指可数的名山，这些山一般均具有历史悠久、风景秀丽、文化积淀深厚等特点，或以雄奇著称，或以险峻驰名，或是宗教圣地，或富于神话传说，或是骚人墨客流连吟咏之地，如清代僧人弘眉及张佩芳分别著有《黄山志》，李榕、蒋湘南分别著有《华山志》、李滢撰有《庐山志》、张维屏撰有《庐秀录》、李元度撰有《重修南岳志》等，在有些情况下，山志和水志也不是截然分开的，很多山志中包括了水的内容，只不过是侧重于山而已。

陕西境内不乏名山，横跨陕西境内、将陕西分隔为南北的秦岭山脉，高山连绵，自西向东一字排开，错落有致，秦岭的主峰太白山是中国大陆青藏高原以东第一高峰，风景宜人，更是道教文化圣地，元代画家王蒙所绘《太白山图卷》，清代光绪年间，赵嘉肇撰有《太华太白纪游略》，但有关志书尚未经见。秦岭山脉峰峦叠嶂，周围谷口数量众多，清人万方煦说："秦为天下之脊，南山则秦之脊，而山之诸谷则其繁萦也"。① 南来北往需经过各峪口，相传秦岭有 72 峪，其中有名的有汤峪、子午峪、沣峪、太平峪等。咸丰年间，学者毛凤枝客居西安，曾受聘于官宦人家为塾师，又曾在陕西地方长官如长安、咸宁知县、西安知府、陕西粮储道、陕西布政使、陕西巡抚等官署作幕宾，其中在西安知府为幕宾的时间最长，期间游历各地，对陕西的山水了如指掌，于是撰成《南山谷口考》。

《南山谷口考》1 卷，作者毛凤枝，字子林，号蟫叟，江苏甘泉（今扬州市）

---

① （清）毛凤枝撰、李之勤校注：《南山谷口考·万方煦原序》，西安：三秦出版社，2006 年。

人，前陕西候补知府、清军同知毛瀚次子，①道光十五年（1835）生于北京，光绪二十一年（1895）卒于西安，享年60岁。毛凤枝"生有殊秉，早岁嗜读书，虽宦裔无纨绔气，日惟沈淫典籍。与诸文士交流，于经史、舆地、金石、考据、经济、词章之学靡不深窥，以能文名当时"。②年长后遵父命从军，父亲在陕西西安清军同知任上病危，"召归秦，侍汤药唯谨。及卒，营丧葬甚备如礼"。父亲卒后，毛凤枝与族人客居西安，籍入咸宁，故称陕西咸宁人。毛凤枝流寓陕西期间，始终笔耕自给，淡薄荣利，"初馆两首邑，继为西安郡幕最久，而粮储，而布政，而抚军，文曹掾首，历历见称。当道倚重，地方利弊兴革，颇有参画，不竞功，不立名，惟布衣自居"。③毛凤枝晚年以著述自娱，除著有《寓志于物斋诗文集》3卷外，还著有与陕西有关的《南山谷口考》及《关中金石文字存佚考》。

《南山谷口考》1卷，原名《陕西南山谷口考》，毛凤枝在《后叙》中交代了他撰著此书的缘由："方同治元年，发逆犯陕，假道南山。其北窥省垣也，实出咸宁之大峪口。自是厥后，外寇甫平，内讧继起，而三辅军兴，生灵涂炭矣。本祸乱之所由基，岂非南山之故也。"毛凤枝深感秦岭南山诸谷口的得失，关系到西安的安危存亡，因此产生了研究南山诸谷口军事价值的想法。《南山谷口考》主要是在严如熤《三省边防备览》及沈青崖所修《陕西通志》所记南山诸谷的基础上，"本其山川，联其脉络，准其地望，详其远近，揭其要害，以及土俗之称名，水道之源流，罔不具书"，前后三易其稿，"凡得谷口百有五十，尤要者三十有一焉"④，于同治五年（1866）成书。《南山谷口考》成书不久即付梓印行，之后广为流传，光绪年间，胡思敬将此书辑入《问影楼丛书》，并在跋语中说："毛氏所举谷口百有五十，自潼关至宝鸡，要口三十有一。分疏博证，经纬粲然，后世筹山防者其念哉！"⑤民国时期，长安宋联奎又将此收辑入《关中

　　① 按：《南山谷口考校注·前言》言毛凤枝父亲毛知翰，据《续修陕西通志稿》卷85《人物·流寓·毛凤枝》谓毛凤枝乃"前陕西候补知府西安清军同知瀚之次子"，《清实录·文宗显（咸丰）皇帝实录》卷271"咸丰八年十二月"："以陕西造军火出力，赏同知毛瀚花翎"，毛凤枝父亲当名毛瀚。
　　② （民国）《续修陕西通志稿》卷85《人物·流寓·毛凤枝》，中国西北文献丛书编委会编：《中国西北文献丛书·西北稀见方志文献》卷8，兰州：兰州古籍书店，1990年影印本，第1辑，第274页。
　　③ （民国）《续修陕西通志稿》卷85《人物·流寓·毛凤枝》，中国西北文献丛书编委会编：《中国西北文献丛书·西北稀见方志文献》卷8，兰州：兰州古籍书店，1990年影印本，第1辑，第274页。
　　④ （清）毛凤枝撰、李之勤校注：《南山谷口考校注》，西安：三秦出版社，2006年，第153页。
　　⑤ （清）毛凤枝撰、李之勤校注：《南山谷口考校注·胡思敬跋》，西安：三秦出版社，2006年，第166页。

丛书》，并在跋语中盛赞道："毛君侨籍关中，熟谙形胜。此考自东之西，起潼关大谷，讫宝鸡晃谷，凡得谷口百有五十，尤要者三十有一焉。每考一谷，山脉、水域、道里险阨，某为要冲，某为间道，某可用正，某可出奇，均一一备列其下。诚用兵之向导，三省边防之所必备也。"① 由此可见，毛凤枝《南山谷口考》不仅仅是一部山志，更是一部军事地理书，今人谓此书"是目前仅有的一部专门论述陕西关中南山（即今陕西境内的秦岭山脉）北侧诸河谷及其出山口附近的守备，与陕西关中、尤其是古都西安安危关系的军事历史地理著作"。②

　　秦岭之外，陕西境内的西岳华山也久负盛名，在清人所修陕西山志中，数量多且质量高的当属华山志系列。历代关于华山的记载数不胜数，据谢彦卯《历代华山志考略》一文统计，宋至清关于华山的志书共有十二部，而有清一代就有五部。③ 最早专记华山的志书当属《华山记》，作者不详，隋末唐初已见流传，元代以后亡佚。④ 之后金人王处一撰有《西岳华山志》1卷，元代道士史志经撰有《华山志》14卷。明嘉靖年间，李时芳任华阴县令，又将有关华山的记载纂辑而成《华岳全集》11卷，万历年间，潼关副使张维新主持重刻李时芳《华岳全集》，由时任华阴县县令马明卿负责其事，又增续而13卷。时至清代，专记华山的志书数量陡增，有的在前志的基础上增删订补，有的则另起炉灶另纂新志，其中乾隆朝姚远翱所纂《华岳志》12卷、道光元年李榕所纂《华山志》8卷及咸丰元年蒋湘南所著《华岳图经》2卷较为有名。

　　乾隆《华岳志》作者姚远翱，浙江钱塘人，乾隆十二年（1747）任华阴县令，期间因张维新所辑《华岳全集》"庞杂简略，未尽华山之胜"，于是在为政之暇，"与二三同志商榷而缀茸之，取《华岳集》，芟其芜秽，增辟门类，先其重且大者，而纤悉亦复包举折衷至当"⑤，辑成《华岳志》12卷，分12门，卷一原始、山体、名胜，卷二古迹，卷三祠宇（书院附），卷四秩祀、祭告，卷五题名（古碑考，历代诏敕附），卷六高贤、仙真，卷七物产、杂记（灾祥、灵异、遗

　　① （清）毛凤枝撰、李之勤校注：《南山谷口考校注·宋联奎等跋》，西安：三秦出版社，2006年，第161页。
　　② （清）毛凤枝撰、李之勤校注：《南山谷口考校注·前言》，西安：三秦出版社，2006年。
　　③ 谢彦卯：《历代华山志考略》，《图书馆理论与实践》2003年第5期，第71—72页。
　　④ 详见拙文《历代华山志考补》，西安碑林博物馆编：《碑林集刊》第17辑，西安：三秦出版社，2012年，第204—213页。
　　⑤ （清）姚远翱：《华岳志·自序》，故宫博物院编：《故宫珍本丛刊》第255册，海口：海南出版社，2001年，第65页。

闻、诗话），卷八至卷十二为艺文，其体例与古方志同，卷首有凡例、纂修者姓氏及目录，并附图 24 幅。作者对此作甚为满意，认为与张维新《华岳全集》相比，《华岳志》有相当大的改观，有了此书，"于今乃睹华山之真面目矣，虽谓华岳有志自今始可也"。① 蒋湘南则对此志颇有微词，谓作者自言好奇志怪无裨掌故，特志其重且大者，"而其所谓重大之事，亦只三主雩荣，四陪使节而已，于华岳无所发明也。芜浅无例，行之不远"。②

道光《华岳志》作者李榕，陕西潼关人，此志主要辑录明代李时芳、张惟新及清乾隆时人姚远翱所著华山志书的内容并分门别类加以编纂，民国《续华阴县志》称李榕"成就多才，著有《华岳志》，与邑宦杨翼武（字燕庭）商订于杨之清白园，编纂宏富，评断允当，人多称服，以为在王处一、姚远翱诸书之上"，③ 今人亦称赞此书"搜罗宏富，评断允当，序次清晰，考证详细"。④ 然蒋湘南则认为此志"自岳麓至峰颠，叙次颇析，而沿用俗例，究失庞杂，徒为有识者所讥。其外游记单篇，又只状其所到之处，其未到者，未能详焉。"⑤

蒋湘南《华岳图经》已见前文，此不赘述。此外，清人所编有关华山的志书尚有清初华州人东荫商所纂《华山经》1 卷、陕西澄城人路一麟所纂《华山小志》12 卷、王弘嘉所撰《华山志概》1 卷、王宏撰所撰《华山记》1 卷及康乃心《华山杂记》1 卷等。

二、水志

水志以记载江、河、湖泊为主，辅以水利设施、名胜古迹等内容，如北魏郦道元的《水经注》、清代学者焦循的《扬州北湖小志》、阮元的《扬州北湖续志》、陶澍的《江苏水利全书图说》、蒋湘南的《江西水道考》等。陕西地处内陆，虽然陕北、陕南以高原、丘陵为主，但关中平原沃野千里，地理条件优越，

① （清）姚远翱：《华岳志·自序》，故宫博物院编：《故宫珍本丛刊》第 255 册，海口：海南出版社，2001 年，第 65 页。

② （清）蒋湘南：《华岳图经·叙录》，李伟、吴建伟主编：《回族文献丛刊》第 2 册，上海：上海古籍出版社，2008 年，第 855 页。

③ （民国）《华阴县续志》卷 5《人物志》，《中国地方志集成·陕西府县志辑》第 25 册，南京：凤凰出版社，2007 年影印本，第 344—345 页。

④ 谢彦卯：《历代华山志考略》，《图书馆理论与实践》2003 年第 5 期，第 71—72 页。

⑤ （清）蒋湘南：《华岳图经·叙录》，李伟、吴建伟主编：《回族文献丛刊》第 2 册，上海：上海古籍出版社，2008 年，第 855 页。

古代号称天府，河川不多但易于灌溉，水利事业较为发达，在清代地理学研究趋于实用的背景下，对关中水利文献的整理及水志的记载亦相对较多，因此有清一代陕西的水志主要以记载关中水道及相关水利设施为主，除前文所及蒋湘南的《后泾渠志》外，值得一提的还有王太岳的《泾渠志》。

在关中诸多水道中，泾水因其悠久的水利开发、惠泽关中而引人注目。泾水又称泾河，是渭河的第一大支流，泾河下游是我国水利开发最早的地区之一，引泾灌溉的历史可以上溯到秦王政元年（前246）凿泾水，兴建郑国渠，距今已有2500多年的历史。郑国渠兴建后，"溉泽卤之地四万余顷，则皆亩一钟。于是关中为沃野，无凶年，秦以富强，卒并诸侯"。① 郑国渠之后，又有汉代白渠、宋代丰得渠，元代王御史渠，明代广惠渠、通济渠。至清代又弃泾引泉，名龙洞渠，民国时期，著名水利专家李仪祉先生又主持建成泾惠渠，至今仍泽被关中大地。泾渠是历代引泾灌溉水利工程的总称，文献中早有记载，元李好文《长安志图》卷下《泾渠图说》被誉为现存的第一部引泾灌溉专史，详细记载了历代泾渠的兴建、维修，元代引泾灌区的渠道分布及管理制度等内容，并开绘制水利图之先河。之后《元史·河渠书》专列泾渠，叙述历代泾渠的修建及元代政府对泾渠的经营管理。乾隆年间王太岳所撰《泾渠志》可谓第一部专记泾渠的文献。

《泾渠志》3卷，王太岳撰。王太岳字基平，号芥子，直隶定兴人，生于康熙六十一年（1722），卒于乾隆五十年（1785），享年64岁。乾隆七年（1742），王太岳考中进士，改翰林院庶吉士。乾隆十年（1745），授翰林院检讨，乾隆十五年（1750），充日讲起居注官，乾隆十八年（1753），充江南乡试副考官。乾隆十九年（1754），授侍讲，转侍读，充会试同考官。乾隆二十年（1755），补甘肃平庆道。乾隆二十三年（1758），调西安督粮道。乾隆三十三年（1768），擢湖南按察使。乾隆三十六年（1771），调云南按察使，乾隆三十七年（1772），擢云南布政使，"是年，以审拟逃兵宽纵，落职"。② 乾隆四十二年（1777），命在《四库全书》馆为总纂官，乾隆四十三年（1778），仍授乾林院检讨。乾隆四十七年（1782），擢国子监司业，3年后卒于官。王太岳不仅擅长文学，著有《清虚山房集》、《王芥子西城小筑诗》传世，而且所至之处皆有惠政，时人王昶

① 《史记》卷29《河渠书》，北京：中华书局，1959年标点本，第1409页。
② 《清史稿》卷72《文苑传·王太岳》，北京：中华书局，1977年标点本，第5888页。

谓其"以弱冠入词林，海内交推其文学，而公独志于经世之务。所至必爬梳剔抉，据今考古，若丝缕之有纪，罔罟之有网，咨民之疾苦而讨论之。在平庆及西安皆有惠政及民，尤留心于水利，著《泾渠志》三卷"。①

乾隆二十二年（1757），王太岳由甘肃平庆道调西安督粮道，直至乾隆三十三年（1768）升任湖南按察使，期间一直在陕西任职，"观察督理粮储兼管水利事，观察而讲水利固其职也。管内水利不止泾渠，而水利之久且著者，莫过于泾渠"。②泾渠作为关中重要的水利设施自然引起王太岳的重视，其官任陕西期间，多次实地考察泾渠，正如王太岳在后序中所言："比年吏关中，尝一再至中山下，行求郑白之故迹，而观宋、元、明所穿凿，则夫成毁之繇，工拙之效，诚不待考而知。县志所言，皆有验不妄，然后叹古今相传，耀于其名而不察其实，徒见其利而不知其害者。"王太岳不仅注意到泾渠惠民的一面，更为关注它的危害，正如素纳所言："自昔为政者每昧于兴利而不计其遗害，先生独于利害之间三致意焉。"同时，历代方志虽于泾渠多有记载，但难免错谬舛误以讹传讹，有感于此，王太岳"以暇日循行渠上，周求秦汉以来遗迹，与夫昭代制置之良利，被之远退，而蒐古载籍，按之县志所列，参校同异，辨验是非，盖积累月之勤，然后恍然粗若得其仿佛，于是尽刊傅会之辞，独取本事，才其时代后先，准纲目体，次而编之，命曰《泾渠志》"。③王太岳《泾渠志》成书于乾隆三十二年（1767），分序、泾渠图考（附泾水考）、泾渠志、后序四个部分，其中序及后序均系王太岳亲自撰写，泾渠志部分则记载了秦、汉至明、清历代兴建泾渠的举措，广征博引以资证明，并对相关记载进行正误和考证。嘉庆年间素纳继任陕西督粮道，对王太岳所撰《泾渠志》称赞有加，谓"闻先生为观察时，数履渠地，延访耆德，故得其利弊为独详。又考证群籍，昭然于历代延革之故，是以不为空言而可行。……余步先生之后尘，深愧不能如先生之尽心也"，④于是将《泾渠志》重新刊刻印行。

---

① （清）王昶：《国子监司业前云南布政使王公太岳行状》，（清）钱仪吉等撰：《清代碑传全集·碑传集》卷86，上海：上海古籍出版社，1987年影印本，第433页。

② （清）王太岳：《泾渠志》卷首素纳《重刻泾渠志叙》，《中华山水志丛刊·水志》第9册，北京：线装书局，2004年影印本，第89页。

③ （清）王太岳：《泾渠志·自叙》，《中华山水志丛刊·水志》第9册，北京：线装书局，2004年影印本，第91页。

④ （清）王太岳：《泾渠志》卷首素纳《重刻泾渠志叙》，《中华山水志丛刊·水志》第9册，北京：线装书局，2004年影印本，第90页。

第三节　金石志

石刻碑志作为古代文化的重要遗存，不仅是传承中华古代文明的重要载体之一，也是研究中国各个时期政治、经济、文化的实物资料。金石碑志不仅可以证经典之讹误，补史文之阙遗，而且在石刻史料中往往还可以发现地方社会变迁以及都邑之兴衰沿革，这些内容往往不见于志书记载，或有记载但言之不详。自古以来，我国就有记载著录金石碑刻的传统，两汉以后，随着石刻资料数量的增加，金石学在宋代也发展成为显学，继欧阳修《集古录》、赵明诚《金石录》之后，著录金石碑志的书籍日益增多，其中以编年和分地两种最为常见，分地之书又有通天下而录之者和以一道而录之者之分。通天下著录之书有《诸道石刻录》（久佚）、陈思《宝刻丛编》、王象之《舆地碑记目》；专门著录一地一邑之书有田概《京兆金石录》。到了清代，碑志收藏及金石考古之风盛行，石刻文献数量大增，专门著录一地一邑的金石文献也与日俱增，其中以省别者有京兆、山左、山右、中州、关中、湖北、湖南、粤东、粤西、两浙、安徽等，以州县别者亦为数不少。"关中为三代、秦、汉、隋、唐都会之地，碑刻之富，甲于海内"①，陕西作为十三朝古都，不仅具有灿烂辉煌的古代文明史，还遗留下了丰富的文化遗产，石刻资料即是其中最主要的组成部分。陕西古代石刻种类齐全，时代序列比较完整，特别是汉唐石刻气势雄浑，生动精美，在中国古代雕塑史上占有独特地位。时至清代，随着金石学的复兴，著录、研究、考订石刻碑志的金石著作层出不穷，陕西作为文物大省，相关著作亦复不少，按区域或内容可分为全省性金石志书、地方性金石志书及专门性金石志书3种。

一、全省金石志

较早关注陕西金石文献的当属朱枫。朱枫字近漪，号柑园，又号排山，浙江钱塘（今杭州）人，生卒年不详，有《排山小集》8卷、《续集》12卷、《后集》6卷传世，所撰《雍州金石记》成书于乾隆二十四年（1759），作者在自序中详述其撰述缘由及经过曰：

---

① （清）钱大昕：《潜研堂集》卷25《关中金石记序》，（清）钱大昕撰、陈文和主编：《嘉定钱大昕全集》第9册，南京：江苏古籍出版社，1997年，第396页。

余于辛未入秦，迟留十载，其地为周汉隋唐故都，金石遗文，所在皆有，余夙有金石之癖，暇则策蹇行游，逢古碑辄坐卧其旁，流连竟日，或宿山寺，或问樵牧，不少倦也。积之又久，得汉唐碑二百种，其五代及宋元概置弗录，中有古人所未见者十犹二三焉，碑存而未获者疑无几矣。题曰《雍州金石记》，志一方之所得也。①

《雍州金石录》10 卷，并附《记余》1 卷，共收碑志 200 余种，多为唐碑，于每种碑石详记书者、字休、时代、出土或发现经过，碑石保存现状，碑文字数，书法特点等内容，有的照录原文，有的概要绍，详为记录，汇帙成册。此书所收金石多为前人所未见，并皆能考证史事，辨别异同，对研究金石学有一定的参考价值。

在著录陕西全省的金石志书中，毕沅《关中金石记》无疑是最有价值的一部，所录石刻碑志都是毕沅任职陕西期间搜集而来，上起秦汉，下迄金元，共著录碑版 797 种，比朱枫《雍州金石记》所收多出近 600 种。毕沅、朱枫之外，搜藏、著录并研究关中金石碑志的还有毛凤枝《关中金石文字存佚考》和刘喜海《长安获古编》。

《关中金石文字存佚考》12 卷 20 万言，系毛凤枝在王昶《金石萃编》等金石著作的基础上，对自己收藏的关中历代金石，包括瓦当、碑碣、墓志、塔铭、经幢、造像等进行编录，考其存逸，并对他书未收、舛错、歧义处以及作者、时代等详加考辨。时间断限上起周，下迄唐，总计汇录关中金石碑刻约 1300 余通，先后四易其稿，历时 10 余年，于光绪十五年（1889）始告完成。毛凤枝少年时代随父亲宦游各地，受父亲喜好收藏金石之影响，"年甫十五，即喜搜罗墨刻，无论精粗美恶，每见必购，每购必藏，时人皆笑为迁而乐之不厌也"。② 毛凤枝的儿子毛林甫在此书的序中交代了其父撰作《关中金石文字存佚考》的缘起和始末，谓其系父亲一生精力之所萃，今人对此书也给予了较高评价，称此书所收，"一是毛氏所见前人相关著述中所有有关关中的金石文字遗存，二是毛氏所见而未为他书所载的关中金石文字，已最大限度地将清末学者所能见到的

---

① （清）朱枫：《雍古金石记》卷首《自序》，《续修四库全书》第 908 册，上海：上海古籍出版社，2002 年影印本，第 283 页。

② （清）毛凤枝：《关中金石文字存佚考》卷末毛林甫《后序》，《续修四库全书》第 908 册，上海：上海古籍出版社，2002 年影印本，第 651 页。

关中金石文献载入，并做了相当深入的辨析考证，足以代表清代末年陕西金石研究的最高水平"。①

刘喜海，字吉甫，号燕庭，山东诸城人，生于乾隆五十九年（1794）②，卒于咸丰三年（1853），是道光年间著名的金石学家、古泉学家和藏书家，所著《古泉汇考》是集古泉学之大成的巨著，《三巴金石苑》是著录巴蜀地区历代金石文字的第一部著作，又著有《金石苑》、《古钱苑》、《海东金石苑》、《长安获古编》等。刘喜海少年时代深受钱币收藏家金赐邠和乾嘉名儒阮元的影响，一生足迹所至，注重搜求古物，鲍康在《长安获古编序》中说："刘燕庭先生室无长物，惟手辑金石文字逾五千通。服官中外廿余载，所至不名一钱，而箧中钱币、尊彝载之兼两，盖博物君子也。"③道光十九年（1839），刘喜海遭受丧母之痛，去官丁忧，游历各地，途经长安，所获颇丰，是年夏，著名古泉学者鲍康于长安谒见刘喜海。次年，鲍康应试不第，来到陕西，"适刘燕庭观察亦流滞秦中，今所称赏鉴家也，以数世知交获通契阔，得遍观所蓄，望洋兴叹，如穷子之入宝船"，可见刘喜海收藏之富及声望之高。当时收藏古泉之风盛行，"秦中古泉出土者多，直亦最贱"，鲍康及家人竭力搜藏，乐此不疲。道光二十一年（1841），刘喜海服除升任陕西延榆绥道道员，与另一古钱币学者刘师陆"时时道出长安，必淹留累月而后去，大力搜括，闻风兴起者又从而附之，泉值日以昂，十倍畴昔"。④陕西乃帝王之都，地下古物层出不穷，刘喜海官任于此可谓如鱼得水，"宦辙所经，若有宿缘，再至三至，询风问俗之暇，辄偕二三同志，披荆剪棘，搜断碑，访遗宫，翛然来往，见者不知真为大僚"。⑤"秦中古帝王州，铜器时时出土，无款识者居其半，当日只以花文色泽及完好者是珍也。自燕庭宦秦，晓以文字多者为贵，虽残缺亦无伤。从此古器几无完肤，虽寸许铜

① 李向菲：《毛凤枝〈关中金石文字存佚考〉考论》，《西部学刊》2015年第11期，第58—61页。

② 按：胡昌健《刘喜海年谱》（载《文献》2000年第2期）谓刘喜海生于乾隆五十八年（1793），不知何据。沙嘉孙《风雅嗜古的刘燕庭》（载《藏书家》第2辑，齐鲁书社2000年版）谓刘喜海有一方"甲寅人"印章，系为纪念其生年而刻，故从之。

③ （清）鲍康：《观古阁续稿·刘氏长安获古编序》，《丛书集成续编》第140册，上海：上海书店出版社，1994年，第59页。

④ （清）鲍康：《观古阁丛稿》卷上《观古阁泉选序》，《丛书集成续编》第140册，上海：上海书店出版社，1994年，第30—31页。

⑤ （清）鲍康：《观古阁丛稿》卷上《刘氏长安获古编序》，《丛书集成续编》第140册，上海：上海书店出版社，1994年，第41—42页。

造像，亦必于背上补镌年月。"① 刘喜海将其宦历陕西期间所获或友朋赠送的古物汇编成《长安获古编》2卷，未及刻印而卒，光绪年间铁云藏龟主人刘鹗为之补刻刊行，并在跋中称其"一金一石，皆有识跋"②。此外，王国维《刘氏金石苑稿本跋》语及刘喜海撰有《昭陵复古录》，《清史稿艺文志补编》又著录有刘喜海《陕西得碑目》2卷，当是与陕西有关的金石著作。

二、地方金石志

清代有关陕西各地金石碑刻的著录主要见于传统的府、州、县志，因此众多府、州、县志中的金石部分是了解各地石刻资料存佚情况的重要文献，其中乾隆四十四年（1779）所修《西安府志》即有两卷《金石志》，收录了包括西安府及长安、咸宁、咸阳、兴平、临潼、高陵、鄠县、蓝田、三原、盩厔、渭南、富平、醴泉、同州、耀州等地的金石资料310通，作者在卷首交代著录缘由曰：

> 关中金石之文，甲于海内，古未有专志之者，惟陈思《宝刻丛编》，载陕西永兴军路石刻四卷，其中多引《京兆金石录》，则西安一府所有者也。其余多散见于欧、赵、洪、郑诸家著录。顾自唐末五季兵燹而后，一坏于宋姜遵之营浮图，再坏于韩缜之修灞桥（并见《道山清话》），三坏于嘉靖乙卯地震。先后数百年间，十盖已亡其七八矣。夫金石小道，而其中岁月、地理、职官、事迹，多与史传相证明，知亡者之可惜，则幸存者当愈知宝贵矣。兹为寻求钞拓，就取目击者录其书撰人名、刊石年月及存置处所，计目三百一十余通，凡二卷。至于考证事迹，品量文辞，览者当自得之，不复缀录云。③

《西安府志》之外，清代所修各府、州、县志中设有《金石志》的还有多种，如孙星衍所修乾隆《醴泉县志》、洪亮吉所修乾隆《澄城县志》及乾隆《淳化县志》、蒋湘南所修道光《泾阳县志》和咸丰《同州府志》、董祐诚所修《长安县志》、陆耀遹所修《咸宁县志》等都有金石志。光绪元年吕懋勋主持修纂《蓝田县志》，实际承袭了道光十九年（1839）蒋湘南所修《蓝田县志》的内容而稍事

① （清）鲍康：《观古阁泉说》，《丛书集成续编》第73册，上海：上海书店出版社，1994年，第246页。

② （清）刘喜海《长安获古编·刘鹗跋》，《续修四库全书》第906册，上海：上海古籍出版社，2002年影印本，第282页。

③ （乾隆）《西安府志》卷72《金石志》，西安：三秦出版社，2011年，第1617页。

增补，其中的凡例亦当是蒋湘南所订，言"艺文金石，前志所无，不惮搜罗，以补其阙。"民国时期所修《咸宁长安两县续志》也继承了前志记载金石的传统，作者在《凡例》中说："前志金石搜罗本富，但嘉庆至今，又经百载，扶风马璘之碣出自颜书，孟公显达之碑得诸韦墓，赓续出土，此类仍多，今特广蒐冀以存古，果属名贤手笔，物因人重，或关于世道人心，沿革掌故者，虽清代一石半碣，皆当甄录期无遗珠。"① 即使如道光十七年（1837）胡元焕所修《辋川志》、光绪年间李嘉绩所修《汧阳述古编》也少不了《金石篇》的内容。

府、州、县志之外，清代学者修纂的专门记载陕西各地石刻资料的志书较为鲜见，值得一提的有浙江钱塘人黄树穀所辑《扶风县石刻记》和张埙所辑《吉金贞石录》。

《扶风县石刻记》2卷，黄树穀辑。黄树穀（1701—1751），字培之，号松石，又号黄山，浙江钱塘（今杭州）人，少耽经史，擅长书法，兼善诗文，乡人私谥端孝先生，著有《格物考》、《河防私议》、《清华录》、《楷瘿斋集》、《扶风县石刻记》等。《清史列传》谓黄树穀"工隶书，博通金石"，② 所到之处勤于搜访，常就所得与丁敬、王澍等至交切磋讨论，他游历经过陕西扶风时，将其搜访所得纂成《扶风县石刻记》上、下两卷，收录唐、宋、金、元石刻18种。版本目录学家孙毓修将《扶风县石刻记》与毕沅《关中金石记》相较，发现《扶风县石刻记》漏收《开元二十八年龙光寺舍利塔记》一碑，多收《唐杨珣碑》、《宋断碑》、《宋季真寺买田记》、《宋修扶风县庙学记》、《元重修扶风学记》等五碑，且"毕书多遗碑阴，或以碑阴别出，皆不如此书之完善"③，十分珍贵。

《吉金贞石录》5卷，张埙辑。张埙（1731—1789），字商言，号瘦铜，又号湖庄、吟薌，别号石公山人，江苏吴县（今苏州）人，乾隆三十四年（1769）进士，官至内阁中书。张埙是乾隆时期的著名文人、金石家、戏曲家，少与蒋士铨齐名，书法清挺脱俗，善二书画金石，与翁方纲结为金石之友。张埙一生南游闽赣，西赴长安，北上热河，著述颇丰，有《竹叶庵文集》33卷、《林屋词》7卷。乾隆三十八年（1773），张埙入四库馆任编校，乾隆四十二年（1777）

① （民国）《咸宁长安两县续志·凡例》，《中国地方志集成·陕西府县志辑》第3册，南京：凤凰出版社，2007年影印本，第314页。
② 佚名：《清史列传》卷73《文苑传·黄易》，王锺翰点校，1987年，第5986页。
③ （清）黄树谷：《扶风县石刻记·孙毓修跋》，《石刻史料新编》第23册，台北：新文丰出版公司，1982年，第1辑，第17227页。

丁忧去职，次年应毕沅之邀来到陕西，至乾隆四十四年（1779）服丧期满还京，客居西安凡两年，期间留下了许多与陕西有关的作品，除参与修纂县志外，还完成了《林屋词》7卷的编辑。张埙乾隆四十三年（1778）所作《林屋词自序》中说："今年在关中，眼痛经旬，志局虽忙，不能纂书，乃袤乡作，汰眉十之六七，排为七卷，总题曰《林屋词》。"①乾隆四十三年，受兴平县令顾声雷之聘，纂修乾隆《兴平县志》25卷。同年又受郿县县令李带双之聘纂修《郿县志》19卷，次年又受扶风县令熊家振之聘修成《扶风县志》18卷。张埙嗜好金石书画，容庚谓其"考证金石及书画题跋，俱详赡可喜"，其所纂陕西兴平、扶风、郿县三县县志均有金石志，后来张埙将此三县志中的金石志汇辑增订而成《吉金贞石录》5卷，并在自序中详述其编纂缘由曰：

> 乾隆四十二年丁酉，予以丁忧去职，奉太夫人柩南归。明年戊戌，会故人毕中丞沅开府于秦，要予游于秦。秦中故多前代金石，而同志嗜古之士，若严侍读长明、钱明经坫并在幕府，于是拓工四出，毡椎无虚日。中丞以兴平、扶风、郿三县志属予重辑。予纂列金石一门，内中若贺若谊、杨珣碑，彰彰在人耳目。而郿之金石，自昔未登著录者，亦搜得二十余种，颇谓于斯道有功。又明年己亥，书成，予服阕还京师，箧中所存《金石志》稿共五卷，不敢废弃，统入予《吉金贞石录》中。凡碑、铭、款、记，全载其文，《志》之体例如此。碑中讹字亦照原碑录之，后人钞刻此书者，幸弗轻易涂改耳②。

容庚谓《金石萃编》、《金石续编》、《八琼室金石补正》等书不著录元代碑刻，而《吉金贞石录》著录十余种，至于金代碑刻，《金石萃编》等书虽有收录，但不如《吉金贞石录》完备。此外，黄树谷《扶风县石刻记》与此书所收之扶风县石刻内容相同，只是删去金代石刻，"可知《石刻记》乃节取张氏原作而嫁名于黄氏，非此书出，孰从而证之？"③

---

① （清）张埙：《竹叶庵文集》卷首，《清代诗文集汇编》编纂委员会编：《清代诗文汇编》第375册，上海：上海古籍出版社，2010年影印本，第3页。

② （清）张埙：《吉金贞石录·兴平志稿序》，《石刻史料新编》第12册，台北：新文丰出版公司，1982年，第1辑，第9309页。

③ （清）张埙：《吉金贞石录·容庚跋》，《石刻史料新编》第12册，台北：新文丰出版公司，1982年，第1辑，第9368页。

三、专门金石志

陕西境内石刻较为集中的地方除西安碑林外，尚有乾陵、昭陵、华山及彬县大佛寺，这些地方碑石林立，石刻遗存丰富，文字史料价值较高。清代正当金石学兴盛之时，这些地方的石刻也引起了学者的广泛注意，著录、研究者不乏其人，有的汇入志书，如姚远翿《华岳志》卷五之《华岳古碑考》、李榕《华岳志》卷四之《华岳金石》即著录有关华山的石刻文字，而专门著录研究的则以昭陵和彬县大佛寺石窟为最。

昭陵位于陕西省礼泉县东北的九嵕山上，是唐太宗李世民的葬身之地，在李世民生前及身后，先后计有妃嫔、诸王、公主、驸马及将相大臣等不下 200人陪葬于此，按当时习俗树碑埋铭，因而"陪葬兆域，穷碑相望"，可谓"唐碑渊薮"①。昭陵陪葬墓碑的撰者、书者及刻工皆一时之选，具有较高的史料、书法价值，历代金石学者都注重对昭陵碑石的著录和研究，宋人欧阳修的《集古录》、赵明诚的《金石录》、明人赵崡的《石墨镌华》、清人王昶的《金石萃编》及毕沅的《关中金石记》均有著录和考证。此外专门著录研究昭陵石刻的也不乏其人，主要有林侗《唐昭陵石迹考略》和孙三锡的《昭陵碑考》。

《唐昭陵石迹考略》5卷，作者林侗（1624—1714），字同人，号来斋，福建侯官人。林侗家富藏书，博涉经史，少年时代随父宦游三秦，"纵观三辅名胜，历游边徼，走庄浪、凉州间，金石碑版，搜考无遗"②，期间最为留意昭陵碑石，林侗的弟弟林佶在《唐昭陵石迹考略后序》中说其兄侍父宦秦期间，"出入燕、赵、齐、鲁及塞上，数访求古迹与石刻文字，盰衡评证以为乐，而独于昭陵诸碑，本之见闻，参于史乘而论赞之者，凡以昭陵之君臣为千载之盛，其陪葬为非常之典，虞、褚诸公石迹为希有之观也"。③ 康熙年间，授林侗任尤溪教谕，"以二亲垂老，绝意功名"，隐居福州城西荔水庄，以著述自娱。④ 林侗先后著有《唐昭陵石迹考略》5卷，《来斋金石考》3卷，《林氏杂记》等。《昭陵石迹考

① （清）叶昌炽撰：《语石》卷1，王其祎点校，沈阳：辽宁教育出版社，1998年，第10、11页。
② （清）朱景星修、郑祖庚纂：《侯官县乡土志·耆旧录》，福州：海风出版社，2001年，第339页。
③ （清）林侗：《唐昭陵石迹考略·林佶后序》，《石刻史料新编》第35册，台北：新文丰出版公司，1986年，第3辑，第103页。
④ （清）朱景星修、郑祖庚纂：《侯官县乡土志·耆旧录》，福州：海风出版社，2001年，第339页。

略》所录系林侗与弟弟林佶随父游历陕西时所得，林侗在《谒唐昭陵记》一文中详述其撰《唐昭陵石迹考略》的经过曰：

> 顺治庚子，侗侍亲令三原，居秦数载，往来周、秦、汉、唐诸帝陵下，因得按籍而记之，独详于昭陵者，记为昭陵作也。……甲辰秋，自三原游西夏，从泾阳王桥头西渡泾，则九嵕山巍然在目，昭陵因中峰作元宫，高百仞，记所云架阁以入棺者是也。盖地脉从崆峒来，泾环其后而出其东，仲山、嵯峨，东障焉；渭绕其前，岐山、梁山西峙焉。其南则终南、太乙，开外列屏，封内周回百二十里，陪葬诸王、妃主、勋旧、番将，凡百六十余人，东西班列，棋布有序。所称丞相冢者，乃魏文贞公墓也，文皇御制碑仆地，且无字矣。英、卫二公，诏准汉卫、霍故事，起冢象阴山、铁山，以旌殊功。士人呼为上下三冢，谓冢有三峰也。他如诸番君长、突厥颉利诸可汗，及高昌、林邑诸王，擒伏归降者，咸刻石肖其状貌，背刻其所授大将军诸名号，或仍其国主之称。凡十四人，拱立于享殿之前，皆深眼大鼻，弓刀杂佩，壮哉，诚异观矣！北阙之下，六石骏如生，摩其鬃，读其铭，固太宗畴昔之所乘而有功者也。当时百六十冢，皆有穹碑，夹以苍松翠柏，长杨巨槐，下宫寝殿，与表里山河相为映带，其规制岂汉宋诸陵所得并哉？朱梁盗掘之后，再载千载，今惟禾黍阡陌，纵横其间而已。侗抠衣下马，遍搜诸坟茔，有屹若崇山，坡陁断续，如英、卫二公之冢者；有巉峭如悬崖绝壁，不可攀跻者；有顶平如磐，坐可百余人者；有下方上锐，渐削如浮图者；有如台者，有如垒者，有铲其半以为田者。冬从塞下归，复尽一日之观。明年，因命工搜拓诸碑之仅存者，得文昭、文献、英、卫诸公十六碑，并昭陵骏马诸图记。夫周畿汉甸，人生未易至其地，且于巍巍九嵕，又得亲睹夫贞观君臣死生同归之谊，深感夫际会之隆也，而一代王侯将相之谟猷，于残碑断碣有征焉，讵非幸欤！因为之记。①

林侗对昭陵碑石的感情于此可见一斑，他先后数次拜谒昭陵，"摩挲诸刻，按籍记之"。② 潘耒《唐昭陵石迹考略序》言林侗与弟弟游林佶侍父宦游秦中，"尽得

---

① （清）林侗：《唐昭陵碑迹考略·谒唐昭陵记》，《石刻史料新编》第 35 册，台北：新文丰出版公司，1986 年，第 3 辑，第 103—104 页。

② （清）周在浚：《唐昭陵石迹考略·唐昭陵石迹考略序》，《石刻史料新编》第 35 册，台北：新文丰出版公司，1986 年，第 102 页。

汉唐诸石刻，曾裹粮策马，走谒昭陵，彷徨墟墓之间，行求古碑，仆者起之，昏者洗之，一字必录，所得多昔人未见者。归而参伍史书，考求故实，为《昭陵石迹考》，使千载以上之遗文旧迹，赖以不坠"。① 黎士宏则谓林侗随父官任三原时，"匹马短衣，身行绝塞，至贺兰山而返。及过昭陵，拨草披荆，讨求故实，一字未安，辄徘徊竟日，有生长其地所不能详者"。② 林侗前后历时 30 余载，三易其稿，约于康熙三十三年（1694）撰成《唐昭陵石迹考略》一书，辑录昭陵碑石 16 通，"其该核详备，参以史乘，附以论赞，从前考昭陵者所未有也"，③ 对研究昭陵碑石有一定的参考价值。

《昭陵碑考》12 卷，作者孙三锡（1824—1860），字桂山，一作桂珊，又作桂三，号怀叔，又号华南逸史，浙江平湖人，晚年迁居海盐，曾任陕西盩厔县丞，归里后纂《昭陵碑考》。孙三锡博学好古，"工篆隶丹青，尤精八法，于三坟五典诸子百家之书靡不流览贯通，识其大要，有持鼎彝盘盂诸古器就正者，辄能辨其真赝，证其时代，上下千古，纚纚如贯珠。著作等身，一时传钞，几于纸贵"。④ 孙三锡对关中石刻、尤其是昭陵碑石甚为关注，在《昭陵碑考序》中详述其撰述缘由：

> 夫关中为自古帝王之都，金石遗文，富甲海内，考欧、赵诸君所辑金石录，秦中石刻十居六七。千余年来，不幸而风雨侵之，山奔水决以灭之，樵夫牧竖斧凿伤之，曷可胜计？呜呼！好古之士能不望洋兴叹耶！至唐之昭陵，太宗诏勋臣密戚陪葬者二百余人，官为立碑，载诸正史，岑、于、许、李之文章，欧、虞、褚、薛之字迹，今按图而稽，十佚七八。《集古录》载宋时士人患官长诛求，斧椎频加，则昭陵诸碑始遭大厄。⑤ 咸丰乙卯秋，韩小亭观察尝谓予曰："昭陵诸碑，虽经剥蚀而尚有存者，曷勿仿洪文

　　① （清）潘耒：《唐昭陵石迹考略·唐昭陵石迹考略序》，《石刻史料新编》第 35 册，台北：新文丰出版公司，1986 年，第 100 页。
　　② （清）黎士宏：《唐昭陵石迹考略·唐昭陵石迹考略序》，《石刻史料新编》第 35 册，台北：新文丰出版公司，1986 年，第 100 页。
　　③ （清）周在浚：《唐昭陵石迹考略·唐昭陵石迹考略序》，《石刻史料新编》第 35 册，台北：新文丰出版公司，1986 年，第 102 页。
　　④ （清）孙三锡：《昭陵碑考·沈寿嵩序》，《石刻史料新编》第 15 册，台北：新文丰出版公司，1979 年，第 2 辑，第 10779 页。
　　⑤ （清）孙三锡：《昭陵碑考·自序》，《石刻史料新编》第 15 册，台北：新文丰出版公司，1979 年，第 2 辑，第 10780 页。

惠《隶释》、都太常《金薤琳琅》、王司寇《金石萃编》之例，录其全文，考其事迹，辑为一编，以传宇内，得非艺林之功臣乎？"予愧浅学寡闻，未敢妄加管见，顾有志而未逮也。是岁冬，道州何子贞太史自蜀入秦，遍访古迹，尝偕沈仲夏太史冒雪蹇驴，谒昭陵于九嵕山，每摩挲于孔祭酒、虞恭公诸碑之下，流连竟日。土人疑有清地之令，辄将虞、褚诸碑椎毁数十百字，亟出晓喻止之，已不及矣，此昭陵碑二次之曹厄也，其存焉亦危矣哉！予于庚子年拓有昭陵全碑，凡二十九种，较今本尚多百余字，洎数十字不等，因录其全文，补其阙泐，以鼎镌碑之姓名，额之题衔，阴之题名，两侧之题识，胥详载而不敢遗。碑制之长短广狭，取宋三司布帛尺度其分寸，并志其行字全数，泐者无考，则阙疑之，使观者一展卷而如对古物焉。且证诸经史、小学，与夫山经、地志、丛书、别集，参稽会萃，覆其异同，审其详略，援据故籍，益以鄙意，各为按语，阅一寒暑，而总成十二卷，名《昭陵碑考》。噫！古刻之幸存者，若无好事者以记存之，第恐年远代湮，流传日少，后之视今，料犹今之视昔，吾切惜之，此《昭陵碑考》所由作也。①

据此书目录，《昭碑碑考》实收碑石 30 通，不但著录碑文，且"各具论断于后，其官职、姓名及年月日之与正史异，有辄引以证新、旧《唐书》之讹，议论详赡，考据精核，直为欧阳《集古录》、赵氏《金石录》而上之"②，卷末特附《昭陵陪葬考》，"旁征博引，不乏灼见"。③

　　大佛寺石窟位于陕西省彬县城西 12 千米处的清凉山上，始建于唐代，原名应福寺，后改名庆寿寺，寺内计有大小窟室 109 个，造像龛 268 所，大小造像 1568 余尊，碑刻 13 方，题刻 170 余处。④ 大佛寺石窟呈东南向排列，造像年代从初唐至北宋，是中原文化鼎盛时期重要佛教石窟，体现了佛教石刻艺术在关中地区的流行情况，其佛教造像是研究佛教艺文的重要载体，其中的碑刻题记也是记载大佛寺历史的宝贵资料，这些碑刻题记，时间从初唐绵沿至清末，内

　　① （清）孙三锡：《昭陵碑考·自序》，《石刻史料新编》第 15 册，台北：新文丰出版公司，1979年，第 2 辑，第 10780 页。
　　② （清）孙三锡：《昭陵碑考·沈寿嵩序》，《石刻史料新编》第 15 册，台北：新文丰出版公司，1979 年，第 10779 页。
　　③ 张沛：《昭陵碑石》，西安：三秦出版社，1993 年，第 229 页。
　　④ 白文：《关中隋唐西方净土造像图像志研究》，西安：三秦出版社，2010 年，第 52 页。

容涉及大佛寺的始建、命名、改名、修缮、风景以及历代文人墨客游历等史事，具有很高的历史、文学、书法、雕刻价值，清末叶昌炽对这些碑刻题记录文并加以考证纂成《邠州石室录》。

《邠州石室录》3卷，作者叶昌炽（1849—1917），字鞠常，号颂鲁，晚年号缘都庐主人，江苏长洲（今苏州）人。叶昌炽少年即立志向学，18岁入读正谊书院，22岁入苏州志局参与续修《苏州府志》，之后交游渐广，始留意金石碑刻。光绪十六年（1890）考中进士，选为翰林院庶吉士，授编修，光绪二十八年（1902）任甘肃学政，赴任途中，游西安碑林，观邠州大佛寺。光绪三十二年（1906），清政府废科举，裁撤学政，叶昌炽于御任归里，以校书著述终老。叶昌炽是清末民初著名的藏书家、目录学家和金石学家，一生笔耕不辍，撰写了大量学术著作，所著《藏书纪事诗》、《语石》、《缘督庐日记》影响深远。叶昌炽自少年时代即喜好碑石，所到之处留意搜访，其在《语石》自序中说自己"访求逾二十年，藏碑至八千余通。朝夕摩挲，不自知其耄"，① 不但完成了一部通论性的金石著作《语石》，还编纂了一部专门性的金石著作《邠州石室录》，叶昌炽在自序中详述其编纂经过，兹录文如下：

> 邠州古新平郡，与泾接壤，距城西二十里有大佛寺，即唐之庆寿寺也。石室累累，皆唐、宋、元人题刻。同治间，吾乡吴窦斋中丞②视学西陲，劫后有阽，辄自许仙屏，河帅始中丞。时关陇尚未分闱，横舍三年，校士两省，仅一使者，例以一年驻兰州，邠为通道，行李往来，皆憩息于此。中丞既以试事不遑启处，行囊又未携毡蜡，摩挲古刻，望羊兴叹，但择其字之清朗者手录之，顾以岩窦窈冥，苔封尘积，什不能得其二三。其后十有余年，至光绪丁亥③，昌炽以游幕寓羊城，中丞亦自宁古塔移节而南，出箧中旧稿，郑重相授，纸敝墨渝，又多讹夺，岁月姓字盖阙如也，无从考释而罢。其后又五年，昌炽始通籍，在词馆，同列先后出甘辄，贻书求物色，佥云：邠州为陕疆，邻封安得而越俎。又十余年，岁在壬寅④，昌炽始被命度陇，既至邠，出西郭，逶迤循泾水十里，为水帘洞，又十里即此刹，登

---

① （清）叶昌炽撰：《语石·叙目》，王其祎点校，沈阳：辽宁教育出版社，1998年。
② 吴窦斋中丞即吴大澂（1835—1902），初名大淳，字止敬，又字清卿，号恒轩，晚号窦斋，江苏吴县（今苏州）人，清代著名金石学家，书法家。
③ 即光绪十三年（1887）。
④ 即光绪二十八年（1902）。

阁瞻礼。是日驿程在亭口尖，宿于长武县城，悠悠山川，前行尚远，周览未毕，而仆夫已催发矣，不得已谋诸寺僧，但唯唯。又四年，届两瓜期，岁科按部三至泾，而寺僧始以拓本来越，高原二百里重趼打包，不譬宿诺，游方之外，吾见亦罕，即畀以二十四金，未偿其劳也。今归里，又将十年所始出藏本著录，共得唐二十二通，宋六十四通，金一通，元十六通，都百有三通，排缵厘定。又一年而脱稿，岁月不居，岭海旧游，回溯将逾三十载，寤寐思服，亲至索靖碑下，仅而得之，既迻录之，又审释之，盖如是其专且久也。惜中丞墓草已宿，不及商榷，俯仰黄垆，喟焉太息。其中如王尧臣、蔡延庆、李丕旦诸刻，皆于无文字处钩稽而出，不可谓非愚者之一得。然宋自政宣而后，辽亡金警，西事已鞭长莫及，柱下藏书，语焉弗详，偶获孤证，亦有杞宋无征之叹。宋人题字大都皆其郡大夫及从游幕僚，插架又无邠州志，课虚责有，非阙则讹，举烛为隐，贻讥方雅。徒以用力既勤，敝帚自享，日月逝矣，迈征未已，垂暮余年，尚思刊其野言，补而正之，世有颛而好古如欧阳公，不以营蕝见弃，筚路蓝缕，愿为前马。①

此自序写于"玄黓困敦"之年即壬子年（1912），据此可叶昌炽编纂《邠州石室录》是在吴大澂原稿的基础上，前后历时 20 余年，孜孜矻矻，呕心沥血，录文之外还精心考释。也许因为大佛寺石窟无法比肩敦煌、龙门等石窟，因而与叶昌炽的《语石》备受推崇相比，此作则鲜有学者关注。

第四节　书院志

书院是我国古代由私人或政府设立的聚徒讲授、研究学问的场所，始兴于唐朝，历经宋、元、明、清盛行不衰，直至清末庚子新政，光绪帝诏令将全国书院改制为新式学堂，书院制度始告瓦解。明、清两代是我国书院的繁荣和发展时期，尤其至清代，书院"已成遍布天下的普及之势"。② 与全国形势一样，清代陕西书院也得到了长足发展，其数量及普及程度均超过了以往各代，据最

---

① （清）叶昌炽：《邠州石室录·自序》，《续修四库全书》第 909 册，上海：上海古籍出版社，2002年影印本，第 271—272 页。

② 邓洪波：《中国书院史》（增订版），武汉：武汉大学出版社，2012 年，第 450—451 页。

新统计结果，"清代陕西书院共计218所。除延续前代的26所外，有清一代陕西新建书院达192所"。① 可以说清代陕西省不但书院数量多，分布范围也广，除关中地区外，陕北、陕南均有书院分布，以关中书院、味经书院、宏道书院、崇实书院最为有名，并称关中四大书院。

书院志是伴随书院而产生的一种专门载书院的志书，它的雏形是唐、宋时期大量出现的书院记，随着明代方志编纂事业的蓬勃发展，书院志大量涌现并基本定型。有清一代，书院志得到进一步发展并趋于成熟，正如学者所言："清代是书院志的发展和成熟期，这一时期所留下的书院志数量众多，据学者统计共有110种之多，分省而言，以湖南、江西、江苏、浙江等地书院最多。"② 书院志虽是记载书院的专志，但由于我国古代书院兼及教育、学术研究、书籍出版等多重功能，所以书院志不但是研究地方教育史的重要文献，同时也是研究文化史、学术史、出版史、经济史及历史人物的重要参考资料。令人遗憾的是，清代陕西省修志风气盛极一时，但在书院志的修纂方面不但远远落后于其他省份，也与陕西省的书院数量极不相称。关中书院作为陕西书院之翘楚，除明代万历年间何栻图等修有《关中书院志》外，清代仅在《陕西通志》、《西安府志》等志书中对书院偶有记载外，未见专门志书，现在能见到的清人所修陕西书院志仅刘光蕡《陕甘味经书院志》一种。

味经书院是清末关中四大书院之一，同治十二年（1873）由陕西督学使许振祎奏请朝廷批准，地方官绅筹资捐款，于陕西泾阳县创建味经书院，故址在今泾阳县城内东北隅姚家巷中学校内。味经书院规模级别与关中、宏道书院相当，面向陕、甘两省录取士子，故又称陕甘味经书院。刘光蕡，字焕堂，号古愚，陕西咸阳人，生于道光二十三年（1843），卒于光绪二十九年（1903）。刘光蕡幼年聪慧，喜爱读书，同治四年（1865）通过"童试"后进入关中书院学习，当时的关中书院主讲翰林院编修黄彭年提倡实学，对刘光蕡特别赏识和器重，刘光蕡因此在书院打下了良好的学术思想基础，尤其注重经世之学，史载其"苦书肆鲜藏书，乃百计借抄假读无虚日。算术为陕中绝学，光蕡酷嗜之，偶得四元玉鉴细草于友人家，无从索解，乃冥心探究，忘寝食至呕血，卒通其说"。光绪元年刘光蕡考中举人，次年赴北京参加会试落榜，"遂绝意仕进"。当

---

① 刘晓喆：《清代陕西书院研究》，博士学位论文，西北大学文学院，2008年，第20页。
② 陈时龙：《书院志述略》，《湖南大学学报》（社会科学版）2000年第3期，第3—8页。

时中国正面临列强践踏，刘光蕡忧心忡忡，"务通经致用，灌输新学新法新器以救之"，① 以教育救国为己任。刘光蕡提出"人人读书识字"的主张，创设义学，普及乡村教育。光绪十一年（1885），刘光蕡与时任陕甘味经书院院长的柏子俊在三原县集资创办了我国西北第一家出版社——"求友斋刊书处"，把"课士"和"刊书"紧密地结合在一起。光绪十三年（1887）起，刘光蕡担任味经书院主讲，直至光绪二十四年（1898），连续主讲味经书院长达 12 年之久，他在任山长期间，不仅教授传统的经史之学、朱子理学，还十分重视引导学生学习西方自然科学知识，认为算学是自然科学的基础，"为各学之门径"，特别把算学列为必修课。他建筑了"通儒台"、制晷仪，令诸生观测天象；他鼓励学生参与由陕西布政使陶模主持的地图测绘。他于味经书院创建"求友斋"，致力于讲求西方新学，同时创建"时务斋"，专意研讨国内外大事。由于刘光蕡是力主维新的爱国教育家，遂使味经书院一改传统书院的陈腐之气，成了近代少有的讲时务、重西学、开新风的书院。光绪十七年刘光蕡将"求友斋刊书处"并入味经书院刊书处，在刘光蕡的主持下，味经刊书处除整理出版许多经史古籍外，还刊印了大批西方科技书籍以及以"维新救国"为内容的时政译著，并刊刻《梅氏筹算》、《平三角举要》等多种算学及科技类书籍。光绪二十四年（1898）"戊戌变法"失败，刘光蕡因被视为"康党"受到株连，辞去味经书院讲席，味经书院逐渐失去特色。"刘古愚从教三十余年，鞠躬尽瘁，死而后已。他培养的千余名学生对陕西以至西北的军事、政治、文化教育诸方面，起了很大的作用，有的后来还成为共产党人"。② 味经书院作为独立的教育机构，历经三十载，期间人才辈出，学子向往。同时"书院还培养了一批具有近代科学知识及有志于改革的人才，他们以救国为己任，甚至成为戊戌变法以及民主革命的中坚力量"。③

刘光蕡所撰《陕甘味经书院志》8 卷 9 篇，经始第一，营建第二，筹养第三，规制第四，教法第五（上下），刊书第六，延师第七，序例第八，图与各题名附后。此志详细记载历任学使许振祎、吴大澂等创办、维持之书院之苦心，

---

① 《续修陕西通志稿》卷 75《人物》，中国西北文献丛书编委会编：《中国西北文献丛书·西北稀见方志文献》卷 8，兰州：兰州古籍书店，1990 年影印本，第 1 辑，第 135 页。

② 吕效祖：《刘古愚传略》，《咸阳师范专科学校学报》2000 年第 5 期，第 46—50 页。

③ 徐凌美、丁煜成：《陕甘味经书院考述》，《宝鸡文理学院学报》（社会科学版）2014 年第 2 期，第 37—40 页。

历任院长讲授经营之苦诣，堪称中国近代维新教育机构的一个实录。其中的教法部分尤能反映戊戌变法前该书院的学风、士风变化情况。长安宋联奎在《味经书院志》的跋语中称此志"纪载详实，而学使许公经营缔造，吴公、柯公继续维持，以及史、柏两院长先后讲授之法，无一不备载于此，洵近世造士者之模楷也"。①

第五节 乡土志

乡土志的产生与清末兴起的乡土教育思潮有关，同时又是清末学制改革的结果。清政府"洎乎末造，世变日亟。论诸谓科目人才不足应时务，毅然罢科举，兴学校。采东、西各国教育之新制，变唐、宋以来选举之成规，前后学制，判然两事焉"。②光绪二十四年（1898），清政府将各省府、厅、州、县的各类大小书院改为各类学堂，兼习中、西之学。光绪二十九年（1903），清政府以"中学为体，西学为用"为指导思想，制定并颁布了《奏定学堂章程》（即"癸卯学制"），将初等小学堂分为完全、简易两科，完全科开设历史、地理、格致三门课程，强调乡土教育的重要性。光绪三十一年（1905），清政府又颁布了《部颁乡土志例目》，敕令各省遵照《例目》编纂乡土志作为教材使用，自此在全国掀起了乡土志编纂热潮，一直延续到民国时期。据巴兆祥先生的最新统计结果，"我国近代所编乡土志约有 681 种，部分为分开出版本，大多属稿本、抄本，流传不广。除国内收藏外，还大量东渡日本。"③陕西省是当时纂修乡土志较多的省份之一，据王兴亮先生统计多达 54 种，其中清末 47 种，民国 7 种，仅次于山东省（72 种）和四川省（65 种）位居第三。④

陕西乡土志是全国乡土志的重要组成部分，也是清末全国乡土志的一个缩影。就名称而言，陕西乡土志和全国乡土志一样，大多以地名加"乡土志"的形式来命名，如佚名所编的《蓝田县乡土志》、高锡华纂修的《武功县乡土志》等，仅个别乡土志名称有异，如臧励龢编纂的《陕西乡土地理教科书》、任廷琇

---

① （清）刘光蕡：《味经书院志·宋联奎跋》，中国西北文献丛书编委会编：《中国西北文献丛书·西北稀见丛书文献》卷 10《关中丛书》，兰州：兰州古籍书店，1990 年影印本，第 2 辑，第 304 页。

② 《清史稿》卷 106《选举志》，北京：中华书局，1977 年影印本，第 3099 页。

③ 巴兆祥：《论近代乡土志的几个问题》，《安徽史学》2006 年第 6 期，第 52—58 页。

④ 王兴亮：《清末民初乡土志的编纂和乡土教育》，《中国地方志》2004 年第 2 期，第 43—48 页。

编纂的《长安乡土历史地理》以及王懋照、吴从周所编《留坝历史》，光绪三十四年（1908），潼关采访局纂修的本地乡土志，大概因为未及最后完成，故称《潼关乡土志稿》。就体例而言，乡土志可分为《例目派》、方志派和教科书派三个类别，陕西乡土志也不例外。《吴堡县乡土志》、《甘泉县乡土志》、《中部县乡土志》等属于《例目》派，其特点是体例整齐划一，"大多依照清朝《部颁乡土志例目》的程式，分为三类十五门：一、历史、政绩录、兵事录、耆旧录；二、人类、户口、氏族、宗族、实业；三、地理、山、水、道路、物产、商务。"①《例目》派乡土志门类一如《部颁乡土志例目》，有的甚至编纂顺序都一成不变，个别乡土志在遵循《例目》的同时又根据实际情况有所变通，或在门目排列次序上稍有不同，或是门目类别稍有增损，总体出入不大。《韩城县乡土志》、《留坝乡土志》则属于教科书派，其在体例上既遵循了《部颁乡土志例目》的程式和要求，也能从实际出发，考虑到所编乡土志的用途，按照教材的需求和学生的特点编写，以便于激发学生学习的兴趣，易于记诵。《扶风县乡土志》、《蓝田县乡土志》等虽名曰乡土志，从体例上看实则是方志，在编纂时将传统方志的门目与《例目》两相结合，有的甚至完全是方志的体例。就内容而言，乡土志大多"内容精当，篇幅简短，少则数千字，多则数万言，由浅入深，寓教于乐，且语言通俗易懂，具有浓厚的乡土气息。"②总的来说清末民初陕西乡土志"内容精当，篇幅短小"，但也有个别乡土志在篇幅上悬殊较大，繁简不一，繁者如《蓝田县乡土志》，约10万余字，而简者如《洛川县乡土志》，仅3000余字。

乡土志是清末民初社会政治、经济和文化的直接反映，具有鲜明的时代特点，尤其是其中有关宗教、学堂、巡警、邮政、铁路、风俗习尚等内容，是了解近代陕西社会变迁的重要资料，而实业、商务、集镇、矿业等内容，则是研究我国近代经济史的重要资料，陕西乡土志虽然大部分内容简略，属于应付差事之类，但也不乏编纂认真、内容丰富的乡土志，如《蓝田县乡土志》、《岐山县乡土志》、《扶风县乡土志》、《韩城县乡土志》、《洛南县乡土志》、《兴平县乡土志》、《神木乡土志》等内容均较为丰富。《神木乡土志》4卷，虽然是以方志

---

① 国家图书馆地方志和家谱文献中心编：《乡土志抄稿本选编·前言》，北京：线装书局，2002年。
② 国家图书馆地方志和家谱文献中心编：《乡土志抄稿本选编·前言》，北京：线装书局，2002年。

的体例编纂的，但内容丰富，对神木县的各项事务记载颇详，如卷二学校分别记载了神木县学宫（附学额、学田）、书院（附义学）和学堂三项内容，是非常具体详细的教育史资料。选举列举了历代中举情形，分进士（文科）、举人、贡生、武举人、武进士五类。而卷四风俗类涉及学界、商界、农界、工界的习尚以及岁时风俗、婚丧之礼、祭礼、宴请等内容，颇多可采。

参考文献

典籍文献

（清）包世臣：《艺舟双楫》，《续修四库全书》第1082册，上海：上海古籍出版社，2002年影印本。

（清）毕沅：《关中金石记》，《续修四库全书》第908册，上海：上海古籍出版社，2002年影印本。

（清）毕沅：《灵岩山人诗集》，《续修四库全书》第1450册，上海：上海古籍出版社，2002年影印本。

（清）毕沅编著：《续资治通鉴》，北京：中华书局，1957年。

（清）陈其元：《庸闲斋笔记》，北京：中华书局，1989年。

（宋）程大昌撰：《雍录》，黄永年点校，北京：中华书局，2002年。

（清）戴震：《戴震全集》，北京：清华大学出版社，1991年。

（清）邓显鹤编纂，沈道宽、毛国翰、左宗植校订，欧阳楠点校：《沅湘耆旧集》，长沙：岳麓书社，2007年。

（明）冯从吾撰：《关学编》附《关学续编》，陈俊民、徐兴海点校，北京：中华书局，1987年。

（清）贺长龄辑：《皇朝经世文编》，沈云龙主编：《近代中国史料丛刊》第74辑，台北：文海出版社，1966年影印本。

（清）洪亮吉撰：《春秋左传诂》，李解民点校，北京：中华书局，1987年。

（清）洪亮吉撰：《洪亮吉集》，刘德权点校，北京：中华书局，2001年。

（清）洪颐煊：《平津馆读碑记》，《续修四库全书》第905册，上海：上海古籍出版社，2002 年影印本。

（清）江藩：《国朝汉学师承记》附《国朝宋学渊源记》，北京：中华书局，1983 年。

（清）蒋湘南：《春晖阁诗选》，《续修四库全书》第 1541 册，上海：上海古籍出版社，2002 年影印本。

（清）蒋湘南：《后西征述》，（清）王锡祺：《小方壶斋舆地丛钞》第 6 帙，兰州：兰州古籍书店，1985 年影印本。

（清）蒋湘南撰：《七经楼文钞》，李叔毅等点校，郑州：中州古籍出版社，1991 年。

（明）康海：《对山集》，《影印文渊阁四库全书》第 494 册，台北：商务印书馆，1983 年影印本。

（宋）乐史撰：《太平寰宇记》，王文楚等点校，北京：中华书局，2007 年。

（清）李桓辑：《国朝耆献类征初编》，周骏富主编：《清代传记资料丛刊》第 155 册，台北：明文书局，1985 年影印本。

（唐）李吉甫撰：《元和郡县图志》，贺次君点校，北京：中华书局，1983 年。

（清）李元春：《桐阁先生文钞》，北京师范大学图书馆编：《北京师范大学图书馆藏稀见清人别集丛刊》第 14 册，桂林：广西师范大学出版社，2007 年影印本。

（清）李元度纂：《国朝先正事略》，易孟醇校点，长沙：岳麓书社，2008 年。

林逸：《清洪北江先生亮吉年谱》，王云五主编：《新编中国名人年谱集成》第 14 辑，台北：商务印书馆，1981 年。

（清）林则徐：《林则徐全集》，福州：海峡文艺出版社，2002 年。

（清）刘喜海：《长安获古编》，《续修四库全书》第 906 册，上海：上海古籍出版社，2002 年影印本。

（后晋）刘昫：《旧唐书》，北京：中华书局，1975 年。

（清）陆耀遹：《金石续编》，《续修四库全书》第 893 册，上海：上海古籍出版社，2002 年影印本。

（清）毛凤枝：《关中金石文字存佚考》，《续修四库全书》第 908 册，上海：上海古籍出版社，2002 年影印本。

（宋）欧阳修、宋祁：《新唐书》，北京：中华书局，1975 年。

（清）潘奕隽：《三松堂集》，《清代诗文集汇编》编纂委员会编：《清代诗文集汇编》第 399 册，上海：上海古籍出版社，2010 年影印本。

（清）钱大昕撰、陈文和主编：《嘉定钱大昕全集》，南京：江苏古籍出版社，1997 年。

（清）钱坫：《十六长乐堂古器款识考》，《续修四库全书》第 901 册，上海：上海古籍出版社，2002 年影印本。

（清）钱仪吉等编纂：《清代碑传全集》，上海：上海古籍出版社，1987 年影印本。

《清实录》，北京：中华书局，1985—1986 年影印本。

（清）阮元撰、罗士琳补：《畴人传》，《续修四库全书》第 516 册，上海：上海古籍出版社，2002 年影印本。

（清）阮元撰：《揅经室集》，邓经元点校，北京：中华书局，1993 年。

（清）史善长：《弇山毕公年谱》，北京图书馆编：《北京图书馆藏珍本年谱丛刊》第 106 册，北京：北京图书馆出版社，1999 年影印本。

（汉）司马迁：《史记》，北京：中华书局，1959 年。

（清）孙景烈：《滋树堂文集》，《清代诗文集汇编》编纂委员会编：《清代诗文集汇编》第 307 册，上海：上海古籍出版社，2010 年影印本。

（清）孙星衍：《京畿金石考》，《续修四库全书》第 906 册，上海：上海古籍出版社，2002 年影印本。

（清）孙渊如：《孙渊如先生全集》，《续修四库全书》第 1477 册，上海：上海古籍出版社，2002 年影印本。

（清）汪琬著、李圣华笺校：《汪琬全集笺校》，北京：人民文学出版社，2010 年。

（明）王士祯：《带经堂集》，《清代诗文集汇编》编纂委员会编：《清代诗文集汇编》第 134 册，上海：上海古籍出版社，2010 年影印本。

（明）王守仁撰、吴光等编校：《王阳明全集》，上海：上海古籍出版社，2011 年。

（清）魏源：《魏源集》，北京：中华书局，1976 年。

（清）翁方纲：《复初斋文集》，沈云龙主编：《中国近代史料丛刊》第 43 辑，台北：文海出版社，1966 年影印本。

吴龙辉：《中华杂经集成》，北京：中国社会科学出版社，1994 年。

徐世昌等编：《清儒学案》，沈芝盈、梁运华点校，北京：中华书局，2008 年。

徐世昌辑：《晚晴簃诗汇》，顾廷龙主编：《诗歌总集丛刊·清诗卷》，上海：生活、读书、新知三联书店，1989 年。

（清）徐松撰、张穆校补：《唐两京城坊考》，北京：中华书局，1985 年。

（清）严如熤：《三省山内风土杂识》，《中国西北文献丛书》第 71 册《西北稀见丛书文献·关中丛书》，兰州：兰州古籍书店，2008 年影印本。

（清）姚鼐：《惜抱轩诗文集》，上海：上海古籍出版社，2008 年。

（清）叶昌炽撰：《语石》，王其祎校点，沈阳：辽宁教育出版社，1998 年。

（清）叶衍兰、叶恭绰编：《清代学者像传》第 1 集《钱坫》，上海：上海书店出版社，2001 年。

佚名：《清史列传》，王锺翰点校，北京：中华书局，1987 年。

张绍南：《孙渊如先生年谱》，北京图书馆编：《北京图书馆藏珍本年谱丛刊》第 119 册，北京：北京图书馆出版社，1999 年影印本。

（清）张廷玉等：《明史》，北京：中华书局，1974 年。

（清）张埙：《吉金贞石录》，《石刻史料新编》第 12 册，台北：新文丰出版公司，1982 年影印本，第 1 辑。

（清）张埙：《竹叶庵文集》，《清代诗文集汇编》编纂委员会编：《清代诗文集汇编》第 375 册，上海：上海古籍出版社，2010 年影印本。

（清）章学诚著、叶瑛校注：《文史通义校注》，北京：中华书局，1985 年。

（清）赵尔巽：《清史稿》，北京：中华书局，1977 年。

（清）朱枫：《雍州金石记》，《续修四库全书》第 908 册，上海：上海古籍出版社，2002 年影印本。

方志文献

（道光）《褒城县志》，《中国地方志集成·陕西府县志辑》第 51 册，南京：凤凰出版社，2007 年影印本。

（清）毕沅撰：《关中胜迹图志》，张沛校点，西安：三秦出版社，2004 年。

（顺治）《邠州志》，《清代孤本方志选》第 11 册，北京：线装书局，2001 年影印本，第 1 辑。

（康熙）《朝邑县后志》，《中国地方志集成·陕西府县志辑》第 21 册，南京：凤凰出版社，2007 年影印本。

（乾隆）《朝邑县志》，《中国地方志集成·陕西府县志辑》第 21 册，南京：凤凰出版社，2007 年影印本。

（乾隆）《澄城县志》，《中国地方志集成·陕西府县志辑》第 22 册，南京：凤凰出版社，2007 年影印本。

（嘉靖）《澄城县志》，咸丰元年（1851）刻本。

（咸丰）《澄城县志》，咸丰元年（1851）刻本。

（乾隆）《淳化县志》，《中国地方志集成·陕西府县志辑》第 9 册，南京：凤凰出版社，2007 年影印本。

（乾隆）《登封县志》，《中国方志丛书·华北地方》第 462 号，台北：成文出版社，1976 年影印本。

（光绪）《定远厅志》，《中国地方志集成·陕西府县志辑》第 53 册，南京：凤凰出版社，2007 年影印本。

（雍正）《凤翔县志》，北京师范大学图书馆编：《北京师范大学图书馆藏稀见方志丛刊》第 3 册，北京：北京图书馆出版社，2007 年影印本。

（光绪）《佛坪厅志》，《中国地方志集成·陕西府县志辑》第 53 册，南京：凤凰出版社，2007 年影印本。

（嘉庆）《扶风县志》，《中国方志丛书·华北地方》第 272 号，台北：成文出版社，1983 年影印本。

国家图书馆地方志和家谱文献中心编：《乡土志抄稿本选编》，北京：线装书局，2002 年。

（嘉庆）《韩城县续志》，《中国地方志集成·陕西府县志辑》第 27 册，南京：凤凰出版社，2007 年影印本。

（乾隆）《韩城县志》，《中国地方志集成·陕西府县志辑》第 27 册，南京：凤凰出版社，2007 年影印本。

（民国）《汉南续修郡志》，《中国地方志集成·陕西府县志辑》第 50 册，南京：凤凰出版社，2007 年影印本。

（清）胡凤丹著：《马嵬志》，严仲义校点，南京：江苏古籍出版社，1990 年。

（乾隆）《鄠县新志》，《中国地方志集成·陕西府县志辑》第 4 册，南京：

凤凰出版社，2007 年影印本。

（民国）《华阴县续志》，《中国地方志集成·陕西府县志辑》第 25 册，南京：凤凰出版社，2007 年影印本。

姬乃军、韩志侃校注：《延安府志校注》，西安：陕西旅游出版社，1999 年。

（清）蒋湘南：《华岳图经》，李伟、吴建伟主编：《回族文献丛刊》第 2 册，上海：上海古籍出版社，2008 年。

（嘉庆）《泾县志》，《中国方志丛书·华中地方》第 231 号，台北：成文出版社，1983 年影印本。

（光绪）《蓝田县志》，《中国地方志集成·陕西府县志辑》第 16 册，南京：凤凰出版社，2007 年影印本。

（清）李嘉绩：《汧阳述古编》，邵国秀编：《中国西北稀见方志续集》，北京：全国图书馆文献缩微复制中心，1997 年影印本。

（明）李贤等撰：《大明一统志》，西安：三秦出版社，1990 年影印本。

（乾隆）《醴泉县志》，《中国地方志集成·陕西府县志辑》第 10 册，南京：凤凰出版社，2007 年影印本。

（清）林侗：《唐昭陵石迹考》，《石刻史料新编》第 35 册，台北：新文丰出版公司，1986 年影印本，第 3 辑。

（清）刘光蕡：《味经书院志》，中国西北文献丛书编委会编：《中国西北文献丛书·西北稀见丛书文献》卷 10《关中丛书》，兰州古籍书店，1990 年影印本，第 2 辑。

（道光）《留坝厅志》，《中国地方志集成·陕西府县志辑》第 52 册，南京：凤凰出版社，2007 年影印本。

（清）罗秀书等原著、郭鹏校注：《褒谷古迹辑略校注》，内部资料，1997 年。

（清）毛凤枝撰、李之勤校注：《南山谷口考》，西安：三秦出版社，2006 年。

（宣统）《郿县志》，《中国地方志集成·陕西府县志辑》第 35 册，南京：凤凰出版社，2007 年影印本。

（民国）《岐山县志》，《中国地方志集成·陕西府县志辑》第 33 册，南京：凤凰出版社，2007 年影印本。

（清）钱万选纂：《宰莘退食录》，北京大学图书馆编：《北京大学图书馆藏稀见方志丛刊》第 68 册，北京：国家图书馆出版社，2013 年影印本。

（同治）《三水县志》，《中国地方志集成·陕西府县志辑》第 10 册，南京：凤凰出版社，2007 年影印本。

（康熙）《陕西通志》，康熙六年（1667）刻本。

（嘉靖）《陕西通志》，西安：三秦出版社，2006 年。

（雍正）《陕西通志》，中国西北文献丛书编委会编：《中国西北文献丛书·西北稀见方志文献》，兰州：兰州古籍书店，1990 年影印本，第 1 辑。

（道光）《陕西志辑要》，《中国方志丛书·华北地方》第 289 号，台北：成文出版社，1970 年影印本。

（宋）宋敏求：《长安志》，《中国方志丛书·华北地方》第 290 号，台北：成文出版社，1970 年影印本。

（清）孙三锡：《昭陵碑考》，《石刻史料新编》第 15 册，台北：新文丰出版公司，1979 年影印本，第 2 辑。

（咸丰）《同州府志》，《中国地方志集成·陕西府县志辑》第 18 册，南京：凤凰出版社，2007 年影印本。

（康熙）《潼关卫志》，《中国地方志集成·陕西府县志辑》第 29 册，南京：凤凰出版社，2007 年影印本。

（民国）《潼关县新志》，《中国地方志集成·陕西府县志辑》第 29 册，南京：凤凰出版社，2007 年影印本。

（正德）《武功县志》，《文渊阁四库全书》第 1266 册，台北：商务印书馆，1983 年影印本。

（正德）《武功县志》，《中国地方志集成·陕西府县志辑》第 36 册，南京：凤凰出版社，2007 年影印本。

（乾隆）《西安府志》，西安：三秦出版社，2011 年。

（乾隆）《郃阳县志》，《中国方志集成·陕西府县志辑》第 22 册，南京：凤凰出版社，2007 年影印本。

（嘉庆）《咸宁县志》，《中国地方志集成·陕西府县志辑》第 3 册，南京：凤凰出版社，2007 年影印本。

（万历）《续朝邑县志》，《中国地方志集成·陕西府县志辑》第 21 册，南京：凤凰出版社，2007 年影印本。

（嘉庆）《续武功县志》，《中国地方志集成·陕西府县志辑》第 36 册，南京：凤凰出版社，2007 年影印本。

（民国）《续修醴泉县志稿》，《中国地方志集成·陕西府县志辑》第 10 册，南京：凤凰出版社，2007 年影印本。

（乾隆）《洵阳县志》，《中国地方志集成·陕西府县志辑》第 55 册，南京：凤凰出版社，2007 年影印本。

（清）严如熤主修、郭鹏校勘：《汉中府志校勘》，西安：三秦出版社，2012 年。

（清）姚远翿：《华岳志》，故宫博物院编：《故宫珍本丛刊》第 255 册，海口：海南出版社，2001 年影印本。

（嘉庆）《长安县志》，《中国方志丛书·华北地方》第 227 号，台北：成文出版社，1970 年影印本。

（宣统）《长武县志》，《中国地方志集成·陕西府县志辑》第 11 册，南京：凤凰出版社，2007 年影印本。

（民国）《重修鄠县志》，《中国方志集成·陕西府县志辑》第 4 册，南京：凤凰出版社，2007 年影印本。

（道光）《重修泾阳县志》，《中国地方志集成·陕西府县志辑》第 7 册，南京：凤凰出版社，2007 年影印本。

（宋）周应合纂：《景定建康志》，《中国方志丛书·华中地方》第 416 号，台北：成文出版社，1983 年影印本。

（清）朱景星修、郑祖庚纂：《侯官县乡土志》，福州：海风出版社，2001 年。

书目文献

陈光贻：《稀见地方志提要》，济南：齐鲁书社，1987 年。

（宋）陈振孙撰：《直斋书录解题》，徐小蛮、顾美华点校，上海古籍出版社，2015 年。

陈自仁主编：《珍贵方志提要》，兰州：甘肃人民美术出版社，2009 年。

刁美林、邵岩：《故宫博物院藏清代方志珍本解题》，北京：故宫出版社，2013 年。

金恩辉等主编：《中国地方志总目提要》，台北：汉美图书有限公司，1996 年。

来新夏：《中国地方志综览：1949—1987》，合肥：黄山出版社，1988 年。

潘景郑：《著砚楼读书记》，沈阳：辽宁教育出版社，2002 年。

秦德印：《陕西地方志书目》，西安：陕西省社会科学院图书资料室，1985 年油印本。

（清）瞿镛编纂、瞿果行标点、瞿凤起覆校：《铁琴铜剑楼藏书目录》，上海：上海古籍出版社，2000 年。

叶启勋、叶启发撰，李军整理、吴格审定：《二叶书录·拾经楼由书录》，上海：上海古籍出版社，2014 年影印本。

（清）永瑢等：《四库全书总目》，北京：中华书局，1965 年影印本。

张元济：《丛书百部提要》，商务印书馆编：《丛书集成初编目录》，北京：中华书局，1983 年。

（清）张之洞撰、范希曾编：《书目答问补正》，上海：上海古籍出版社，1983 年。

中国科学院北京天文台主编：《中国地方志联全目录》，北京：中华书局，1985 年。

（清）周中孚：《郑堂读书记》，北京：北京图书馆出版社，2007 年。

研究专著

巴兆祥：《方志学新论》，上海：学林出版社，2004 年。

仓修良：《方志学通论（增订本）》，上海：华东师范大学出版社，2013 年。

仓修良：《方志学通论》，济南：齐鲁书社，1990 年。

陈谷嘉、邓洪波主编：《中国书院史料》，杭州：浙江教育出版社，1998 年。

邓洪波：《中国书院史（增订版）》，武汉：武汉大学出版社，2012 年。

地方史志研究组编：《中国地方志总论》，长春：吉林省图书馆，1981 年。

高峰：《陕西方志考》，内部资料，1985 年。

韩结根：《康海年谱》，上海：复旦大学出版社，1993 年。

李泽主编：《朱士嘉方志文集》，北京：北京燕山出版社，1991 年。

梁启超：《中国近三百年学术史》，上海：生活·读书·新知三联书店，2006 年。

梁启超撰、朱维铮导读：《清代学术概论》，上海：上海古籍出版社，1998 年。

林天蔚：《地方文献研究与分论》，北京：北京图书馆出版社，2006 年。

刘安琴：《长安地志》，西安出版社，2007 年。

秦晖、韩敏、邵宏谟：《陕西通史（明清卷)》，西安：陕西师范大学出版社，1997 年。

王桂平：《家刻本》，南京：江苏古籍出版社，2002 年。

韦建培等撰：《可爱的陕西》，西安：陕西师范大学出版社，1991 年。

吴宏岐：《西安历史地理研究》，西安：西安地图出版社，2006 年。

姚名达编：《朱筠年谱》，上海：商务印书馆，1933 年。

张舜徽：《清人文集别录》，北京：中华书局，1963 年。

周迅：《中国的地方志》，北京：商务印书馆，1998 年。

附　录

附录1　历代华山志考补^①

西岳华山久负盛名，历代关于华山的记载数不胜数，仅志书就有数十种之多。《华阴县志》所附《历代华山志简介》（下文省称《简介》^②、《渭南地区志·专志》下文省称《专志》）^③ 及韩理洲《华山志》所附《华山书录·旧志》（下文省称《书录》）^④，对华山志书均有著录。此外，谢彦卯先生《历代华山志考略》^⑤（下文省称谢文）一文，也对历代华山志书详加考述，对研究华山及陕西地方文献颇有裨益，但不论是著录还是考述，都存在不少疏误，对个别文献或作者的介绍又过于简略，为避免以讹传讹，笔者不揣浅陋，梳理考补如下。

一、无名氏《华山记》1卷

谢文言"北宋卢鸿撰。……该书始见《宋史·艺文志》"。实际上最早著录《华山记》的是南宋陈振孙的《直斋书录解题》，此书著录《华山记》1卷，"不

①　此文原刊于《碑林集刊》第 17 辑，西安：三秦出版社，2012 年，第 204—213 页，此次收入略有修改。

②　华阴县地方志编纂委员会编：《华阴县志》附录《历代华山志简介》，北京：作家出版社，1995 年，第 834—836 页。

③　渭南地区地方志编纂委员会编：《渭南地区志》第三章第一节《专志》，西安：三秦出版社，1996 年，889—890 页。

④　韩理洲：《华山志》附录《华山书录》，西安：三秦出版社，2005 年，第 904—915 页。

⑤　谢彦卯：《历代华山志考略》，《图书馆理论与实践》2003 年第 5 期，第 71—72 页。

知名氏"。① 之后元人马端临《文献通考》沿袭此说，而同样成书于元代的《宋史·艺文志》则著录作卢鸿撰，不知所据。

又谢文言"卢鸿，字颢然，范阳（今属河北）人"。据《新唐书·卢鸿传》："卢鸿字颢然，其先幽州范阳人，徙洛阳。博学，善书籀。庐嵩山。玄宗开元初，备礼征再，不至。五年，诏曰：……"②《旧唐书·卢鸿一传》："卢鸿一字浩然，本范阳人，徙家洛阳。少有学业，颇善籀篆楷隶，隐于嵩山。开元初，遣备礼再征不至。五年，下诏曰：……"③ 显然两书所载当系一人，唯姓名字号有异。又《大唐新语》、《酉阳杂俎》及《册府元龟》、《太平广记》、《资治通鉴》、《唐才子传》等文献记载卢鸿其人其事与两《唐书》大同小异，且均作"卢鸿"，《旧唐书》作"卢鸿一"恐有误。据此，卢鸿当是唐玄宗开元时人。

《华山记》一书亡佚已久，但佚文散见于各种文献，隋末唐初《北堂书钞》、《艺文类聚》、《初学记》等类书及张守节《史记正义》都曾征引过，说明此书隋末唐初已有流传，作者不可能是开元时人卢鸿。元代以后此书未见著录，当亡于此时。

《宋史·艺文志》始将《华山记》的作者误作卢鸿，之后清人又将唐开元时人卢鸿误作宋人。清道光时人李榕在《华岳志序》中说："华山旧有志，始于宋之卢鸿。"④ 咸丰时人蒋湘南在《华岳图经·叙录》中亦言："专志华山者，自北宋卢鸿始。"⑤ 因此谢文、《简介》、《专志》都沿袭了前人的错误，《简介》及《专志》甚至张冠李戴，将蒋湘南对《华山记》的评价说成是《宋史·艺文志》的记载。只有《书录》著录时说"撰者佚名"，并指出《宋史·艺文志》作卢鸿撰"待考"。

二、金代王处一《西岳华山志》1 卷

谢文言"金王处一撰。王处一，字子渊，号玉阳，自号莲峰居士，海宁

① （宋）陈振孙撰：《直斋书录解题》卷 8，徐小蛮、顾美华点校，上海：上海古籍出版社，2015年，第 261 页。

② 《新唐书》卷 196《隐逸传·卢鸿》，北京：中华书局，1975 年标点本，第 5603—5604 页。

③ 《旧唐书》卷 192《隐逸传·卢鸿一》，北京：中华书局，1975 年标点本，第 5119 页。

④ （清）李榕原修、郝永茂补刊：《华岳志·自序》，《中国方志丛书·华北地方》第 317 号，台北：成文出版社，1970 年影印本，第 5 页。

⑤ （清）蒋湘南：《华岳图经·叙录》，李伟、吴建伟主编：《回族文献丛刊》第 2 册，上海：上海古籍出版社，2008 年，第 854 页。

（今属山东）人。该书成于金大定二十三年（1183），共70余篇"。《四库全书总目》言"《华山志》一卷，金王处一撰。处一始末未详"。① 《钦定续文献通考》亦曰"金玉处一《华山志》一卷，处一始末无考"。② 正统道藏本《西岳华山志》卷首题"莲峰逸士王处一编"，书前有泥阳刘大用《序》，对此书的成书及内容叙述颇详：

> 吾友王公子渊，先觉而守道，独立而全和。每语人曰，我欲曳杖云林，举觞霞岭，斯志积有年矣。方毕婚娶，弃家入名山，修炼金液，不有太华，其孰留意焉。人曰可矣，公遂取旧藏《华山记》一通，虑有阙遗，更阅本郡图经及刘向《列仙》等传有载华山事者，悉采拾而附益之，俾各有分位，不失其叙。以山水观之，则峰穴、林谷、岩龛、池井、溪洞、潭泉之境可得而见；以祠宇观之，则宫殿、寺庙、药炉、拜坛、诸神降现之处可得而知。语其所产药品，则茯苓、菖蒲、细辛、紫柏，俱中炎帝之选录；其所出仙人，则清虚、裴君、白羊公、黄初平、十六真人，尽预玉皇之游宴，而不与下界相关乎！噫！华山仙踪圣迹，于是大备无不包也。其文仅七十余篇，命工镂版，务广流传，则岂曰小补之哉？……大定癸卯十二月壬申刘大用器之序。③

据此《序》及卷首题名，王处一字子渊，号莲峰逸士，所编《西岳华山志》成书于金世宗大定二十三年即南宋孝宗淳熙十年（1183），全书共70余篇，所言与谢文合，然未见"号玉阳"及籍贯"海宁"的记载。

此外，专记道教全真道五祖七真的《金莲正宗记》记载王处一事迹颇详：

> 先生讳处一，号曰玉阳子，王其姓也，家居宁海之东牟。幼丧其父，事母至孝。体貌魁梧，为儿童时不杂嬉戏，好诵云霞方外之语。……适大定春二月中，因暇日游宴，至范明叔之遇仙亭，乃见终南山重阳祖师在焉。祖师观其骨格非凡，乃曰："汝肯从吾否乎？"先生曰："仆所愿也，敢不唯命。"遂侍左右，与丘、刘、谭、马定为莫逆之交，修真秘诀，靡不穷讨。……从

① （清）永瑢等：《四库全书总目》卷147《子部·道家类存目》，北京：中华书局，1965年影印本，第1261页。

② 《钦定续文献通考》卷185《经籍考》，《影印文渊阁四库全书》第626—631册，台北：商务印书馆，1983年影印本。

③ （金）王处一：《西岳华山志·刘大用序》，《道藏》第5册，北京、上海、天津：文物出版社、上海书店、天津古籍出版社，1988年影印本，第745—752页。

此之后，往来于登、宁之间，夜则归于云光洞，口偏，翘一足，独立者九年。东临大海，未尝昏睡，人呼铁脚先生。……适大定戊申岁，世宗闻其道价甚高，仍遣使以币聘之，遂赴阙。僧徒怀嫉妒心，多输金于中使，以为先生非真仙也，鸩酒可以验之。上以为然，乃赐之三杯，先生饮讫，殊不烦躁，终莫能害。上乃惊，谢，赐之金冠法服，驷马安车，敕建全真堂以居之，仍御书额。己酉岁清明后五日，得中旨还故山，复赐之金帛钜万，表而辞之。逮承安三年秋八月，章宗诏求隐逸，召至阙下，朝于便殿，应对如流。天子大悦，敕赐体玄大师，创修真观以居之。泰和壬戌岁，敕赴亳州太清宫主行普天醮事。……自此之后，还归云光洞，度道士者千余众。……贞祐丁丑岁四月二十三日，……落笔而卧，奄然返真。祥光溢于山谷，瑞气覆于川原，数日不散。平生所集歌诗近千余首，目之曰《清真集》、《云光集》。①

结合《玉阳体玄广度真人王宗师道行碑并序》② 及专记历代道士的《历世真仙体道通鉴续编》③ 所载王处一事迹，可知此王处一系宋金时人，号玉阳，宁海东牟人，生于金熙宗皇统二年即宋高宗绍兴十二年（1142），卒于金宣宗贞祐五年即宋宁宗嘉定十年（1217），享年76岁。曾师事王重阳，与马钰、谭处端、邱处机、刘处玄、郝大通、孙不二等同为道教全真派最早的代表人物，号称全真道北七真，著有《清真集》、《云光集》。记载此王处一的史料颇多，但未见其纂《华山志》的记载，加之乾嘉学人以考据见长，《四库全书总目》言"处一始末无考"，当是四库馆臣经过一番考证后得出的结论。因此，宋、金时期应有两个王处一，其一字子渊，号莲峰逸士，始末无考，著有《华山志》；另一王处一字玉阳，宁海东牟人，著名道士。

据此，谢文不但将同时代的两个王处一混同为一人，且误"宁海"作"海宁"。乾隆《华阴县志》卷15《经籍》著录此书作《华山记》，题金王子渊著，又著录《西岳华山志》一卷，题元道士王处一纂，盖将王子渊与王处一误作二

---

① （元）林间羽客樗栎道人编：《金莲正宗记》卷5《玉阳王真人》，《道藏》第3册，北京、上海、天津：文物出版社、上海书店、天津古籍出版社，1988年影印本，第361—363页。
② （元）李道谦：《甘水仙源录》卷2，《道藏》第19册，北京、上海、天津：文物出版社、上海书店、天津古籍出版社，1988年影印本，第737页。
③ （元）赵道一：《历世真仙体道通鉴续编》卷3《王处一》，《道藏》第5册，北京、上海、天津：文物出版社、上海书店、天津古籍出版社，1988年影印本，第432页。

人。蒋湘南《华岳图经》沿袭此说，认为金王子渊《华山记》七十余篇"芜杂俚鄙，且侈谈神降，研究药品，大概为求仙而作，不足当大雅一哂"。又说王处一亦辑《西岳华山志》，"与史志经之书大略相同而殊其名，次增其诗文。黄冠辈本无卓识，学亦空疏，彼此剿袭以欺世也"。①《简介》及《书录》（题作《华山记》）的著录与谢文大同小异，亦将两王处一混同为一人。

又谢文言"《四库全书总目》著录为一卷，今辑入《道藏》"、《简介》言"《四库全书》收入此书"均有误，当是明正统《道藏》收入此书，《四库全书总目》存目，《四库全书存目丛书》据涵芬楼影印明正统道藏本影印。另外，此书尚有嘉靖刻本、明万历年间王民顺增补本（今收入《中国名山志》中），《书录》著录的万历王民顺《西岳华山志》即此增补本，《简介》误作手抄本。

三、元代道士史志经《华山志》14卷

谢文言"元史志经撰。史志经，字天纬，绛州翼城（今山西翼城县）人，蒙古太宗八年为云台观主持……""主持"当作"住持"，余无误。《简介》、《专志》及《书录》著录与谢文同，然对作者的介绍均过于简略。

王鹗《洞玄子史公道行录》对史志经的生平及撰著《华山志》的经过记载颇详：

> 公名志经，字天纬，绛州翼城人，世习儒业。祖彬，字执中，父公佐，字良臣，皆隐德不耀。公以泰和壬戌岁生，生而凤慧，雅有道缘。六岁从里人吉德居读书属句，天资颖悟，复出侪辈。贞祐甲戌，翼城再陷，流寓于云中，主完颜氏家。渠见其不凡，养以如子。兴定辛巳，遁迹投玄，礼恒岳刘真常为师。师一见器之，事必谘委。岁癸未，长春大宗师（邱处机）应诏东还，公从其师拜于阿不罕私第，长春训以今名。自后道行日隆，盘桓于蔚、代、朔、应间，研精问学，弊衣粝食，晏如也。丙申，清和老仙洎京兆总管田侯，议葺西岳云台观，劝请真常师，师许之，间遣门人辈斧荆榛、舆瓦砾，不数年渐至完美。云台道众拟公住持，而未许也。辛丑，专价持书控马来邀。公雅意西游，欣然就道。秋八月，达华封。公以华山名岳，灵迹甚多，兵戈相寻，至于湮没，乃搜奇访异，亲历见闻，至古今

① （清）蒋湘南：《华岳图经·叙录》，李伟、吴建伟主编：《回族文献丛刊》第2册，上海：上海古籍出版社，2008年，第854—855页。

名士所作碑记、表传、诗文，极力求之，期于必得而后已，于是著为《华山志》十有四卷。……辛亥，从真人北觐，例赐紫衣，加号弘真宣义大师。……公平生喜著述，为文不事雕篆，率皆真实语，前后累数百万言，皆有理致可观，无长语浮辞，惟《华山》一志，纤悉备具，尤为尽心，在他人不可及，观者当自知之。①

此外，李道谦《史讲师道行录后跋文》曰"公以至元癸酉冬自燕还云台，再年甲戌（1274）秋七月仙仗来终南，……乙亥（1275）仙逝。"② 据此可补谢文如下：史志经生于金章宗泰和二年（1202），卒于元世祖至元十二年（1275），享年 74 岁，号洞玄子、弘真宣义大师。

四、明代嘉靖年间李时芳《华岳全集》11 卷

谢文、《简介》、《专志》及《书录》均作 11 卷，然《千顷堂书目》、《明史·艺文志》、乾隆《华阴县志》卷 15《经籍》均著录作 10 卷。按：较早著录李时芳《华岳全集·万卷堂书目》作 11 卷，又《中国古籍善本书目》（稿本）著录有李时芳《华岳全集》11 卷，"明嘉靖四十一年自刻、清补刻本"③，现藏陕西省文史馆，因此作 10 卷者当有误。此书系李时芳于明嘉靖年间任华阴县令时纂辑而成，并于嘉靖四十一年（1562）自行刊刻。

明万历二十四年（1596），时任潼关道副使的张维新重刻李时芳《华岳全集》，由华阴县知县马明卿"董其事"，并增续成 13 卷。清道光时人李榕《华岳志序》言"明李时芳纂《华岳全集》十三卷，马明卿又增李《集》为十四卷，可谓详且尽矣"④ 与事实不符。

又谢文言"《四库全书总目》即据明嘉靖四十二年刻本著录"，《简介》言"《四库全书》中收入《华岳全集》明嘉靖四十一年刻本"均有误。李时芳《华岳全集》刻于嘉靖四十一年（1562），《四库全书总目》史部地理类存目著录的

---

① （元）李道谦：《甘水仙源录》卷 8，《道藏》第 19 册，北京、上海、天津：文物出版社、上海书店、天津古籍出版社，第 788—789 页。
② （元）李道谦：《甘水仙源录》卷 8，《道藏》第 19 册，北京、上海、天津：文物出版社、上海书店、天津古籍出版社，第 789 页。
③ 天津图书馆编：《中国古籍善本书目·史部·地理类》，济南：齐鲁书社，2003 年，第 520 页。
④ （清）李榕原修、郝永茂补刊：《华岳志·自序》，《中国方志丛书·华北地方》第 317 号，台北：成文出版社，1970 年影印体，第 5 页。

是明张维新续纂的《华岳全集》13 卷本。

五、明代万历年间张维新《华岳全集》13 卷

此书版本较为复杂，《四库全书总目》言之甚详：

> 《华岳全集》十三卷，旧本题明华阴县知县李时芳撰。今案时芳之本，
> 《千顷堂书目》作十卷，乃嘉靖四十一年所修，至万历二十四年，汝州张维新
> 为潼关道副使，以时芳书多舛错，与华阴县知县贵阳马明卿重加诠叙，前载
> 图说、形胜、物产、灵异、封号，后载艺文，增成十三卷。前有巡抚贾待问
> 《序》及维新《自序》，述之颇详。题时芳所撰，误也。后六年壬寅，知县河间
> 冯嘉会又增文数篇，亦注于书内。至所载国朝祭告之文，与宋琬、蒋超诸人之
> 诗，则莫知谁所续入。考其中多有潼关道溧阳狄敬姓名，意者即敬所增欤？①

显然继李时芳自刻《华岳全集》之后，万历二十四年（1596）、万历三十年
（1602）又两次续修，《四库全书总目》著录的则是清人续修增补本。

万历二十四年（1596）续修之《华岳全集》有万历二十五年（1597）刻本，
卷首有贾待问、张维新《叙》各一篇，今藏上海图书馆，又收入《续修四库全
书》史部地理类。清康熙年间，汤斌又重订重印万历二十五年刻本，今藏国家
图书馆。万历三十年续修之《华岳全集》有万历三十年刻本，卷首无序，首末
有马明卿《重刻华岳全集跋》及冯嘉会《重刻华岳全集续跋》各一篇，今藏天
津图书馆，又收入《四库全书存目丛书》史部地理类。

另外，此书尚有大顺本。潘景郑《著砚楼读书记》著录作"蜀大顺本《华
岳全集》"，认为曹士抡将张维新《华岳全集》万历刻本"剜改面目，据为己
刻"，"版行于蜀张称号时"。② 1959 年新中国成立十周年纪念日，朱偰先生将家
藏大顺本《华岳全集》4 卷 6 册捐赠北京历史博物馆，后来又撰文考证此书当是
李自成大顺政权所刻，与张献忠的大顺年号并无关系。③

然《华阴县志》著录《华岳全集》13 卷，"冯明卿纂"。④ 谢文言"明马明卿
编辑。马明卿，贵阳（今属贵州），举人，明万历二十四年任华阴县知县。"按："冯

① （清）永瑢等：《四库全书总目》卷 76《史部·地理类存目》，北京：中华书局，1965 年，第 661 页。
② 潘景郑：《著砚楼读书记》，沈阳：辽宁教育出版社，2002 年，第 201 页。
③ 详见朱偰：《关于〈华岳全集〉的一点看法》，《光明日报》1962 年 3 月 6 日，第 4 版。
④ 华阴县地方志编纂委员会编：《华阴县志·方外著述》，北京：作家出版社，1995 年，第 654 页。

明卿"概"马明卿"之误。据张维新《华岳全集叙》曰："于是呕索掌故，得《华岳全集》，盖嘉靖玄默阉茂①李尹时芳纂修，……旧本多豕亥，且驳杂罔称，余乃谋稍稍第置，以俾太华足征焉。遂檄华阴令马明卿，越两月而就绪。今为卷凡若干，簏刺舛芜，括聚散逸，图说增饰，……"贾待问《刻华岳全集叙》亦曰："天中张君镇潼之暇，亦斯是慨，乃谋手编，俾镌掌故，不再月而工竣。"②依古代文献题名惯例，此书题名当做张维新，而马明卿则是主要的编纂者。

六、清代东荫商《华山经》1卷

明末清初华阴人东荫商撰。"东荫商，字云雏，华州人。明崇祯丙子（九年）举人。"③《简介》误作"车荫商"。谢文言"该书无目录，按类编排，每段之下有小注。作者涉猎广泛，引用参考书百种，又居华下，耳闻目睹，亲自调查，故对华山之疆界、历史名胜、物产、人物均有记述"。所述基本无误。需要补充说明的是此书由正文与注文两部分组成，正文仅800余字，叙述华山之高广、方位、帝祠、仙洞、庙观、群仙、艺文；注文则广引群书，辨明原委。"经文简而赅，注文详而备"。④后附《华山经附辨》1卷，分辨峰、辨神迹、辨神栖、辨仙录、辨采书、辨碑误、辨艺文七类。

又谢文所言此书版本不详，《关中丛书》本、《檀几丛书》本正文与注文齐全、《小方壶斋舆地丛钞》本仅有正文，无注文。另外，此书又收入吴龙辉主编的《中华杂经集成》。

七、清代路一麟《华山小志》12卷

谢文、《简介》、《专志》及《书录》所记大致相同，但过于简略。《乾隆澄城县志》卷14《闻人》载路一麟事甚详：

路一麟，号天石，字振公，恩贡未仕，好读书，善书画，六举优行。壬戌诏起山林隐逸，以母老不就。学无所不窥，手批口吟，寝食都废。凡

---

① 按：玄默阉茂即壬戌年的别称，嘉靖壬戌年即嘉靖四十一年（1562）。
② （明）张维新等纂：《华岳全集》卷首，《续修四库全书》第722册，上海：上海古籍出版社，1995年，影印本，第225—229页。
③ 徐世昌辑：《晚晴簃诗汇》卷13，顾廷龙主编：《诗歌总集丛刊·清诗卷》，上海：生活·读书·新知。三联书店，1989年影印本，第117页。
④ 吴龙辉：《中华杂经集成》第4卷，北京：中国社会科学出版社，1994年，第549页。

山川、人物、草木，辨析精祥，复绘其形状，人争宝之。所著有《禹贡山川考》、《月令奇觚》、《鵩鶒集》、《五雅评林》、《五车韵瑞补》、《书画外史》、《华山小志》、《鸳湖草》、《天石子集》若干卷，藏于家。生平醇谨静穆，淡于名利，有亡友尝负金数百，其弟以兄厅事偿之，麟焚其券。居城南山水间，甘贫自怡，以终其身。①

《华山小志》未见传本行世。又乾隆《华阴县志·经籍》除著录此书外，又著录有路一麟《华山汇考》，然乾隆《澄城县志》所述路一麟著述甚详，未及《华山汇考》，俟考。

八、乾隆年间姚远翱《华岳志》12卷

谢文言清姚远崑撰，"姚远崑，字羽丰，钱塘（今浙江杭州）人，副贡，清乾隆十一年任华阴县知县"。《华岳志》乾隆二十七年（1762）刻本及乾隆《华阴县志·经籍》均作姚远翱，谢文言姚远崑当有误。又乾隆《华阴县志》卷12《列传》曰："姚远翱，字羽丰，号素山，浙江仁和人，副贡生，乾隆初由教谕升任米脂县知县，调邑令。"② 仁和即古钱塘（今杭州市余杭区）。杭世骏《华岳志序》言"吾友姚君素山"。又《华岳志》卷首所载姚远翱《自序》曰："余于乙丑岁选补米脂令，入关道过，始瞻所谓五千仞削成者，然未睹纪载，不过诵少陵诗杨敬之赋以默证而已。停骖一望，颇未快意。丁卯奉调承乏兹邑，甫入境，……"③ 据此，姚远翱号素山，乾隆九年（1744）任米脂县令，乾隆十二年（1747）调任华阴县令，可补谢文之疏略。

此志系姚远翱任华阴县令期间因张维新所辑《华岳全集》"庞杂简略，未尽华山之胜"，于是在为政之暇，"与二三同志商榷而缀葺之，取《华岳集》，芟其芜秽，增辟门类，先其重且大者，而纤悉亦复包举折衷至当"。④ 全书分12门12卷，卷一原始、山体、名胜；卷二古迹，卷三祠宇（书院附），卷四秩祀、祭

① （乾隆）《澄城县志》卷14《闻人》，《中国地方志集成·陕西府县志辑》第22册，南京：凤凰出版社，2007年影印本，第170页。

② （乾隆）《华阴县志》卷12《列传》，《中国地方志集成·陕西府县志辑》第24册，南京：凤凰出版社，2007年影印本第298页。

③ （清）姚远翱：《华岳志·自序》，故宫博物院主编：《故宫珍本丛刊》第255册，海口：海南出版社，2001年，第65页。

④ （清）姚远翱：《华岳志·自序》，故宫博物院主编：《故宫珍本丛刊》第255册，海口：海南出版社，2001年，第65页。

告，卷五题名（古碑考，历代诏敕附），卷六高贤、仙真，卷七物产、杂记（灾祥、灵异、遗闻、诗话），卷八至卷十二为艺文。其体例与古方志同，卷首有凡例、纂修者姓氏及目录，并附图24幅。作者对此作甚为满意，认为与张维新《华岳全集》相比，《华岳志》有相当大的改观，有了此书，"于今乃睹华山之真面目矣，虽谓华岳有志自今始可也"。① 然清末学者蒋湘南对此书颇有微词，谓作者自言好奇志怪无裨掌故，特志其重且大者，"而其所谓重大之事，亦只三主零荣，四陪使节而已，于华岳无所发明也。芜浅无例，行之不远"。②

　　谢文言此书有乾隆二十七年（1762）刻本无误，此本又收入海南出版社《故宫珍本丛刊》。

九、道光年间李榕《华岳志》8卷

　　清李榕纂。谢文对作者李榕的介绍过于简略，据民国《华阴县续志》："李榕，字荫伯，贡生，潼关厅人。明曹国公文忠裔，历代祖袭潼关卫指挥使，因家焉。后世多以明经传。榕仰承家学，博极群书，文章谨严，品端识远，教授于云台观者数十年。"③

　　关于此书的评论，谢文言"该志搜罗宏富，评断允当，序次清晰，考证详细"。《民国续华阴县志》亦言李榕"成就多才，著有《华岳志》，与邑宦杨翼武（字燕庭）商订于杨之清白园，编纂宏富，评断允当，人多称服，以为在王处一、姚远翻诸书之上"④。清末蒋湘南对此书评论如下："今世所行则道光元年李榕之《华岳志》也，书凡8卷，就李、马、姚三家之书，分门别类以著之。自岳麓至峰颠，叙次颇析，而沿用俗例，究失庞杂，徒为有识者所讥。其外游记单篇，又只状其所到之处，其未到者，未能详焉。"⑤

---

　　① （清）姚远翻：《华岳志·自序》，故宫博物院主编：《故宫珍本丛刊》第255册，海口：海南出版社，2001年，第65页。

　　② （清）蒋湘南：《华岳图经·叙录》李伟、吴建伟主编：《回族文献丛刊》第2册，上海：上海古籍出版社，2008年，第855页。

　　③ （民国）《华阴县续志》卷5《人物志》，《中国地方志集成·陕西府县志辑》第25册，南京：凤凰出版社，2007年，影印本，第344—345页。

　　④ （民国）《华阴县续志》卷5《人物志》，《中国地方志集成·陕西府县志辑》第25册，南京：凤凰出版社，2007年，影印本，第344—345页。

　　⑤ （清）蒋湘南：《华岳图经·叙录》，李伟、吴建伟主编：《回族文献丛刊》第2册，上海：上海古籍出版社，2008年，第855页。

关于此书刻本，谢文言"有道光十一年（1831）刻本、光绪九年（1883）补刻本（即清白别墅本），流传较广，台北成文出版社编印《中国地方志丛书》亦收入此书"。实际上道光十一年刻本即清白别墅本。清白别墅系清嘉庆时华阴人、观察使杨翼武于道光九年辞官归故里养病时所建，为继承杨氏先祖清白传家的遗风，称清白别墅。李榕《华岳志》的两个刻本卷首均附有杨翼武作于道光十一年的《序》，光绪九年补刻本前附有杨昌浚（字石泉）《补刊华山志序》曰："按《志》为道光初元关门李荫伯所纂，华邑杨燕廷观察捐资所刊。其中考核精详，敷陈赡富，为志乘中不可多得之作。询其版则叠经兵燹，残缺过半，昌浚念前功不可中废，……光绪癸未补刻本。"①

此外，值得一提的是李榕在《华岳志序》中，对历代华山志书作了简要的回顾和总结：

> 华山旧有志始于宋之卢鸿，金王处一取仙传图经，益为七十余篇，元史志经又搜访古今碑记、表传、诗文，辑为十四卷，而志始备。明李时芳纂《华岳全集》十三卷，马明卿又增李集为十四卷，可谓详且尽矣。然务为摭实而略于考核，近代王宜辅又尝属稿而未成书，今行于世者，维明卿之志尔。姚公远翱讥其庞杂简略，未尽华山之妙，于是芟繁举要，订为《华志》十二卷，自谓折衷至当，而其书未传。他若路一麟之《华山小志》、东荫商之《华山经》、王宏撰之《华山记》，注虽简核详明，成一家言，而无与于记载之林，非流览者之所宜究心乎！②

此《序》对华山旧志的总结较为全面，但也存在数处疏误，后来蒋湘南《华岳图经·叙录》、《简介》、《专志》、《书录》等文献均未及详考而承谬袭讹。

十、咸丰年间蒋湘南《华岳图经》2卷

蒋湘南字子潇，河南固始人，清末著名回族学者，一生仕途不顺，主要从事讲学活动及学术研究，著述甚富，有《拜经楼文集》、《春晖阁诗选》等。此书撰成于咸丰元年（1851），分上下两卷，卷上有图八幅，每图后均附有说明文

---

① 李榕《华岳志》卷首杨石泉《补刊华山志序》，《中国方志丛刊·华北地方》第317号，台北：成文出版社，1970年影印本，第13—14页。

② （清）李榕原修、郝永茂补刊：《华岳志》卷首《自序》，《中国方志丛刊·华北地方》第317号，台北：成文出版社，1970年影印本，第5—6页。

字；卷下详述华山山脉祀庙。蒋湘南所撰《华岳图经》严格遵守古地志的体例，专记山水支干、脉络及历代祭山神礼，一不点缀景物，二不登录诗文。此外，《华岳图经》以图为主，以图注即经为辅，于山名、水名、谷名、峰名、"凡涉伧俗与不见载籍者，一概从删"。[①]

除《简介》将书名误作《华山图经》外，其他著录基本无误。关于此书刻本，除谢文所言清咸丰元年（1851）刻本、咸丰六年（1856）刻本外，尚有《蒋子遗书》本、民国陕西教育图书社排印本（附资益馆主人《校勘记》1 卷），另外《回族文献丛刊》、《中国山水志丛刊》均有收录。

十一、民国时期《华岳志续编》4 卷

民国孙智一撰。孙智一，华山通仙观道士，生年不详。1940 年，孙智一奉县长李公"续修岳志之令"撰成此编，始自道光十年1830，迄于 1940 年，内容为名胜、人物、文艺、石刻，卷首有作者自序、华山道教会长西峰住持崔法森序。该书有手稿本、未见刻本传世。

谢文、《简介》、《专志》及《书录》所记大略相同，《书录》"县长李公"详作"县长李笑然"，《简介》则误"崔法森"为"崔发森"。

附录2　陕西乡土志及其史料价值[②]

乡土志是在清末教育改革背景下产生的一批用作小学教科书的特殊地方文献，"专指于肇自清光绪末期，延及宣统，并贯穿于民国时期的乡土志、乡土教科书、乡土调查录等"。[③] 由于乡土志以抄稿本居多，少有流传，且分散在全国各地，因此学术界对乡土志的研究尚未全面展开。陕西是当时编纂乡土志较多的省份之一，长期以来乏人关注，笔者拟就陕西乡土志的数量、体例内容及史料价值略作论述，以期有益于乡土志乃至陕西地方文献的研究。

---

① （清）蒋湘南：《华岳图经·凡例》，李伟、吴建伟主编：《回族文献丛刊》第 2 册，上海：上海古籍出版社，2008 年，第 795 页。
② 此文原刊于《陕西师范大学学报》2012 年第 1 期，第 52—59 页，收入此书时略有修改。
③ 国家图书馆地方志和家谱文献中心编：《乡土志抄稿本选编·前言》，北京：线装书局，2002 年影印本。

一、陕西乡土志的数量

陕西乡土志是清末民国全国乡土志的重要组成部分，长期以来，由于学术界对乡土志的认识和界定存在分歧，加之乡土志又以抄稿本居多，分散各处，而各种方志目录著录亦不详备，统计上有一定难度，因此目前关于全国乡土志的数量，学术界的说法尚不统一。《乡土志抄稿本选编》前言在涉及这一问题时语焉不详，仅言"现存清光绪末至民国时期的乡土志达六百余种"。① 值得一提的是，在研究乡土志的诸多成果中，多将晚清与民国分作两个时段并分省进行统计研究，专门从事地方志研究的巴兆祥先生曾专门做过统计，据其《清末乡土志分省统计表》② 和《民国乡土志分省统计表》③ 的统计，清末至民国时期全国共修纂了 667 种乡土志，其中陕西省 52 种（清末 42 种，民国 10 种），在全国各省所编乡土志中名列前茅。此外，王兴亮先生亦对全国乡土志做过统计，结果是清末至民国时期全国共修乡土志 675 种，陕西是当时纂修乡土志最多的省份之一，共计 54 种（清末 47 种，民国 7 种），仅次于山东省（72 种）和四川省（65 种）位居第三，占全国乡土志书总数（675 种）的 8%。④ 此组数字与巴兆祥先生的统计略有出入，不论是全国还是陕西省乡土志的数量，均多于巴兆祥先生的统计。随着大量乡土志抄稿本的整理影印出版，研究亦进一步深入，数量统计也越来越详细，巴兆祥先生根据新掌握的资料，对自己的统计数字又做了修订："据不完全统计，我国近代所编乡土志约有 681 余种，部分为公开出版本，大多属稿本、抄本、流传不广。除国内收藏外，还大量东渡日本。"所以"其实际成书数，应远不止此"。⑤

就清末至民国时期陕西乡土志的数量而言，笔者除参考已有的研究成果外，还对全国及陕西省方志书目所著录的乡土志进行了统计，其中《陕西地方志书目》⑥ 是著录较全的陕西方志书目，共著录陕西乡土志 55 种，其中以"乡土志"

---

① 国家图书馆地方志和家谱文献中心编：《乡土志抄稿本选编·前言》，北京：线装书局，2002 年影印本。
② 巴兆祥：《方志学新论》，上海：学林出版社，2004 年，第 147 页。
③ 巴兆祥：《论近代乡土志的几个问题》，《安徽史学》2006 年第 6 期，第 52—58 页。
④ 王兴亮：《清末民初乡土志书的编纂和乡土教育》，《中国地方志》2004 年第 2 期，第 43—48 页。
⑤ 巴兆祥：《论近代乡土志的几个问题》，《安徽史学》2006 年第 6 期，第 52—58 页。
⑥ 秦德印：《陕西地方志书目》（初稿），西安：陕西省社会科学院图书资料室油印本，1981 年。

命名的陕西乡土志 52 部，另外 3 部如《陕西乡土地理教科书》、《长安乡土历史地理》及《砖坪地理志》，虽不以乡土志命名，但内容及体例亦当属于乡土志的范围。遗憾的是《陕西地方志书目》仅见初稿油印本，迄今未见修订出版，其中著录的乡土志作者、版本及成书年代多有疏误，有必要根据方志目录、馆藏方志及已影印出版的方志丛书，对清末民国时期陕西乡土志的修纂者、版本及成书年代进行重新核查统计。

二、陕西乡土志的体例和内容

乡土志是中国社会变革时期的产物，是在清末教育改革背景下编修的一批特殊地方文献，而民国乡土志则是这一特殊文献的延续，因此无论是体例还是内容，都有别于其他地方志书。与其他类型志书相比，乡土志具有两个显著的特征："一是体例设置整齐划一，大多依照清朝《部颁乡土志例目》（下文简称《例目》）的程式，分为三类十五门：一、历史、政绩录、兵事录、耆旧录。二、人类、户口、氏族、宗族、实业；三、地理、山、水、道路、物产、商务。……四是内容精当，篇幅简短，少则数千字，多则数万言，由浅入深，寓教于乐，且语言通俗易懂，具有浓厚的乡土气息。……"① 如果具体到陕西乡土志，则不难发现除具备以上特征，还呈现出体例同中有异、内容繁简不一两个特点。

（一）体例同中有异

巴兆祥先生在《方志学新论》一书中将乡土志的体例分为《例目》派、方志派和教科书派②，陕西乡土志的体例也不例外，但每一派的体例并非整齐划一，而是同中有异，各具特色。

首先，陕西乡土志是我国乡土志的一个重要组成部分，其体例大多遵循《例目》的要求和程式，分为 3 类 15 门。如《吴堡县乡土志》不足 5000 字，《甘泉县乡土志》、《中部县乡土志》均不足万字，内容极其简略，但门类一如《例目》，甚至编纂次序都一成不变。其他如《洛川县乡土志》、《咸阳县乡土志》等，或是门目排列次序稍有不同，或是门目类别稍有增损，总之出入不大。出入较大的如《鄠县乡土志》，分上、中、下 3 卷，上卷为本境、历史、政绩录、

---

① 国家图书馆地方志和家谱文献中心编：《乡土志抄稿本选编·前言》，北京：线装书局，2002 年影印本。

② 巴兆祥：《方志学新论》，上海：学林出版社，2004 年，第 155—160 页。

兵事录；中卷为耆旧录、孝友、义行、名宦祠、乡贤祠、节烈祠、人类、户口、氏族、宗教、实业；下卷分为地理、山、水、道路、物产、商务，共计 3 类 21 门；《华州乡土志》则仅有政绩、兵事、耆旧、户口、人类、宗教、实业、地理、物产、商务 10 类，不仅无历史、氏族等门，且将山、水并入地理，而耆旧类又占了全书二分之一多的篇幅。有的乡土志在遵循《例目》的同时又根据实际情况有所变通。如谭绍裘在编纂《扶风县乡土志》时，认为《例目》的条目有遗漏，如"赋役"一项，乃"国家平治之大经，民生尊亲之首务"，当是乡土志不可或缺的主要内容；而有些门目在编纂时则可根据实际情况适当合并。[①] 因此谭绍裘所纂《扶风县乡土志》类目分为疆域、沿革、山水、乡里、道路、桥梁、户口、氏族、人类、宗教、实业、物产、商务、赋役、学堂、祠庙、政绩、兵事、古迹、陵墓、耆旧、烈女、学问、坊表，共计 24 门。《武功县乡土志》的作者指出编纂乡土志当"依例编撰，只求确实，不事铺张"，但若遇到"间有《例目》所无而于乡土有关系者"，则当"一并载入，以求详备"。[②] 《潼关乡土志稿》的作者在按语中交代："谨按发来各门目，即由嘉庆二十二年起，至光绪三十四年止，蒐集汇呈，以备裁采，其敝厅所无门目，概从阙如"。[③]

其次，教科书派乡土志既遵循了《例目》的程式要求，也能从实际出发，考虑到所编乡土志的用途，按照教材的需要和学生的特点编写。但是上继而乡土志也列统一范式，同样各具特色，其中《韩城县乡土志》是编得较好的一部，作者指出："是册谨遵奉到乡土志例目，合以《奏定章程》初等小学堂第一二年之学科程度编辑。""是册为初等小学堂前二年之课程，每星期一点钟，每年四十星期，当授四十课，故每门均定以八十课。"此志还有一个特点，即除历史有说无图外，地理、格致二门均"图说并载"，"有图则其说可证，且以助童蒙之娱悦，鼓舞其才识也"。[④] 吴从周《留坝乡土志》也是遵照《例目》的条例，"依类编辑，其中分划章节为讲授者便于检查起见，亦近今教科书之通例也"，"节

① （清）高锡平撰：《扶风县乡土志》卷 4《序例》，国家图书馆地方志和家谱文献中心编：《乡土志抄稿本选编》第 6 册，北京：线装书局，2002 年，第 543 页。

② （清）高锡平撰：《武功县乡土志·凡例》，陕西省图书馆编：《陕西省图书馆藏稀见方志丛刊》第 5 册，北京：北京图书馆出版社，2006 年影印本，第 581 页。

③ 《潼关乡土志稿》卷首，光绪末年抄本。

④ 《韩城县乡土志·编辑大意》，国家图书馆地方志和家谱文献中心编：《乡土志抄稿本选编》第 5 册，北京：线装书局，2002 年，第 453—454 页。

段稍长者，则数为起止而仍归一节，俾儿童易于览记，阅者谅之"。①

　　既然乡土志是作为教科书编纂的，其语言和内容当符合小学生的特点。正如《洛南县乡土志》所言，乡土志的编纂原则是"事必求其详核，文必期于简雅"，②"贵简不贵详，以学生易于记忆为主"。③因此为便于小学生诵读，有的乡土志在编纂时采用四言韵语的形式叙事，又由于四言韵语叙事的局限性，有的乡土志在韵语之外又附有注释，《雒南县乡土志》即采用此种形式，"兹谨遵乡土志例，编为四言韵语，为便于童蒙诵习。其事略，亦即详于分注，措词亦惟期浅显，俾童蒙易解云尔"。④四言韵语朗朗上口，富有节奏感，适宜于小学生诵读。如《雒南县乡土志》言洛南县商务："货若秦党，固系大宗，奈人分利，路以贿通。余如杂药，南方罕有，时见贩夫，运至河口。核桃木耳，偶或成庄，往来买卖，价判低昂。小利勿图，小忿须忍。易俗移风，在贤令尹。"⑤言宗教则曰："士重实行，民由古道，伦纪纲常，别无外教。"注文进一步解释说："洛境地属偏僻，且少世族，所有藏书之家，经史以外杂书概所罕见，故一切外教，土民罔有闻知。"⑥其他采用四言韵语形式的乡土志还有《陇州乡土志》、《洛川县乡土志》等，但纵观清末民国陕西乡土志，大多数徒有教材之名，在内容上与地方志并无两样，只有少数乡土志顾及到了教材的使用对象。

　　再次，方志派乡土志虽名曰乡土志，但从体例上来看实则是地方志。此类乡土志有的在门目上将方志与《例目》结合起来，如《扶风县乡土志》4卷，卷1为疆域、沿革、山水、乡里、道路、桥梁；卷2为户口篇、氏族、人类、宗教、实业、物产、商务；卷3为赋役、学堂、祠庙、政绩、兵事、古迹、陵墓；卷4则为耆旧、列女、学问、坊表。《蓝田县乡土志》上下两册，上册含疆域、经纬、山、水、分区、署宇、镇市、关梁、道路、水利、名胜、古迹、祠庙、

　　①　《留坝历史·编辑大意》，陕西省图书馆编：《陕西省图书馆藏稀见方志丛刊》第15册，北京：北京图书馆出版社，2006年影印本，第41页。

　　②　《铜梁县志》卷首《乡土志例目》，国家图书馆地方志和家谱文献中心编：《乡土志抄稿本选编》第11册，北京：线装书局，2002年，第308页。

　　③　《陕西乡土地理教科书·例言》，光绪三十四年（1908）铅印本。

　　④　《洛南县乡土志》卷首《小引》，国家图书馆地方志和家谱文献中心编：《乡土志抄稿本选编》第6册，北京：线装书局，2002年，第613—614页。

　　⑤　《洛南县乡土志》卷4《商务》，国家图书馆地方志和家谱文献中心编：《乡土志抄稿本选编》第6册，北京：线装书局，2002年，第795—796页。

　　⑥　《洛南县乡土志》卷3《宗教》，国家图书馆地方志和家谱文献中心编：《乡土志抄稿本选编》第6册，北京：线装书局，2002年，第716—717页。

寺观、坊表、陵墓、制置、田赋、学堂、人口、氏族、宗教、风俗、物产、实业、商务 26 门；下册含沿革、纪事、兵事、政绩、耆旧、金石、艺文 7 门，共 33 门约 10 余万字，并绘有疆域全图、分区、署宇、祠庙、学堂诸图。有的乡土志则完全采用了方志的体例，如《宜川乡土志》不仅简略，其分为星野（附气候）、沿革、疆域、城池、山川、里甲、古迹、胜景、风俗等类目也一如方志。又如《潼关乡土志稿》的编纂目的即为地方续修方志采辑资料，因此体例一依续修通志局的要求，门类有天文、地理、营造、贡赋、学校、兵防、驿传等。

（二）内容繁简不一

总的来说，清末至民国时期陕西乡土志"内容精当，篇幅短小"，但也有个别乡土志在篇幅上悬殊较大，繁简不一，繁者如《蓝田县乡土志》，约 10 余万字，而简者如《洛川县乡土志》，仅 3000 余字。

综观清末民国陕西乡土志，大部分内容简略，属于应付差事之类，其体例虽然按《例目》的程式编写，但无非是抄撮地志，草率为之，内容之简略也就可想而知了。如佚名之《吴堡县乡土志》分 15 门，不足 4000 字；张殿华所纂《邠州乡土志》，正文虽有 17 门之多，但仅有 5000 余字。佚名的《葭州乡土志》，目录虽如《例目》所列一应俱全，但内容非常简略。《甘泉县乡土志》的目录与《葭州乡土志》无异，内容则更加简略，其氏族类仅有"本境无大姓氏族"一语，宗教类仅言"离县四十里之道左埠居住天主教数人"，实业类曰："邑俗类皆以农商牧畜为本，读书者稀少，亦不知事工艺商贾之业。士居十之一，农居十之九，工商居十之一。"[1] 物产类曰："本境天然产物无多，并无制造之产。"[2] 诸如此类的乡土志还有《洛川县乡土志》、《佛坪县乡土志》等，既无序跋，亦无目录，简略之极。

在清末民国所编陕西乡土志中，尚有少数内容丰富的乡土志，这些乡土志虽然也是奉命纂修，但由于纂修者的重视，其内容则要丰富得多。诸如《蓝田县乡土志》、《岐山县乡土志》、《扶风县乡土志》、《韩城县乡土志》、《洛南县乡土志》、《兴平县乡土志》、《神木乡土志》等内容均较为丰富。《兴平县乡土志》

① 《甘泉县乡土志·氏族》，陕西省图书馆主编：《陕西省图书馆藏稀见方志丛刊》第 10 册，北京：北京图书馆出版社，2006 年影印本，第 412 页。
② 《甘泉县乡土志·氏族》，陕西省图书馆主编：《陕西省图书馆藏稀见方志丛刊》第 10 册，北京：北京图书馆出版社，2006 年影印本，第 425 页。

6卷，历时两年始修成，志中内容也根据实际情况酌情增加，如《例目》于实业类只要求查明士、农、工、商各若干即可，纂修者考虑到实业之中以农业为重中之重，而"农之中详晰其目则有六，稼穑而外曰蚕桑、曰种树、曰畜牧、曰瓜果、曰菜蔬，皆足补农之不及，以济生人之用"①，基于此，作者将本乡人杨岫所作蚕桑树畜之法摘要抄录于后。作者又认为"一境之内，人物为最"，因此耆旧类的内容几乎占到全书的二分之一。《神木乡土志》4四卷，虽然是以方志的体例编纂的，但内容丰富，对神木县的各项事务记载颇详，如卷2学校分别记载了神木县学宫（附学额、学田）、书院（附义学）和学堂三项内容，是非常具体详细的教育史资料；选举又列举了历代中举情形，分进士（文科）、举人、贡生、武举人、武进士五类。而卷4风俗类涉及学界、商界、农界、工界的习尚以及岁时风俗、婚丧之礼、祭礼、宴请等内容，颇多可采。

三、陕西乡土志的史料价值

清末民国时期编纂的一批乡土志，不论是体例还是内容都有章可循，"于历史则讲乡土之大端故事及本地古先名人之事实，于地理则讲乡土之道里、建置及本地先贤之祠庙遗迹等类，于格致则讲乡土之植物、动物、矿物，凡关于日用所必需者，使知其作用及名称"。② 可以说乡土志是当时社会政治、经济和文化的直接反映，具有鲜明的时代特点。由于是时代的产物，这批乡土志修纂的时间比较集中，大多数编于光绪三十年（1904）以后，1921年以前。陕西乡土志的编纂时间则更为集中，绝大多数成书于清末数十年间，而这数十年正是中国新旧交替的关键时期，也是陕西历史上旧志编纂的空白时期，③ 因此乡土志的出现正好弥补了上段时间史料记载的不足，特别是乡土志中有关宗教、学堂、巡警、邮政、铁路、风俗习尚等内容，是了解近代陕西社会变迁的重要资料，而实业、商务、集镇、矿业等内容，则是研究我国近代经济史的重要资料，其史料价值不容忽视。

---

① 《兴平县乡土志》卷四《目录》，《中国方志丛书·华北地方》第231号，台北：成文出版社，1969年影印本。

② 《铜梁县志》卷首《乡土志例目》，《乡土志抄稿本选编》第11册，北京：线装书局，2002年，第307页。

③ 据秦德印《陕西地方志书目》（初稿油印本）及陕西省图书馆、陕西省社会科学院图书室编《陕西地方志联合目录》（油印本），清光绪三十年（1904）至民国初年，陕西所编地方志寥寥无几。

（一）直接反映清末民国陕西社会的变迁

清末民国时期，随着中西文化的交流和碰撞，中国近代社会发生了一系列巨大变化。陕西虽然地处内陆，交通不便，但是这种变化在陕西各地也或多或少都有所体现。清末民国时期陕西乡土志涉及关中、陕北及陕南各县，是了解近代陕西社会变迁的一个窗口，其中关于思想观念、外来宗教以及新生事物诸如巡警、邮政、铁路交通等内容的记载，直接反映了清末至民国时期陕西社会的变迁，是清末民初陕西社会的真实反映。

首先，清末至民国时期的中国社会经历了巨大的社会变迁，这种变迁从沿海口岸城市开始，迅速向内地渗透。表现在思想领域即是危机意识、自强意识与改革意识的觉醒，这些在陕西乡土志中或多或少都有所体现。富国强兵是清末民国时期各阶层的呼声，《西乡县乡土志》的作者结合本地的实际情况也谈了对富强之道的认识："富强之道，农以殖之，工以作之，商以运之，尽人而知之矣。西乡地肥沃，宜五谷，材木充牣，但多弃置而不顾者，一由制造之未精，二由转运之不便也。且地非孔道，商于此者，亦小小赍本，从未有以数万金合力以图大事者。近十余年来，鸦片为一大宗出产，农商借此可获盈余。今奉诏禁烟，农皆改种粱食，外亦裹足不前。以此之故，市面日形困敝，欲补苴于目前，惟改良纸厂，讲求种植，或可挽救于万一。不然利源外溢，终有竭时，一切新政，无从举办，欲求进于文明之域，难矣哉！"①《洛川县乡土志》则提出了"因地制宜"的富强之道："因地制宜，森林畜牧，自保利权，洛民之福"。作者又进一步解释说："农惰工拙，遑论商务，然天地自然之利固在也。童山荒地，视之不甚爱惜，若遍种树木，则森林之利十年可期。至荒地水草之肥，尤宜畜牧，滋生日蕃，不特贩运，获利倍蓰。即皮革毛茸骨殖，何一非有用之材？因地制宜，莫善于此两事，莫急于此两事。如其懈惰自安，不思良策，他日必有假公司之名，收垄断之利者，吾民悔之晚矣。"②凡此，都体现了当时陕西各地民众自强意识的觉醒，以及改变家乡面貌，走上富强之路的强烈愿望，也顺应了时代发展潮流。

其次，在中外交流史，外来宗教对中国的影响不容忽视。宗教作为乡土志

---

① 《西乡县乡土志·商务》，陕西省图书馆编：《陕西省图书馆藏稀见方志丛刊》第15册，北京：北京图书馆出版社，2006年影印本，第547—548页。

② 《洛川县乡土志·商务》，光绪三十三年（1907）抄本。

的一项重要内容，《例目》要求"本境所有外教务查明编入"，^① 因此大部分乡土志都记载了各地本土宗教与外来宗教的情况，其中外来宗教直接反映了中外交流及其对陕西社会所带来的影响。陕西乡土志和全国乡土志一样，详细记载了陕西各地天主教的信教人数、教堂分布等情况。如《甘泉县乡土志》："离县四十里之道左埠居住天主教数人。"^②《岐山县乡土志》："回教人无；喇嘛、黄教、红教人无；天主教约二千五百余人；耶稣教约三十余人。"^③《洛川县乡土志》："天主、耶稣教堂布满中国而洛邑独无，亦地方之幸也。"^④《咸阳县乡土志》记载："咸阳士大夫崇尚儒学，民间信奉释道，乱后寺院多毁，僧徒道侣人数寥寥。……欧人教堂伍所；城内西街福音堂壹所；陈良里救世堂一所（去城二十八里）；刘家沟救世堂一所（去城三十里）；穆家沟天主堂一所（去城三十里，上三处均在东乡）；总耶稣、天主贰教徒约百余人。"^⑤《陕西商州直隶州乡土志》虽然记事简略，其宗教类曰："天主教约共七百三余人，耶稣教约十余人。"^⑥《朝邑县乡土志》："士民悉遵孔教，信耶稣教者尽住河东郝家庄、王家庄等处，教民共二十余口。"^⑦《榆林县乡土志》："本境无回教，并无天主、耶稣等教，喇嘛教蒙古人间有入者，而汉民不与焉。惟黄教、红教相传已久，入斯教者计有百余人，其人不过供神劝善，斋戒念经而已，并无妖言邪术惑乱人心。"^⑧《吴堡县乡土志》甚至记载了入教者的姓名："本境僻处偏偶，儒教相传，入天主教者今有武润成、李泰常、薛占有、薛仲清数人，至回教、喇嘛、黄教、红教、耶稣教，全无人者。"^⑨ 这些记载对研究清末民国时期本土宗教及外来宗教的分布

---

① 《铜梁县志》卷首《乡土志例目》，国家图书馆地方志和家谱文献中心编：《乡土志抄稿本选编》第 11 册，北京：线装书局，2002 年，第 314 页。

② 《甘泉县乡土志·宗教》，陕西省图书馆编：《陕西省图书馆藏稀见方志丛刊》第 10 册，北京：北京图书馆出版社，2006 年影印本，第 412 页。

③ 《岐山县乡土志》卷 3《宗教》，陕西省图书馆编：《陕西省图书馆藏稀见方志丛刊》第 8 册，北京：北京图书馆出版社，2006 年影印本，第 28—229 页。

④ 《洛川县乡土志·宗教》，光绪三十三年（1907）抄本。

⑤ 《咸阳县乡土志·宗教》，国家图书馆地方志和家谱文献中心编：《乡土志抄稿本选编》第 5 册，北京：线装书局，2002 年，第 417 页。

⑥ 《陕西商州直隶州乡土志·宗教》，国家图书馆地方志和家谱文献中心编：《乡土志抄稿本选编》第 7 册，北京：线装书局，2002 年，第 238 页。

⑦ 《朝邑乡土志·宗教》，陕西省图书馆编：《陕西省图书馆藏稀见方志丛刊》第 9 册，北京：北京图书馆出版社，2006 年影印本，第 478 页。

⑧ 《榆林县乡土志·宗教》，民国年间抄本。

⑨ 《吴堡县乡土志·宗教》，光绪年间抄本。

和传播有重要的参考价值。

再次，新生事物不断涌现。社会转型期的新生事物如雨后春笋，此起彼伏，以始设于光绪二十八年（1902）的巡警为例，当时袁世凯在保定设立警务局，开办巡警学堂，之后巡警制度逐渐推广到各府县，陕西各县也陆续设立了警察局或巡警局，乡土志记载了其办公地址、机构人数、经费来源、工作安排等情况。如兴平县警察局暂设在县城内城隍庙西厢，有警察兵 20 人，加上桑家镇 4 人，马嵬、店张两镇各 2 人，共计 28 名，"皆官督而绅董焉"。① 《保安县乡土志》记载保安县的巡警设立于光绪三十二年（1906），办公地址设在城外南街财神庙，"以绅士二人为巡弁，巡长一名，巡丁四名。四乡巡长四名，以旧日团练之绅士暂充之；巡丁四十名，以旧日之牌长暂充之"。② 《葭州乡土志》记载"普照寺设巡警局一所，巡兵六名"。③ 《留坝历史》记载留坝厅设立"警察后之原起"曰："光绪三十一年冬，改旧设东关巡查公所为警察局，募选精健壮丁一十二名，分上下两班，划城关为六段，无间昼夜寒暑，依警章按段持械站立。其薪饷每兵月给制钱三千文，由公所向抽驴头脚税项下开支，新式衣械则同知王楸照捐置也。"④ 巡警之外，乡土志还涉及邮政、铁路等新生事物。陕北的神木县"东趋畿辅，南达西安，西通甘肃、新疆"，无疑是北方边塞上的交通要道。《神木乡土志》记载神木县"电线未设，邮政已通，顾神木为分局，专人往来递送，较之驿马传递，更为迅速"。⑤ 清末民案卷，铁路在中国才刚刚起步，地处秦岭深处的平利县"东则房竹，南则川蜀，西则关陇，北则襄樊"，未尝不是四通八达之地，然而平利县"实业不兴，物产不丰，商务不盛"，主要原因就是交通阻滞。《平利县乡土志》的作者已经认识到了铁路运输的重要性："铁路之利

① 《兴平县乡土志》卷 1《兵事》，《中国方志丛书·华北地方》第 231 号，台北：成文出版社，1969 年影印本，第 32 页。

② 《保安县乡土志·巡警》，《中国西北稀见方志续集》第 4 册，北京：全国图书馆文献微缩复制中心，1997 年影印本，第 647—648 页。

③ 《葭州乡土志·巡警》，国家图书馆地方志和家谱文献中心编：《乡土志抄稿本选编》第 5 册，北京：线装书局，2002 年，第 389 页。

④ 《留坝历史·兵事》，陕西省图书馆编：《陕西省图书馆藏稀见方志丛刊》第 15 册，北京：北京图书馆出版社，2006 年影印本，第 88 页。

⑤ 《神木乡土志》卷 3《邮政》，《中国方志丛书·华北地方》第 286 号，台北：成文出版社，1970 年影印本，第 51 页。

益山中为尤，盖举数千年无用者而用之，数千年不通者而通之也"。① 凡此都说明地处内陆的陕西省在社会大变革时期也能跟上时代的潮流，与时俱进。

（二）真实记载清末至民国陕西经济发展状况

清末至民国时期，中国经济的发展在乡土志中均有所反映，陕西也不例外，而乡土志中的商务、实业等内容则集中记载了当时陕西各地商品经济及手工业发展的情况。

1. 农村经济状况

根据清末中国社会的实际情况，《例目》要求修纂乡土志设立"商务"、"实业"、"物产"等门目，专记各地工商业发展情况，此是了解近代中国农村经济发展状况的窗口。陕西乡土志对以上各项的记载参差不齐，有的仅做简要综述，如《洛川县乡土志》用"因地制宜、森林畜牧，自保利权，洛民之福"概括商务，用"士惯兼农，人慊服贾，易俗移风，振兴鼓舞"概括实业，即使注释也仅寥寥数语，不足以说明问题。与此相反，有的乡土志记载则要详细得多，不仅有综述，还有各宗商品输出或输入的路线、销量等内容。

总的来说，历史时期陕西主要以农业为主，商品经济相对落后，尤其是交通不便的偏远地区。如《甘泉县乡土志》言甘泉"邑俗类皆以务农牧畜为本，读书者稀少，亦不知事工艺商贾之业"。② 《中部县乡土志》言"本境土广民稀，人皆务农而不知务商，即本境所产麦、豆、草、药，销行外境，其数不多。即他境所来货物，仅布匹、纸张、烟、糖、茶叶等项……每年其销行者亦不多"。③ 《鄠县乡土志》言"鄠地褊小，兼非冲要之区，外而五镇，内而县城，皆鲜巨商会萃，道咸间城内尚称繁盛，兵燹之余，市井萧索，至今元气未复，惟秦镇各商尚有起色，每年销数向无定额。"④ 即使商品经济稍发达的地区，行销商品也以土特产为主，尤其是鸦片成为一些地方的主要经济来源，同时因为本地商品经济欠发达，就难免外来商品的冲击。如《宁羌州乡土志》记载本地由于"僻

---

① 《平利县乡土志》，国家图书馆地方志和家谱文献中心编：《乡土志抄稿本选编》第 5 册，北京：线装书局，2002 年，第 781 页。

② 《甘泉县乡土志·实业》，陕西省图书馆编：《陕西省图书馆藏稀见方志丛刊》第 10 册，北京：北京图书馆出版社，2006 年影印本，第 412 页。

③ 《中部县乡土志·商务》，《中国方志丛书·华北地方》第 302 号，台北：成文出版社，1970 年影印本，第 25 页。

④ 《鄠县乡土志》卷 3《商务》，《中国方志丛书·华北地方》第 234 号，台北：成文出版社有限公司，1969 年影印本，第 68 页。

处山陬，交通滞碍，又不知整顿土产以扩利源"，因此商品经济极其落后，内销的土特产除"鸦片一项岁约三万两，余皆零星细碎，不足计数"，外销商品更微不足道。同时，外来商品严重影响本土经济的发展，致使"本境织纺之风几于绝迹"，外来商品"充斥境内"，"尤以四川之盐、湖北之布为大宗"，"又有棉、烟、糖、油、纸料各品，亦皆自他境运入，由外商主持"，严重损害了本地人的利益。① 又如谭绍裘《扶风县乡土志》言"扶风虽秦蜀之冲，而非四达之要，故商务不集"，加之"扶土瘠狭，无多产以易他地之财，得罂粟之种而商务稍兴"，每到收获季节，商人驱车携款前来"置庄收买"，当地政府每年仅此一项税收就多达二万缗，"即附近旁县亦或趁此以销其货"。② 个别乡土志还对该地区各宗商品营销情况做简要统计，如《城固县乡土志》："县境商务以姜黄、木耳为大宗。姜黄每年产一百余万斤，陆运销行甘肃、秦州，十之一又水运销行于湖北老河口镇，十之九由老河口镇分水运陆运销行于山西、河南、山东、直隶，以为制造水烟之用。木耳每年产一二万斤，水运销行湖北，又自沔县、略阳县、宁羌州分陆运水运购入本境三四十万斤，分销湖北。其余牛皮每年产一余万斤，水运销行湖北。干姜皮每年产十余万斤，陆运销行甘肃、新疆，藉以避寒。罂粟、土药每年产一万余斤，陆运销行南郑各乡。又或自他境购入本境，陆运分销于本省，水运分销于湖北。……"③ 此外还记载了许多中草药的产量及销量。

从乡土志的记载来看，清末民国时期陕西各地的经济相对落后，难能可贵的是有识之士已经注意到了这一现象并对发展商品经济有了清醒的认识。如《洛川县乡土志》记载洛川县"人稀土旷"，主要以农业为主，"工艺拙少，经商者多系客籍，土著者不过二十之一。旧志谓男惰经营而拙于服贾，女惰蚕织而慵于绩纺，良不诬也。今则商战工战竞争日剧，亟宜广设学堂，讲求实用，振兴鼓舞，逐渐改良，不然以章句之儒，耕荒硗之地，毫无实业，日即贫弱，可不惧哉！"④《鄠县乡土志》的作者言"藕粉为鄠地制造之极品，且系行远一大

① 《宁羌州乡土志·商务》，陕西省图书馆编：《陕西省图书馆藏稀见方志丛刊》第14册，北京：北京图书馆出版社，2006年影印本，第634—635页。
② 《扶风县乡土志》卷2《商务篇》，国家图书馆地方志和家谱文献中心编：《乡土志抄稿本选编》第6册，北京：线装书局，2002年，第364页。
③ 《城固县乡土志》，《中国方志丛书·华北地方》第264号，台北：成文出版社，1970年影印本，第56页。
④ 《洛川县乡土志·实业》，光绪三十三年（1907）抄本。

宗"，但是奸商为了谋利，常常"搀以杂粉，以致货失其真，名誉频减，亦恨事耳"。①

2. 集镇及市场的形成与分布

集镇及农贸市场是农村经济发展的舞台，在一定程度上反映了农村商品经济的繁荣与衰败。部分乡土志的内容涉及农村集镇的分布与市场交易情况，如《岐山县乡土志》记载清末岐山县的集镇及集市情况曰："县城及东西郭牛马畜市逢双日买卖。粟市春夏在正街，秋冬在南街，日以为常。益店镇在县东三十里，双日集市。……蔡家镇在县南三十里，双日集市。高店镇在县南四十里渭水南滨，单日集市。罗局镇在县东南四十里，单日集市。青化镇在县东北五十里，单日集市。龙尾镇在县东二十里，无集市。枣林镇在县东南三十里，无集市。宋时有岐阳镇，在县东北五十里，岐阳旧县地，今废矣。"②《蓝田县乡土志》记载了蓝田县县城以外民间交易最盛的八大集镇：普化镇、堠子镇、蓝桥镇、焦岱镇、孟村镇、洩湖镇、新街镇、金山镇、屏峰镇，并对每一集镇的位置、集市及交易情况略作交代，如金山镇"在县北四十里，居横岭之上，为四西所，走集贸易颇旺，畜市亦盛，定日有集"。③《南郑县乡土志》记载南郑县商贾云集之处"以郡城东关十八里铺新集为最"，其他集镇的贸易情形，则是"秋冬较春夏畅旺"。④《葭州乡土志》："首镇在城内，四、九日集。通秦寨在城西北五十余里，一、六日集；乌龙铺在城西五十余里，一、五日集；店头在城正西五十余里，逢六日集；黑水坑在城西南八十里，逢一集；螞蜊峪在城南一百里，四、九日集。"⑤

3. 县乡企业的兴办

洋务运动后，中国近代企业开始兴起，洋务派主张采取官办、官督商办、

① 《鄠县乡土志》卷3《商务》，《中国方志丛书·华北地方》第234号，台北：成文出版社，1969年影印本，第68—69页。
② 《岐山县乡土志》卷3《地理·市镇》，陕西省图书馆编：《陕西省图书馆藏稀见方志丛刊》第8册，北京：北京图书馆出版社，2006年影印本，第242—243页。
③ 《蓝田县乡土志·集镇》，陕西省图书馆编：《陕西省图书馆藏稀见方志丛刊》第4册，北京：北京图书馆出版社，2006年影印本，第235页。
④ 《南郑县乡土志·商务》，陕西省图书馆编：《陕西省图书馆藏稀见方志丛刊》第14册，北京：北京图书馆出版社，2006年影印本，第552页。
⑤ 《葭州乡土志·市镇》，国家图书馆地方志和家谱文献中心编：《乡土志抄稿本选编》第5册，北京：线装书局，2002年，第386—387页。

官商合办等方式发展新型工业，增强国力，以维护清政府的封建统治，在一定程度上促进了中国近代化的进程。陕西地处内陆，近代企业兴起较晚，但利用本土资源兴建小型企业的情况也时有存在，乡土志也涉及了这方面的情况。如《佛坪厅乡土志》记载道光初年"四方商贾来山中采买大木，就地立厂，号曰木厢。境内共有数十厂，每厂辄用数百人，由水路运出黑水峪口，用人尤多，地方赖以富庶。自山外销路不畅，木商歇业而去，本境别无大宗货物可通有无，以致地方日益凋敝。现在由本境行销山外者，只有药材及杉、松版，山路崎岖，颇费人工。其由他境行销本境者，潞、监、棉花自盩厔运入，大布茶叶自石泉运入，因烟户稀少，销数亦甚微。"①《西乡县乡土志》："纸厂多设巴山深处，以竹为料，甚惜，工劣不能与洋纸抗衡耳。陆运陕省及山南等处，水运兴安、老河口等处。近各省洋纸盛行，利为所夺，厂多倒闭，利不及前十分之一，统计每年仅银七八万两。"②《安康县乡土志》记载安康"工业落伍，是无可讳言，民国初年，鄙人始创了一个工厂，名曰鼎新。出品以棉织物为大宗，其中花样不少，如毛巾、彩色被面、芝麻呢、条子布之类，颇受社会的欢迎。因基金薄弱未及扩充，地方复遭政变，工厂捣毁，从此失败无余，幸有百余工徒，散在社会上作些人力小工，总算于地方留了一点裨益。"③可见当时陕西各地都因地制宜先后兴办了一些小型企业，但由于资金、运输、技术等原因，这些企业举步维艰，难以为继。

4. 农村户口的变化

《例目》专列户口一项，要求"本境户口丁数务查明现在实数编入，如有兵荒疾疫及因农商各事情形变迁，致与生齿盛衰聚散有相关之故者，详悉载入，并查近年来本境旗户（男口若干，女口若干）、汉户（男口若干，女口若干）"。④因此大部分乡土志都有关于当地户口的记载，尤其是清末战乱及各种自然灾害对各地户口的影响。如《洛川县乡土志》记载当地"县境土地阔绝，人民稀疏，

① 《佛坪厅乡土志·商务》，陕西省图书馆编：《陕西省图书馆藏稀见方志丛刊》第15册，北京：北京图书馆出版社，2006年影印本，第39—40页。
② 《西乡县乡土志·商务》，陕西省图书馆编：《陕西省图书馆藏稀见方志丛刊》第15册，北京：北京图书馆出版社，2006年影印本，第548页。
③ 《安康县乡土志·工业》，1939年石印本。
④ 《乡土志例目》，《铜梁县志》卷首，国家图书馆地方志和家谱文献中心编：《乡土志抄稿本选编》第11册，北京：线装书局，2002年，第313页。

零星散处，或十余家为一村，或三五十家为一堡，即名之曰镇，亦不过百十家而已，查嘉庆八年洛川一万九千二百余户，九万一千四百余口，自咸同兵燹，光绪三年奇荒，元气大伤，继遭庚辛旱荒，乡人迁徙流离，现仅七千余户，男女四万六千二百余口。土旷人稀，荒地千顷，招垦客民，来去无定，古昔有屯边之举，泰西有殖民之策，可仿行也。"①《大荔县乡土志》："本境户口在道咸时间阎庶富，氏族蕃衍，共户三万二千有奇，大小口十八万有奇，当时称极盛焉。至同治壬戌回乱，六年丁卯发捻迭扰，死伤已十之二三，加以兵燹之余，户鲜盖藏，值光绪丁丑、戊寅，连岁奇荒，饥毙者又十之四五。从此户口凋散，元气大损，庚辰《续志》仅载户一万五千有奇，大小口七万有奇。近年渐次增加，三十一年清查，现计户一万八千三百一十，男口五万二百六十，女口四万四千五十八。"②《富平县乡土志》："本境户口之盛以国朝乾隆咸丰时称最，至同治回捻之乱，光绪旱荒之劫，户口凋弊，较昔短少，遂相倍蓰，生齿盛衰，所关讵浅鲜哉！"③并详细列举了洪武、万历、乾隆元年、乾隆四十三年、咸丰五年、光绪二年、光绪十二年以至民国时期富平县的土著及客籍人口数字，明清两朝富平县人口的增减一目了然。可见经历了清末战乱及各种自然灾害，各地户口均不同程度地有所减少。凡此，都是研究我国历史时期人口的重要资料。

（三）生动记录清末民国陕西各地风俗习尚

《例目》3 部 15 类中虽然没有记载各地风俗的要求，但是编成的乡土志中有一部分却能从实际出发，生动地记载了当地百姓的生活状况、人情往来以及民风民俗等内容，这些资料无疑是了解清末民国时期陕西社会的一个窗口。此类记载涉及了陕西各地民风、节日、婚嫁、人情往来及方言等内容。

乡土志的作者均为本地官员、乡绅，对本地的风俗习尚最为了解，因此关于本地风俗习尚的记载言简意赅，切合实际。如《神木乡土志》记载神木士人"士风淳朴"但"尚文者不如尚武者之多"，至教育改革设立学堂后才稍有改观；商人吃苦耐劳，"交易率在清晨，故街市之间，甫黎明即往来憧憧，多半懋迁边外，露宿野处，虽风霜凛冽，不惮劳瘁"，美中不足的是"在他省贸易者盖寥寥

---

① 《洛川县乡土志·户口》，光绪三十三年（1907）刻本。

② 《大荔县乡土志·户口》，民国年间抄本。

③ 《富平县乡土志·户口》，陕西省图书馆编：《陕西省图书馆藏稀见方志丛刊》第 9 册，北京：北京图书馆出版社，2006 年影印本，第 339—340 页。

焉"；农民"尚勤俭"，"有地者则自己耕作，无则租种人田或夥种人田"，"此外则受雇佣工，绝少游惰之人"；工人以皮工、画工、木工、泥工居多，"成物专求坚朴，不尚巧奇"。①《安康县乡土志》记载安康县因特殊的地理位置，加之战乱和人口迁徙，人口组成复杂，"人民本由五方而来"，"一般人有南方秀气，有北方笃实"。在行政区为上安康虽属陕西管辖，但"其社会习惯，实大异秦风"。②《蓝田县乡土志》记载当地人"多喜株守乡间，无远大志，因多贫乏"，"重男轻女，由来已久，贫家为尤甚"。③《砖坪地理志》记载砖坪"土瘠民贫，习俗勤俭，迩来人情变诈，往往因薄物细好兴讼云"。④

岁时节日是中国传统文化的重要组成部分，相关习俗一脉相承，同时也存在地域差异。陕西乡土志记载了许多这方面的内容，如《宜川乡土志》记载四时八节的风俗曰："元日，家家食馄饨，拜祖庙后，无论亲疏，概诣门贺新。二月二日，于五更后围灰道避虫。清明戏鞦韆，拜坟，作馒头相馈，上缀各样虫鸟，名为子推，谓晋文焚山，禽鸟争救子推也。端阳插艾，作角黍，饮雄黄酒。中秋以西瓜、枣糕相馈。重阳日造菊酒，谓历久不坏。十月一日剪纸为衣，前夜焚之，谓之送寒衣。冬至拜官师，亲友交拜。腊月初八日作糯米或黍米粥，杂以猪肉豆腐，谓之腊八饭。廿三日夜，以雄鸡糖瓜祭灶神，除日亲党造门辞年，夜守岁。"⑤ 这些记载与我国传统节日习俗大同小异，另外还有一些记载富有地方特色，如《神木乡土志》记载当地人立春"观迎春，写贴宜春字，啖春饼"；正月五日前夕三更"扫地，用香纸倾秽于十字街口，谓之送穷"；二月二日"用灰布地，绕舍作圈形，谓之围灰城，以避虫蝥。乡间用纸压在碣子下，俟鸡声唱，于碣眼孔中击之，谓打龙眼纸，遇雹烧之，时或能止"；正月二十五日为天仓节，"多蒸糕饵食之，谓填仓，妇女忌动针线"；"冬至数日内，男妇墓

① 《神木乡土志》卷4《风俗·习尚·商界》，《中国方志丛书·华北地方》第286号，台北：成文出版社，1970年影印本，第63—64页。
② 《安康县乡土志》廿一《民风及习惯》，1939年石印本。
③ 《蓝田县乡土志·风俗》，陕西省图书馆编：《陕西省图书馆藏稀见方志丛刊》第4册，北京：北京图书馆出版社，2006年影印本，第466—467页。
④ 《砖坪地理志·风俗》，天津：古旧书店，1981年。
⑤ 《宜川乡土志·风俗》，《中国方志丛书·华北地方》第312号，台北：成文出版社，1970年影印本，第29页。

祭，是日开家宴，谓之过冬。邑人最重此节"。①《蓝田县乡土志》还记载当地人于正月十六日"男女出游，谓之走百病"。②

　　嫁娶方面，有的乡土志涉及婚姻礼仪及婚嫁习俗等内容，其中婚俗观念的改变尤其值得关注。如《神木乡土志》记载神木"男多慈良，女多贞静；男尚质朴，女尚繁华"，但婚嫁费用过高，"盈实之家无论已，即家道小康，每娶一妇，其妆奁犹需数百金。而亲朋燕会，酒必甘醴，肴必海错，奢靡殆为边上所仅见焉"。"近年邑绅等共相协议，凡冠婚丧祭，供献馈遗，胥从俭约。然仅空言，未能实行，盖积习使然也"。③《保安县乡土志》言当地百姓丢掉了延安人"结婚不论财，耻攀势力，不争聘礼"的美俗，婚嫁时聘礼"有多至七八十金者，少亦非二三十金不能成礼"，虽然政府有"一切婚嫁仪文，多从简易"的规定，但形同虚设。④　此外乡土志中还有关于妇女改嫁及夫死招夫的记载。记载妇女改嫁者如《宜川乡土志》："富家婚嫁，多在十二三岁，时血气未充，斫丧太早，夭折之多，未必不由于此。至丧妻再娶，率重寡妇而轻室女，以室女不谙操作，寡妇必善持家，一有寡妇，居为奇货，索价动逾百金，恬不为怪。"⑤《白水乡土志》："再醮之妇，聘金比闺女不啻十倍，择婚自主，父母不甚干涉。署立婚约及媒合之人，令只书名画押，乃保无语。母家亲属，使钱若干，谓之认娘家钱。若婆家亲属无人，以其缘由苦况呈署立案，亦可无事。妇女出嫁，一二年内，收麦后，父母必迎而劳之，谓之歇夏。"⑥记载夫死招夫者如《保安县乡土志》："其或中道丧亡，上者守节，下则再醮，各从其志可也。而俗之最无礼者，莫甚于夫死招夫，或谓之招夫养子，或谓之招夫养老，男不妇而有室，女

　　①《神木乡土志》卷4《风俗·习尚·岁时》，《中国方志丛书·华北地方》第286号，台北：成文出版社，1970年影印本，第64—65页。

　　②《蓝田县乡土志·风俗·时令》，陕西省图书馆编：《陕西省图书馆藏稀见方志丛刊》第4册，北京：北京图书馆出版社，2006年影印本，第471页。

　　③《神木乡土志》卷4《风俗》，《中国方志丛书·华北地方》第286号，台北：成文出版社，1970年影印本，第63页。

　　④《保安县乡土志·风俗》，《中国西北稀见方志续集》第4册，北京：全国图书馆文献微缩复制中心，1997年影印本，第649—650页。

　　⑤《宜川乡土志·风俗》，《中国方志丛书·华北地方》第312号，台北：成文出版社，1970年影印本，第27页。

　　⑥《白水县乡土志·习尚》，陕西省图书馆编：《陕西省图书馆藏稀见方志丛刊》第10册，北京：北京图书馆出版社，2006年影印本，第141页。

不夫而有家，灭礼弃伦，习不为怪，地方官虽屡为严禁，终属阳奉阴违。”[①] 妇女再嫁可以自主择婚，父母不甚干涉，而夫亡之后，妇女招婿上门则为时人所不容。

乡土志中还有关于人情往来吃喝宴请及方言的记载，如《神木乡土志》：“酬酢之礼颇不废，或逢节序，或遇庆吊，设席相邀，概以八簋为率，或有加焉。近年用海味居多，未免奢矣。”[②]《蓝田县乡土志》载“新春元日至初五，民间亲友互相拜贺，馈遗轻重，视其贫富而差等焉。自初六迄元宵，居民炰肴酾酒，迭为燕饮，名曰春酌。重乡谊，明尊卑，而结团体胥于是乎在矣”。[③] 方言方面，个别乡土志记载了方言中的称谓用语、日常琐语及俗谚。如《白水县乡土志》记载方言中的称谓用语：“称父曰达，称母曰嬷，祖曰爷，祖母曰婆。……水滚曰尖，说话曰言喘，……小猪曰猪娃，土坯曰胡基，人相得曰对，谓事可亦曰对，事不就绪曰麻搭，言不清爽曰然溪，冒昧直前曰挣安，无知妄作曰擎孙。呼聪明为灵，称愚鲁为昧。”[④]《蓝田县乡土志》记载方言中的日用琐语曰：“称我们曰咱（只牙合读），谓他又曰呷（呢呷合读）；这搭此处也，兀搭彼处也；……称物件曰东西，呼器具为家伙；帽该者，发辫之别名也；圪蹴者，踞坐之通称也。……诋好游荡者曰胡逛，又曰胡浪……”。[⑤] 随着普通话的推广和普及，农村城市化进程的加快，这些方言日渐消亡，乡土志的记载无疑保存了珍贵而生动的方言资料。

四、结语

综上所述，清末民国时期陕西乡土志不仅是我国乡土志的一个重要组成部分，也是陕西地方文献中的瑰宝，不仅数量上居于全国前列，其内容及体例也

---

① 《保安县乡土志·风俗》，《中国西北稀见方志续集》第 4 册，北京：全国图书馆微编复制中心，1997 年影印本，第 650 页。

② 《神木乡土志》卷 4《风俗》，《中国方志丛书·华北地方》第 286 号，台北：成文出版社，1970 年影印本，第 67—68 页。

③ 《蓝田县乡土志·风俗》，陕西省图书馆编：《陕西省图书馆藏稀见方志丛刊》第 4 册，北京：北京图书馆出版社，2006 年影印本，第 467 页。

④ 《白水县乡土志·方言》，陕西省图书馆编：《陕西省图书馆藏稀见方志丛刊》第 10 册，北京：北京图书馆出版社，2006 年影印本，第 141 页。

⑤ 《蓝田县乡土志·方言》，陕西省图书馆编：《陕西省图书馆藏稀见方志丛刊》第 4 册，北京：北京图书馆出版社，2006 年影印本，第 484 页。

具有一定的代表性，可以说是全国乡土志的一个缩影。从体例及内容上来说，陕西乡土志虽然遵循《部颁乡土志例目》的要求和程式，但因是各地官员组织士绅编纂，加之地域及文化水平的差异，使得其呈现出体例同中有异，内容繁简不一的特点。同时，又由于乡土志产生于清末民初这一特殊历史时期，其体例及内容对旧志既有继承又有创新，适时增加了诸如商务、实业等新的门类，顺应了时代的发展。从史料方面来说，乡土志最直接地反映了清末民初陕西社会的发展变化，与同时期的旧志一样，是研究当时社会政治、经济、文化不可或缺的资料，其相关内容真实地反映了近代陕西社会的变迁、经济的发展状况以及各地的风俗习尚，具有较高的史料价值，有待于进一步挖掘利用。

后 记

　　这本小书是笔者 2009 年申请获批的陕西省社会科学基金重点项目的最终成果，前后历时七年，期间因为各种各样的原因屡屡中辍，结项后面对十余万字的初稿和搜集来的大量资料欲罢不能，于是又花费了近三年时间不断地补充、修改、完善，如今终于可以画上句号，虽不甚圆满，也算是了却了一件心事。

　　我是从事历史文献研究的，教学科研之余，常常有感于陕西地大物博，历史悠久，身为陕西人，生于斯，长于斯，对于养育我的这片厚土，别无他术，无以回报，唯有扬长避短，用自己的所学为家乡尽绵薄之力。基于此，长期以来我一直比较留意陕西地方文献，在读书的过程中，发现明、清两代陕西地方志修纂各具特点，与明代陕西籍学者踊跃修纂家乡方志不同，清修陕西地方志尤其是质量上乘的方志大多出于非陕籍学者之手。有感于斯，我一边对清修陕西地方志进行全面的调查与研究，同时又留心搜集资料，特别关注那些非陕西籍学者在陕西为官、客居期间的生活、交游及学术活动，遗憾的是在研究的过程中困难重重，相关记载零星分散难以钩稽，相关论述错误叠见不足为据，即使是如毕沅这样的学者大儒，其在陕西的学术活动也未见专门记载，唯一的办法就是沙里淘金，耐心搜集，日积月累，本着有则详述，无则略记的原则，主要叙述清代学者名儒在陕西的人生经历、学术活动及其在修纂陕西地方志方面的贡献，几经努力，终于初见规模，不胜欣慰。

　　需要说明的是此书在撰写的过程中，可供参考的资料比较有限，有关清修陕西地方志的研究成果寥寥，相关记载中的错误比比皆是，笔者尽力考证核实，但限于资料和学力，书中疏误在所难免，敬请方家批评指正。

王雪玲

2015 年 10 月 20 日